TEUFELBÜCHER II

AUSGABEN DEUTSCHER LITERATUR
DES XV. BIS XVIII. JAHRHUNDERTS

unter Mitwirkung von Käthe Kahlenberg
herausgegeben von Hans-Gert Roloff

TEUFELBÜCHER
IN AUSWAHL

WALTER DE GRUYTER · BERLIN · NEW YORK
1972

TEUFELBÜCHER

IN AUSWAHL

herausgegeben von
RIA STAMBAUGH

ZWEITER BAND
JOHANNES STRAUSS: KLEIDERTEUFEL
FLORIAN DAUL: TANZTEUFEL
ANDREAS HOPPENROD: HURENTEUFEL
ADAM SCHUBART: HAUSTEUFEL
NICOLAUS SCHMIDT: ZEHN TEUFEL

WALTER DE GRUYTER · BERLIN · NEW YORK
1972

ISBN 3 11 003924 9

Copyright 1972 by Walter de Gruyter & Co., vormals G. J. Göschen'sche Verlagshandlung
J. Guttentag, Verlagsbuchhandlung — Georg Reimer — Karl J. Trübner — Veit & Comp.,
Printed in Germany — Alle Rechte des Nachdrucks, einschließlich des Rechtes der Herstellung von Photokopien — auch auszugsweise — vorbehalten.
Satz und Druck: Walter de Gruyter & Co., Berlin 30

Wider den Kleyder/Pluder/Pauß vnd KraußTeuffel.
Durch
Johan. Strauß Elsterberg.

WIDER DEN
KLEYDER / PLU-
DER / PAUSS UND
KRAUSS TEUFFEL.
DURCH
JOHAN. STRAUSS ELSTERBERG.

⟨*Aij^r*⟩ **Dem Edelen / und Ehrnvhesten Joachim Reyboldt/ auff unter Newdorff und Netzschka / ꝛc. Meinem gůnstigen Junckern und Fŏrderern.**

EDler und Ehrenvhester / gůnstiger Juncker und Fŏrderer. Es haben vor dieser zeit / ehe denn der leidige Kiffel unnd Zanck Teuffel unter die Evangelischen Prediger mit gewalt eingerissen / sich viel guter Leute / gar statlich angelassen / und mit grossem ernste und eyver / nicht allein můndtlich / sondern auch Schrifftlich sich geleget / wider etliche mit hauffen ein-⟨*Aij^v*⟩gerissene Sůnde / schande und laster / dieselbige weidlich getroffen / und mit iren Hofffarben an den Tag geben. Daher ist kommen der Fluchteuffel / Zauberteuffel / Hurenteuffel / Hosenteuffel / Sauffteuffel / Můssiggangteuffel / Jagteuffel / und was derselben mehr sein / Wie sie denn nunmahls in ein besonder Buch / THEATRUM DIABOLORUM / genant / zusammen gebracht worden sein. Und ist auch / sonder allen zweiffel / solcher fleiß und ernst / ledig und bloß nicht abgegangen / Wie denn Gottes wort nicht ledig widerkŏmpt / Es gelinget ihm / darzu es gesandt wird / Esaiæ am 55. Cap.
⟨*Aiij^r*⟩
Nachdem aber / leider Gott im Himel sey es geklaget / nunmahls eine zeit nach einander biß anhero / die Prediger / wie die Fleischerhunde an einander gefallen / und sich jemmerlichen zerzauset / Ist solche wol angefangene gewonheit / wider die Laster zu schreiben / gefallen / und bleibet mancher dahinden / mit seiner arbeit / damit er doch grossen Nutz kŏndte schaffen / und wird ein stummer Hundt / Esaiæ 56. Cap.

In des reissen nicht alleine die Laster / die zuvorn zum theil schier gedempfft sein / widerumb auffs new ein / Sondern andere / die zuvorn was leidlich gewesen / nemen jetzt ⟨*Aiijᵛ*⟩ mit gewalt uberhandt / und steigen biß auffs höchste / wie für Augen.

Unter diesen allen / ist eines jetzt so gemein worden / das kein gleichs mehr dabey ist / Nemlich / der ubrige Tracht und Pracht in Kleydern / beydes bey Mannen und Weibern / jungen Gesellen und Jungfrawen / Knaben und Meydlin / das einem guthertzigen Menschen schier eckelt dasselbige anzusehen / Wil geschweigen / wie einem zu Hertzen und zu gemůth ist / wann er von den seinigen darzu gezwungen wirdt / sie gleichßfalls / auch mit grossem abbruch seiner Nahrung / zu bekleiden und herauß zu strei-⟨*Aiijʳ*⟩chen / sonderlich die Töchterlein / damit sie der Welt auch mögen gleich gehen / sonst wil man sie nicht haben.

Man muß bekennen / das jetzt / fürnemlich in namhafftigen Stedten / mit Kleydung bey den Reichen / sonderlich unter dem weiblichem geschlecht / eine solche Hoffarth getrieben wird / das uberauß und alle massen ist / Man behenget sich mit Gold / Perlen / Edelgesteinen / unnd viel ubermessigen Kleydern / das es zuvorn / auch vor weniger zeit / kaum in Fürstlichen / und der grossen Potentaten Stenden / also prechtig ersehen worden / Ich geschweige was hierinnen der Adel thut.
⟨*Aiiijᵛ*⟩
Diesem nach / hab ich armer einfeltiger Diener der Kirchen Gottes / mich dessen unterstanden / GOtt helffe / das es wol gelinge / und diese einfeltige erinnerung wider den Kleider / und Pluder / Pauß und Krauß Teuffel (der da jetzt mit gewalt regiert / nachdem der zerlumpte Hosenteuffel etlicher massen den Scepter und die Krone nidergeleget) zusammen getragen und an tag gegeben.

Wiewol ich aber wol weiß / das Ich mit diesem Tractat / diesen Teuffel nicht außrotten werde / So wirds doch darzu dienstlich sein / das doch etliche diese Teuffels Larve werden kennen lernen / eine abschew ⟨*Avʳ*⟩ darob tragen / und den Hoffarth måssigen. Die andern mögen in iren thummen Sinne

dahin fahren / und ihnen ein gut Jahr haben / Auch uber diesem schreiben zůrnen / biß alle grawe Röcke vergehen / und lestern / biß sie es selbest uberdrůssig werden. Mein Reim heisset: Ich acht es nicht / was mancher spricht. Ich taste nicht die Personen an / sondern das Laster.
Ich habe diesen Tractat in zwey Theil getheilet. Im Ersten theil handel ich vom rechtem gebrauch der Kleydung. Im andern Theil habe ich den mißbrauch fůr mir. Und hat ⟨*A v^v*⟩ jedes Theil vier Stůcke inn sich.
Das aber E. E. V. ich dieses zuschreibe / und unter E. E. V. Namen außgehen lasse / geschicht der meinung / und kömpt daher / Das E. E. V. ich etwa auff einer stadtlichen Wirttschafft in einer Namhafftigen Stadt gesehen / mit feiner / zimlicher / ehrlicher / Voytlendischer kleydung / herein tretten. Da dargegen andere / die doch viel weniger hatten / doch viel grössern Pracht fůhrten / Darůber mir mein Hertz im Leibe lachet und noch / das man dennoch / bey etlichen Leuten / noch alte Tugendt in der Welt findet / die denn auch billich ihren ⟨*A 6^r*⟩ Lobspruch haben sol. Denn Lob und Preiß / ist der Tugendt soldt / Saget der alte Ehrenholdt.
E. E. V. wolle dieses alles von mir / guter meinung geschehen / erkennen und annemen / Und also hiermit inn Gottes gnedigen Schutz befohlen sein und bleiben. Datum Newstadt am Schneberg / am Sontag JUBILATE / des 1580. Jahrs.

E. E. V.
    williger
        Johannes Strauß
            Elsterbergens.

⟨A 7ʳ⟩   **Das Erste Theil.**

Das erste Theil helt vier
Stůcke in sich.
Als nemlich:
5 I.   Woher die Kleydung ihren ursprung habe.
II.   Wie dieselbige geschaffen sein sol.
III. Warzu sie geordnet unnd dienstlich ist.
IIII. Das beyde Gott und Menschen an zimlicher Kleydung gefallen tragen / und damit zu frieden sein.

Vom ersten Stücke.
Woher die Kleydung ihren Ursprung habe. ⟨*A 7ᵛ*⟩

WIe der Mensch anfenglich geschaffen sey / das zeiget Moyses / der elteste und glaubwirdigste Scribent / klerlich an / in seinem Ersten Buch am 1. Cap. da er also saget: Und Gott schuff den Menschen / im zum Bilde / Ja zum Bilde Gottes schuff er in / Das ist / voll Weißheit und erkendtniß Gottes / Gerecht / heilig / ohne alle furcht des Todes und anderer unglücke / begnüget an der gnade Gottes / Wie man denn solches an der Eva sihet / die redet mit der Schlangen ohne alle schew / wie wir jetzt mit einem Lemblein oder Hündlein reden und spielen.

Item / der Mensche ist geschaffen nacket und bloß / wie solches Moyses auch anmeldet / im selben Buch / am 3. Cap. da er also saget: Da wurden ire beyder Augen auffgethan / und wurden gewar / das sie nacket waren. Solche blösse hat der Mensch / nach dem Fall / nicht gesehen noch erkennet. Denn wo Unschuldt / Gerech-⟨*A 8ʳ*⟩tigkeit / Heiligkeit und Seligkeit ist / (wie denn im Menschen anfenglich gewesen) Da ist keine furcht / schew noch scham für irgendt etwas / Sondern ein frey / frölich und frisch Gewissen / Das jederman gerade zu / unter Augen gehet / ohn alle schew. Also sein auch Adam und Eva in irer unschuld daher gangen / faden nacket / ohne schew / und ist ihnen solche blösse der herrlichste Schmuck gewesen.

Eben wie jetzt unsere kleine Kinderlein daher springen / in ihren glatten Höselein und Wammeslein / so inen Gott angeschnitten hat / und sich nit schewen für jemandes / Ja es stehet ihnen ire blösse wol an / und ist artig zu sehen.

Nach dem aber der Mensch Gottes Gebot ubertretten / und gessen hat von dem Baum den ihm Gott verboten / Also bald ist das Bilde Gottes in ihme zurstöret worden / und erfolget scham / furcht für Gott / straffe der Sünden / jammer / und

alles unglück. Da sind die Register des Gewissens alle auffgangen / und zugleich Zeter ge-⟨*A 8ᵛ*⟩schryen. Gleich wie ein Orgel / wenn man alle Register und Stimmen zusammen zeucht / Wie denn solches der Text in Mose klar vermag / Cap. 3.
Da Adam also sagt zu Gott: Ich hôret deine Stimme im Garten / und furchte mich / denn ich bin nacket / Darumb verstecket ich mich / ꝛc. Gleich wie Heute zu tage die Kinder / und zwar wir Alten auch thun / Wenn sie und wir uns unschůldig wissen / so sind wir freidig / mutig / und reden frisch den Leuten unter Augen. Aber wenn sie und wir uns schůldig befinden / so lauffen sie zu winckel / verstecken sich / und wollen sich nirgend finden lassen / Wir Alten schlagen die Augen nider / wie die verschalckten / reden erschrocken / erblassen / und geben mit viel andern anzeigungen unser schuld an tag.

Also hat dem Adam / nach dem Fall sein eigen Gewissen gesagt / Er habe unrecht gethan / Habe GOtt wider sich / Seine blôsse stehe im ubel an / und dergleichen. ⟨*Bʳ*⟩
Wiewol er sich gerne mit seinem Weibe weiß gebrennet hette / Wie der Text klerlich anzeiget / da er also sagt: Das Weib das du mir gegeben hast / gab mir von dem Baume / und ich ass. Welche gewonheit uns noch heutiges tages anhanget / Das wir nemlich / immerzu landein leugnen / und beschônen / und von uns weg weisen / Das heist sich denn mit Feigenblettern decken.

Da nun Adam und Eva unordenung an sich / nach dem Falle gesehen und gefůlet haben / scham und bôß Gewissen erfolget ist / Machet ihnen Gott selbest / schlechte geringe Kleidung / Rôck von Lambfellen / und zog sie inen an / Wie der Text vermag.

Diese Bekleidung nun / begreifft in sich zwey ding / die wol zu mercken sind.

Erstlich / Eine erinnerung ires grewlichen Falls / auß irer unschuld in die eusserste noth und gefahr / Darauß sie sich / so offt sie diese Kleidung ange-⟨*Bᵛ*⟩sehen / erinnert haben ires jammers und elendes / darein sie sich / durch den Fall gestecket. Denn wo nicht solche tegliche erinnerunge uns für den Augen umbgiengen / so vergessen wir gar leichtlich aller vorigen dinge. Also sein nun jetzt unsere Kleidung erinnerunge unserer Sünden. Aber leider / es ist ein lauter Pracht drauß worden. Denn wie das ubrige hoffertige kleyden / so gar bey Edelen / Bürgern und Bawern zugenomen / das ist für Augen / und kaum zu sagen / Ja solche ist so groß / das es auch darzu kommen / weil hierinnen niemands der wenigste sein wil / das die uberschwengliche Kleidung gar manchen umb seine Güter und Nahrung bringt / Denn es wil es jetzt ein jeder dem andern nachthun / zuvorthun / und erdenckt ein jeder eine newe Tracht / damit es je an Unkosten nicht mangele / Denn die newe Tracht kan kaum so bald ersehen werden / da ists nachgemacht / und immer weiter verbessert / und mehr darzu gethan. Wenn nur eine wilde ⟨*Bij^r*⟩ Ganß geflogen kömpt / und ein Feder ligen lest / so ist man da / lieset sie auff / und schmücket sie.

So wir doch warlich der Kleider keine Ehre haben / Denn die ursach derselben ist nicht gut / Umb der Sünde willen müssen wir Kleider tragen / Das ist uns warlich ein ebener ruhm. Es sind unsere Schandtkappen / daran alle Welt siehet / wie redlich wir an unserm Herrgott gehalten haben / Sie hangen uns am Halse / wie man den Dieben / das jenige so sie gestolen haben / an Halß henckt / wenn man sie außführet / Und wie der Esel seine Laßt treget / Also tragen wir selbst auch unser eigen Laßt und Schande. Darumb magstu wol prangen mit der Kleidung / Du hast ihr für war grosse Ehre. SCILICET.

Fürwar gute redliche Leute haben ein abschew ob ubriger und leichtfertiger Kleidung / Auch Adam / wenn er heut zu tage wider lebendig würde / und sehe solche uppigkeit in Kleidung / in allen Stenden / so würde er eigentlich ⟨*Bij^v*⟩ drüber erstocken /erstarren / und sagen: Was ist das? Mein Kleid war ein Rock von Fellen / Jetzt sind die besten Kleider von Wolffs und Fuchßbelgen / Darumb wie diese Thier sind /

so gerathen die Menschen auch / kriegen gemeiniglich Wölfische / Tyrannische Hertzen / und listige verschlagene Gemůther / innwendig mit Luchß und Fuchß gefůttert.

Zum Andern / Begreifft auch solche Kleidung in sich einen
herrlichen Trost / Nemlich / das Gott diese verderbte Menschliche Natur bekleiden / das ist / uns einen newen Leib anziehen werde / und diese newe Natur nemen vom Lamb / das ist / vom HErrn Christo / der fůr uns gestorben / und ein Opffer worden ist.

Wie denn zwar heutiges tages uns unsere kleider auch ein Trost / und erinnerung sein / der gnaden Gottes / Der da nicht allein zůrnet wider die Sůnde / Sondern daneben auch barmhertzig ist / und sein wil / Die Sůnde zude-⟨*Büj^r*⟩cken / vergessen / vergeben / und in ewigkeit nicht mehr gedencken / umb Christi willen / Den wir in der heiligen Tauffe angezogen haben / Mit welches Gerechtigkeit wir / durch den einigen Glauben bekleidet sein.

Vom Andern Stůck.
Wie die Kleydung geschaffen sein sol.

WIe Gott selbst dem Adam und der Eva Rôcklein von Fellen gemacht / und sie inen angezogen hat / nach dem Fall / sie dadurch ires elends und des Lemblin Gottes zu erinnern. Also mag Heut zu tag ein Man sich und die seinigen auch erbarlich kleyden / nach notturfft und des Landes brauch / nach seinem Stande und Beruff / Das ers nicht zu prechtig mache / nicht mehr an Halß henge / denn er vermag / und nicht al-⟨*Biij^v*⟩len newen Trachten / wie ein Affe / nach ôhme.

Denn da es eines Stande nicht geziemet / so hat er kleinen ruhm und ehr davon / wenn Er und die seinen schon sich mit Gold und Seyden behenckten / wie ein Krahmbude. Ist nun das vermôgen auch nicht darzu da / und einer tregt seiner Haußnarung ein schaden / und wil mehr verzehren und verkleyden / denn sein Pflug kan erehren / Das ist ein schedliche Hoffarth. Und diese noch schedlicher / Wenn einer auff geborget Gelt / sich und die seinigen in Goldt und Sammet sehen lest. Ich môcht gerne wissen / wie einer dencket / der niemands denn lebendigen Leuten schůldig ist / und lesset doch seine Kinder herein tretten / wie die außgehawen Ercker / Wie die Schrifft von den Claretlein und Purpurfrewlin redet / Psalm. 144. Item / Was sol das fůr ein Ehrenkleid sein / da die Fraw einen Damascken Rock und gůldene Ketten tregt / und ein Sammet Bareth / Der Mantel gestehet 50. Gůlden / und ⟨*Biiij^r*⟩ man ist es alles dem Kramer schůldig. Ein erbar Weib / Ein erbar Kleid / sagen vernůnfftige Leut / Ein Bůbisch und leichtfertig Kleid / gefellet allein Kindern / Narren und Bulern. So gibt die Schrifft neben der erfahrung / Das / wenn der Schmuck wechset und uberhandt nimmet / und Arm und

Reich ubermachens mit der Hoffart / so gehet gemeiniglich Landt und Leute zu boden / oder Juncker Landsknecht schmůcket seinen Fetzer oder Hosen damit / Esa. Cap. 3.

  Ach was darffs der Kleyder so viel weiß /
  Dein Leib der wird der Wůrme speiß /
  Bewar dein Leib fůr hitz und kelt /
  Denn uberfluß Gott nicht gefellt.

Mir gefallen hertzlich wol die zwey Verßlein an jenem Beinhause / Da die Todten zun Lebendigen also sagen:

  Vos qui transitis, nostri memores modo sitis
  Quod sumus, hoc eritis: Fuimus quandoque, quod estis.

Das ist:
  All die ir hie fůr uber geht /
  Denckt wie die sach mit uns jetzt steht /
  Wie wir jetzt sind / so werd ir werden /
  Wie ir jetzt seid / warn wir auff Erden. ⟨*Biiij*ᵛ⟩

 Alle Nationen und Vôlcker auff Erden / haben ire sonderliche Tracht / Monier und Kleydung / derer sie sich gebrauchen / und dieselbige keines weges wechseln / Und so viel ich derselben Tracht gemahlet gesehen / auch bey groben Vôlckern / so sind sie gemeiniglich Erbar / halten den Leib fein zusamen / sein fein lang / decken und hůllen wol. Allein wir leichtfertige und unbestendige Deudtschen / kônnen und wôllen bey keiner gewissen Form bleiben / wechseln / und endern uns fast alle Jahr / wie die rechten Broten und Polypi. Jetzt tragen wir Hispanische / bald Welsche / jetzt Frantzôsische / bald Tůrckische Kleydung.
 Darumb auch jener Mahler dem Tůrckischen Keyser / alle andere Vôlcker / in ihrem Tracht eigentlich abmahlet / Allein

den Deudtschen mahlet er Mutter nacket / und gab im ein Pallen Gewandt an den Arm / das er ihm darauß solte machen lassen / ein Kleyd / wie er selber wolt. Damit an-⟨Bvʳ⟩zuzeigen / das er eigentlich keinen kendtlichen Deudtschen mahlen kőndte / wegen des seltzamen Trachts / den sie tragen. Es ist eine lecherliche Narration / und gleichwol helt sichs also / und gereicht uns Deudtschen zu geringer Ehre.

Vor kurtzen Jahren hat der Tůrck viel der Deudtschen gefangen / und dieselbige / wie sie zerhackte und zerlumpte Kleyder gehabt / also auch am Leibe zerhacken und zerreissen lassen. Also muß es noch solchen muthwilligen und leichtfertigen Buben ergehen / und sie werden im nicht entfliehen.

Es hat in Deudtschlandt die leichtfertigkeit und uberfluß in Kleydung / dermassen uberhandt genommen / das solche nu zum hőchsten gestiegen / und nicht hőher kommen kan. Darumb muß Gott straffen / und ist zu besorgen / das in kůrtze eine grosse und grewliche verenderung werde geschehen.

Dieweil wir uns Hispanischer weise bekleyden / so schicket uns auch Gott die Hispanier ins Deudtschlandt / wel-⟨Bvᵛ⟩che auch mit uns / unsern Weibern und Kindern / allen muthwillen und leichtfertigkeit uben und gebrauchen.

Also auch ergehets mit den Tůrcken / Dieweil wir uns nach des Tůrcken Monier / mit Hůtten und Kleydungen richten / so geben wir dardurch selbest zu verstehen / und sein unsere eigene Propheten / Das wir auch in kůrtze / durch Gottes verhengnuß / in des Tůrcken gewalt gefenglich werden gefůhret und gebracht werden / Wie denn solches zum theyl schon geschehen.

Wiewol es aber meine meinung keines weges ist / jemandes hierinnen etwas fůrzuschreiben / was er fůr einen Tracht tragen solte / Denn die Stende und Personen seind ungleich / und demnach pfleget ir Tracht auch zu sein.

So wil ich doch nur in gemein hin / ein wenig vermelden / von den gemeinesten und gebreuchlichsten Kleydern / was mein JUDICIUM ist / und doch daneben einem jeden das seine

16 *Strauß*

auch lassen / ⟨*B 6ʳ*⟩ Denn: QUOT CAPITA, TOT SENSUS / Und:
QUISQUE ABUNDAT SUO SENSU.
 Ein Leynen Hembde auff blosser Haut / ist gar ein nützlich
Kleyd / die VAPORES / dünste und schweiß / so auß des Menschen Cörper außziehen / PER POROS auffzufahen / die da wö-
chentlich widerumb darauß können außgewaschen werden/
welchs sonst ein ander Kleyd von Wolle oder anderer Matery /
nit liede / neben dem / das es dem Leib verdrießlich und be-
schwerlich sein würde.
 Hosen und Wammes fein zusammen gemacht / das sie geraum und gefüge sein / ist ein nützlich Kleyd / für die Menner
in allen Stenden / Und weiß nichts daran zu tadeln / ohn allein
die Lätze / die geben gar zu viel uppigkeit von sich / Also /
das michs wunder nimpt / wie es die erbarn Deudtschen so
lange haben dulden können. Doch wie ich auß allen Gemelden
abnemen kan / und auch inn meiner Jugendt selber gesehen
habe / so haben etwa die Hosen Altvåterische Låtze ge-⟨*B 6ᵛ*⟩
habt / die da nicht so gar unfletig gewesen seind als jetzt. Die
Türcken sollen sonderlich unsern Hosen feind sein / umb des
wegen. Sie tragen ire ohne Lätze / oben zusamen gezogen / mit
einer Schnur / wie jetzt fast der unsern Pluderhosen sind /
doch nicht so weit.
 Ein Leibrock mit einem selbst angeloffenen Schurtz / oder
eine Hartzkappe / stehet erbarn Leuten wol / sich damit zu
decken. Die Handwerckßleute haben ihre Schurtzfell / Für-
henge / Koller / ꝛc. Ist erbar und stehet wol.
 Oberkleyder sind jetzt / Gott lob / das meiste theil leidlich
und löblich / Feine Bürgerßröcke zu Winter und Sommer /
Sonderlich die feinen langen und erbarn Kappen oder Mäntel /
ohne und mit Ermeln / die kleyden und zieren wol alte und
junge Leute.
 Hütte und Pareth / sind in leidlicher ubung bey erbarn
Leuten / ohne was Narren sein / die geben in diesem stück
ire thorheit redlich an tag / Wie unten gesagt wird werden.
⟨*B 7ʳ*⟩

Kleiderteufel

Der Frawen unnd Jungfrawen Tracht ist Erbar sath / bey thugendtsamen Personen.

Diß wil ich nu kůrtzlich also hie vermeldet haben / Auff das ich hernach im andern und dritten stůcke des Andern Theyls dieses Tractats / desto mehr ursach haben mag / vom Uberfluß und Pracht / in gemelten und andern stůcken zu handeln.

Von der Materia / darauß diese stůcke gemacht werden / gebůrt mir nichts zu schreiben. Der Standt / das Ampt / die Billigkeit und das Vermôgen / sol und wird hierinnen Meister sein. Ein Fůrst / Potentat und Herr / hat billich den vorzug fůr einem geringern / Ein Edelman fůr einem Bůrger / Ein Bůrger fůr einem Bawern. LEGES SUMPTUARIÆ in solchen Fållen / Als in etlichen Stedten gehalten wird / sind gar lôblich / und dem Volck ersprießlich zu allem guten. Wie unterscheid der Personen sein / Also sol auch billich unterscheid der Kleydung sein / damit man ⟨B 7ᵛ⟩ einen fůr den andern kennen mag / Damit nicht der Herr fůr den Mûller / und der Mûller fůr den Herrn angesehen werde / Wie dort ein mahl geschahe. Oder das man den Reuter anrede / wenn man meinet es sey der Herr. Doch ists zumal ein herrliche Tugend fůr Gott und aller Welt / Wenn die Herrn also fein einfeltig herein ziehen. Denn sie zeigen damit an / das sie auch einen Herrn im Himmel haben / bey welchem kein ansehen der Personen ist / Ephes. 6.

Augustus der Keyser / vermanet die Rômer / da sie lust hatten zur außlendischen Kleydung / mit langen worten / davon abzustehen / und sich an Rômischer Kleydung genůgen zu lassen / Und sagte den Verß Vergilij:

ROMANOS RERUM DOMINUS GENTEMQUE TOGATAM.

> Nach Landes gbrauch sol man sich kleyden /
> Und frembdes Volckes Tracht vermeiden.
> So lang im Rômischen Regiment /
> Dahin gericht stundt ir Intent.

2 Teufelbücher 2

Das alte Leut vorhanden waren /
Und hielten die Breuch der Vorfarn. ⟨*B 8ʳ*⟩
Ward es also drumb gewandt /
Das es stehen blieb in seinem Standt.

⁵ Ob das nicht eine schône vermanunge / wôlle ein jeder vernûnfftiger Mensch behertzigen / Ja wolte Gott / das diese Regel auch bey uns gehalten wûrde / so wûrde es umb die Leute / in ihrer Narung / fûrwar auch besser stehen / denn es jetzt stehet.

¹⁰ Wenn es aber dazu kommen sol / wie es leyder allzu sehr kommen ist / das Pawern Sammet und Seyden tragen wôllen / Da gehet das alte Sprichwort: Ein Weydenkopff und stoltzen Pawrn / Sol man in drey Jahren behawen.

Wer weiß / woher sich jetzt die grossen Schatzungen ver-
¹⁵ ursachen? Weil jetzt der Pawer mit seiner Tochter sich also herfûr bricht / wie ein arme Greffin / Ach ubriger Hoffart wehret doch die lenge nicht / und gewinnet gemeiniglich einen bösen nachklang.

FŒMINA CULTA NIMIS, FŒMINA CASTA MINUS, sagen die
²⁰ Poeten. Das ist: Allzu sehr geputzt / Der Keuscheit selten nutzt. ⟨*B 8ᵛ*⟩

Vom Dritten Stück.

Wozu die Kleydung geordnet und dienstlich ist.

Wiewol von diesem stücke oben im Ersten etwas gehandelt worden ist / Als nemlich / Das die Kleydung uns erinnere unsers Falls / und der Erlôsung durch des Lemblins Jhesu Christi Blut und Todt / So befinden sich doch noch zwo andere ursachen / derer wir ungedacht nicht lassen kônnen. Das nemlich / nach dem Fall / umb zweyerley ursachen willen / die Kleydung von nôten.

Erstlich / zu meiden bôse anfechtung / reitzunge / begierde / ergernuß und unthugendt. Hievon wil ich / umb unschůldiger Ohren wegen / nicht mehr schreiben / Denn weil man saget / und es ist auch war: OBIECTA MOVENT SENSUS / Das ist:

> Was einem umbgeht fûrm Liecht /
> Das machet bôß Gesicht. ⟨C^r⟩

Darumb hat Gott mit der Kleydung alle bôse anfechtunge / reitzunge und begierde / zudecken und abschneiden wôllen.

Zum Andern / umb frost / schnee / kelte / und ander Ungewitter willen. Denn durch den Fall hat der Mensch nicht allein die Gerechtigkeit und Unschuld verloren / Sondern ist auch gefallen in der Sûnden Soldt / den Todt / und alles / was dem Tode anhengig ist / biß derselbige uns der mal eins gar abknicke und abwûrge. Da ist uns Menschen alles auffsetzig auff Erden / dieweil wir leben / hunger / kummer / Im Sommer die hitze und der schweiß / im Winter der schnee und die kelte / ⁊c.

Und sintemahl uns diese ding nicht ehe abhelffen kônnen / biß so lange es Gott haben wil / Denn Er hat uns ein Ziel gesetzt / das nicht uberschritten werden kan / Darumb hat er

darfür eine lieferung und auffenthalt uns gegeben / Die Kleydung / dardurch wir ⟨C^v⟩ uns des frostes und der hitze erwehren können / Denn was für den frost gut ist / das sol für die hitze auch helffen / wie man saget. Darauß wir denn aber-
5 mals die grosse gûte Gottes zu erkennen haben / und zu sprechen: Ach wie ist die Barmhertzigkeit des HErren so gros. Man kan sie weder mehren noch wehren. Item zu singen: Der du uns als ein rechter milder Vater / Speisest und kleidest dein elende Kinder / ꝛc.

10 Jetzunder suchet man mit der Kleydung / wie es wol billich sein solt / nicht gemelte zwey stück / sondern treibet leichtfertigkeit damit / und ubermachet es mit Sammet / Seyden / Damascken / Carteck / und wie der Trödel mehr heist / Darinnen mehr anreitzung zu böser Begierde / denn zu Erbarkeit /
15 mehr kelte denn werme ist / Also / das es niemandt erwehren kan / Und ist doch alles verloren Gelt / Und komen darnach die Schneider / zerhacken und zerflammen die Kleyder / das einer sihet / als hetten die Sewe auß ihme ge-⟨Cij^r⟩fressen / und hangen die Loden umbher / als were einer etwan ein wochen oder
20 etliche am Galgen gehangen.

Wer da wil / der mag auch noch eine / und also die dritte ursache der kleydung hieran hengen / welche ist der Wolstandt / Denn ob wol der Mensch auch nach dem Fall / an ihm selbst eine anmůtige und schöne Creatur Gottes ist / gantz artlich
25 von Fleisch / Bein und Haut zusamen gesetzt / Wie denn Lactantius hievon ein schönes Buch gemacht (DE OPIFICIO DEI) so wird er doch viel holdtseliger und lustiger anzuschawen / wann er mit zimlicher Kleydung / darinnen keine leichtfertigkeit ist / angethan ist / Wie die erfahrung außweiset. Also
30 können nun fünff ursachen der Kleydung angezogen werden. Zwo auß dem ersten Stück dieses ersten Theyls / Und die andern drey auß diesem dritten Stück / wie gemelt / ꝛc. ⟨Cij^v⟩

Vom Vierden Stück.

Das beyde Gott und Menschen an zimlicher Kleydung
gefallen tragen / und damit zu frieden sein.

I.

DAs Gott an zimlicher Kleydung gefallen trage / und damit
zu frieden sey / Das beweiset sich mit der That / Genes. 3. Cap.
Da Gott dem Adam und seinem Weibe / Leibröcke von Lambfellen machet / und zoge sie ihnen an / Wie der Text vermag.
Wie nu Gott anfenglich Adam und Eva Kleydung gemacht /
und sie darinnen mit allen gnaden angesehen hat (Denn er
sahe an diesen Fellen seines Sohns des unschůldigen Lemb-
leins gehorsam) Also schaffet er ⟨*Ciij^r*⟩ uns Heut zu tag Hůlle
und Fůlle / versorget uns mit aller Nahrung und nothdurfft /
Lesset jährlichen wachsen allerley vorrath / an Korn / Weitzen /
Gersten / und andern Getreydig / Laub und Graß / das die
Menschen und Viehe ire Nahrung davon haben. Und zur
Kleydung / Wolle auff Schaffen und Beumen / Flachß / Hanff /
und dergleichen / Und dessen Gott lob / eine mennige / das
man darůber nicht sonderlich zu klagen hat.

Und damit wir je solche seine vorsorg fůr uns in frischer
gedechtnus möchten behalten / und nimmermehr vergessen /
so stellet er uns solchs in gar feinen Argumenten fůr / Matthei
am 5. Da er uns weiset an die Vögel unter dem Himel / Die
Lilien auff dem Felde / und des Grases / das doch Heute stehet /
Morgen in den Ofen geworffen wird / Und růhmet Salomonis
Herrligkeit in seiner Kleydung / Welches er freylich nicht thun
wůrde / wenn ehrliche Kleydung ein Eckel ⟨*Ciij^v*⟩ fůr ihm wer.
Denn Gott kan solche Kleydung wol leiden / Sammet und
Seyden verdammen auch niemands / Wem es Gott mit ehren

bescheret / und dem es von Ampts wegen gebühret / der kan ohne beschwerung seines Gewissens / wol solche ding tragen.

Die heiligen Patriarchen mit iren Weib und Kindern / sind auch reich gewesen / Da wirds sonder zweiffel an ehrlicher Tracht / und leidlicher zierlicher Kleydung nicht gemangelt haben / wie zwar auch nit an Gold und Silber / Wie denn die Schrifft von Abraham rühmet. Rebecca / Salomon und Esther / tragen auch Gold und Seyden / Und der reiche Schlampamper (Luc. 16.) wird auch nicht verdampt / von wegen seiner köstlichen Kleydung / Denn alle Creatur ist gut / und verdammet keinen / wenn man sie gebraucht mit dem Gebot und Dancksagung / zur nothdurfft / ehre und frewde / nach eines jeden vermögen und Stande / ꝛc. ⟨Ciiijʳ⟩

Ferner / wie Gott sonst alle ding dem Menschen zum besten erschaffen hat / und zu gut lest kommen / Also gibt er auch der Welt solche Leute / Als Schuster / Schneider / Tuchmacher / Kürschner / Leinweber und dergleichen / die da Gottes bescherte Gaben / zur Kleydung können zu gut machen / den Leuten anschneiden und anmachen / nicht allein zur nothdurfft / sondern auch zur zierde und gebürlichem schmuck / Gibt inen feinen verstandt / und eine feine leichte künstreiche Handt darzu / Wie es denn derselben Leute in der Welt viel hat / von Man und Weibßbildern / die da mit nehen und stricken / oder wircken künstlich sein. Ein solche ist gewesen / wie die Gelehrten sagen / Naema / die erste Neterin / Portenwirckerin / Seydenstickerin / unnd Haubenstickerin / Krentzmacherin / Hat wol können außnehen / Wiewol ihr solches zu keinem sonderlichen lob wird nachgesaget / Sintemahl Sie auffm Stul geses-⟨Ciiijᵛ⟩sen / selbst Hoffart getrieben / und andern darzu geholffen hat.

Ein solche war die fromme Thabea zu Joppen (Act. 9.) welcher köstliche Kleyder / die sie gemacht hatte / bey ihrem leben / die umbstehenden Witfrawen dem heiligen Petro zeigen.

Ein solch Kunststück ist gewesen der Rock Jhesu Christi / durch und durch gewircket / von oben an biß unten auß / welchen im seine liebe Mutter Maria gestrickt sol haben.

Auß diesen Gründen ist nun kundt und offenbar / das Gott an zimlicher Kleydung einen gefallen trage / und damit wol zu frieden sey.

II.

Gleich aber / wie Gott damit zu frieden ist / und es ihm gefallen lest / Wenn die Leute sich nach nothdurfft und erbarlich bekleyden. Also auch die Menschen / in denen die Sinne nit verrucket / sondern eines erbarn Gemûts und Geblûts sein. Dessen ⟨C 5ʳ⟩ setze ich hiemit zum beweise diese Gründe.

Ehrliche Leute befleissigen sich fûr ihre eigene Person / ehrlicher / gewôhnlicher / und reiniger Kleydung / und machens also / das kein uberfluß oder uppigkeit gespûret wird in ihren Trachten.

Wie geringlich / alber und einfeltig die Alten sich gekleidet / und des Schmucks so wenig geachtet haben / Dessen findestu viel Exempel im PROMPTUARIO EXEMPLORUM ANDREÆ HONDORFIJ / im 3. Gebot / TITULO DE VESTITU / Von der Kleydung.

Carolus Magnus gebrauchte nicht zierliche Kleydung zum schmuck / sondern bekleydet sich nach der Deudschen arth / nicht viel kôstlicher denn der gemeine Man. Er hat sich unterstanden / die newe Kleydung gar außzurotten in Deudschen Landen / und die gar alten herfûr zu bringen. Die Deudschen und Francken / nach dem ⟨C 5ᵛ⟩ sie gemeiniglich unter den Wahlen und Frantzosen zu kriegen pflegen / namen sie derselben kurtze Mentelein und Rôcklein an. Da Carolus Magnus solches sahe / ward er zornig / und schrye: O ir Deudschen und freye Francken / Wie seid ir so unbesonnen / das ir deren kleydung / die ir uberwunden und bestritten habt / deren Herrn ir seid / annemet / Es ist nicht ein gutes Zeichen / Es bedeutet nichts guts / Ihr nemet inen ire Kleydung / so werden sie euch ewer Hertz nemen / Was sollen diese Welsche Flecken und Hader? Sie decken den gantzen Leib nit / lassen in wol halb bloß / sein weder für hitz noch für kelte gut / für Regen noch für Wind / Und wo einer im Felde seines gemachs / mit zůchten zu melden / muß thun / bedecken sie einen nicht / Erfrieren einem die Beyne. Ließ demnach ein Gebott außgehen / Das man solche Frantzösische Kleyder / im Deudtschlande / weder kauffen noch verkauffen solte. Im Winter trug er gemeiniglich / nach dem gar alten gebrauch der Deudschen / ⟨C 6ʳ⟩ einen Wolffsbeltz / oder auß Fuchßfellen / oder auß Schafffellen gemacht.

Hertzog Albert zu Bayern / kam von Paryß anheim / und war BACCALAUREUS der Rechten worden / und truge etliche Jahr / seine GLORIAM oder BACCALAUREATE Kappen. Diß solte jetzund wol ein schlechter Bůrgers Son nicht thun.

Obs wol war ist / Das das Kleyd keinen Mönch machet / So ists doch offt eine anzeigung eines Erbarn Gemůths / und widerumb / ꝛc.

Denn loß und leicht Gesindlin / kleydet sich loß und leichtfertig / und ist war / wie man sagt: VESTIS INDICAT VIRUM & INGENIUM. Ein bundtes Kleydt / Ein bundter Sinn. Denn was also zerlumpt und zerhadert herein gehet / Da ist gewiß Haut und Haar nicht gut an. DISSOLUTA VESTIS, DISSOLUTI INGENIJ EST SIGNUM. Daher heissen solche Leute in Lateinischer Sprach DISSOLUTI / Darumb / das sie sich lose gůrten und ubel schůrtzen. ⟨C 6ᵛ⟩

Jhesus Syrach am 19. cap. saget: Die Kleydunge / Lachen und Gang / zeigen einen Man an. Freylich zeigen sie ihn an. Denn wie man in einem Spiegel siehet / wie einer gestallt ist außwendig / Also siehet man auch bald an Federn / das ist / an der Kleydung / was einer inwendig fůr ein Vogel ist.

Solchen zerhaderlumpten Leuten sind erbare Leute gram und feindt.

Der Herr Philippus kömpt in eine Kirchen / in einem Stedtlein / und siehet den Cantor fůrm Pult stehen / in einem gar kurtzen Rocke / schemet sich nicht also zu stehen für Gottes Angesicht / und viel ehrlichen Matronen / so dazumal zum Hochwirdigen Sacrament giengen. Das thet dem Herrn hefftig wehe / und sagte drauff / Wenn ich des Orths Bürgermeister wer gewesen / so wolt ich in in Kercker versteckt haben. Wie Erbare Leute unerbarer Kleydung gram sind / Also sind sie ⟨C 7ʳ⟩ dargegen zimlicher Kleydunge und Schmuck gewogen / und lassens ihnen gefallen. Es müste doch ein heyloser Mensch sein / und ein rechter Unflath / der einen nicht lieber ansihet / in einem erbarn Kleyd / als in einem bübischen und zerhaderten.

David den König verdroß es hefftig / Das ihme Hanon seine Knechte geschendet / die Bårthe verstutzet / und die Kleyder / biß an die Gürtel abgemutzet hatte / und ließ sie nicht zu Gesichte komen / biß inen die Bårte wider gewachsen waren / 2. Sam. 10. Jetzt ist das Bårte stutzen / bey grossen Herrn ein grosse Ehre worden. SED EA DEMUM MALA EST RESPUBLICA: UBI QUÆ VITIA FUERUNT, MORES FIUNT.

Ein ehrlich und erbar Kleidt fördert gar manchen / der sonst dahinden müst bleiben in der Welt. Dessen muß ich hier zwey merckliche Exempel erzelen:

1. Auff ein mahl kam ein Doctor / ein Redener / zu einem Bürger-⟨C 7ʳ⟩meister / mit einem armen Man. Der köstliche Reder hatte schlechte Kleyder an / und klopffet an des Bürgermeisters Thür an. Da siehet des Bürgermeisters Diener zum Fenster auß / wer da wer? und sagt zu seinem Herren: Es ist einer da / der hat einen schlechten Rock an. Der Bürgermeister sagt zum Knecht: Sprich / Ich hab zu schaffen / ich könne ihn jetzundt nicht hören. Der Redener gieng heim / und leget seine Feyertågliche Kleyder an / und kam herrlich herwider / und klopffet an / Der Knecht siehet hinauß / laufft bald zum Herrn / und sagt: Herr / es ist ein Herr da / der hat eine Schauben an / und ein roth Paret auff. Da er für den Herrn kam / und ehe er in grüsset / da küsset er seinen Rock und die Ermel ohn unterlaß. Der Bürgermeister verwunderte sich /

das er / als ein weyser Man / so thôrlich thet / Denn er kennet ihn wol / und sprach: Was bedeuts / das ir ewern Rock also kůsset? Er antwortet / Der Rock hat mir geholffen / das ich fůrkomen bin / ⟨*C 8ʳ*⟩ darumb ist er mir so lieb. Ich bin vor
5 auch hie gewesen an der Thůr / in einem schlechten Rocke / da wolt man mich nicht einlassen / Aber jetzt in dem scheinbarlichen Kleid bin ich eingelassen worden.
   2. Ein ander fast dergleichen Exempel schreibet Fran. Petrar. von einem kôstlichen Redener von Padua / in
10 Lateinischer und Welscher Sprache sehr wol beredt / des Lob gieng durch gantz Italien / und hieß mit namen Donatus. Zur selben zeit war zu Padua in der Herrschafft / ein newer Richter / der saß zu Gericht. Da kam ein armer Bůrger zu Donato / und bath in / Er wolte mit ihme gehen fůr den newen Richter /
15 und im sein Wort reden. Donatus leget ein schlechtes Rôcklein an / und kam fůr den Richter / fieng an / eine einfeltige Rede zu thun / in Welsch / von wegen des armen Mannes. Der Richter fiel ihm drein / und sprach zu im: Kanstu auch Latein? Er sprach / Ja / ein wenig. ⟨*C 8ᵛ*⟩ Der Richter sagt: Du magst
20 wol Lateinisch reden / Ich verstehe es wol. Da fieng Donatus an / so kôstlich Latein zu reden / das sich der Richter verwundert / und fraget einen / der neben im stunde / Wer er were / der da redet? Er antwortet / und sprach: Es ist Donatus der gelehrte Man. Da erschrack der Richter / denn er kennet
25 den Namen wol / aber die Person nicht / stunde auff / gieng im entgegen / und bat in / das er ihm wolte verzeihen / das er ihn verachtet hette umb seiner Kleydung willen / Setzet in neben sich / und redet mit ime / und gab ime / was er wolt.
   Darumb heists wol: Vestis facit virum. Das Kleydt machet
30 einen Man. Freylich / Wenn zu mahl der nachdruck auch da ist. Aber wo der nit ist / da heist es: Simia est Simia, etiamsi auro gestat insignia. Ein Aff ist und bleibet ein Aff / und wenn er gleich aller Welt Schmuck antrůge.
   Wie wir denn dessen viel Exempel haben / an vielen groben
35 Gesellen / welche / sintemal sie gantz und gar an inen ⟨*Dʳ*⟩

nichts befinden / das der fôrderunge werdt sey / So bewerben sie sich umb stattliche und prechtige Kleydung / und prangen denn damit herein / Und werden denn also erfûr gezogen / fûr manchen guten / gelehrten / und ehrlichen Gesellen. Was sie hernach guts außrichten / und fûr nutz schaffen / das er- erfehret man mit grossem nachtheyl.

Darumb spricht Speculator gar wol:
Vir benè vestitus, pro vestibus esse peritus
Creditur à nullo, quamvis idiota sit illo,
Si careat vesto, nec sit vestitus honesto.
Nullus est laudis, quamvis sciat omne quod audis.

Das ist:

   Ein Man der schône Kleyder hat /
      Geachtet wird eins Fûrsten Rath /
   Und fûr ein Glerten angesehn /
      Dafûr er doch nicht kan bestehn.
   Ist einer ubel angethan /
      Der mag kein lob bey Leuten han.
   Und wenn er gleich wist alle Kunst /
      Noch het er bey der Welt kein gunst.
   Man gibt dem Weißheit und Gewalt /
      Der im mit Kleydung macht gestalt.

Doch stecket inn einem schlechten Kleyde auch offt ein gescheider Man / ⟨D^v⟩ Wie am Donato oben zu sehen ist / und am Herrn Philippo / der auch wie ein armer Baccalaureus her zog / Von welches Kunst und Fûrtreffligkeyt die Welt vol ist / ꝛc.

Das Ander Theyl.

WAs ich biß anher geschrieben / das betrifft die Erbarkeyt / und was lobens und Ehren werd ist / in der Kleydung. Nun folget das Kegentheyl / Der leydige Wust / die Grundtsuppe: Der Kleyder und Pluder / Pauß und Craußteuffel selbst. Und hat diß Theyl / wie das vorige / auch vier Stůck.
- I. Woher die leydige Hoffarth / in der Kleydung entspringe.
- II. Wie hoch dieselbige gestiegen / und noch von tag zu tag steige. ⟨*Dijr*⟩
- III. Wie diese Hoffarth die Leute mehr verstelle / denn sie schmůcke und ziere.
- IIII. Das beyde / GOTT und die Menschen / diesem Laster spinnen feind / und von Hertzen gramm sein.

Vom ersten Stück.

Woher die leydige Hoffarth / in der Kleidung entspringe.

DAs Adam und Eva / in iren Leibpeltzlein nicht gepranget werden haben / ist die Rechnung auß den vorgesagten leichtlich zu machen. Denn wie kan einen das Hoffertig machen / das ihme nur zur straffe / und zur erinnerung seiner Missethat / an den Halß gehenget ist? Eben alß wenn ein Esel / mit seinem Secke tragen / wolte Hoffarth trei-⟨*Dij^v*⟩ben / Wiewol ihm gleichwol solches auch keine schande ist / Denn er dazu geschaffen ist. Oder / als wenn einer / der einen Fuchßschwantz am Halse treget / darein ein Strick geflochten (wie man etwa die jenige / so den Stranck verschuldet / und inen doch das Leben geschenckt hatte / straffete) damit wolt prangen. Sondern / so offt sie diese Beltzlin angesehen / ist inen ein Blutstropffen vom Hertzen gefallen / und haben seufftzen müssen / Geschweige / das sie der Hoffarth solte gestochen haben. Wiewol der Trost auch mit unter gelauffen / auß dem Lemblein Gottes / wie oben vermeldet.

Aber / wie nachmals mit erwachsender Welt / durch Grewel des Teuffels / allerley Sünde / Schande und Laster uberhandt genomen / Darumb denn auch Gott die Welt grewlich gestrafft hat / Wie Moyses anzeiget. Also auch der Pracht unnd Ubermuth inn Kleydern / ist mit gewalt gewachsen / Wie denn der Text ⟨*Diij^r*⟩ klerlich sagt / Genes. 6. Das die Kinder Gottes gesehen haben / nach den Töchtern der Menschen / wie sie schön waren / und zu Weibern genomen / welche sie wolten. (Die GLOSSA am Rande legt diß also auß: Der heiligen Väter Kinder / die in Gottes furcht aufferzogen waren / und darnach erger worden / denn die andern unter dem Namen Gottes /

Wie allezeit der Heyligen Nachkommen die ergesten und verkertesten zu letzt worden sind) Da ist es freylich ohne Schmuck und Pracht nicht zugangen / Sondern da der Heyligen Kinder sein fein Erbar herein gegangen / schlecht und recht. Haben
5 sich der Menschen Kinder / das ist / die Welt und Venus Kinder herauß geputzet / wie die Ercker am Tempel / und sich also den Gesellen eingeliebet. Wie denn die Naema ein solches Claretlin auch gewesen ist / und andern / wie oben gemeldet / auch darzu geholffen hat. Da hat sich Hans der Greten wider-
10 umb zu gefallen geputzt / und herauß gestrichen / biß endtlich Gott mit ⟨*Diij^v*⟩ Wasser und der Sůndfluth dieses alles uberschwemmet hat. Und sintemal die Leut nach der Straffe / selten frőmmer werden / sondern erger / Wie der Verß lautet: POSTQUAM COMULAVIT, PEIOR & ANTE FUIT. So hat nach der
15 Sůndfluth solch ubel je lenger je mehr zugenommen / und nimpt noch zu / wie vor Augen.

Darumb so ist der Teuffel ein anfenger dieses Lasters / Denn er ist Gottes / und aller Menschen abgesagter Feind / Und wie er im Anfang den ersten Menschen zum Fall gebracht hat /
20 Also henget er noch immerzu eine Unthugendt nach der andern den Menschen an / Damit er in der Seligkeit / darauß er verstossen / und dahin die Christen kommen sollen / beraube. Wie er die Eva durch Hoffarth betrog / Sie solte wie Gott werden / Genes. 3. Wenn sie vom verbottenem Baum esse.
25 Also auch / betreuget er noch heutiges tages viel Leute / durch Hoffarth / fůrnemlich das Weiber-⟨*Diiij^r*⟩volck / Das sonst ein schwacher Werckzeug ist / 1. Pet. 3.

Vom andern Stůck.

Wie hoch die Hoffarth gestiegen / und noch von tag zu tage steige.

HIe findet sich nun ein solcher Wust und Grewel / das ich schier nicht weiß / wo ich anfahen oder auffhôren sol / Wie Keyser Tiberius / in seiner fůrgenomen Reformation / auch eben diese Wort fůhret / Das er nicht wisse / wo er anheben oder auffhôren solt. O wenn er jetzundt lebt / Ich mein / er solte zu Reformiren alle Hende voll finden.

Denn es ist jetzt ein unzůchtige und sehr prechtige Kleydung in der Welt. Es wil immer einer uber den andern sein. Die Bawern und Bewrinnen wollen den Bůrgern und Bůrgerin- ⟨*Diiij*ᵛ⟩nen gleich gehen / Die Edelleute den Fůrsten und Herren. Darůber kommen denn Herren und Knechte / und alle sampt ins verderben. Denn wenn man nichts entperen wil / sondern alles haben und nachthun was man sihet / wil Sammet / Seyden / Cartecken tragen / So muß man denn liegen / triegen / stelen / rauben oder borgen / kômpt darůber in jammer und noth / schande und spott / oder in untregliche schulden / und verdirbet endtlich also an Ehr / Hab / Gut und Blut / und endtlich an der Seelen darzu. Deß muß ich hie eine schreckliche Historien erzelen aus Ioanne Anglico.

Es war ein Bůrger geplaget / mit einer eigensinnigen stoltzen Frawen / die wolte nicht fůr lieb nemen / was ir der Man auß seinem vermôgen gab / sondern wolt hoch herfaren / und den Reichsten gleich sein. Der gute Man wolte seine Fraw nicht erzůrnen / verließ sein Handtwerck / und ward ein Kauffman / schlug groß Gelt ⟨*Dv*ʳ⟩ und Gut zusammen / mit Wucher / allerley Vortheil / und Finantzerey / wie er nur mochte. Gott verhieng / Der Teuffel halff im / sie lebten mit einander in

teglicher frewde und kurtzweil / hetten was sie nur wůnschen mochten / und liessen sich nichts anfechten. Zu letzt pochet GOTT an / Der reiche Man ward kranck / und waren alle Zeichen des Todes fůrhanden / Die Fraw und die Freundt-
5 schafft vermanten in / Er wolte sein Testament machen. Er antwortet: Es sey ohne noth / denn er habe sein Testament vorlengest gemacht. Als sie aber nicht abliessen / verwilliget er zu letzt / lesset Notarien und Zeugen fodern / und sprach fůr ihnen allen / also:
10 Zum ersten / bescheid ich zum Testament mein Leib und Seel / dem leidigen Teuffel / und allen hellischen Geistern / ewiglich mit ihnen in Abgrundt der Hellen zu brennen / Denn dahin gehören sie. Die Fraw erschrack / und sprach: Ey lieber Man / seid ihr thöricht? wie redet ir also? Dencket an ⟨*Dv^v*⟩
15 den Allmechtigen GOtt. Er aber sprach: Ich bin nicht thöricht / weiß auch wol was ich rede / Wie ich gesagt habe / also muß es ergehen / da wird nichts anders auß. Wem solt ich mich billicher am Tode befehlen / denn dem ich gedienet hab am leben? Mit Gott hab ich nichts zu thun gehabt / darumb er
20 meiner jetzt auch billich můssig gehet.
Die Fraw sprach: Was wolt ihr denn mit mir machen? Er antwortet: Du solt auch mit mir brennen / im hellischen Fewer ewiglich. Da schlug die Fraw das Creutz fůr sich / und sprach: Da behůte mich Gott fůr. Er antwortet: Es wird hie
25 kein Creutz helffen / und was sagstu von Gott? Gott hat mit dir nichts zu thun noch zu schaffen / Du bist ein ursach gewesen / das ich mich dem Teuffel umb Gelt und Guts willen / ergeben habe. Ich kondte dich doch nicht mit Schmuck und Kleydung erfůllen / noch deiner Hoffarth genug thun / muste mein ehrlich
30 Handwerck lassen / und ein Kauffman werden / die Leut betriegen / mit Worten / ⟨*D 6^r*⟩ Wercken / Gewicht / Maß / Elen und Můntz / alles umb deinet willen / Darumb soltu auch mit mir theyl haben / im hellischen Fewer / Da wird nichts anders auß.
Sein Caplan / den er teglich uber seinem Tische hatte /
35 fragete / Was er zum Testament haben solt? Dem antwortet

er: Ihr solt auch mit mir das Brodt der ewigen Trübsall essen /
im Abgrundt der Hellen. Der Caplan sprach: Ey da sey Gott
für. Aber der reiche Man antwortet: Lieber Herr / es ist hie
kein Segen noch hüten für / Ihr seid an meinem Brodt gewesen
/ und habt teglichen meinen bösen / unchristlichen Wandel gesehen / unnd erkandt / und dennoch mich nie darumb gestrafft
/ weder heimlich noch offenbar / Sondern mit ewrem stillschweigen darein verwilliget / und gefürchtet / ich möchte
euch des guten Tisches entsetzen / Liebet also fresserey mehr /
denn Gottes Gebot / und ewre wollust mehr / denn meine arme
Seel / die ihr wol hettet können / durch gute ⟨D 6ᵛ⟩ vermanung
/ auß des Teuffels Rachen erretten. Weil euch denn meine Ge-
selschafft so wol geliebet hat / so solt ir auch nimmermehr in
Ewigkeit / von meinem Tisch gescheiden sein / sondern
Ewiglich mit mir essen / in Abgrundt der Hellen / Da habt
euch nach zu richten: Solche Arbeit wil solchen Lohn haben.

Das ist ein schrecklich Geschicht / daran sich ein jedes frommes Weibßbild billich stossen / und sich für dem ubrigen
Pracht gerne hütten sollen.

Chrysostomus saget: Ubermessige Zier und Pracht der Kleyder
/ ist eine Abgötterey / Denn du hast an deinen Kleydern lust /
und verwarest sie / gleich wie die Götzendiener ihre Götzen.

Die heilige Schrifft schreyet zum offternmahl auch hefftig
darwider / Als Esa. 3. Cap. und sonst an vielen Orthen. Doch
nichts desto weniger gehet bey den Weltkindern die-⟨D 7ʳ⟩ser
Wust mit gewalt daher / Wie für Augen.

Wil nur in gemein hin / von Mannen und Weibßbildern /
vom Scheytel biß auff die Solen / den Grewel ein wenig berü-
ren / Grosse Wunder wirstu sehen.

Von Manßbildern.

Das Heupt am Menschen ist ein Edel Kleynot / darinnen die
Sinnen des Menschen verschlossen ligen / wie in einem Kest-
lein / Und ist / wie ein schönes Schloß / auff einem schönen

Felsen / des Zinnen oben herauß ragen / das hat seine Marter. Die Natûrlichen Haar / die da eine Zier des Haupts sein / wie ein schôner Waldt auff einem Berge / die nimpt man im / und macht es kôlbicht. Und wiewol das sein entschûldigung hat /
5 wie man weiß / und dienet zur gesundtheit / Doch muß die Hoffarth mit unter lauffen / das man gepuffte Kolben macht / darauß man siehet / wie ein raucher Igel. ⟨*D 7ᵛ*⟩. Darnach muß drauff stehen ein kleins Hûtlein oder Paretlein / das man die krausen Haar sehen mag. Man treget Polnische und Mosco-
10 witerische Mûtzen mit grossen Auffschlegen / Breyte und hoch Braunschweigische Hûtte. Vor zeiten / da ich ein Knabe war / wenn ich solche hohe und spitzige Hûtte sahe / meinet ich nicht anders / die Kôpffe weren auch also spitzig / und hette sie gerne gesehen. Grosse breyte Spanische Pareth / wie die
15 Scheffelboden / werden getragen / die treibet man in die hôhe / und machet Falten dran / das sol wol stehen. Schlechte Hûtte und Pareth thûgen nicht mehr / Oder treget man noch etwa einen schlechten / so muß doch eine Seydene Binde darûmb sein / die doch zu nichts anders / denn zur Hoffarth dienet / und
20 treget den Kramern Gelt. Ich habe sorge / diß sind Trawerbinden / darinnen wir das kûnfftige elendt betrawren. Gott helffe / das ich liege.

Im 1544. Jahr / ist in der Schlesien / in der Stadt Neissa / Hagel ge-⟨*D 8ʳ*⟩fallen / alß Feuste groß / inn welchen man
25 deutlich gesehen hat / nicht alleine zurschnittene Landtßknechts Hosen / und zurhackte Wammes / und andere leichtfertige Kleydung / wie jetzt im schwang gehen / Sondern es hat auch Steine geregnet / so rundt und lang gewesen / das sie gesehen / eben wie die Tûrcker Heupter / die Tûrcken Hûtte auff-
30 hatten. Was dieses bedeute / das erfehret man mit der that.

Und ferner / Wie etlichen umb den Kopff alles bausen muß / Also muß es etlichen alles enge sein. Und das ist zu mahl lecherlich / und ein recht Affenwerck. Man hat gesehen / das Doctores irem Stande nach / Item / alte / kalte / flûssige Leute /
35 kleine Heublin tragen / sonderlich Winters zeit / den flûssigen

Kopff warm zu halten. Denen folgen jetzt flugs auch die Jungen Löffel und Stalljungen nach / Auch die Cůster auff den Dörffern / die můssen solche Heublin haben / damit tretten sie herein. Davon saget mir ein mahl ein kurtzweiliger Man disen Io-⟨*D 8ᵛ*⟩cum / und sprach: Ach die guten Gesellen haben sich etwa ein mal oder zwier mit dem Donato fůr den Hindern lassen schlahen / darumb müssen sie solche Heublin tragen / das die Kunst nicht wider oben außfehret. Oder vielleicht haben sie den bösen Grindt. Doch thuts mancher auß noth / Das hat seine meinung.

Die Bårthe müssen jetzundt gestutzt sein / Wo aber nicht / so müssen sie gar hübsch gekemmet oder geflochten sein / Damit pranget man. In einer namhafftigen Stadt / habe ich einen solchen Barth an einem todten Schedel noch hengen sehen / der doch ethliche Jahr inn der Erden gelegen war.

Das Hembde bestehet seinen Standt auch / Ob daßselbige wol von Materien nicht so gar kóstlich ist (Da anders alle mahl eins am Leybe ist) und bißweilen von grober Leinwandt / So muß doch oben drauff ko-⟨*Eʳ*⟩men / ein Krauß oder Gekröß von gar köstlichem Gezeug / und dasselbige uber alle massen weit und hoch / das kaum die Ohren herauß ragen / und der Kopff herauß kucket / wie auß einem Sacke / Das muß gestercket sein / das es starret / und steiff stehet. Solche Krausen sind etwa gedoppelt / und hinden zugemacht.

D. Andreas Musculus gedencket in seinem Hosenteuffel einer Historien / Das ein frommer Gottfürchtiger Man habe das Jůngste Gericht mahlen lassen / und habe dem Mahler befohlen / das er die Teuffel gar heßlichen mahlen solte. Der Mahler mahlete sie in grossen zötichten Hosen / wie man sie zu der zeit truge / Da habe der Teuffel dem Mahler einen Backenstreich geben / und gesagt / Er thue im zu viel und unrecht / Er sey nicht so scheußlich und heßlich / als er in in den Pluderhosen gemahlet hette. Es sollte es wol jetzt der Teuffel auch nicht leiden / wenn man in mahlete in so gros-⟨*Eᵛ*⟩sen Kraussen / umb den Halß und die Hend / mit pausenden Hosen

/ und weiten Ermeln. Ob er wol dieser heßlichen und greßlichen Tracht ein Autor und Stiffter ist / und unser darzu lachet und spottet

Ein Junger Gesell sol newlich mit einem solchen Gekröß / zum Hochwirdigen Sacrament gangen sein / Da ist ihm der Teuffel im Krauß gesessen / und von einem Knaben / der zu Altar gedienet / gesehen worden / Darüber er erschrocken / das er für dem Altar zur Erden gefallen / Nachmals hat er außgesagt / was er gesehen. Da man den Gesellen befraget / Ob er nichts gefühlet / Sol er gesagt haben / Es habe ihn gedůnckt / als zwicket ihn ein Floch. Hat darauff den Krauß hinweg geworffen.

Welsche und Spanische Krågen / mit viel abhengenden Schnürlein / tragen ir eins teils auch. Der alte Tracht / wie man etwa die alten Fůr-⟨*Eij^r*⟩sten von Sachsen / mit iren Hembdern und Krågen umb den Halß / mahlet / taug nicht mehr.

Forne zu den Ermeln müssen auch Krausen herauß gehen / Wie das Hellische Fewer zu allen Fenstern außschleget.

Was für Uppigkeit mit Wammes und Puff Jacken getrieben wird / das siehet man / Der Leib am Wammes / ob er wol fein glat angemacht wird / so muß er doch mit Seyden durch und umbstöppet sein / Fornen seltzame Kneuffel dran / von Stein / Corallen / Glaß / oder Horn. Oben einen Kragen drauff / der weit hinauß starret. Ermel dran / die einer / wegen der grösse und weite / kaum an Armen tragen kan / darein mancher sein Hab und Gut versteckt / Wie jener Fürst zu einem seiner Diener sagt / Ich halt du hast dein Ritter Gut inn die Ermel gestecket. Diese Ermel müssen forne auch eingefalten sein / das sie Krausse gewinnen / Die treget man an Armen / wie die ⟨*Eij^v*⟩ Gartenknecht ire Camißseckel an den Armen tragen.

Ein stattlicher vom Adel sitzet ein mahl in einem Gasthoffe / da kömpt einer in solchem Muster hinein getretten / Da hebt der Herr an / Ey du armer Teuffel / hastu doch keine Ermel (Als wolt er sagen / Ich mein du bist ein schön Muster) Da du zur Stubenthür herein warest / schlaffeten dir die Ermel noch draussen für der Thür nach.

Die Erbarn Leibröcke und Hartzkappen gehen ab / und kommen auff die Puff Jacken / die sind gar auff die kürtze abgerichtet / auff das der Stoßdegen hinden erfür kan ragen / Und forne müssen sie offen sein / das man die Kneuffel am Wammes / und anders mehr sehen mag. Die Häffte daran / müssen gar groß und ungeschaffen sein. Die Schlingen / wie die Geschirr Rincken. Die Hacken / wie die Schnebel an Löffelgensen. Ich ⟨*Eiij^r*⟩ fragte ein mahl einen solchen Löffel / Worzu solche grosse Hacken dieneten? Da hieng er seinen Hut / und eine Kanne Bier dran / Da sehet ir / sagt er / wozu es dienet.

Was sol man sagen von den ungehewren / grossen Hentzscken / die etliche auch im Sommer tragen? So weit / das einer ein zimlich par gerawmer Ermel drauß köndte machen lassen.

Nu kommen die Hosen / das ist ein fein Kleyd / wenn sie fein geraum gemacht sein. Darumb man auch von Hertzog Friderich liset / Das er / wenn im ein mal ein par Hosen gerathen ist / dieselbigen nicht weg geworffen / biß man sie hat flicken müssen. Jetzundt gilt ein schlechtes par Hosen nit mehr wie vor alters / Sondern es muß alles zerhackt und zerschnitten sein / und hinab hangen / biß auff die Schuhe / Da gehöret denn viel gezeugs darzu. Darnach muß es außgezogen sein / mit Harleß / Forstat / Carteck und dergleichen / ⟨*Eiij^v*⟩ und also / das es zu allen Schnitten herauß pauset. Wie jener Schuknecht Neun und neuntzig Elen Carteck unterziehen ließ. Und da man in fraget / warumb er nicht Hundert Elen genomen? Antwortet er: Neun und neuntzig / were ein grösser name denn Hundert.

Musculus inn seinem Hosenteuffel sagt / Er gedencke / das ihm einer Hundert und Dreissig Elen habe unterziehen lassen. Wie solte doch Gott solchen Muthwillen leiden und zusehen? Mich wundert / sagt er / nach dem Gott im Alten Testament gar viel geringere Sünde hart gestraffet hat / Wie es nu muß inn Gottes Gericht eine gelegenheit haben / Das Er nun so langmütig ist / und solche grosse Untugendt duldet. Aber ich halte es dafür / das unsere Sünde jetzundt so groß sind / das sie mit zeitlicher straffe nicht können bezalet werden / und Gott derhalben seinen gefasten Zorn auffziehe / biß zum Jüngsten Gericht / an ⟨*Eiiij*ʳ⟩ welchem Er denn also desto grimmiger vergelten und bezalen wird / was Er uns jetzt auffs Kerbholtz borget.

Denn henget man forne einen Latz dran / ein so groß ungehewer Muster / das einer dafür erschrecken muß / Und köndt im mancher ja so schier ein zimlich par Hosen erzeugen / denn ein solchen Unflat / Noch sols wolstehen.

Eines grossen vornemen Mannes Sohn / hat im / an ein par Hosen / zum verdrieß getrewer Prediger / so dawider geprediget / Drey Hosen Låtz machen lassen.

Mancher Junger Gesell / der ein zeitlang gewandert und aussen gewesen ist / dencket / er habs gar wol außgericht / wenn er in einem solchen Pluder anheim gezogen kömpt / wenn er gleich sonsten nichts sonderlichs mitbringet. Das ist zu nichte nütz / ohne das sie hernach / wenn sie Weiber genommen / die Schnitte an Hosen zusammen nehen / das Futter herfür nemen / und den Kindern Hartzkeplin und Schweiflin drauß machen lassen. ⟨*Eiiij*ᵛ⟩ Das ist denn zumal lecherlich. Ich muß hie etlicher Historien erwehnen:

Zu Hertzog Eberhart von Wirtenberg / kam ein Student / in einem langen Rock / und bat umb einen geistlichen Dienst. Als der Fürst ohngefehr gewar wird unter dem Rock / der zerschnittenen Hosen / die der Student an hat / und der Kerl auch ohne das wenig Latein kondte / Weiset er in im zorn ab / und gewehret in nicht.

Ein ander Fürst / Erbares Gemüts / hatte an seinem Hoff einen vom Adel / der auch also zerlumpt herein gienge. Der Fürst sprach zu im: Mein / thue mirs zu gefallen / und thue diese Henckerische Hosen hinweg. Da sprach der Kerl / Ich wil mich kleyden wie mirs gefellt. Der Fürst sprach: Nun wolan / So gefellt es mir auch / das du nicht lenger an meinem Hoffe sein solt / Gab im also sein bescheidt.

Churfürst von Brandenburgk / sihet drey Landtsknechte auff ⟨*Ev*ʳ⟩ der Gassen gehen / mit grossen Hosen / mit einer vorgehenden Fiedel / das sie von jederman desto mehr gesehen würden. Er lesset sie greiffen / und in ein offen vergitterts Gefengnuß legen / drey tage lang / und damit sie nur Zuseher genug hetten / hat der Fiedler für dem Gefengnuß müssen solche zeit uber hofieren und fiedeln. Wolte Gott / das auch heut zu tage / die Fürsten und Herren / ire Augen auffteten / sich ires Ampts erinnerten / die Teuffelische Boßheit / so man mit der Kleydung treibet / straffeten / Damit Gott nicht verursachet würde / den Frommen mit dem Bösen zu straffen / Wie denn S. Paulus sagt / 1. Corinth. 11. Wenn wir uns selber richteten / so würden wir von Gott nicht gerichtet.

Man saget / das etliche hohe Potentaten und Christliche Obrigkeit / sich ires Ampts also angenomen / Nach dem sich auch grosse Hansen und Hoffe Junckern solcher vermeßlicher Kleydung gebrauchten / und nicht wol-⟨*E v*ᵛ⟩ten gestrafft sein / als Freyherrn alles bösen. Damit dennoch solche Junckhern sehen / und mercken mögen / wie rühmlich und ehrlich inen solche Kleydunge anstehen / haben sie ein Gebott lassen außgehen / Das sich alle Hencker in ihren Landen / also bübisch und zerludert solten kleyden / und solche Hosen antragen / damit auch die Kinder auff der Gassen könten urtheylen / wenn sie solche zötichte Teuffel sahen / wofür sie sie halten und achten sollen. Ach wenn Fürsten und Herrn jetzt mit den Kraussen auch also theten.

Fürwar kein Erbar Man kan ohne abschew solche Hosen ansehen / Sie tügen zu nichts / denn das sie die Leute verstellen / und kosten gleichwol viel. Und was redliche und auffrichtige Leute sein / und sein wollen / die sehen sie nicht an.

Die Pumphosen zieren wol / wenn sie ohne Lätze gemacht werden / und nicht so gar weit. Jetzt aber müssen sie mit Haar außgefüllet sein / das ⟨*E 6*ʳ⟩ einer darinnen pauset / wie ein Maltzsack / Man muß drey Kelber Heut zu einem Par haben. Und da sonst nichts außgezogens dran ist / so muß doch der Strotzer (wie sie es nennen) außgezogen sein / und unter die Augen sehen. Pfuy der schande. Man machet Diebsecke drein / das man wie die Spitzbuben / allerley Gattung bald hinein raffen mag. Die Schuhe sind nicht mehr im alten Muster / und auff dem alten Lesten / Sondern mûssen Spanisch / Lackeisch / zerhackt / zerschnitten sein / auff daß das Wasser bald wider herauß kommen kan. Wiewol zu Sommers zeiten die außgeschnittene und zerschnittene nûtzlich sein / so tûgen doch die Hôrner daran gar nichts / ohn zur hoffarth / Noch tragens auch eins theyl die Geistlichen.

Der Strûmpffe an Hosen hette ich gar bald vergessen / Doch weiß ich nichts daran zu tadeln / ohne ⟨E 6ᵛ⟩ die Zwickeln / so mit Lylien eingemachet sein.

Die Uberkleyder mûssen sich vergehen / Wiewol die kûrtze an eines teils sehr ergerlich ist / Sonderlich an den Kappen der jungen Gesellen. So weiß ich auch nicht / was hinden am Schnitt / die außgestôpten Rosen / wie die Federspieß / biß hinauff auff den Rûcken / nutz sein / ohne das sie leichtfertigkeit anzeigen. Bey etlichen sind sie zu gar uberprechtig / und were von nôthen / das Carolus Magnus auch der mahl eins mit inen auff die Jagt ritte / damit sie sehen / was an den gar kôstlichen und thewren Kleydern sey.

Man liset vom gemelten Keyser eine solche Historien. Er lag einen Winter im Fenster / und sahe / das die Deudtschen von den Venedischen Kauffleuten außlendische / kôstliche Futter kaufften / und darinnen herein prangten / Da musten sie auff eine zeit / also bekleydet / da es gleich regnen wolt / ⟨E7ʳ⟩ an das Gejâgde reitten / Da fûhret er sie mit fleiß / durch dicke Stauden und Dôrner / damit solche Kleyder nicht allein durch Regen verderbet / sondern auch zurissen wûrden. Darnach fûhret er sie wider heim / musten von stund an bey dem Camin essen / Da wurden die Kleyder noch erger verderbt durch die hitze des Fewers. Er verzog mit dem Essen in die Nacht hinein / Seinen Wolffßpeltz ließ er trûckenen an der Lufft. Und als die Deudtschen mit iren kôstlichen Futtern fûr in musten komen / zeiget er inen seinen Peltz / dem nichts

mangelte / sagende: Ihr leppischen Deudtschen / welches
Kleyd ist nun nůtzlicher / das meine / das einen Schilling kostet /
oder die ewern / darumb ihr ewer Våterlich Erbe verschwen-
det? Von den langen Schwingen / Tolchen / Gůrteln / und
andern dingen mehr / schweig ich / Es ist schade / das man das
Pappir damit verderbe. ⟨E 7ᵛ⟩

Von Weibßbildern.

Wer nu hie Weißheit / Verstandt / Zung und Mund genug
hette / von der Weybßbilder Pracht nach nothdurfft zu reden /
den wolt ich fůr einen Meister halten.

Man sagt sonst: Schôn ist ihr Krag / Umb den Hindern wie
sie mag. Das siehet man jetzt. Wenn nur der Kopff schôn ist /
so muß das ander alles gut sein.

Die Natůrlichen Haar thůgen nichts / sie můssen gepleicht
sein / oder ein Flechten von Todten Haar / und grossen Zôpffen
wie die Bergseyl. Zu Plawen / im Voitlande / sein solche Haar
und Zôpffe / im Closter außgegraben worden / und hernach
lange zeit im Beinhauß gelegen / wie ich selber gesehen. Ein
Wulst muß darbey sein / damit der Kopff groß gnug sey.
Darnach ein Perlen oder Gůlden Borten / Bundt und Creutz-
schnůr wunderbarlicher weise uber und in einander ge-⟨E 8ʳ⟩
schlagen. Ein flitternde Haube / Ein kleins Krentzlein forne
auf die Stirn / oder auff ein Ohr. Die Weiber tragen gar kleine
Paretlin oben drauff / Daher prangen sie / Und dieselben setzen
sie forne uber die Stirne / das man das hinder Angesicht und
Flitterwerck auch sehen mag. Denn solche Weiber haben zwey
Angesicht / wie jene Fraw selber spottweise also darvon redete.
Hievon hôre ein wunderbare geschicht von einer solchen stoltzen Frawen.

Zu Pariß war eine Fraw / die hette einer Todten / die
hůbsch Haar hatte / ir Haar abgeschnitten / und ist jetzunder

ein gemeiner Brauch / und flochte es in ir Haar / und ließ es forne herfůr gehen / das man meinet / sie hette solch hůbsch Haar / und trieb also Hoffarth damit. Ein mahl war eine grosse Hochzeit / darauff war sie geladen / Und da man zur Kirchen
5 wolt gehen / und viel Volcks da war / da ward ein Aff ledig / und that niemands nichts / denn dieser Frawen / der zog er ⟨*E 8ᵛ*⟩ iren Schleyer ab / und das abgeschnitten Haar herauß / Da sahe man / das sie kein Haar auffm Kopffe hatte. Und sagt die GLOSSA also: O kem der Affe jetzt auch / und zůge mancher
10 Frawen die Hauben vom Kopff / so wůrde man sehen / wie in den grossen Kǒpffen etwa Baderhůtlein stecken / und Todten Haar. Wenn man einer Frawen zur Busse auffleget / sie solte Todten Haar bey ir im Beutel tragen / so thet sie es nicht / Aber umb irer Hoffarth willen tragen sie es umb den
15 Kopff. Die Weiber thun in dem fall / wie die Roßteuscher / wenn ein Pferdt kein Schwantz hat / so binden sie im einen ein / der machets denn kauffig und gůldig.

Die Krausen tragen sie mit den Manßpersonen gemein / etwan gedoppelt / und hinden zugemacht. Man wil sagen / Es
20 sey eine stoltze Junckfraw etwa an einem Tantz gewesen / mit einer solchen ubermůtischen Krausen / und habe nicht mit allen Gesellen / die es begeret / tantzen wollen ⟨*Fʳ*⟩ Da sey ein Kerl kommen / wol geputzt / sie umb einen Tantz angesprochen / darein sie gewilliget. Mitten im Reyen fraget er sie /
25 wo der Krausse zugemacht sey / Sie spricht: Hinden am Nacken. Da nimpt er ihr das Angesicht / und wendet ihrs auffn Nacken / und sagt / Es ist billich / daß das Angesicht auch da stehe / da man das Krǒse zumachet. Es kan sein / Denn es ist ein solcher schendlicher uberschwall in Kleydung /
30 unter hohen und nidern Standes Personen / das auch etliche Weibßbilder solche Krǒse an Pantoffeln / andern ungewǒnlichen orten und Schuhen tragen. Der Obrigkeit wolte gebůren / solchen muthwillen keines weges zu gedulden / Sondern zu jeder zeit ein ernstlichs einsehen zu haben / ehe denn
35 uns die Straffe ubereylet. Dieweil auch sonsten LEGES SUMP-

Kleiderteufel

TUARIÆ / das ist / Gesetze und Decret wider solchen uberfluß in Kleydern / ꝛc. promulgirt und gegeben werden / Wer gar nôtig / das in diesem dergleichen auch gehalten wûrde. ⟨*F*ᵛ⟩ Anno 1579. ist ein Kraut zu Bamberg gewachsen / welches auff einem Stock drey Stengel gehabt / unter denen der mittelst an der hôhe am lengsten / und also geformiret / das es einem Kragen / mit einem grossen und hôhen Krôß / gar eigentlich / gleichformig / und ehnlich gesehen / Und die andern zwen Stengel / alß die Hendtkrôß anzusehen gewest. Und dieweil diß Gewechß einer Distel ehnlich / so ist drauff zu besorgen / es môchten uns die Disteln der angst und trûbsaln / der mahl eins auch hart stechen / und die Krôsse abgetrennet werden.

Die Ermel mûssen untern Uchsen und unten am Arm durchsichtig sein / das man die weisse Haut sehen mag.

Die Brustlåtze auffs schônste gezieret / mit Pôlsterlein fein gefûttert / das sie pausen / als die reiff zum Handel sein.

Ich bin eins mals auff einer Wirtschafft gewesen / da brachten die jun-⟨*Fij*ʳ⟩gen Gesellen ein solches Pôlsterlein / welches ein Jungfraw am Tantz verloren / und zeigtens. Es war inwendig gefûllet mit Hûlsen von Weitzen Graupen. Es gab redlich gelechter.

Die Schweiffe unten an Kleydern / mûssen von Sammet und Seyden sein / und ist etwa das Kleydt oben kaum Sackleinwandt. Springer drunter / das sie wie eine Glocke einen Circkel geben / und weit umb sich sparren.

Die feinen Leibjåcklin thun sie weg / nemen Scheublin dafûr / Hartzkeplin / und dieselben kurtz genug / das man den Pracht unten sehen mag. Vor zeiten trugs Frawzimmer feine lange Schauben / Jetzt sind sie verhawen / biß auff die Gûrtel / wie der Landtßknecht Keplin.

Gûrtel / Messerscheiden / Wetzschker / muß alles von Gold und Silber sein / und etwa kein Heller darinnen. Ein Exempel: ⟨*Fij*ᵛ⟩

In einer Stadt war ein junger Gesell / in Sicilia / der war ein grosser Spieler und Gotteslesterer. Ein mal hat er seiner Fra-

wen heimlich eine gůldene Gůrtel genommen / und sie in den Busen gestossen / ob er das Gelt verspielet / das er die Gůrtel zu verkauffen hette / und auch verspielete. Die Spieler kamen fůr eines Bůrgers Hauß / auff einen Laden / Und da sie also
5 spieleten / kam des Kônigs Statthalter / und sprach zu dem selben Gesellen: Gehe inn das Closter / in der Můnchen Garten / und bringe mir einen Sallath auffs Nachtmahl / ich mag sonst nichts essen / Der Gesell sprach: Herr gerne / Und nimpt sein Gelt / und gehet hin / Und auff dem Wege fůhret ihn der
10 Teuffel mit Leib und Seel hinweg. Der Herr wartet des Sallaths / es kam niemandes / Er war zornig / und ließ den Gesellen inn seinem Hause suchen / und in der gantzen Stadt / Er war verlohren. Ein mal fuhr ein Schiff fůr den Berg Ethna anhin / welcher Berg Fewerflam-⟨*Fiijr*⟩men in Sicilia außwirfft. Da
15 ward ein grausamlich geschrey gehôret / das sprach also: Patron / Schiffman. Er gab im kein antwort. Darnach kam noch eine grausamere Stimme / die sprach: Schiffman / Patron. Er schweig aber still. Zum dritten sprach die Stimme / Wiltu mir nicht antworten / so wil ich das Schiff machen untergehen. Die
20 Leute / so in dem Schiff waren weineten / schryen und sprachen zu dem Schiffman / Er solte antwort geben. Der Patron sprach: Was bistu? Die Stimme sprach: Ich bin der Teuffel. Der Schiffman sagt: Was wiltu denn? Der Teuffel sprach: Sage dem Statthalter des Kônigs / das er den Gesellen nicht mehr suche/
25 denn ich hab in geholet / umb seiner grossen betriegerey willen / des Spiels und hab in gefůhrt in die Helle / da er ewiglich brennen muß / Und ließ der Frawen die Gůrtel in das Schiff fallen / und sprach: Die Gůrtel gib seiner Frawen wider / er hat sie in dem Busen stecken gehabt. Die GLOSSA sagt also:
30 Der ⟨*Fiijv*⟩ Teuffel schicket der Frawen die Gůrtel wider / nicht darumb / das er so gerecht were / und unrecht Gut wider geben wolte / Nein / sondern darumb / das sie mehr Sůnde und Hoffarth damit triebe. Denn die grôste Hoffarth / die eine Fraw / an irem Leibe treiben mag / das ist und sind die be-
35 schlagnen Gůrtel. Warumb? Da ist allermeist die Matery der

Demůtigkeit / der Magen / der Kothsack / Als der Prophet saget: Deine Demuth ist in der mitte in deinem Leibe. Ein Fůderichs Faß / mit kôstlichem Wein / mag man mit etlichen Reiffen binden / und kostet einer etwa drey Pfenning. Und den Kotsack den Leib / muß man mit einer Gůrtel binden / die etwa dreissig oder viertzig Gůlden werdt ist / ꝛc.

Was fůr Unkosten auch an die Måntel gewendet worden / das sihet man fůr Augen. Man kan so tewer Gewandt nicht bekommen / man braucht es darzu / Und welche Fraw den thewersten hat / das ist die beste. Die Jungfrawen deßgleichen.

⟨Fiiijʳ⟩
Auff diese und dergleichen Stůcke / ist nu jetzt aller Datum / Sinne / Gedancken / tichten und trachten / Tag und Nacht gerichtet / Und was sie verdienen / ergattern und erôbern / bißweilen auch das es wol besser dôcht / das wenden sie an die leidige Hoffart. Und gehet manche Dienstmagdt dermassen her / das sie es wol einer reichen Bůrgers Tochter zuvor thut.

Darnach wenn sie zur Ehe greiffen sollen / da ist weder Bette / Kůsse noch Pfůl / Decke noch Strecke. Wil mans aber haben / wie mans denn haben muß / so muß mans mit grosser angst und noth zusammen bringen / sorgen und borgen. Und darnach nach der Wirtschafft / Schauben und Hauben hingeben / die Bette unterm Leibe widerumb herfůr ziehen / Und was man sonsten hat / Hebreisch lernen lesen / verpfenden / versetzen / mit kummer sich den Zuckermonat uber ernehren. Darnach gehets an ein scheiden / Der Gesell leufft in Krieg / Die Metze muß et-⟨Fiiijᵛ⟩was anders anfahen / wil sie sich anders ernehren / und des Hungers erwehren.

Ich bitte aber umb Gottes willen / alle Erbare Mannes personen / und Weiber volck / auch redliche Jungfrawen / sie wolten mir hieran nichts verargen / Denn ich meine sie keines weges mit diesen worten / sondern allein den rohen uppischen hauffen des leichten Gesindes / so es gar ubermachen. Habe ich solchen unrecht gethan / so beweisen sie es / das unrecht sey. Wo aber nicht / so wollen sie mich ungeschlagen lassen.

Unser Gott / ist ein Gott der Ehren / Ehr und ehrlichen Tracht kan er wol dulden und leiden. Aber dem Hoffarth ist er zu wider / und kan in nicht leiden. Er wil Hoffarth gestrafft haben / und selber straffen.

5 Die vorzertlung der Kinder / und der Pracht / so etliche mit inen treiben / bedůrffte auch einer ernsten ⟨Fv^r⟩ erinnerung / Aber es wird zu weitleuffig. Wil nicht mehr sagen / Denn das man sie also fein von Kindtheit auff / allgemehlich gewehnet / das sie sich hernach in ihrem gantzen Leben uber / mit der
10 Hoffarth deste besser behelffen kónnen. Darumb denn die Eltern Gott dem HErrn ein schwere rechenschafft werden thun můssen. Matth. 18. Wer ergert diesen geringsten einen / die an mich gleuben / Dem were besser / das ein Mülstein an seinen Hals gehenckt wůrde / und erseuffet im Meer / da es am tieff-
15 sten ist.

Vom dritten Stücke.

Wie die Hoffarth die Leut mehr verstelle / denn sie schmück und ziere.

IHr viel lassen sich bedüncken / Wenn sie nur viel / ja alles was sie haben / an Halß hencken / auff mancherley / visierliche / ⟨*Fv*ᵛ⟩ seltzame und ungewönliche Art sich kleyden / verhüllen und verkappen / so stehe es inen uber alle massen wol an. Darumb / was sie sehen / hören / erfahren / das wollen sie flugs nachthun / müssens haben / und solts gleich kosten was es wölle / Sonderlich das Weybervolck ist in diesem fall sehr leichtfertig (Doch nicht alle / Denn Erbare Matronen recht man der Erbarkeit) Da pranget man denn herein / in meinung / als sey es ein grosser wolstandt / und jederman solle sagen: Wer ist der? Wer ist die? Ey wie eine feine Creatur? Ey wie ein schönes Muster ist das?

Nun ist es wol war / was uppisch und leichtfertig Gesindig ist / das hat Maul und Augen offen / siehet solchen Leuten fleissig nach / Nicht aber betrachtet es die Erbarkeit / sondern nur den Tracht tiegert es abe / das es auffs eheste dergleichen auch haben mag. Also gar ist die Leichtfertigkeit inn Kleydung ein anklebendes ding. Was aber Erbare und vernünfftige Leute ⟨*F 6*ʳ⟩ sind / die pfuen und speyen solches an / haben einen eckel und grewel dafür / und sagen: Sihe / wie ein Affenmuster ist das? Er blehet sich wie eine Kröthe / und Ungerischer Ochß: Hat sich mit Lumpen behengt / wie ein Haderlumpe / ist zerfleischt / wie einer / der eine zeitlang am Galgen ist gehangen / dem die Raben die Hosen uber die Schenckel herab gezogen haben / pauset wie ein gefüllter Maltzsack / Hat eine Schwinge an / das wol ein schock Kraen drauff köndten sitzen / Das Messer ist grösser denn der Man / Wie Cicero von seinem

Aydem auch saget: Wer hat meinen Aydem ans Messer gebunden. Sihe / Diß Weib gehet daher / wie eine Bier Thonne / so dicke von Kleydern angethan / Hoch auff der Gassen / Wenig in der Taschen. Daheim gehen die Kinder nacket und bloß /
5 und mangelt am lieben Keß und Brot / Und was der Wort mehr sein / der eines uberhaben kőndte sein /wenn es deßgleichen rehmete / und sich nach vermőgen schmůcket. ⟨*F6ᵛ*⟩ Manches Mensch / von Man und Weiber volck / bringt mit hoffertiger Kleidung offt etwas an tag / das sonst wol ver-
10 schwiegen bliebe / Denn da bleiben die Nachreden nicht aussen / das man saget: Was darffs solches Prachts? Man weiß doch wol / wer sie sein / Hette ein jederman das seine / so wůrden sie das auch nicht haben. Item / Ihre Vorfahren haben Geschencke und Gaben genommen / sind Wucherer und Unterdrůcker
15 armer Leut gewesen. Also erwecken sie mit iren uppigen Kleydern ir eigene schande und unehre. Es ist freylich war / Denn wie man an den Federn erkennet den Vogel und den Han / Also an der Kleidung den Menschen und Man. An den Weibßbildern zu mahl. Denn wenn sie so bundt / scheckct / und
20 voller Schweiffe sein / so sihet man bald / das es Federn sind von Michels Flůgeln / da gut Kůbel und Seyl einzuwerffen / und fahrten anzulegen sein.

 Es ist ein gewisse anzeigung / sagt Lutherus uber die erste Epistel Petri / ⟨*F 7ʳ*⟩ Das da nicht viel Geistes ist / wo man so
25 viel auff den Schmuck leget. FŒMINA DEMPTA NIMIS, FŒMINA CASTA MINUS. Das ist:
  Ich acht die nicht so gar fůr rein /
  Die also geputzet tritt herein.
 Solcher Pracht ist erstlich wider Gott. Denn also redet da-
30 wider Esaias Cap. 3. gar ernstlich / und saget: Der HERR spricht / Darumb / das die Tőchter Zion stoltz sind / und gehen mit auffgerichtem Halse / mit geschminckten Angesichten / tretten einher und schwentzen / und haben kőstliche Schuhe an iren Fůssen / So wird der HErr den Schetel der Tőchter
35 Zion kaal machen / und der HErr wird ihre Geschmeide

wegnemen. Zu der zeit wird der HErr den Schmuck an den kôstlichen Schuhen wegnemen / und die Hâffte / die Spangen / die Kitelein / die Armspangen / die Hauben / die Flittern / die Gebreme / die Schnůrlein / die Bisemôpffel / die Ohrenspangen / die ⟨F 7ᵛ⟩ Ringe / die Haarbend / die Feyer Kleyder / die Mântel / die Schleyer / die Beutel / die Spiegel / die Koller / die Borten / die Kittel / Und wird Stanck fûr gut Geruch sein / und ein lose Bandt fûr ein Gûrtel / und eine Glatz fûr ein krauß Haar / und fûr einen weiten Mantel ein enger Sack / ꝛc.

Zum andern / wider die Narung / Denn da sonsten die Nahrung wol kôndte wachsen und zunemen / bringt man sich also mit der Hoffarth und Pracht in Schuldt und schaden / und verhindert also die Nahrung. Man muß offt ein ubriges thun / und verdirbet drûber gar in grundt.

Zum dritten / wider die Kinder / Dieselben mûssen durch solchen Uberfluß / des schmucks und der Kleydung / armuth und noth leiden. Wie denn offt die Eltern auff der Gassen daher prangen / und die Kinder daheim faden nacket gehen. Es wird ihnen auch offt ir gut Gerûcht / irer El-⟨F 8ʳ⟩tern leichtfertigkeit halben geschwechet / und mûssens entgelten. O wie offt geschicht das?

Zum vierden / wider die Natur. Denn eine Gluckhenne / wie hungerig sie auch ist / findet sie ein Kôrnlin zwey oder drey / so locket sie den jungen / leydet ehe selbs hunger / und gibts inen. Das thun solche Eltern nicht / die alles / was sie nur erkrimmen und erkratzen / nur auff den Schmuck und den schendlichen Pracht legen.

Derwegen sollen Gottfûrchtige / fromme / und Christliche gleubige Leut / die Hoffarth / und prechtige Kleydung / als ein Schandtfleck und Ubelstandt meiden / sich an zimlicher Kleydung genûgen lassen / und die Narung mit allem trewen fleiß helffen erhalten / Kinder und die Haußhaltung treulich versorgen / so sind sie aller Ehren werdt / Und widerumb / wo sie das nicht thun / ꝛc. ⟨F 8ᵛ⟩

4 Teufelbücher 2

Hie muß ich eine Regel stellen / die zu diesen dingen dienstlich sein wird. Die Haußvåter sollen zusehen / das sie den Pracht nicht selber treiben / Denn es ist unmůglich / daß das Weib / Kinder und Gesinde / solche uppigkeit abthue / wenn der Herr selbs lust darzu hat. Und widerumb / Denn es heist: SIC AGITUR CENSURA, & SIC EXEMPLA PARANTUR, CUM IUDEX, ALIOS QUOD MONET, IPSE FACIT.

S. Bernhard sagt gar wol: Kôstliche kleyder und ubriger schmuck / ist ein Zeichen der Leichtfertigkeit. Ein Kleyd das kôstlich ist / das macht schele Augen / und verdrossene Nachtbarn. Kere viel mehr fleiß an / den Leuten zu gefallen in guten Thaten / als in Kleydern.

Von der Weiber Schmuck saget Petrus also / 1. Pet. 3. Der Weiber Schmuck sol nit auswendig sein / mit Haarflechten / und ⟨G^r⟩ Goldt umbhengen / oder Kleyder anlegen / Sondern der verborgene Mensch des Hertzens / unverrucket / mit sanfftem und stillem Geist / Das ist kôstlich fůr Gott. Denn also haben sich vor zeiten die heiligen Weiber geschmůcket / die ire Hoffnung auff Gott satzten / und iren Månnern unterthan waren / Wie die Sara Abraham gehorsam war / und hieß ihn Herr. Item / S. Paulus sagt also / 1. Timoth. 2. Ich wil / das die Weiber in zierlichem Kleyde mit scham und zucht sich schmůcken / nicht mit Zôpffen oder Goldt / oder Perlen / oder kôstlichem Gewandt / Sondern wie sichs ziemet den Weibern / die Gottseligkeit beweisen durch gute Werck.

Keuscheit ist das rechte Goldt / und der edle Rubin ist Schamhafftigkeit. Zucht und Demuth sind Silber und Perlen / Und die Einfalt und Messigkeit sind der Sammet und Seyden / die ein ehrlich Weib am besten zieren und schmůcken. Exempel: ⟨G^v⟩

Als Philonis Weib unter andern saß / und nicht wie dieselbe umbhenget war / fraget sie einer / Warumb sie sich nicht auch mit Goldt geschmůcket? Antwortet sie / Mein bester Schmuck ist / das ich einen berühmten / frommen / thugendtreichen Man habe.

Von Archidamo lieset man / Als der Kônig Dionysius in Sicilia / seinen Tôchtern kôstlichen Schmuck zuschicket von Kleydern / hat ers nicht wollen annemen / sondern gesagt / Die Hoffart würde meine Tôchter mehr verstellen / denn zieren für meinem Angesicht. Erasmus lib. 1. Apophtegmat. Lysandro wirds sonst auch zugeschrieben.

Zu Rom war eine Fraw / die hieß Cornelia / die war eine Tochter des grossen Aphricani. Zu dieser kam ein andere wolgeborne Fraw / und blieb uber Nacht bey ihr. Da sie also bey ir saß / da hatte sie hübsche Ringe an Fin-⟨*Gijʳ*⟩gern / Die Cornelia besahe die Ringe / und lobet sie. Die andere Fraw wolt noch mehr gelobet sein / thet iren Seckel auff und warff hübsche Kleynodien / Ringe mit kôstlichen Steinen herauß / und andere güldene Spangen / nach den Heydnischen sitten. Da sie es also gezeiget hatte / wolt sie Corneliam damit reitzen / das sie ire Kleynod auch solte zeigen. Da verzog sie ire rede / biß ihre Sôhne und Tôchter auß der Schule kamen. Da sie nun kamen / da stellet sie dieselben für sich in eine Ordnung / und ihr waren etwan zehen oder zwôlffe / und war je eines lenger denn das ander / und waren zu der zeit klein / Es sind aber lange und grosse Leut drauß worden / Und sprach zu ihr: Das sind meine Kleynoter / die mir mein Man gegeben hat.

Die Exempel der heiligen Weiber / Saræ / Rebeccæ / Rachels / und anderer mehr / solten alle Weiber bewegen / die Hoffart zu meyden / Denn sie waren auch hübsch und seu-⟨*Gijᵛ*⟩berlich / redliche / ehrliche Weiber / die auch gern iren Ehemennern gefallen hetten / und giengen doch nicht mit dem Narrenwerck umb / damit heut zu tag ir viel umbgehen / Sondern sie zierten sich / mit Gehorsam / Zucht / und Erbarkeit / und liebten ihre Menner.

Hester die Kônigin war reich / und hette auch kôstlichen schmuck / Aber wie redet sie davon? Ach HErr (sagt sie) Du weissest / das ich nit achte den herrlichen Schmuck / den ich auff meinem Haupte trage / wenn ich prangen muss / Sondern halte es / wie ein unreines Tuch / ɔc.

Ach was ist der Weiber schöne und gestallt anders denn Augenwehe / Wie Alexander von den Persischen Jungkfrawen saget / die er auch darumb nit für sein Gesicht wolt kommen lassen. Item / Ein Fewriges Schwerdt / wie Hieronymus saget. Denn schöne Weiber (saget Syrach 9. Cap.) ha- ⟨Güj^r⟩ben manchen bethöret / Und böse Lust entbrennet darvon / wie ein Fewer. Die Lippen der Huren (sagt Salomon Proverb. 5.) sind süsse wie Honigseim / und ire Keele ist gletter denn Oel / Aber hernach bitter wie Wermuth / und scharff wie ein zweyschneidig Schwerdt. Das ist / Schadet Leib und Seel zugleich.

Vom Vierden Stůck.

Das beyde Gott und die Menschen / der Hoffarth spinnen feindt / und von Hertzen gramm sein.

I.

WAs sonsten von der Hoffarth / und Straffen derselben / in gemein hin geschrieben und gesagt wird. (Als da sich ein Mensch dieses oder jenes dinges hal-⟨*Giij*ᵛ⟩ben uberhebet / und stoltz wird / Das nemlich Gott die Hoffarth nicht leiden kōnne / ihr widerstrebe / Wie denn derhalben Lucifer auß dem Himmel verstossen / Und andere grewliche / unzehliche Straffen / hat ergehen lassen / uber auffgeblasene Leute) Das mag und sol hie auch gesagt und verstanden werden / von Hoffarth und Pracht in Kleydung.

Ein grewliche Drewung haben wir Esaiæ 3. Cap. Wie newlich gemeldet.

Exempel ist die Schrifft voll / die werden des Jars uber in Predigten angezogen. Darumb gehe ich allhie kurtz hindurch / damit ich zum Ende mag kommen.

1. Herodes pranget mit seinem Kōniglichen Kleyde / auff dem Richterstul / und that eine Rede zum Volck. Das Volck aber rieff zu / Das ist Gottes Stimme / und nicht eines Menschen. Also bald schlug ihn der Engel des HERRN / Darumb / das er die Ehre nicht Gott gab. Und ⟨*Giiijʳ*⟩ ward gefressen von den Wůrmen / und gab den Geist auff / Act. 12.

2. In Engelandt war ein Bischoff und Cardinal / welcher (wiewol er eines schlechten herkomens / und eines Fleischers Sohn war) doch seiner Weißheit und Verstandes wegen / in weltlichen sachen / zu hōchsten Ehren erhaben / und dem Kōnig gar lieb und geheim ward / Also / das in der Kōnig zum

Legaten in Franckreich gebrauchet. Wenn er denn dahin reysen must / so fuhre er alle mahl auff einem gar kôstlichen Wagen / mit Goldt und kôstlichen Gesteinen. Und wenn er denn nahe an die Stadt kam / da der Kônig inn Franckreich Hoff hielte / musten zwôlff Graffen den Wagen hinein in die Stadt ziehen / wie die Pferde. Was darffs viel Wort? Grôssere Hoffart hat jemals kein Bischoff noch Cardinal getrieben.

Was geschicht aber? Als er nun auffs hôchste gestiegen / kômpt er in seines Kônigs in Engelandt ungnad / ⟨*Giiij*ᵛ⟩ als der es mit dem Kônig in Franckreich halte / und ihn verrathen wôlle. Wird also in Kercker geworffen / Und da er an seiner erledigung verzweifelt / hat er sich selbs mit Gifft umbbracht. So gehets: Denn Gott widerstehet den Hoffertigen / und stôsset die Gewaltigen vom Stuel / Wie die liebe Maria singet.

3. Solches / das GOtt die Hoffarth an Kleydern straffe / haben die vernûnfftigen Leut abmalen wôllen / in den wercklichen Fabeln / Vom Esel / der eine Lewen Haut antrug / dem sie wider abgezogen / und er in die Mûhle / zun Secken getrieben wurde. Item / von der Alster / die sich mit frembden Federn bestecket hatte / und darnach gar kaal bestunde / da ein jeder Vogel seine Federn wider abforderte.

II.

Ferner / Wie GOtt diesem Laster spinnen feindt und gramm ist / ⟨*Gv*ʳ⟩ Also auch die Leute / die doch sonsten zum theyl von Natur darzu geneiget sein / kônnen solche stoltze / hoffertige Menschen ubel leiden. Und ob sie sie gleich dulden mûssen / so sind sie doch im Hertzen mit ihnen ubel zu frieden / und sind inen uber ein Achsel / so lang biß man sie beym Ohrlein erwischet / da spielet man denn das Deposuit mit inen / und vertreibet inen den Fûrwitz. Exempel:

1. So balde ein Herr oder Fraw im Hause des Hoffarths gewar wird am Gesinde / so balde komen die Gedancken: Wo

nimpt mans? Vielleicht treget man dirs abe? Item / man sagt: Mein Knecht / Meine Dirne / werden mir zu herrlich / Sie werden mir in die lenge nicht tůgen. Da macht man denn gar bald Liechtmeß mit solchem Gesinde.

2. Der gemeine Mann hat ein Auge auff die Diener der Gemeine. Und so bald einer sich ein wenig uber (⟨*Gv*ᵛ⟩ die gebůhr / herfůr bricht mit Kleydung / so bald sticht es den Pöfel in die Augen / Der sagt: Ey wie verdirbet der bey uns? Sehet / wie er sich herauß streichet / Er thuts seinem Herrn zuvorn? Sehet / wie sein Weib und Kinder daher prangen / von dem Allmosen / Opfferhellerlein / und von dem Einkommen / so sie von uns haben? Und wird also des Pöfels Gemůth all gemehlich abgewendet / das sie ihnen darnach deste unwilliger und kercklicher geben.

Darumb saget S. Bernhard gar wol: Ein ungewöhnlich Kleyd / das köstlich ist / macht schele Augen / und verdrossene Nachtbarn.

3. Man saget / Der Türckische Keyser / sol den Imbro Wascha / umb keiner andern ursachen willen / haben lassen umbbringen / Denn das er (der Imbro) allweg herrlicher sich gekleydet / und prechtiger gehalten / denn der Keyser selbs / Auch einen grössern anhang und nachgang gehabt / ⟨*G 6*ʳ⟩ Welches den Keyser verdrossen / und in hat tödten lassen.

4. Es zeucht eins mahls ein grosser Herr / inn einer namhafftigen Stadt ein / welche beyde (Potentat und Stadt) ich geschweige an einem Feyertage. Die Bürger stehen an den Fenstern und Thüren / mit iren Weib und Kindern / sonderlich den Töchtern / inn köstlichem Schmuck / haben sich mit Keten behenget. Der Fürst lachet / und saget zu seinem Rath einem: Ey / wie haben unsere Unterthanen die Geelesucht bekommen / Wie thet man / das mans inen vertrieb? Bald folget darauff eine gute starcke Schatzung / das mancher die Keten schmeltzen must. Das heist / mein ich / die Geelesucht vertrieben. Freylich / geben offt die Leut / muthwilliger weise / ursach zu vielen dingen / die da sonsten wol dahinden blieben / Und

wollen doch darnach viel klagens und wemmerns treiben.
Aber sie thun unbillich dran / Sie habens also haben wollen /
saget ⟨*G6ᵛ*⟩ jener Herr. Denn wenn es einem gehet / wie ers
selber haben wil / so gehets eben recht / und darff denn nie-
5 mands die Schuldt geben / denn eben im selbsten.

5. Woher meinstu / kommen jetzt die mancherley beschwerungen / darûber wir doch so groß jemmerlich klagen? Eygent-
lich von nirgend anders her / Denn (wie man stadtlich davon
reden wil) von unserer unmessigen Hoffart und Pracht in
10 Kleydern. Denn wenn mancher mit angst und noth / etwan ein
Gebrewlin Bier (ander ding wil ich geschweigen) hat zu
wegen gebracht / So gibet ers der Frawen und dem Tôchterlein uber / die geben ihm ein genandtes dafûr. Darnach hôcken
sie das Bier auß / geben kaum halb Maß / Damit erschinden sie
15 einen guten uberschuß / Dasselbige hencken sie darnach an
Halß / und prangen damit. Und treiben solches auch die Herrn
im Rath / die es weh-⟨*G 7ʳ*⟩ren solten / sein etwan hierinnen
die ergeste. Ach es heist und ist auch war:

Wenn der Bûrgermeister schenckt Bier und Wein /
20 Fleischer und Becken im Rath sein /
So leydet noth die gantze Gemein.

Da kômpt denn Gott und straffet den Unschûldigen mit
dem Schûldigen.

Beschluß.

25 GEbe der liebe Gott / das wir alle / beyde Man und Weib /
Jung und Alt / Edel und Unedel / Bûrger und Bawern / uns
rechtschaffen und Christlich halten / und gnade und gunst bey
Gott und den Menschen finden / und des ⟨*G 7ᵛ*⟩ HERREN
Segen erlangen / hie zeitlich / und dort bey ihm sein und blei-
30 ben Ewiglich / AMEN.

Ein Kleydt werd ich verdienen nicht /
Mit dieser Schrifft bin ich bericht.
Dennoch hab ich die Warheit gsagt /
Was schadts? ob man gleich drüber klagt.

Gedruckt zu Görlitz / durch
Ambrosium Fritsch.
1581.

Tantzteuffel:
Das ist / wider
den leichtfertigen / vnuer-
schempten Welt tantz / vnd sonderlich wider die Gottszucht
vnd ehrvergessene
Nachttentze.

Gestellet durch Florianum
Daulen von Fürstenberg / Pfarrherrn die
zeit zu Schnellewalde.

Franckfurt am Mayn / Anno 1569.

TANTZTEUFFEL:
DAS IST / WIDER
DEN LEICHTFERTIGEN / UNVER-
SCHEMPTEN WELT TANTZ / UND SON-
DERLICH WIDER DIE GOTTS ZUCHT
UND EHRVERGESSENE
NACHTTENTZE.
GESTELLET DURCH FLORIANUM
DAULEN VON FÜRSTENBERG / PFARRHERRN DIE
ZEIT ZU SCHNELLEWALDE.
FRANCKFURT AM MAYN / ANNO 1567.

⟨A^v⟩   Ephes. 6. Coloss. 3.
Die Eltern / sollen ire Kinder zur zucht und forcht Gottes
auffziehen.
             Syrach. 1.
Hastu Kinder so zeuch sie / unnd beuge ihnen ihren halß von
jugent auff / Hastu Töchter / so beware iren Leib / und verwehne sie nicht.
             Philipp. 4.
Was warhafftig ist / was erbar / was gerecht / was keusch /
was lieblich / was wol lautet / ist etwa ein tugent / ist etwa ein
lob / dem dencket nach.

    Vier stücke in der Welt jetzunder seyn /
      Secten / Grantzen / Kratschem bawen /
           Bierbrewen gemein.
    Welche grossen zanck unnd hader richten an /
      Dem auch fast niemand stewren kan.
    Drumb auch entlich wirdt seyn vorhanden /
      Groß unglück / verderb / in allen Landen.

         Verderb der Regiment.
    Eigen nutz / uneinigkeit und ubermut /
      Verderben alle Regierungen gut.

⟨*Aij*ʳ⟩ **Dem Erbarn Herren Melchiori Cyro / Buchfůrern zum Briege / meinem besondern gůnstigen fůrderer und guten freunde.**

GNAD / friede unnd freude / von Gott dem Vatter / durch unsern Herren unnd Heiland Jesum Christum. Erbar besonder gůnstiger fůrderer unnd guter Freundt / Weil jetzundt zu disen letzten und bösen zeiten / in der Welt / an allen orten / die grewlichsten laster und ⟨*Aij*ᵛ⟩ sůnden / sehr gemeyn und uberhand genommen / haben darwider gelerte trewhertzige Månner / biß hieher / viel Bůchlein im Truck außgehen lassen / daneben einem jeglichen Bůchlin / nach art des Lasters / woher dasselbe kommen / mit seines Authoris und Stiffters Namen / einen fůglichen und bequemen Tittel gegeben / Also und dergestalt dieselben intittuliret / vom Hosenteuffel / Bannteuffel / Zåuberteuffel / Fluchteuffel / Haußteuffel / Gesindeteuffel / Spielteuffel / Jageteuffel / Hofeteuffel / Hurenteuffel / Sauffteuffel / Junckher Geitz unnd Wucherteuffel / Teuffels Tyranney und ⟨*Aiij*ʳ⟩ dergleichen. Nachdem es aber an dem / das die leichtfertigen / unverschempten Tentze / so besonders bey der nacht / und zum mehrern theil in Dörffern / auff dem Lande / gestattet und gehalten werden / nichts minder gemeine / unnd fast uberal im schwange gehen / darauß denn viel grewlicher schentlicher grosser sůnden unnd laster kommen und erfolgen / Habe ich biß hieher fleissig bey euch und andern Buchhåndlern / nachfrage gethan / ob nicht auch vom Tantzteuffel etwas außgangen were. Weil aber mein nachfragen / hoffen unnd harren / das hievon etwas außgehn möchte / biß da-⟨*Aiij*ᵛ⟩her vergeblich / mir auch der Tantzteuffel viel zu schaffen gemacht / mancherley unlust / sorgen unnd kummer angerichtet / Hab ich mich ungefehrlichen bey euch / unnd

Vorrede

sonsten meinen verwandten guten freunden / das ich selber eins mals / vom Tantzteuffel etwas stellen und schreiben wolte / unlangst vornemen lassen. Hierauff als denn ir / und diejhenigen / so solches von mir gehört / offtmals angehalten / das ich meinen vertröstungen ein volge thun wolte. Bin ich demnach entlichen / wiewol nicht on sondere beschwer unnd allerley nachdencken / dieses Büchlein / euch zu dienst und gefallen / wi-⟨*Aiiijr*⟩der den verfluchten Tantzteuffel dermassen zu stellen beweget worden. Nicht / das ich wolt fürwitz treiben / oder aber ein rhum damit erjagen (denn was kan solch geringe deutsch / und gar leichte Materien zu fassen / für geschickligkeit oder kunst anzeigen / und auff sich tragen /) Sondern das ich alleine erinnerung unnd anreitzung damit thete / ob vielleicht gelerte Månner / welche ein authoritet und ansehen hetten / die auch sonsten wider die andern Laster / und derselben obgenante Teuffel geschrieben / sich etwa an Tantzteuffel machen wolten. Sonder allen zweiffel / wenn solches geschehe / unnd das (wie ge-⟨*Aiiijv*⟩sagt) gelerte ansehenliche Personen / von solchem mehr und offtgenantem Tantzteuffel / besser / gründtlicher unnd geschickter schreiben würden / möchte es etwas gelten / und ein ansehen gewinnen / Auch da gleich nicht bey allen oder vielen / doch bey etlichen / welche noch nicht gar verwegen / sondern gern wolten das es in der Welt richtiger und besser zugienge / und die an ihren Kindern ehr und zucht gerne sehen unnd erleben möchten / ihr kein nutz und frucht bringen und schaffen. Und ob ich zwar / als ein ungelerter / gemeiner Pöbels Predicant und Lehrer / zu solchen ÆDITIONEN oder Büchlein schrei-⟨*Avr*⟩ben / auch zu dem geringsten dißfalls gantz ungeschickt / So ist doch mein fleissige bitt an euch und jedermenniglichen / sie wolten mitler weil / biß was tapfferers unnd besserers (wie vorgemelt) von andern hernach komme unnd volge / (das denn zu geschehen ich für meine person forthin fleissig wil hoffen und warten /) Diesen meinen geringen dienst / in günstigem guten willen erkennen und annemen.

Ferner besonder guter Gönner und freundt / als ich allbereyt wider den Tantzteuffel diß geschrieben / ist mir zu henden gestellt / M. Cyriaci Spangenbergs / ꝛc. Ehespiegel / Unnd die-⟨*Av^v*⟩weil ich von züchtigen / ehrlichen / so wol von den leichtfertigen unverschempten Tentzen / besonders aber von Nachttentzen / (denen ich bißher gantz uffsetzig gewesen / dieselben mich auch fast alleine zu disem meinem schreiben bewegt) viel gutes dinges darinnen gefunden / dasselb zu dem dafür gehalten / das es diß mein schreiben vom Tantzteuffel / fast befürdern unnd stercken würde / Darumb hab ichs also verordnet / das man die fünff und viertzigste Brautpredigt / in obgenantem Ehespiegel vom Tantzen / so wol auß der volgenden sechs unnd viertzigsten Predigt / allein den dritten punct / nem-⟨*A 6^r*⟩lich vom Abendttantz / abschriebe / zu diesem meinem Büchlein anzuhengen / unnd zugleich in Truck zu fertigen / weil sonderlichen gemeine Regenten unnd Herrschafften / so wol als der gemeine Mann / umb deren willen vornemlichen diß geschrieben / nicht alle mal vermöglich / grössere Bücher / als der Ehespiegel ist / zu kauffen oder zu lesen pflegen / diser tröstlichen zuversicht / es werde mir niemands / und sonderlichen auch nicht der Herr M. Cyriacus Spangenberg / als der Author vorgenanter seiner Predigten / diß fürnemen zu iergent einem argen deuten / oder aber in unwillen auffnemen / ⟨*A 6^v*⟩ Denn es von mir nicht geschicht / mich mit frembden federn zu schmücken / (wie jetzo in der Welt zu geschehen der brauch ist /) sondern guter trewer meynung und ursachen halben / mit kurtzen worten oben angezeigt. Damit seyt dem ewigen Gott befohlen / Datum Schnellewalde / bey der Newstadt an der Praudnigk gelegen in Ober Schlesien / Anno 1556. den 12. Augusti / welcher Anno 1522. mein Geburts tag gewesen / in jetztgenanter Stadt Newstadt / An welchem tag auch das feste Schloss Wolffenbüttel / Hertzog Heinrichen von Braunschweig zustendig / nach dem es acht tage belegert / von ⟨*A 7^r*⟩ Hertzog Johanns Friderichen Churfürsten zu Sachsen / hochlöblicher

seliger gedechtnis / und Philippo Landtgraffen zu Hessen / als
Obersten des Schmalkaldischen Bundes / erôbert und eingenommen / An dem auch Anno 1503. der lôbliche Christliche
Kônig in Dennemarck Christian geboren.

   E. W.

       Florianus Daul von
       Fûrstenberg / ꝛc. Pfarrherr daselbst zu Schnellewalde / ꝛc.

⟨*A 8ʳ = 1*⟩ ES ist ein gemeyne Rede / man bawe zu dieser zeit zehen Krüge oder Krátschemheuser / da nicht eine Kirche oder Gotteshauß erbawet werde. Das aber dem also sey / beweiset die that und erfarung an sich selber / Also auch das nit allein wenig oder selten / iergent eine newgebawte Kirch gefunden wirdt / ja die alten Gebew der Kirchen und Gottßheuser entweder eingehen / oder aber wenig unnd gar nichts geachtet werden / Und so man dann je etwas dran sol bawen und bessern / seind Herren unnd Obrigkeit an etlichen orten / da so unfleissig / nachlessig unnd unwillig / als der gemeyne Pôfel. Ein jeder eilet / (wie der Prophet Haggeus saget /) auff sein Hauß / das er seines gewins / nutz und einkommens bes-⟨*A 8ᵛ*⟩serung zum höchsten steigern und bringen kündte. Darumb gleich und wie es ohne sonders vielfaltiges vermanen / bitten / anhalten / unnd heissen / wenn man nur zur not etliche schindel auff der Kirchen / Pfarr / Schulen / Spital auffschlahen / oder das geringste dabey thun sol / geschweig denn ein gantz new Dach machen / gar niergends von statten gehen wil / Also ist hergegen jederman willig und bereyt / das die Krátschem gantz new von grundt auffgebawet werden / Herren und Obrigkeit sparen kein mühe / sorg / fleiß und unkosten / tichten und trachten tag und nacht darauff / wohin und wieviel sie nur solcher Schenck und Zechheuser auffrichten möchten. Und thun solches nicht allein diejenigen / so lange grosse Dörffer haben / in welchen zwar öffters die not erfordert / mehr denn ein ⟨*Bʳ = 2*⟩ Wirtßhauß zu halten. Sondern auch andere / die kaum eine handvoll Bauren unter ihnen / ja wol gar keine haben / die suchen allerley winckel / rencke und wege / das sie

Libellus de corruptis moribus incerti Authoris. Musculus vom Hosenteuffel.

Hag. j.

Fleiß auff Krátschem bawen.

Tanzteufel 69

mit Schenck unnd Tantzheusern zu bawen / nicht die letzten
weren / und inen iergent einen gewinn und nutz damit schaffen
möchten / ungeachtet es geschehe gleich bißweilen wider Gott /
gemeynen nutz / eines andern gerechtigkeit / wider zucht /
tugent / erbarkeit / oder nicht / da ist jetzt / sage ich / ihr vielen
wenig dran gelegen. So wol seind als denn / wenn ein Kråtschem unnd Tantzhauß gebawet sol werden / Bauren / gemeiner Pöfel und unterthanen / mit zimmern / zu füren / und
allerley beförderung / zu thun auch bereyt und unverdrossen /
und gar viel lustiger und williger / denn so es zu einem Bet-
hause geschehen solle. ⟨B^v⟩

Dessen ist kein ander ursach / denn die
verachtung Gottes wortes / das der gröst   *Verachtung*
hauff wenig darnach fraget / ob gleich in   *Gottes worts.*
einem gantzen jar kaum ein mal geprediget / Christliche versamlung und Göttliches Ampt gehalten würde. Aber zum
zechen / tantzen / spielen / in Krätschem
zu lauffen / nit allein alle Sontag und Feyr-   *Fleiß zum*
tage / sondern die halbe wochen dazu (wo   *Tantze.*
nicht die gantze) da wil niemands der letzte seyn / sie müssigen
sich hierzu wie sie können und mögen / unnd wirdt darinne
bey inen kein verdrieß oder hinderung gespüret.

So hat der Geitzteuffel in der Welt / deßgleichen mechtig uberhandt genommen /   *Geitzteuffel.*
ein jeder befleissiget sich wie er nur viel gelds und guts zusammen treibe. Weil es denn einer von dem
andern si-⟨Bij^r = 3⟩het und höret / welch   *Gewinn von*
grosser gewin / zinß und genieß die Krätsch-   *Krätschemen.*
menheuser bringen / So kompt es denn / wo vorhin kein
Krätschem gestanden / da wirdt jetzo auffs
wenigste einer / da einer gewesen / werden   *Menge der*
irer drey / vier / fünff / und auch mehr / ꝛc.   *Krätschem.*

Wenns aber die hohe not erfordert / das man nur eine newe
Kirchen sol auffbawen / so gibt man für / wir vermögen es
nicht / unnd etliche lauffen Betteln im gantzen Lande umbher

viel jar / Helffet zum Gottesdienst / wir sollen da und da ein newe Kirchen bauwen / Gott weyß obs auch bißweilen war sey / oder verzeren die auß gesandten mehr dann den halben theil vom gebettelten / ehe sie wider zu hause kommen / das die Kirch in dem wol ungebawt bleibt / und das jenige / so noch ubrig vom er-⟨*Bijᵛ*⟩bettelten / ubel unnd bößlich verthan unnd verschlemmet wirdt / wie man ôffters erfaren.

Auff Kirchen betteln.

Gottes straffe von wegen nachlessigkeit zum Gottesdienst.

Was wirdt aber von Gott zur straffe folgen / wenn ein jeder / wie oben auß dem Propheten angezeigt / auff sein Hauß eilet / allein sein Geitz / nutz unnd zeitliches suchet / ꝛc. Krâtschemheuser / Tantzheuser / Zechheuser zu bawen / hôchsten oder ja grössern fleiß / unkosten unnd arbeit anwendet / dann Kirchen / Spittâl / Schulen und Pfarrheuser auffzurichten unnd zu bessern?

Eben das jenige (sprich ich) wirdt Gottes straff sein / was daselbst im Propheten gedrewet und geschrieben ist: Schawet (spricht der Herr Zebaoth) wie es euch gehet / Ir sâet viel / ir bringet wenig ein / ir esset unnd werdet dennoch nicht satt / ir trincket unnd werdet nicht truncken / ir kleidet euch und ⟨*Biijʳ⸗4*⟩ kônnet euch doch nicht erwermen / unnd welcher geldt verdienet der leget es in einen lôcherichten Beutel. Und weiter folgende: Darumb hat der Himmel uber euch den Taw verhalten / und das Erdtreich sein gewechß / und ich hab die Dûrre geruffen / uber Landt und Berge / uber Korn / Oele / Most / unnd uber alles was auß der Erden kompt / auch uber Leute und Viehe / unnd uber alle arbeit der hende. Das ist so vil gesagt / Gott der Allmechtige wil straffen mit thewrer zeit / dûrre / mangel / hunger / mißwachsung / ungedey an Viehe / und allerley gewâchß / wo man die befôrderung des Gottsdiensts / (Darzu denn auch gehôret / das man Tempel / Kirchen oder Betheuser / darinne man Gottes wort lere / die Sacrament reyche / Christliche versamlungen halte / und den Gottesdienst oder ⟨*Biijᵛ*⟩ Gôttlich

Aggei j.

Tanztcufel 71

ampt verrichte / Item Pfarrheuser / Schulen / Spittål erbawe / bessere und erhalte /) wil unterlassen / oder ja weniger fleiß und unkost darauff / denn auff unser heuser / Kråtschem und zeitliche narung wendet. Darumb solt man sich für solchem unchristlichen verkerten wesen fleissig hůten / in die sachen aber sich recht Christlich schicken unnd richten / weil nicht Menschen / sondern das klares wort Gottes selber / diese Sůnde straffet / und darůber unverborgen anzeigt unnd lehret / wie man sich hierinnen solle verhalten / das man der gedreweten straffe entfliehen / den segen aber von Gott dem Himmlischen Vater bekommen möchte.

Weil ich mir aber nicht von Kråtschemheusern / sondern fürnemlich vom Tantzteuffel / das ⟨Biiij^r=5⟩ ist / von dem garstigen / unfletigen / unzůchtigen / ungöttlichen / sůndtlichen / leichtfertigen / zucht unnd ehrverwegenen Tentzen / besonders von Nachttentzen / die fürnemlich in Dörffern / auffm Lande / gestattet / geduldet / geheget und gehalten werden / zu schreiben fürgenomen / So wil ich die Kråtschemheuser jetzo bleiben lassen / und zum handel ferner / was solche unzůchtige / leichtfertige unnd unfletige Tentze belangen / greiffen / der Kråtschem aber hab ich auß der ursachen anfenglichen gedencken můssen / das eben dieselbigen gemeiniglichen / (ob gleich nicht alle) die Kirchen seind / darinn dem Teuffel sein dienst / mit solchen verfluchten / garstigen Tentzen verbracht wirdt. Demnach offentlich hiemit protestire und bezeuge / das ich Wirts ⟨Biiij^v⟩ oder Kråtschemheusern / deßgleichen den Herrn und Besitzern derselbigen / welche solche Heuser / als fromme ehrliche Biderleute / denen gerechtigkeit / gottßfurcht / zucht und erbarkeit lieb ist / Göttlich und recht brauchen / wie von solchem brauch ein kurtzer bericht sol volgen / mit diesem schreiben nichts zu nahend geredt / noch sie damit gemeynt wil haben / Sondern von denjenigen / so mutwillig / fürsetzlichen /

Tantzteuffel.

Warumb hierinn der Kråtschem gedacht wird.

Protestatio.

unnd umbs gewins / geitzes / geldtes oder nutzes willen / wider
Gott und seine Gebott / dem Tantzteuffel und Geitzteuffel zu
dienst / der Kråtschemheuser mißbrauchen / unnd mißbrauchen lassen / diß alles verstanden solle werden. Wie ich
denn allwege mit gantzem ernst solchen schendtlichen Mißbrauch / Teufflischen / unzůchtigen / ehrvergessenen Tantz /
besonders so die nacht ⟨Bv^r=6⟩ geschehen / an meinen
Pfarrkindern / nach erheischung meines ampts / gestraffet
habe / aber bißweilen wenig oder nichts außgerichtet / Ursachen wegen / die ferner in gemeyn sollen angezeigt werden /
damit nicht jemandt sagen môchte / ich wolt mit meinem
schreiben jemandts außtrůcklichen oder offentlich verletzen.

    Nun ist es kein zweiffel / das die Krât-
schem oder Krůge anfenglichen darzu gebawet unnd geordnet / das es sollen Gast-
hôfe oder Wirtßheuser seyn / darinnen
jederman / unnd sonderlich die Frembden / so hin unnd
wider reisen / umbs geldt essen / trincken / und Herberge
suchen und haben sollen. Denn wie man zu sagen pflegt /
niemandt Herberge mit sich uber landt nemen kan. Und wer
wolt dißfals Krâtschemheuser unnd Krůge verwerffen oder
⟨Bv^v⟩ tadeln? Weil auch Gottes gebot
ist / das man gerne herbergen solle.

    Aber wie der Mißbrauch in allen dingen
sich eingeflochten / unnd alles verderbet /
also ist den Gastheusern / Krůgen unnd
Krâtschemen auch widerfaren / das des
rechten / anfenglichen / Gôttlichen / guten
brauchs vergessen / unnd der Teufflische /
unrechte / ungôttliche Mißbrauch uberhandt genommen. Darumb denn billichen
zu loben / ein Gasthauß / Krug oder
Krâtschem / darinn arm und reich / ein-
heimische / unnd sonderlich frembde /
sichere gute Herberge / einen frommen /

Warzu anfengli-
chen Krâtschem-
heuser außgesatzt.

Rom. xij.
j. Pet. iiij.

Mißbrauch in
allen dingen.

In Krâtschem-
heusern.

Rechter brauch
der Krâtschem
zu loben.

trewen / guten freundtlichen Wirt unnd Wirtin / umb gleiche zalung essen und trincken / bekommen. Aber widerumb auch billich zu schelten unnd zu verdamnen / der Gastheuser / Krüge ⟨*B 6ʳ⁼7*⟩ und Kråtschmen ungöttlicher / teufflischer / unrechter Mißbräuche. Als da man die armen müden / frembden Leut nicht beherberget / essen unnd trincken umb gleich geldt nicht widerfahren lest / schindet / ubersetzet / unrecht thut / kein gutes wort gibt / viel weniger sonst iergents eine wolthat erzeigt / auch wol offt in solchen heusern / leibs / lebens und guts / der Gast nicht sicher ist / wie mehrmals und viel erfaren / das die Kråtschmer selber Buben und Mörder / welche ire Gåste umbs geldtes und geitzes willen / heimlich todtschlagen unnd erwürgen / die sie billich für anderen Mördern / für unrecht unnd gewalt / (wie Gastrecht auch bey den Heyden vermag) schützen und handthaben solten. Item das Spieler / Såuffer / Tåntzer / im Kråtschem die gantze nacht ein un-⟨*B 6ᵛ*⟩menschlich geschrey halten / springen / pochen / poldern / lestern / tantzen als weren sie gar toll und unsinnig / und als wolten sie oben zur decke hinauß / das unterst zu öberst drehen / das die armen müden Gåste / und andere fromme leut / kein ruh noch friede für inen haben. Ja das wol die vollen / unnützen / mutwilligen Gåste / den frembden / frommen und stillen / allen gewalt / unlust / schmach / mit thaten und worten erzeigen / ɔc. Auch von den Kråtschmern / oder Herren im hause / wirdt solchs alles gesehen / gestattet und vorhangen / Denn sie meynen / solcher Schlemmer müsten sie sich nehren / die trincken durchs jar ir Bier auß / wer weyß / ob dieser frembde Gast sein lebenlang wider kommen möchte / Da müssen denn vernünfftige fromme leut / frembd und innheimisch / sich drucken / schmiegen / leiden / und ⟨*B 7ʳ⁼8*⟩ alles in sich fressen / biß der Teuffel die truncke-

Mißbrauch der Kråtschemen zu verwerffen.

Tåntzer plagen frembde Gåste.

Wavon sich Kråtschemer nehren.

nen / tollen / wůtenden / mutwillige / Gottlose buben / auch
auff iren winckel fůret / 2c. Aber von dem gnug / Wir wōllen
vom Tantzteuffel wie fůrgenommen sagen / das unter allem
anderm so jetzo erzelt / und in Krâtschemen zu geschehen
pflegt / nichts minder der Teufflische / verfluchte / unzimliche /
unzůchtige / Gottes zucht und ehrvergessene / leichtfertige
Tantz / der besonders die nacht in Krůgen und Krâtschemen
geschiehet / zu verfluchen / zu schelten und zu verdamnen.
Denn leyder Gottes / irer wenig jetziger
zeit befunden werden / Wenn man prediget / singet unnd saget / was der Welt
tantz sey / was sonderlich fůr bōses / unzůchtiges / Gottloß wesen / sůnd / schand / laster / schaden / jammer und not drauß komme / der es zu hertzen
nemen / weh-⟨B 7v⟩ren / abstellen und nachlassen wolte / ja
je mehr man ihn hiervon prediget / je erger / unsinniger /
und fleissiger sie auff solche tântze werden / haben sie vorhin
getantzt / drey oder vier stunde in die tieffe Nacht / so tantzen
sie dem Prediger unnd Pfarrherrn zu krieg unnd vordruß /
weil ers nicht leiden wil / und viel darumb mauls haben /
unnd waschen / (wie sie es nennen) straffen und schelten / 2c.
biß zur mitternacht / und weit darůber.
Zu dem / wenn sie nun vom Tantz anheim gehen / so machen sie ein groß wild
geschrey / jauchtzen / boldern / pochen / werffen / das es
ja der Pfarrherr hōren sol / wenn sie auffgehōrt zu tantzen /
wie tapffer unnd fein das sie es außgerichtet / unnd das sie
zu thun unnd zu lassen / gewalt und macht haben / Gott
gebe der Pfaff ⟨B 8r=9⟩ sage dazu was er wōlle / und
verdrieß ihn gleich das ihm der kopff und
der gantze leib wehe thet. Also sind sie
iren Lehrern und Vorstehern gehorsam /
unnd also verehren und verschonen sie
irer / Ich wolte fůr mein person wůndschen / das die
Krâtschem unnd Krůge am ende der Dōrffer stůnden / das

*Niemand wehret
jetzo dem leicht-
fertigen tantzen.*

*Wie sie vom tantz
heim gehen.*

*Tantzen den
Predigern
verdrießlich.*

Tanzteufel

einer solch mutwillig / teufflisch wesen / zu dem / das es einer noch sonsten mit grosser erbitterung / zeitlich gnug erferet / nicht selber uber diß mit seinen eignen ohren hören dörffte. Ich halt es dafür / das auß angeben des Teuffels fast uberal / die Kråtschemheuser und Krüge zu nechst der Kirchen und Pfarr gebawet unnd gesetzt seind worden / wie im Sprichwort gesagt wirdt: Wo unser Herr Gott eine Kirch hin bawet / da bawet der Teuffel bald auch ein Kråtschmarckt. Damit ja Pfarrherrn ⟨*B 8ᵛ*⟩ und Prediger / die gern fried und ruhe hetten / alt / schwach / kranck seyn / und solch Gottloß / viehisch / teufflisch wesen nicht sehen noch hören können / deste mehr geplaget werden. Kråtschmer solten fürnemlichen die leichtfertigen Tåntze abschaffen / sie aber fragen wenig oder nichts darnach / unnd ob sie gleich bißweilen sich stellen / als sehen sie es nicht gerne / were inen nicht lieb / und als wolten sie etwa einsehen haben unnd wehren / wenn solche unzimliche / teufflische / unzüchtige Tåntz / bey tag und nacht geschehen und fürgenommen werden / so ists ihnen doch kein ernst / verkauffen nur einen Fuchßschwantz / besonders als denn / wenn vielleicht alte ehrliche leut fürhanden / denen solch teufflisch wesen keines wegs gefellig / und dawider reden. Drumb denn auch die Alten offters vom ⟨*Cʳ⁼10*⟩ Wirt selber / unnd sonst von der unzüchtigen / frevellichen / mutwilligen und unbendigen jugent gar ubel gehandelt / wo nicht geraufft unnd geschlagen werden / aller ding wie in der Weißheit Salomonis von Gottlosen und ruchlosen geschrieben stehet / das sie sagen: Last uns der alten greisen straffe nicht achten. In summa / Kråtschmer seind gemeinlich selber sichere / Viehe / Gottlose leut / lesterer / die selten in die Kirchen kommen / dann auß täglichem schwelgen unnd sauffen / kompt sicherheit / Gottlossigkeit unnd verachtung Gottes. Die

Sprichwort /
Haußpostill
Dominica viij.
post Trinitat.

Kråtschmer sollen stewren den leichtfertigen Tåntzen.

Sap. ij.

Herren der Kråtschemen warumb sie tåntze gestatten. auch uber die Kråtschmen unnd Krůge Herren / oder Obrigkeit / solten zwar die ersten seyn Gottloß wesen abzustellen / Aber sie Brewen nun gemeinglich selber / machen an etlichen orten geschwencke / bôse Bierlein / gestat-⟨C*ᵛ*⟩ten darumb allerley Tåntze / das sie nur viel Bier vorthun und gelt lôsen môchten / ubersetzen die Mietkråtschmer mit grossen zinsen / das nicht allein in einem grossen / sondern auch in kleinen Dôrffern / von einem Krug und Kråtschem / jårlichen 18. oder 24. schwere Marck / biß auch auff 30. genommen wirdt / wie offentlich am tage.

Ubersetzung der zinse in Kråtschmen.

Wo sol der Kråtschmer oder Krůger / solche grosse zinse nemen / daneben sich / sein Weib / Kinder / Gesinde / Viehe auch erhalten / essen / trincken / schuch / kleider / liecht / thewer holtz kauffen? vom zapffen muß ers nemen / denn gemeinglich bey den Mietkråtschmen unnd Krůgen / weder Acker noch Gårten seyn / des můssen fromme leute / unnd der gemeine Mann denn entgelten / wie ein jeder wol verstehen kan / mischen das Bier / giessen wasser drein / das ⟨*Cij*ʳ⁼*11*⟩ wenn man einem fass die wasserader schlahen solt / so blieb bißweilen kaum der drittheil drinnen / geben eins in die handt / zwey an die wandt / geben selten rechte maß / und dergleichen treiben sie wider GOtt unnd recht / das es nicht alles můglichen zu erzelen /

Unrecht gedeyet nicht. aber es gedeyet inen und iren Kindern entlichen / wie dem Hunde das graß / werden Bettler unnd entlauffen / oder da sie ja etwas erschinden / so gehets wider dahin wie es erworben / nach dem Sprichwort: DE MALÈ PARTIS NON

Sprichwort. GAUDEBIT TERTIUS HÆRES. MALÈ QUÆSIT, MALÈ PERDIT: Ubel gewonnen gut artet nit / ꝛc. wie auß Gottes wort uber gnug darzuthun / unnd auch mit der erfarung zu beweisen. Es ist ein gemeine sage / die Mietkråtschmer kôndten nicht jederman gleich thun /

weil sie so ubersetzt werden / und so grosse zinß ge-⟨*Cij^v*⟩ben. Kôndtens doch die jenigen kaum erschwingen / (spricht man) die Erbkrâtschem / die Acker und Gârten haben / und ein Jar kaum 2. gûlden zinß geben. Im fall auch die hôhisten Obrigkeiten / so in geschwinden / gefehrlichen oder bôsen zeiten / die Tântze verbieten / oder aber die Miettungs Herrn / Locatores der Krûge und Krâtschemheuser selber sehen und befinden / was bôses auß den Tântzen / sonderlichen des Nachts erfolge / das sie auff ein weile die Tântze nur des nachts abschafften / da lauffen und rennen die Mietkrâtschmer / sagen unnd klagen wie sie grosse zinß geben mûssen / welche sie keines wegs dermassen / wenn man nicht solte tantzen lassen / bey tag und nacht wûrden reychen kônnen / denn der Tantz sauffe das mehiste Bier / und gehe dabey vil ⟨*Ciij=12*⟩ Bier hinweg. Sonst durch die wochen und von andern Gâsten / kôndten sie wenig einnemen / als denn war ist / die Alten seind nimmermehr / und auch nimmer lenger in Krâtschem / denn wann man tantzt. Ja Herr sprechen sie / die Mietkrâtschmerlen (die Gesellen zu iren Herrn /) wir wûrden wenig Bier verkauffen / euch entstûnde darauß der grôste schaden / sonderlichen zu der zeit so das Bier sawer wirdt / das bleibet euch und mir auff dem halse / und jetzundt ist euch etlich gantz Gebrewde umbgeschlagen / das ist so gut unnd starck / das es neun Mônche erwûrget / und redt drey tage auß dem Menschen / das kan man nicht besser verthun / denn mit den Tântzern. Denn es auch jetzo an dem / das sonderlichen auff den Dôrffern / an vielen orten nicht so groß fleiß drauff ge-⟨*Cij^v*⟩ legt wirdt / wie man gut Bier brewe / meynen die Bawren mûssen es wol sauffen / und man mûsse es nicht so gar gut unnd starck machen / sie môchten sich sonst toll sauffen / und da es gleich dem Krâtschmer auff dem halse bliebe unnd versawerte / noch muß ers bezalen / er nemme es wo er

Anschleg den tantz zu erhalten.

Tantz seufft viel Bier auß.

wölle / solt er gleich gar zum Bettler werden / mit Weib
unnd Kind zum Teuffel lauffen / Was frag
ich darnach / spricht der Brewer. In Stedten
gehet es mit etlichen auch also zu / das sie
⁵ Bier / Tischbier glatschen / unnd allen dreck durcheinander
mengen / geben es denn den Brewern / und den Fidlern
schuld / unnd sagen: wenn die Fidler umbher gehen / so
werde Bier glatschen / unnd die geringere jauchen / auch
toll unnd hopffende / springe eins durch das ander / können
¹⁰ ihrer ⟨*Ciiij*ʳ⁼*13*⟩ schlimmerey höflichen selber also lachen.
Ja wenn man die schuldt den Brewern in langen hembdern
gebe / da würde man es offt recht treffen.

    Wie aber oben gemeldet / wenn die Mietkråtschmer kommen / ihr beschwer / klagen und bitten groß machen / so
¹⁵ seind die Mietherren schon uberwunden / und lassen in Gotts
namen / (solt sagen ins Teuffels namen) tag unnd nacht
widerumb tantzen / ohn allen unterscheid / Gott gebe / es
erfolge darauß entlichen was da wölle / jedoch sagen solche
Miettungßherrn / so wol andere Erbherrn und Pfandsherren /
²⁰ offters auff einen schein unnd in heucheley den Leuten eine
Nase zu machen / Tantzet biß man ein liecht anzündet / sich
tag und nacht scheidet / oder biß ein heller liecht verbrent / ꝛc. Ich meyne sie machen als dann liechter / die
3. 4. ⟨*Ciiij*ᵛ⟩ stunden in die nacht brennen / unnd keiner darff
²⁵ sagen / das sie uber erlaubte zeit getantzet hetten / die Herren
lassen es auch dabey bleiben / sehen durch die finger / und
schweigen / ja verantworten solch fürnemen darzu. Die Erbkråtschmerlein sind ja dißfalls auch nicht die besten oder
letzten / haben den Mammon und Teuffel wol so lieb:
³⁰ thun schier so wenig guts und gleiches / als die andern
ihre Companen / die doch zu irem schanck nichts mehr
haben / und in grossen zinsen sitzen / Wenn die Herrschafft denselben Erbkråtschmern auß kalter andacht etwa
ein mal den Tantz / das ist / des Teuffels dienst verbeut / Was
³⁵ hat der Kråtschmer zu thun / er ruhet unnd schleffet nicht /

Woher in Stedten böse Bier.

suchet rencke / weise und wege / wie er den Tantz wider erlangen unnd anrichten könne / Spricht: Herr / ich ⟨Cv^r=14⟩ verschencke ewer Bier / so unnd so viel achtel nemme ich bey euch / (wie solch practicken breuchlich / wo viel Herrn sind / als in Stedten / so uber die Krǎtschem auff dem Lande zu gebieten) Warumb wolt ir mir / euch zu gut / nicht den Tantz erleuben / oder darzu verhelffen / was ligt euch an des Pfaffen unnützen worten? (denn also nennen solche junckherrn straffe auß Gottes wort.) Aber bringen ja einen Kober (zu besorgen es soll lang also weren / bast und köber / die jetzundt so steiff mit geschencken getragen / zerrissen unnd beschweret / sol thewer werden /) kommen geschlichen: Herr / Fraw / hie ein par Hůner / Eyer / schön Oepfel / Byrn / kloben Flachs / Honig ein Topp / last tantzen / verhelffet dazu. Stellet sich der Herr gleich sawer unnd unwillig / wenn vielleicht andere Leut darbey seyn / ⟨Cv^v⟩ komm wider wenn er allein ist / du wirst es wol erlangen / Oder aber sprich die Frawen heimlich an / sag ihr etwas zu / du wilt ein Viertheil Lein såen / gar auß arbeiten / Flachs / Kåse / Eyer / Butter bringen /die kan das zum besten außrichten / ꝛc. Wil denn der gute Herr iergent ein gut wort umb sein Fråwlein verdienen und haben / so muß er ihr doch eines zu gefallen seyn / denn also ist an vielen orten der brauch / das die Weiber mit regieren / wo nicht alles unnd gar allein / wöllen das maul uberal im sode haben / was sie sagen unnd wöllen / das muß der Herr thun / sie haben den zipffel und das Regiment erwischet / gebieten unnd schaffen die Didones / vermeynende das sie es zu recht haben ererbt von Heva dem ersten Weibe / die sprach auch zum Adam ihrem Mann: Adam iss. ⟨C 6^r=15⟩ ECCE IUS MULIEBRIS IMPERIJ ANTIQUISSIMUM, Das alte Recht so die Weiber zum Regiment haben. Aber was guts

Anschlege zum tantz.

Köber.

Weiber Regiment.

Didones.

Sprichwort.

auß dem wort: Adam iss / kommen / das tragen wir biß in todt / unnd an der Welt ende / (Gott erbarms) an unserm halse / das es kein Mensch / ja alle Engel nicht gnugsam beklagen kônnen. Was ists nun wunders / weil solchs von Heva der schônsten / heiligen / reynen / frommen / gleubigen / Gottfůrchtigen / weisen / verstendigen / (wie sie denn fůr dem fall gewißlich gewesen) auff und uber alle menschen kommen / das nit vil bôses / ungerechtigkeit / unlust / durch unserer Fråwlein mitregiment kôndt angerichtet werden. Denn da findet sichs auch sehr offt / das blutschender / huren / buben / lesterer / in summa alle bôse / lose unnd mutwillige leute / wenn sie den Mitregenten etwas schen-⟨C 6ᵛ⟩cken / geben unnd zusagen / fôrderung / Ablaß / linderung / erlassung / pein und schuld / von den Herren erlangen. Warlich bey solchen Marien kônnen sie fůrbitt und gnade viel ehe unnd besser sich getrôsten / denn bey der heiligen reynen Jungfrawen Maria / der Mutter des Sons Gottes. Was sol man aber sagen? einer muß sehen und hôren / das im die ohren platzen / und die Augen fůr grossem unwillen trehnen. Der Teuffel wirdt solch wesen schenden / und mit den Geschencknemern ein mal abrechnen / wie geschrieben und von Gottes wort gedrewet wirdt. Und saget sonderlich unter andern der Prophet Esaias von diesen junckhern und gesellen: Sie nemen alle gern Geschencke / unnd trachten nach Gaben / ꝛc. Krieget auch einer mehr denn der ander / so murren ⟨C 7ʳ⁼16⟩ sie auffeinander / wie die neidischen Hunde / Wol dem der unter sechs / vier Kôber wirfft / das er den grôssern theil auff seine seiten bringe / ꝛc. Hole sie der schwartz Nickel / der des Schultheissen Geyß holte / ꝛc.

Auch ist es den Eltern / Haußvåttern / Vatter / Mutter / Herren unnd Frawen im Hause / auß pflicht ihres Göttlichen beruffs zustendig / das sie ihren Sônen / Tôchtern / Knechten / Mågdten / unnd Gesinde keines wegs zuliessen / zu solchen unzimlichen / schentlichen / leichtfertigen und unzüchtigen Tåntzen zu lauffen / besonders in der nacht / inen solchs keines weges / und mit nichten verhengen / Denn gar nichts guts auß dem nachttantze / wie folgen wirdt / herkompt. Und da ihnen Kinder unnd Gesinde nicht wolten sagen lassen / einen rechten ⟨C 7ᵛ⟩ ernst gebrauchten. Im fall auch da Obrigkeit / Herrn und Kråtschemer wolten so gottloß seyn / unzimliche / teufflische nachttåntze gestatten / so solten doch die Eltern iren Kindern wehren / und sie zu solchen nachttåntzen nicht kommen lassen / so were damit den Junckern und Gesellen / so tåntze hegen unnd zulassen / fein durch den sinn gefaren / wie ich offt diesen anschlag gemacht / und gerne gesehen hette / es were folge geschehen / aber der Tantzteuffel lest es beim grossen hauffen dazu nicht kommen / wirfft Stůel und Bencke in weg. Es môchten ja unter einer gantzen Dorffschafft etwa wenig gefunden seyn / die sich nach solchem rath gerichtet unnd vorhalten hetten / unnd auch noch vorhalten wůrden. Wenn auch gleichwol unsere Pfarrherren / Predicanten / die ⟨C 8ʳ⁼17⟩ nachlessigen faulen PATRES nur mit ernst anhielten / unnd nicht sagten: Trawen neyn ich / solte ich wider mein Obrigkeit handeln / wo wil ich mit meinem armen Weib unnd Kindern bleiben / was gehet michs an? ⁊c. sind Wetterhanen / kônnen heucheln unnd federlesen / oder fangen auffs wenigst zu langsam an zu straffen / das hernach ire verwehnete zuhôrer zuletzt keine straffe von inen hôren noch annemen wôllen / ⁊c. Lassen auch ire Tôchterlein und

Eltern / Herrn / Frawen / solten iren Kindern und Gesinde den Tantz wehren.

Trewer rath wie den tåntzen vorzukommen.

Pfarrherren seind auch nachleßig dem tanz zu stewren.

gesinde selber zum theil zum nachttantze lauffen / davon
denn die andern exempel und entschuldi-
gung nemen / sprechen: ja warumb wolten
wir nicht zum nachttantz gehen / bleiben
doch des Pfarrherrn tôchter dabey biß an
mitternachte / ꝛc. DEO GRATIAS lieben herrn / feine PASTORES /
Hirten unnd Lerer / ein jeder sehe zu / das er nicht solche
⟨*C 8ᵛ*⟩ ergernuß gebe / und erstlichen den Tantzteuffel / unzůchtige / verdechtige / unfletige Nachttântze / fůr seine
person straffe / und ja wol herauß streiche / was der Nachttantz sey / unnd was fůr groß unzucht / sůnd / schand und
laster darauß erfolgen. So saget Paulus
unter andern vielen: Lehre / vermane unnd
straffe mit gantzem ernst / und laß dich niemandt verachten.
Also ist auch ôffters mein rath gewesen
und noch / wenn sichs vorhelt / das zweyer-
ley Herrschafft unnd Obrigkeit in einem Dorff weren / einer
hett den Krâtschem / der ander die Bawren oder Unterthanen / Wo der / so uber den Krâtschem Herr / ja wolt
Tântze / sonderlich die nacht / gestatten / so solt der ander
seinen Unterthanen unnd Bawren / bey gewisser peen und
straff verbieten / das ire ⟨*Dʳ⸗18*⟩ Kinder und Tôchter sich
des nachtes / auch anderer leichtfertigen / unzimlichen tântze
enthielten / und damit gantz zu frieden weren / Wenn man
dieses thete / so wůrde man dem Tantzteuffel sehr viel / an
etlichen orten / abbrechen. Aber wo geschichts? Es nemen
viel mehr der Unterthanen Herrschafft darauß ein entschuldigung / und sagen: Was kan ich dawider / ist doch der
Krâtschem nicht mein / das ichs wehren kônte. Ja wehren
kôndten sie es sehr wol / dermassen wie vorbemelt / so sie
nur die kleinste lust darzu hetten / etc. Seind demnach und
also / einer so wol schuldig und strefflich als der ander / die
den Krâtschem halten / unnd die so die Unterthanen haben.
Da kompts denn auch sonst / das sich jeder-
man mit eines anderen fůrnemen wil ent-

Entschuldigung und behelff der Tantzteuffel.

Tit. j.

Ein ander rath.

Behelff der Tântzer.

schuldigen / die da sagen: Sehet alle her / all-⟨D^v⟩hier wil man nur den nachttantz wehren / uberal / da und da/ wirdt er gestattet / meynen das sie es gar wol treffen / und wol entschuldigt weren / weil andere auch also thun? Es ist zwar der Weltbehelff in dem und andern lastern mehr / das der geringe mit des hôhern / der arme mit des reichen / der unterthan mit der Obrigkeit / die zuhôrer mit der lehrer fûrnemen sûnden und ubel handlungen sich behelffen wôlle / aber es ist ein teufflische entschûldigung / wider Gott und sein wort / denn also saget Gott: Du solt der menge nit folgen zum bôsen / ꝛc. Drumb viel weniger folgen / wenn es einer / zwen drey oder mehr theten / Als auff disen schlag auch der spruch: MULTORUM ERROR NON FACIT ERRANTIBUS PATROCINIUM.

Exo. xxiij.

Wie gehets aber den trewen Pfarrherrn unnd Predicanten ⟨Dij^r=19⟩ drûber / wenn sie den Tantzteuffel rûren / erwecken und straffen? das sie durch offentlichen teuffelischen mißbrauch der Krâtschemheuser verursacht / aus Gôttlichem eiver vom Venusberge sagen? da ist denn die Helle gar angezûn- det / unnd brennet in allen Gassen / lestern / fluchen / schenden uber alle maß: Der lose / Gottlose / Gottschendige Pfaffe / der bôßwicht / der schelmen / lestert und schmehet unsere heuser / erger denn wann es Mumen und Chûrheuser weren / ꝛc. Aber mein Herr sachte / sachte / last doch mit euch ein wenig reden / wie thet ihm doch ein armer Pfarr- herr / das er solche grosse sûnde verantworten kôndte? Ich wolt also sagen: Der Tempel zu Jerusalem wirdt von Gott selber ein betthauß genennet / da der heilige Gottesdienst mit opffern unnd anderm ver- bracht must werden / darinn auch ⟨Dij^v⟩ warlichen viel herrliche grosse Wunder und Mirackel von Gott geschehen / und die herrligkeit Gottes vilmals offentlich gesehen / wie nach der lenge des Tempels heyligkeit kôndte

Wie es gehet den Pfarrherren die den tantz straffen.

Venusberg.

Esa. lvj.
Luc. xix.

erzelt werden / noch heisset ihn Christus ein Mörder gruben / eben umb des mißbrauchs / oder umb deren willen / die darinnen falsche Gottlose lehre fůrten / kaufften unnd verkaufften / ⁊c. Warumb solt man denn nicht auch ein Hauß / darinne Gottloß wesen getrieben wirdt / unnd in ewigkeit so heilig als der Tempel nicht werden kan / einen Venusberg nennen / da man doch nicht das Hauß an sich selber meynet / (denn was kan das arme Gebew dazu /) sondern die Menschen die Gottloß wesen / wider zucht unnd erbarkeit / darinne treiben / gestatten und zulassen? Von dem aber gnug. Es ist biß hieher von den ⟨Diij^r=20⟩ jenigen gesagt / die des Teuffels dienst / das ist / unzimliche / schnöde / unzüchtige unnd unverschempte täntze gestatten / zulassen / fördern / hegen und halten / und auch gemeldet / wo fůrnemlich dieselben gehalten werden. Nun ist ferner von nöten zu sagen / vom leichtfertigen unverschempten Tantz an sich selber / was er sey / was er bringe und außrichte / ⁊c.

Züchtiger Tantz. Ich lese wol (wie auch heiliger gedechtnuß Martinus Luther / von zimlichem unnd züchtigem tantz sol geredt haben /) Der tantz sey guter erbarer meynung anfenglich erdacht und zugelassen / und darumb bey erbaren Leuten gehalten / das die jugent in vieler gegenwart / zucht hielten und lerneten / ehrliche und Christliche liebe / zwischen Jungfrawen unnd Jünglingen gestifftet.

In Colloquiis. L. Denn in den Täntzen / kan man die sitten ⟨Diij^v⟩ der jungen leute fein spüren und mercken. Item / das auch ehrliche täntze ursach oder gelegenheit geben / ehrliche gastung zu halten / und da in den selben der Jungfrawen gemůt erkündet / das man sie hernacher deste ehrlicher und gewisser werben kündte. Der Bapst hat

In der xlv. Predigt Cyriaci Spang: im Ehespiegel. den Tantz verbotten / denn er ist ein Ehefeind gewesen / Es sol aber alles züchtig zugehen / darumb werden hierzu auch ehrliche Männer erfordert / ehrliche

Frauwen unnd Matronen / die beim tantz seyn sollen / auff das es alles deste ehrlicher unnd sittiger gemacht werde / ⁊c. Wo ist aber das alles hinkommen / und wie wirdt es jetzund gehalten? Ich weyß wenig von solchen sittigen / züchtigen / ehrlichen tåntzen zu sagen / höre auch wenig oder selten etwas hievon. Je-⟨*Diiij*ʳ⁼*21*⟩doch ehrlichen Leuten / sie sein hohes oder nidriges standes / die Gottfürchtig seyen / ehre unnd redligkeit lieben / feine züchtige / sittige / friedsame / stille unnd freundtliche tåntze / mit den iren / in ihren Heusern daheim unnd sonsten halten / hiemit nichts zu nahendt geredt / Sondern sie umb ihrer tugent / zucht / gute sitten / höfligkeit / allzeit gepreiset / gelobt / unnd ihrer zum besten gedacht wil haben. Drumb fürnemlichen allhier geredt wirdt von gebreuchlichen / unfletigen / leichtfertigen / unzüchtigen und unzimlichen tåntzen / es sey gleich auffm Lande / in Dörffern oder Stedten / uber welche von allen Gottfürchtigen ehrlichen und erbarn leuten zum höchsten geklaget. Nu lieber sage her / wie gehets dann damit / unnd wie machet mans? Ehe ichs aber sage / so ⟨*Diiij*ᵛ⟩ ist vorhin meine bitt / Gottfürchtige / ehrliche / fromme leute / jung unnd alt / wolten keinen verdruß tragen / das ichs etwa mit weitleufftigkeit erzelen möchte / denn mich für nötig ansicht / das dißfalls nichts verschwigen oder außgelassen würde / Wiewol es mir ungeübeten und ungelerten / nit müglich / den leichtfertigen Tantz mit seinen farben / wie sichs wol gebüre / herauß zu streichen. Damit man ja den Tantzteuffel / dem ich sonderlich feindt gewesen / und noch bin / den ich auffs ergste gelestert / geschendet / gescholten / gestrafft / (wie er werth ist /) ihme hiermit auch offentlich nachmalen fediret und abgesaget wil haben / So lang mir Gott leben / gesundtheit unnd vormögen verleihet / in diesem meinem Ampt / ihn noch vil erger denn vorhin / zu lestern / zu schenden / zu schelten und ⟨*Dv*ʳ⁼*22*⟩ zu straffen / und solt gleich die Helle gar angezündet / und

Züchtige tåntze.

alle Tantzteuffel darůber erzůrnet werden / recht môchte lernen kônnen.

Beschreibung eines leichtfertigen unzůchtigen tantzes.

Wolan und demnach zum handel / was der unfletige / unzůchtige / unverschempte / ehr und zucht vergessene Tantz / sonderlich der Nachttantz sey / wie er gehalten werde / wie es damit zugehe / was schand / schaden / sůnde und laster darauß komme / erwachse und folge / Ob doch unter denen / die solche Tåntze hegen / gestatten / zulassen und treiben / jemandts sein môchte / der es wolte zu hertzen fůren / unnd den Tantzteuffel auch forthin gramm und feind werden.

Vorhin ist gemeldet mit wenig worten / von sittigen / erbarn und zůchtigen Tåntzen / da par unnd par im reyen / fein zůchtig / vernůnfftig und hôflich nach einander gehen / one drehen / ohn kwir-⟨Dv^v⟩geln / ohn pochen / hoch springen / ohn schreyen / ohn schwingen / hin und wider werffen und rucken.

Dagegen ist der wilde / unzimliche / unverschempte / garstige / unfletige / Gottes ehr unnd zuchtvergessene / unzůchtige / leichtfertige tantz / so bald der Fidler oder Spielmann auffmacht / ein stetiges / unordentliches rennen unnd lauffen / wie das unvernůnfftige viehe / durch einander laufft / das sie auch mit tollem unvernůnfftigem geleufft / von ferne mit den kôpffen zusammen treffen / unnd eines das ander zu boden stôsset / oder von hinden / nicht allein auff die fůsse tritt / das die schuch entfallen / sondern auch gar darnider rennen / machen ein grewlichen staub / gestånck / verfelschen die Lufft / das vernůnfftige fromme leut in der Stuben ⟨D 6^r=23⟩ nicht bleiben kônnen (denn der staub dempffigen leuten unnd den augen bôß ist / unnd môcht einer von solchem gestanck unnd staube / wol die Pestilentz oder andere Kranckheit kriegen /) pochen / boldern / springen hoch in die hôhe / gleich als wolten sie zur decke oben

hinauß faren / (Sonderlich an der Aschermitwochen / halten
die alten Gommeln viel von hochspringen / das ihnen der
Flachß lang wachsen sol /) schreyen / jauchtzen / kråen wie
die Galgenhůnlein / und ehe sie ein mal den Reyen herumb
gefaren / haben sie sich auff alle seiten herumb zu dreyen
unnd vier malen verdrehet / verkôrdert / verkwirgelt / hin
unnd wider geworffen / geschwungen / geruckt / unnd hoch
empor gehaben / das den Dirnen die adern im Leibe
platzen / und die Seele kra-⟨*D 6ᵛ*⟩chet / eins dem andern jetzt
da / jetzt dort herumb / durch den armen und bôgen krochen
unnd gelauffen / etc. Und treiben solch viehisch rennen und
lauffen / sonderlich wann sie sich bezecht unnd erwermet /
ein halbe / ja ôffters ein gantze stunde nach einander / und
lenger / auch so hefftig / wie ich an vielen orten erfaren /
das die Dirnen und Jungfrawen gehlings
nidergefallen und gestorben. Ich halt da-   Etliche zu todt
fůr / in einer solchen arbeit sterben / sey   getantzet.
sehr gefehrlich / zu besorgen / das sie in   Mônsterberg.
nobis Krug oder Venusberg faren / da   Goldtberg.
denn zu tantzen alle tag gnug unnd volauff sein sol / das man
von solchem tantzen wol sagen mag. Also tantzen die Teuffel
in der Helle / zur Pinckepanck / wie ichs von vielen ehrlichen / verstendigen / auch einfeltigen leuten gehôrt habe / die
sich sehr uber solchem tantzen ent-⟨*D 7ʳ⁼24*⟩setzt und verwundert / dieselbigen angespeiet / verflucht und vermale-
deyet / wie denn recht unnd billich.

  Wenn denn der Reyen auß ist / werden
bey den vernůnfftigen ehrlichen leuten /   Wenn der reyen
die Jungfrawen fein seuberlich auff iren ort   auß ist / was
gefůret / geben einander die hende / neigen   geschicht bey
sich / scheiden ab mit freundtlicher danck-   züchtigen und
sagunge. Aber bey den unverschempten /   unzüchtigen.
leichtfertigen / unzimlichen / Lumpen tåntzen / wenn der
Reyen auß ist / tritt Hans zu Kåtten / in der Dirnen unnd
Mågde hauffen / nimpt die Magdt beim kopff / verhůllt und

verdeckt sie / das man ir das haupt nicht sehen kan / wieget sie hin und wider / posset sie / und lecket sie auß auff beiden wangen / wie der hund den Erbeßtopff / lassen fein jederman zusehen / und thut solchs nit einer / sondern manichs par /
5 stehen ⟨*D 7ᵛ*⟩ und treibens also biß widerumb auffgepfiffen werde / etliche verkriechen sich auch ins hauß in ein winckel / spielen der blinden Kuh / etc. treiben durchauß bôse arbeit / etc.

    Die Tôlpel / so etwas hôflich seyn wôllen / nemen bißweilen
10 fûr einen heller / ein kennlein Bier / schencken der Magdt / das sie sich erfrische unnd labe. Wenn sie denn erhitzet seyn / und hefftig sauffen / (Meynstu es sey nichts / fûr einen heller Bier) so werden sie kranck darnach / mag leicht so gibt der Krâtschmer trûbe / heffieht Bier / sonderlich bey Abendt
15 und Nachttântzen / schûtten oder reiben sonst etwas ins Bier zu einer schalckheit / das es die Dirnen im Leibe reisset / der Leib davon groß wirdt / unnd ⟨*D 8ʳ⁼25*⟩ auffleufft / tobet darinne unnd leufft hin und wider / wie es lebete / hend unnd fûsse hette / solche Kranckheiten uberkommen sie nicht so
20 balde / gemeiniglich auffs lengst in drey viertheil Jaren / wo sie nicht rath suchen / kreuter kochen / unnd Getrâncke die darzu gehôren / unnd also alle heffen hinweg purgieren / damit denn etliche / eins / zwey / oder drey huffeisen abwerffen / darauff denn diß Recept die beste
25 Recept.   Artzney: RECIPE / dißfallß / ein pfundt Hanff / darauß zween feste Strenge gemacht / einen Eychen Pfal / fornen mit Eisen geschucht / Grabscheidt / oder vier ehlen Leymet / durch einander gemischet unnd gebraucht / wie sichs gehôret / etc. Es wôlle mirs aber niemandt zum
30 ergesten außlegen / was ⟨*D 8ᵛ*⟩ ich jetzt gesagt / Ich muß die warheit reden / weil sich Gottlose leut / (ich rede von denen die es thun) weder fûr Gott noch der Welt / solche und dergleichen schrôckliche thaten unnd MALEFITIA zu begehen nicht schemen noch fûrchten. Denn ich weyß was ich rede/
35 und hab es in erfarung was geschehen / unnd was auß

Nachttåntzen kommet / besonders an denen orten / da man trew / lehre / warnung unnd vermanung verlachet / verspottet und verachtet / ꝛc. leben unnd thun wie sie gelustet / Gott gebe man predige /singe und sage was man wôlle / ꝛc. Solche leut sind dieser straffen werth / und man sols inen nit verschweigen / sondern deutsch genug sagen / davon schreiben / und offentlich predigen / das andere sich dafûr hûteten / unnd von den unzûchtigen tåntzen / sonderlichen des nachts / abgehalten wûrden. ⟨E^r=26⟩

Weiter / wenn ehrliche zûchtige leut / ihre zûchtige tåntze außgemacht haben / welche sie doch gemeiniglich am tag halten. *Wenn der tantz auß ist / was geschicht.* Und da gleich bißweilen nach ehrlichen gelegenheiten dieselben sich etwas in die Nacht verzôgen / so geben die jungen Gesellen / den Jungfrauwen auch fein still unnd zûchtig das geleyt zu hause / ists beim Abendt / so nemen sie Fackeln / liecht und Laternen mit inen / lassen die Jungfrawen fûr ihnen her gehen / oder ja fein zûchtig neben inen / wie sie es dermassen auch mit wissen und erleubniß ihrer Eltern / Freundt unnd Herrschafft / zum Tantze fûren unnd holen / Dancken fein freundtlich / demûtig unnd sittiglichen / Eltern / Freunden / Herren / Frawen und Jungfrawen / unnd scheiden mit freundtlichem VALETE oder AUDE von dannen. ⟨E^v⟩

Was thut aber der Tantzteuffel bey dem unverschempten / groben / leichtfertigen / unvernûnfftigen / unnd unzûchtigen Gesindlein? Die Mågde oder Dirnen erwarten nicht der ehre / das man sie zum Tantz mit erlaubnus irer Eltern / Freunde / Herren und Frawen / holte unnd bitte / sondern lauffen selber mit engstigem eilen / *Eile zum Tantz.* verziehen unnd harren nicht lange / das sie nicht etwa einen Reyen verseumeten / solten gleich die Kûh ungemolcken außgehen / wils die Mutter unnd Fraw nicht selber thun / so mag sie es lassen / sonderlich wenn bißweilen etliche Wochen nicht getantzt worden / da sihet einer sein groß

wunder / welch ein embsiges lauffen unnd rennen geschicht /
auff den Dörffern / besonders von mågdten und knechten /
lauffen dem Krätschem zu / wie ⟨Eij^r=27⟩ sie blindt weren /
es sey tag oder nacht / Schnee / Regen / bôß oder gut
wetter / da hindert sie nichts / sollen sie gleich ein Beyn
brechen / in koth / gruben und Gråben fallen / sie lauffen
ja so fleissig zu ihrer Teuffels Wallfart / als unsere alte Vorfaren zum heiligen Wallen gelauffen haben. Wenn sie GOttes
gnad / seligkeit / und ewiges leben / beim Tantz gewiß bekommen und holen solten / und also mit solchem ernst unnd
unverdrossenem fleiß hinzu lieffen / so weren es die besten
Christen auff dem gantzen Erdboden. Sie holen aber bey
leichtfertigen unzůchtigen Tåntzen / verkerten sinn / lernen
unzůchtig wesen / etc. Rennen und lauffen also zur Helle
immer neher / biß sie endtlichen auff solchem weg gar hinein
fallen.

Wenn ich alle Glocken zur ⟨Eij^v⟩ Kirchen und zu Gottes
dienst zu kommen / leyten liesse / so lange auch biß der
Klöpffel herauß fiele / oder die Glocken gar zusprůngen.
Nimmermehr / sage ich / nimmermehr und keines weges
wůrden sie so fleissig unnd ernstlichen lauffen / Ja wenn nur

*Langsam
zur Kirchen.*

der hunderst theil von diesem ihrem ernst
unnd fleiß / zum Gottesdienst gebraucht
wůrde / was solten feiner Gottfůrchtiger
und zůchtiger jugent gefunden werden? Awe neyn / awe neyn /
Der Tantzteuffel / dem sie dienen / lest es hierzu keines wegs
kommen. Welche die letzten seind in die Kirchen hinein /
und die ersten hinauß / die seind die ersten im Tantz / unnd
die letzten davon. Treibens so steiff mit tantzen / wo die
Stuben gedilet seyn / die Bretter so schlecht unnd glat dadurch
gemacht werden / das sie ein Tischer kaum so glat ⟨Eiij^r=28⟩
machen und hobeln kůndte. Demnach der Herr Christus recht

Luc. xvj.

und wol saget: Die Kinder diser Welt sind
gar viel klůger in ihrem geschlecht / (Also
auch fleissiger in irer boßheit) denn die Kinder des liechts /

Tanzteufel

in sachen der seligkeit / 2c. Und Martinus Luther / heiliger gedechtnus / an einem ort auch spricht: Die Helle muß viel såwrer verdienet werden / denn der Himmel / und der Teuffel hat vil mehr Mårterer / denn unser Herr Gott. Und auch das gemeine Sprichwort lautet: Dem Teuffel stecket man zwey liecht auff / unserm Herren Gott kaum eins. Man saget von Vladißlao / Kônig auß Polen / der vorhin Jagello hieß / der erst / so auß dem Fûrstlichen Stammen in Lyttawen / ein Christ / und zum Kônig in Polen erwôlet wurde. Als ihn nach angenommener Christ-⟨Eiij^v⟩licher Tauff / die geistlichen in Polen in einer Kirchen umbher gefûret / unnd er umb alle Bildtnuß / wes Heiligen sie weren / fragete / auff gegebenen bericht aber einem jeden ein Liecht oder Kertzen / zur verehrunge stecken liesse / unnd endtlichen auch zu einem grewlichen Bilde / (wie denn Teuffel / Heiligen unnd Engel in der Kirchen gemahlet seyn /) kommen unnd gefraget: Myly bosche zo to jest / Lieber Gott / sprach er mit entsetzen / was ist doch das fûr ein Bilde? Als er aber von Pfaffen bericht bekommen / es were der Teuffel / ein feindt der Menschen / der den Menschen viel zu leyde thete. Sprach er: Ey stecket ihm zwey Liecht auff / das er uns kein leyd thun wôlle. Denn von Bilden der Engel und ⟨Eiiij^r=29⟩ der Heiligen / sagete man ihme alle mal / was ein jeder Heilig den Menschen gutes gebe unnd erwûrbe / darumb er sie denn (der Kônig) fûr ihre wolthat mit einem Liecht verehren wolte. Aber dem Teuffel der bôses anrichtet / geschahe zwyfache ehre. Ist es ein Geschicht / so hat es der fromme Kônig als ein neuwer Christ gethan auß unverstandt / der noch nicht Christlicher Lere genugsamen bericht bekommen. Aber unsere Tantzteuffel / haben die Predigt Gôttliches

In confutatione Alcorani.

Sihe auff den Rabenstein obs nicht war ist.

Historia von Vladißlao Kônig auß Polen.

Anno 1375.

Dem Teuffel zwey liecht / 2c.

Worts / trewe Lehre / straffe unnd vermanung uberflüssig? noch lassen sie inen nicht sagen. Sie thun dem Teuffel / (sonderlich am Sontag unnd Feyertagen / da sie GOTT dienen solten / wie unten ferner davon folgen sol) nicht allein zwen / ⟨Eiiij^v⟩ sondern hundert dienste / da von inen unserm Herren Gott kaum einer geschicht / es ist bey inen auch nicht der kleinest ernst unnd fleiß zum Gottes wort / zum Gebet / zum Gottesdienst / zur Kirchen / zur Gottes forcht / ꝛc. Wie sol dann Gott solche Gottlose rohe Welt nicht straffen / mit allerley plagen / mit dem Türcken / Thewrung / Pestilentz / Ungewitter / mit seltzamen unerhörten geschwinden Kranckheiten / die sich jetzundt finden / Zu besorgen / es werde in kürtz alles uber einen hauffen fallen / unnd dem Tantz gar zu grewlich gestewret werden.

Dem Teuffel hundert dienste / unserm Herren Gott einen.

Wider zum handel / Unser Gottloß Gesindlein / die Tantzteuffel / wie gesaget / lauffen ungefordert / nicht allein zu den tåntzen im Dorffe / sondern wo sie nur einen Tantz riechen / auff Kirch-⟨Ev^r=30⟩weihen / Hochzeiten / ꝛc. uber die Grentzen in andere Dörffer / mit grossem hauffen / (sage ich) lauffen sie gantz embsig unnd fleissig / eine halbe und gantze Meilen / wo nicht drüber / Es sey Winter oder Sommer / sauber oder unsauber wetter / es muß an des Tantzteuffels dienst unnd Walfart nichts verhindern. Da sihet man denn wo sie hinkommen / solch unverschempte / unfletige / unzüchtige / Gottes ehr und zucht verwegene Tåntze / auff vielen Plätzen / das einem die haar ghen berg gehen / Ja du solst nicht anderst sagen / denn da tantzen eitel Teuffel / und nicht lenger zusehen kündtest / ꝛc. Als auch ehrliche leute davon gehen / denen zucht unnd ehr liebet.

Dem tantze wirdt weiter nachgelauffen.

Aber Knecht und Mågde die solche tåntz lieben / treiben / dabey auch nur stehen

Wer die / so unzüchtig tantzen /

Tanzteufel

unnd zusehen / ob sie gleich nicht mit tantzen / ge-⟨Ev^r⟩schweig denn was zu sagen von denen / die es mittreiben / oder gefallen daran tragen / die haben keine ehrliche / zůchtige Ader in irem gantzen Cörper / Ich kans doch nicht glauben / wenn sie gleich noch so fromb seyn wolten / hundert Eyd schwůren / unnd auff glůenden Scharsachen giengen / ꝛc. *zusehen / dabey sein und bleiben.*

Wenn solche Tantzteuffel solten ferne unnd weit zur Kirchen lauffen / sie kemen in etlichen Jaren nicht hinein / Mein GOtt / was wůrden sie beschwere unnd entschůldigung fůrwenden: Es Regnet / es Schneyet / es ist heyß / es ist kalt / es ist böser weg / etc. Dessen sie alles zum Tantz zulauffen / wenn er zehen mal weiter unnd erger were / wol geschweigen / unnd doch nicht gerne zur Kirchen gehen / ⟨E 6^(r=31)⟩ und selten hinein kommen / ob sie gleich die Kirchen im Dorff / ja hart an der seiten haben / das sie möchten in die Kirchen fallen / wenn sie auß dem Hause schreiten. Aber je neher Rom / (wie man pflegt zu sagen /) je erger Christen / Also auch je neher der Kirchen / je Gottlosere Leute / unnd grössere verachter Gottes Worts / ꝛc. *Weit zum tantz / aber nahend in die Kirche nicht.*

Sprichwort.

Wenn nun ihre zeit kompt / das sie des unfletigen unnd unverschempten Tantzes satt sein / (wiewol ich nicht glaube / das sie dessen je ein mal satt werden könnten /) da findet sich das lose Gesinde zusammen / geben einander die nacht / unnd auch am tage offentlichen uber feldt das geleydt anheim / also das je par und par zusamen kompt / Knecht und Mågd / offters zwen / drey knecht / eine Magd / oder ein ⟨E 6^v⟩ Knecht unnd etliche Mågde / die haben fůr niemands keine schew / haben einander on unterlaß bey dem kopff und sonst / unnd stellen sich so unfletig und unverschempt / das wer es sihet / im die zeene darůber wåssern unnd eylig werden / halten offters stationen / ruhen / *Wie von leichtfertigen tåntzen anheim gangen wirdt.*

setzen unnd legen sich nider / (am besten / wo der schatten ist / unnd der Strauch am dickesten.) Darnach aber stehn sie wider auff / im namen des Kalbs / gehen biß ins Dorff / unnd haben noch immer einander beim kopffe / lassen jeder-
⁵ man zusehen / schemen sich gar nichts/ das haar ist inen zerpôrschet / der Borten abgefallen / glůen unnd seind rot unterm angesicht / wie ein Schmidt fůr tage / bißweilen ists finster / so geschiehet auchs geleydt biß in Hof / ja biß fůrs Betthe / oder fůr den Stall und Schoppen / damit sich
¹⁰ ⟨E 7ʳ⁼32⟩ die Jungfråwlein fůrm Pôppel nicht fůrchten môchten / und bleibet Jockel auch wol gar daselbst / umb welchs Eltern / freund / Herrn unnd Frawen kein wissen haben. Wenn er denn des Morgens vom Schoppen steiget / het die Beynscheiden am arm / und gehet zum Hofe hinauß /
¹⁵ so seind viel lose leute / (so heisset man ehrliche leute / die von unzůchtigen dingen die warheit reden /) die so arg gedencklich sein / unnd sagen důrffen / sie weren die gantze nacht im selben Hofe blieben / ꝛc.

Solch geleyt geschihet nicht allein uber feldt her / sonder
²⁰ auch im Dorff / auß dem Krȧtschem / da sich je die groben Gottlosen / rohen / unverschempten Buben / die knechte / nicht schewen wolten / doch die Mågdte fůr jung unnd alt eine schew unnd scham solten haben / unnd sich doch also offentlichen ⟨E 7ᵛ⟩ auffm Anger bey liechtem hellen tag /
²⁵ fůr jedermeniglich / den Knecht bey dem kopff nicht nemen / noch damit fůren unnd leyten liesse. Aber es ist im grössern hauffen / bey vielen beyder theils / gar keine zucht / schew noch schande mehr. Wenn ich sie also hab sehen leyten / môchte ich fůr zorn zersprungen seyn / habe sie auch wie sie
³⁰ werth / mit dem rechten Namen genennet / etc. als man verstehen kan.

Gleydt vom tantz die nacht.   Wie sie sich aber leyten bey der Nacht / ob mans gleich nicht sehe / so erferet mans doch hernacher wol / wo nicht ehe / doch
³⁵ biß man Schleyer außtheilet / oder Gefattern bittet / unnd wie

oben gesaget / sie lauffen mit grossem geschrey vom Tantze / sonderlich bey der Nacht / jauchtzen / toben / wůten unnd leben / als weren ⟨*E 8ʳ⁼33*⟩ sie unsinnig / unnd wie sie einander uber feldt her das Gleyd geben / also geschicht es auch im Dorff / auß dem Krâtschem bey tag und nacht / es sey wie finster / wie unsauber es wôlle / fallen offters in koth / in Gruben unnd Grâben / auff einen hauffen / bleiben auch zu zeiten eine gute weile ligen / seind sie mûde unnd ist etwas weit anheim / so tretten sie auff ein stůndlein in die winckel / hinder einen Holtzhauffen / kommen endtlich mûde zu hause / lechtzen / wolten gerne essen und trincken / etc. Also / wie auch Syrach saget am 26. Capittel / ꝛc. Gehen von einander / oder bleiben beysammen / als oben gemeldet.   *Syr. xxvj.*

Wann sie die Nacht also in bôsem wege / unsauberem wetter zur Kirchen solten lauffen / ⟨*E 8ᵛ*⟩ das maul also zufallen / nimmermehr kommen sie hinein / das weyß ich / ꝛc.

Es ist auch an dem / das an vielen orten / (wie bey mir allhier) der brauch / das Winters zeit die Mâgde nicht ehe zum tantz lauffen / denn auff den Abendt / in der   *Allein auff den Abendt der tantz angefangen.*
Eulen flucht / ꝛc. Das ist zu mal ein schendtlicher Teufflischer brauch / der keines wegs zu dulden noch zu leiden. Ich habe mich dawider eingelegt / das ich schwach und kranck vil mal darüber worden / Was ists aber außgericht / wenn die Obrigkeit nichts darzu thun wil?

Also und dermassen / wie bißher gemeldet / führet das Gottlose / rohe / unverschempte Tantzgesinde / einander von unzüchtigen / unzimlichen tântzen zu Hause / Also gehen sie auch dazu / also werden sie gefordert / gebeten / geley-⟨*Fr⁼34*⟩tet / so dancket man ab / nimmet gute nacht und abscheidt / Nemlichen / das du es nicht hören würdest / ob du inen gleich auff der achsel sessest. Aller vergessener / Gottloser / unverschempter leut / ꝛc. wolt ir euch schier ein mal bedencken / schemen und sagen lassen? ꝛc.

Haben doch die Heiden gesagt: Nox & AMOR VINUMQUE NIHIL MODERABILE SUADENT. Es haben Liebe / Wein und Nacht / niemals etwas gutes gebracht. Noch wôllens Christen / die da trewe vermanung unnd lehre gnugsam / uber diß alles
5 jetzundt haben / nichts achten. Man sehe das exempel Dine: Jacobs des Patriarchen Tochter an / Die trieb fûrwitz / gieng auß spacieren unter die Heiden zu Sichem / on vorwissen ires Vatters / Was entstund ihr drauß? Sie ward geschendet / ire Brûder Si-⟨Fᵛ⟩meon unnd
10 Levi erwûrgeten derwegen nicht allein den Jungfrawschender Sichem / sonder auch seinen Vatter Hemor / und alles was Mânnlich war in der Stadt Sichem / dadurch Jacob in grosse sorgen / kummer / trûbsal / auch mit sampt allen seinen Kindern / in schwere not unnd gefehrligkeit kommen. Darumb
15 Jacob zu seinen beiden Sôhnen / dem Simeon unnd Levi sprach: Ir habt mir unglûck zugerichtet / das ich stincke fûr den Einwohnern dieses Landes / den Cananitern unnd Pheresitern / unnd ich bin ein geringer hauffe / wenn sie sich nun versamlen uber mich / so werden sie mich schlahen / also werde
20 ich vertilget sampt meinem hause / ꝛc.

Ge. xxxiiij. Dina.

Was kommet auß dem spacieren der Jungfrauwen.

Sihe das bringt fûrwitz / wenn Jungfrawen spacieren gehen / nemlich / schand / Mordt / Raub / ⟨Fijʳ⁼35⟩ sorgen / kummer / trûbsal / grosse not unnd gefahr. Was solt denn nit
25 geschehen / wenn unsere Tôchterlein bey tag unnd nacht / auch weit uber feldt / zu unzûchtigen / unverschempten Tântzen lauffen / unnd dabey verharren biß zu mitternacht?

Also gienge es auch mit der Bathseba / Urie Weib / die hette sich auch wol daheim wâschen und Baden môgen / Da sie aber
30 hinauß zum offen gemeinen wasser gienge / sich daselbs badet und wusche / unnd sie David ersahe / weil sie sehr schôn war / ließ er sie holen / brach mit ihr die Ehe / ließ ihren Mann Uriam tôdten / unnd behielt sie ihme zum Weib / Darûber David
35 in GOttes ungnade / grosse angst / jammer

ij. Sam. xj. David.

Urias.

Tanzteufel

und trübsal gefallen / unnd auch uber das gantze landt derwegen eine schwere straffe kommen. Were Beth-⟨*Fij*ᵛ⟩seba daheim blieben / und sich daheim gewåschen / solche Sünde / Mordt / jammer / angst / not und straffe des gantzen Landes were on zweiffel noch blieben. Daran du abermals spüren kanst / was sonderlich Nachttäntze / zu denen unsere Töchterlein im Dorff und uber feldt lauffen unnd rennen / gutes bringen. Darumb ist ja ein wares Sprichwort: Fürwitz macht Jungfrawen thewer. Sanct Paulus saget zu Timotheo seinem Jünger: So wil ich nu / das die jungen Weiber haußhalten / DOMUM ADMINISTRENT. Und in der Epistel AD TITUM / vermanet er die Weiber / das sie sollen seyn DOMUS CUSTODES / Haußotter / die daheim des Hauß warten unnd hüten / heußlich seyn / sich nicht des Weins oder Bierhauses befleissigen / noch sich offt / viel unnd lang auff der Gassen / Marckt unnd ⟨*Fiij*ʳ⁼*36*⟩ Platz / da sie nichts zu schaffen und außzurichten / beschawen lassen / was sie aber an offentlichen orten außzurichten / zum schiersten theten / unnd wider zu Hause eileten. Der 67. Psalm nennet die Weiber ORNAMENTUM DOMUS / ein Haußzier / nicht des Marcktes / Platzes oder Gassen zier / viel weniger des Tantzes zier. Ist solchs den Weibern gesagt unnd hoch von nöten / wie vil mehr den Jungfrawen das von nöten und gesagt seyn solle? Das sie nemlichen daheim zu hauß bleiben / ihrer arbeit warten / auff Märckten / Plätzen / Gassen / Angern / da sie nicht zu schaffen / sich nicht schawen / viel weniger in Bier unnd Krätschemheusern / bey tag und nacht sich finden lassen / und aller dinge die Nachttäntze meiden / zu unverschempten Tänzen keines weges lauffen / Auch mit nichten des ⟨*Fiij*ᵛ⟩ nachts auff dem Anger / in die Spinnstuben unnd Rockengenge / ein gejågd halten. Da sie aber zu Feldt / auff dem Anger / auff Märckten / Plätzen / Gas-

Proverb.

j. Timo. v.

j. Tit. ij.

Psal. lxvij.

Wie sich Weiber und Jungfrawen an offentlichen orten halten sollen.

sen / in Dörffern / Stedten oder offentlichen örtern was außzurichten / dasselbe behend / rüstig und züchtig theten / unnd wider anheim zu Hause eileten. Wie man sie leret durch das Exempel der reynen züchtigen Jungfrawen Maria / die in zucht unnd geistlicher innbrünstigkeit / eilendts und von statten gieng / auff das Gebirg zu ihrer Gefreundin Elisabeth. Türcken halten dißfalls noch bessere zucht / die ihre Weiber und Jungfawen fleissig bewaren unnd innhalten / keinen ⟨*Fiiij*ʳ⁼*37*⟩ frembden in ihr unbedeckt angesicht sehen lassen / ir sondere Decken für den Augen / das man sie nit sehen kan / haben. In Welschlandt geschiehet dergleichen / etc. Und doch / ob gleich solche zucht unnd auffsehen auff das fleissigst gehalten / geschiehet nichts destweniger bey inen auch viel unzucht / Geschweige denn das nicht viel mehr derselben unzucht geschehen sol / wo Mägde unnd Jungfrawen ihren freyen willen haben / das sie lauffen wohin sie wöllen / bey Tag unnd Nacht / zu allen unfletigen Täntzen / etc. Niemands auch die Eltern / Herren / Frawen / Haußvätter unnd Freunde dürffen inen etwas einreden. Aber es würde irer gar ubel außgewartet werden / wie jenem Doctor auch geschach. Der Fürst wolt auff die jagt reiten / das Fräwlein aber wolt mit / Da fraget der ⟨*Fiiij*ᵛ⟩ Fürst: Herr Doctor / was saget ir darzu? Der Doctor antwortet: Der Ofen und die Frawen sollen daheim bleiben / ꝛc. nicht unweißlich geredt. Aber der Doctor verschüttet ime hiemit die vorigen guten wolgewürtzten Hofsuppen / ꝛc. Den Ofen auß dem hauß mit sich zu nemen / kündt on schaden nicht zugehen / Also auch one schaden / Frawen

Plutarchus tradit Ægyptijs fuisse morem, ut nupte sandalijs non uterentur, ne videlicet domo unquam prodirent. Idem docuere veteres, Venerem in Testudine fingentes stantem, teste eodem Plutarcho, facilè significantes uxoribus domi manendum. Idem Deus & natura, provida omnium, docere videtur in Testudine domiporta.

Historia von eim Doctor.

Der Ofen und die Frawen sollen daheim bleiben.

und Haußmůtter / selten auß dem hause kommen / viel weniger Jungfrawen one nachtheil irer ehren unnd zucht / one ergernuß / sůnd / schand unnd laster / uber feldt oder im Dorff / zu leichtfertigen / unzůchtigen Nacht und Tagtåntzen lauffen / und dabey biß uber mitternacht verwarten / ꝛc.

Darumb sollen Mågde / Jungfrawen / und der Kachelofen immer unnd stets daheim bleiben / so dörfften sie hernacher nit bewey-⟨$Fv^r=38$⟩nen / was sie vorhin gelachet / wie jener saget / ꝛc.

Es ist aber noch nit alles vom unzůchtigen Tantze gesagt / wie löblich er getrieben unnd begangen wirdt / Darumb noch weiter hievon:

Beweynen zuletzt/ was sie vorhin gelachet.

Oben ist gesaget / wie es gemachet wirdt im unfletigen / leichtfertigen / ehrvergessenen Tantze / das sie offt durch einander unordentlich gehen unnd lauffen / wie die bisenden Kůh / sich werffen / schwingen unnd verdrehen / (welches sie jetzundt mit einem newen namen / das ist verkördert heissen /) so geschiehet nun solch schendtlich / unverschempt schwingen / werffen / verdrehen und verkördern / von den Tantzteuffeln / so geschwinde / auch in aller höhe / wie der Bawer den flegel schwinget / das bißweilen den Jungfrauwen / Dirnen unnd Mågden die ⟨Fv^v⟩ kleider biß uber den Gůrtel / ja biß uber den Kopff fliegen / oder werffens sonst zu boden / fallen auch wol beide / unnd andere viel mehr / welche geschwinde unnd unvorsichtig hernach lauffen und rennen / das sie uber einem hauffen ligen. Die gerne unzůchtig ding sehen / denen gefellt solch schwingen / fallen unnd kleider fliegen sehr wol / lachens und seind frölich dabey / denn man machet inen gar ein fein Welsch Bell videre / ꝛc.

Verkördern am Tantz.

Verdrehen.

Bell videre / ein lusthauß zu Rom/ hinder des Bapsts Pallast.

Welcher Knecht auch jetzundt die Mågdt nicht wol schwingen unnd verkördern kan / mit demselben tantzet keine gerne / heissen

in einen Gumpel / ein Brennscheit / das kein gelencke hat.
Es gieng auch mancher Knecht fein seuberlich am Tantze /
unnd ließ das verkôrdern wol bleiben / ⟨F 6ʳ=39⟩ wenn
ihn die Magdt selber dazu nicht reitzete /
<small>5 Mâgde reitzen die Knechte zum verdrehen / schwingen / etc.</small> ja die Mâgd werffen und schwingen nun
die Knechte selber / wenn die Knechte ja
zu faul seyn wôllen.
    Unnd wo vorhin die Knecht und Gesellen / den Mâgdten vorgetantzet (lieber solt du nit wunder
10 hôren und sehen /) so tantzen jetzundt drey / vier Mâgdt
<small>Mâgdte fûrtantz.</small> den Knechten vor / Dagegen ehrliche leuth
speien / unnd grossen unwillen sehen.
Pfuy dich / du schendtlicher unverschempter Tantzteuffel.
    Welche Jungfraw / Magdt unnd Dirne /
<small>15 Die beste und fûrnembste am tantz.</small> auch zum meisten am Tantze herumb gefûret / geschwungen / gedrehet und beschawet wirdt / die ist die fûrnembste unnd beste / rhûmen unnd
sagen / die Mûtterlein selber: Es ist gar bedrang umb meine
Tochter ⟨F 6ᵛ⟩ am Tantze / jederman wil mit ir tantzen / sie
20 hat heut am tantz guten Marckt gehabt / denn sie offt auffgezogen und herumb gefûrt worden. Item die Mûtterlein gehen denn selber mit an solche tântze / fûren
<small>Mûtter fûhren die Tôchterlein zum Tantze.</small> die Tôchterlein / auch kleine Mâgdlein /
welche so huy unnd risch die ersten und
25 letzten / dazu am Tantze das schwingen
und verdrehen so tapffer kônnen / als die grôsten und eltesten.
Das ja solch loß Gesindlein / wenn sie noch kaum zehen jar
alt / zeitlich lernten was nicht gut ist. Unnd wenn solche
Mûtter und Bâhrleyterin gleich unzûchtig
<small>30 Mûtter sehen zu den Tôchterlein ire unlust.</small> verkôrder / unlûstig und unverschempt
hertzen / halsen unnd possen sehen / reden
sie gar nichts darein / schweigen / und
haben sonder allen zweiffel ein gefallen daran / das nemlichen
die Knechte und Gesellen ire Tôchterlein so lieb haben /
35 Rûh-⟨F 7ʳ=40⟩mens auch balde wenn sie zu iren Nach-

Tanzteufel

bewrinnen kommen / unnd geben für / dieser wirdt gewiß meine Tochter nemen / so sehr lieb hat er sie / ir solt auch ewer wunder sehen / wie er so offt mit ir getantzet / wie er sie so fein herumb geführet / und geschwungen / er hett sie niemals auß der handt gelassen / und wenn man gleich auffhörte unnd der Reyen auß war / so stund er stets bey ir / er hat sie also zutrücket / zuposst / zuhertzt / eine kanne Bier uber die ander gebracht / das irs (güldene meine) ewiglich nicht glauben möchtet. Es seind auch Mågd und Mütter / ein teuffel wie der ander / so töricht / das sie gedencken / ire Töchter würden nicht Månner bekommen / wenn sie nicht tantzen kündten / und nicht stets am Reyen weren.

Mütterlein leben das nicht gut ist.

One tantz keinen Mann bekommen.

Auch sticht der Narr unser junge und alte Witwen / die trei-⟨F 7r⟩bens ja so körbisch / wilde und unfletig / als die jungen Mågdlein / seind bey den Nachttåntzen so wol die ersten unnd die letzten als andere. Was thet ungebrandte Aschen auff solche Rhordrommeln und geyle Kobeln / etc. Man redt auch das die Mütter den Knechten geschenck zusagen sollen / das sie nur mit iren Töchterlein tantzen / und sie weydlich herumb füren / unnd wol schwingen solten. Denn also lautet hievon das Sprichwort : Hans verkörder oder schwing mir die Tochter wol / ich geb dir ein par Schafkåse / ꝛc. Das heisset denn die Töchter zur zucht gezogen / ꝛc. So findet man auch albere / einfeltige Dirnen / dieselben wil niemand auffziehen / sie müssen bleiben sitzen. Denn sagen die Knechte: Der unflat kan nicht kirnig tantzen / ich mag mich mit ihr nicht schleppen / muß doch ⟨F 8r=41⟩ einer an ir ziehen / wie an einer faulen Gorren / ꝛc.

Witwen seyn auch toll.

Sprichwort.

Albere Dirnen.

Auch habe ich selber gesehen / das die Knechte die obern kleider außziehen / tantzen im hembde / haben gemeiniglich unten umb den Leib weisse kurtze schürtze / (welchs allein die zucht gar ist / die

Rüstung zum tantz.

sie am Tantze brauchen /) da gehets denn mit lauffen und rennen / das vom schwitzen ire hembder so nass werden / unnd dermassen trieffen / als hette man sie auß einem Zuber wasser gezogen / sůhlen und weltzen sich des Winters im Schnee / das sie sich erkůlen. Wie der Dirnen hembde sey / habe ich nicht gesehen / aber dencke du / ꝛc.

<small>5 Schwitzen am tantz / an der arbeit erfrieren.</small>

Lieber sage mir nun hier einer / wenn diß Gottloß gesindlein / an irer Eltern / Herren und Frawen arbeit also sehr solten
10 schwitzen / so lange ungessen daran bleiben / oder solten so lange zeit Predigt ⟨*F 8ᵛ*⟩ hôren / und so lange in der Kirchen warten / oder so offt zur Kirchen gehen / als zum tantze / (denn das Gesindlein wůrde alle wochen / wenn nur tåntze gehôret) nicht zwen / sonder drey / vier tage nach einander darzu
15 lauffen / und gar unverdrossen seyn. Mein Gott welch ein zettergeschrey wůrde sich von ihnen erheben / wůrden klagen / sagen / schreyen auff allen Gassen / in allen Heusern / mein Herr / mein Fraw / legen mir so vil arbeit auff / das ichs nicht außstehen kan / ich môcht mich todt ar-
20 beiten / man kan inen nimmer genug thun / sie treiben uns erger denn Ochsen und Esel / es were einem Pferdt zu viel / man gibt uns darzu einen tag nur drey mal essen / ja man lest uns nicht die weil zum essen / ꝛc. Ich bin so můde ich môcht auff dem maul

<small>Uber die arbeit klagen / aber den tantz nimmer.</small>

25 ligen bleiben / ꝛc. unnd dergleichen viel / das ⟨*Gʳ=42*⟩ nicht allein das Gesinde / sondern auch die Kinder den Eltern nachreden / groß klagen unnd viel geschrey machen / ꝛc. Aber am Tantze werden sie nimmer můde / klagen uber kein beschwerde / uber keinen hunger / wenn sie gleich drey / vier tage nach-
30 einander renneten / lieffen / tantzten und schwitzeten. In der Kirchen kônnen sie auch nicht ein stůndlein bleiben / lauffen herauß / wo mans gestattet / ehe die Predig halb auß ist / oder ja so bald der Pfarrherr von dem Predigstuel steiget / und den růcken keret / da hebt sich ein geleufft / gedrenge unnd ge-
35 růmpel / jeglichs wolt gern das erst in der Thůr sein / erwarten

selten des Segens / würden ir auch noch weniger desselben außwarten / wenn man inen nicht so feste umbs koller were / ꝛc. Darumb bekommen unnd haben auch solche Gottlose ⟨G^v⟩ leut nicht den Segen / sondern bringen unnd nemen den Fluch mit sich anheim / der sich zu seiner zeit mit ihrem verderb wol findet. *Segen / Fluch.*

Was machets aber / das man bey dem Tantz so schwitzet / hefftig sich mühet / kein verdruß bekompt / drey tage dabey zu seyn unnd zu warten / Aber daheim den Eltern unnd ihren Herren unnd Frawen / nicht den hundertsten theil so embsig / arbeitsam unnd fleissig sich erzeigen / auch ein stündlein in der Kirchen nicht zu warten? etc. Antwort: Es thut unnd machet solches alles der leydige Tantzteuffel / derselbe dem sie dienen / wirdt ihnen in der warheit und gewißlich lohnen / denn sie sind seine Kinder und Diener / unnd mögen den namen billich auch von ihrem Vatter haben / das man sie Tantz-⟨Gij^r= 43⟩teuffel heisse / wie ich sie bißher offentlich genant / nenne und nennen wil / solts gleich den Tantzteuffel und alle seine Rotte verdriessen. Es hat sie auch freilich nicht wenig verdrossen / das mir nicht allein viel schmach / böse nachredung darumb geschehen / sondern auch böse / tückische / rachgirige practicken / wider mich gesuchet / gemacht unnd gebraucht / Aber ich hoffe auff GOtt / der wirdt mich erhalten / solt es gleich dem Tantzteuffel und seinen anhang noch so sehr verdriessen. *Tantzteuffels anreitzen.*

Man klaget zwar es sey jetzo alles thewer / unnd das grosse beschwer von der Obrigkeit auffgeleget werde / wöllen aber die sachen nicht recht ansehen unnd bedencken / wie der gemeine Pöfel einander selber zehen mal mehr denn die Herrschafft beschweret / das einer den andern umb ⟨Gij^v⟩ das seine bringt / verfortheilt / betreuget / außwuchert / außsauget und ubersetzet. Denn wo du vorhin drey Knecht und Mägde mit lohn hast abzalen können / da hast du jetzo kaum genug zu einem Knechte / unnd zu *Tantz bringet allerley beschwer.* *Tantz machet groß dienstlohn.*

einer Magd / Davon reden die Haußvåtter und die Alten selber.

Denn sihe nur wunder wie es gehet / ein jegliche Magd wil die schönste unnd gebutzte seyn am Tantze / sie tragen Sammet / Seiden / keine wil der andern etwas bevor geben / schön gewandt / schöne Röcke / schöne Hembde / alles geriegen und außgenået / mit grossen langen gekrösen / langen außgenåheten unnd gelöcherten Tatzen fornen an den Ermeln / schöne fewer rote Stiffeln / von Reussischem Leder / nider Schuh mit weissen höhen / Sammet gürtel / Seiden halßköller / Sammet ⟨*Giij*ʳ⁼*44*⟩ Beutel / thewre Börtlein / Borten von allerley seiden / rot / grün / geel / schwartz / weiß / ꝛc. Das müssen die Eltern den Töchterlein kauffen / sie wöllen gleich oder wöllen nicht / geschichts nicht / so thun sie kein guts / geben kein gutes wort / zürnen / meuchlen / schnautzen / murren / sehen sawer / unnd sein in summa zu allen dingen gantz unwillig und ungehalten / biß das man schicke unnd kauffe / was sie haben wöllen.

Der Söne hoffart.

Also gehets mit den Sönlein auch / die wöllen jetzundt auch nur schön gewandt zun Röcken haben / schöne Seiden / verbrembte Juppen / Semische / zerschnittene / außgefüllte Hosen / lackeyische Schuh / Spannische gürtel tragen sie / Hembde schön außgenået / mit einem hohen außgelöcherten gekröse / knötlein oben drauff / schöne Hüte / außgenåete Schür-⟨*Giij*ᵛ⟩tze von kleiner Leinwat / einen scharpffen Sebel an der seiten / unnd dergleichen mehr zur hoffart / zum schön thun / unnd zum Tantze gehörig.

Dienstbotten hoffart.

Diesen wöllen Dienstmägde unnd Knechte nichts zuvor geben / wöllen in summa alles haben / was ihrer Herrschafft Töchter unnd Söhne haben und tragen. Wenn man die Mågde dinget / so ist das für allen dingen das erste: Höret ir

Dienstmågd lohn und beding.

(sagen sie /) ich wil euch meine Tochter verdingen / aber das dinge ich mir auß / das ir sie sollet zum Tantze gehen lassen /

wenn andere gehen. Zum andern heischen sie lohn am gelt genugsam / darnach etwa vier und zwentzig elen Leinwat / unter und oberhembd / ein Halßkoller von Schamlot / ein Sammet Börtlin / ein par nidere / das ⟨Giiijʳ⁼45⟩ ist / Tantzschuhe / ein par roter Stiffeln / ein gemechte / zween Schleyer / ein Probendischen / den andern ein gemeinen / (mercke das sie sich auff Frawenrůstunge schicken /) Item ein Fatschhauben / unnd wer kan alles erzelen / was sie besonders zum Tantze bedencken / eindingen unnd haben wöllen? Wil man denn das alles nicht geben / Ey / saget die Mutter der Magd / die Magd so wol selber / wölt ir nicht so möget ihrs lassen / ich weyß schon eine Frawe / die wil mirs alles geben / unnd noch mehr darzu / sie hat mirs schon angebotten / (wie es dann zwar geschiehet) das die ein Fraw der andern die Mågde abhalten / eine uber die ander immer mehr zu geben bewilligt / und also ubersatz unnd beschwerung von Jar zu Jar auffbringen / ⟨Giiijᵛ⟩ ungeachtet was die Obrigkeit unnd Landtßordnung hierinne statuiren / ordnen und setzen. Es thuns ehe die Frawen heimlich / wann es ja anders im Landt gemacht / Haußvåtter und Haußmůtter můssen in summa Gesinde haben / und denn in einen sawren Apffel beissen / dem Gottlosen Gesinde / das doch wenig taug / und wenig guts thut / geben was sie haben wöllen. Gibt man inen nit was sie begeren / ists nur ein wenig wolfeyle zeit / so bleiben sie bey den Eltern daheim / ligen auff der Beerenhaut / und auff sich selber / (so druckt sie niemandts) thun was sie wöllen / haben iren freien willen / stehen auff und legen sich nider / wenns inen gelegen / werden Tantzjungfrawen / mögen zum Tantz lauffen wenns ihnen gefellig. Sonderlich treibet diß loß Gesindlein viel mutwillens / ⟨Gvʳ⁼46⟩ wenn der Flachs gerett / da sitzen sie spinnen / lecken den Rocken / des ernehren sie sich / ob sie gleich nicht all mal satt essen / unnd davon nit vil eröbern / noch ist inen faulheit und der freie wille lieber dann lohn / dienst / bereyter tisch / und genugsam essen

Gesind abhalten.

Wöllen nicht dienen.

106 *Daul*

Beschwer vom tantz. / ꝛc. Solch beschwer und unlust / richtet auch der Tantzteuffel zu.

Dienstknecht lohn. Der Dienstknecht wil ich hier geschweigen / welchen grossen lohn sie jetzo fordern unnd nemen / besonders am geldt / unnd uberdiß noch an hembdern / schuhen / stiffeln / schůrtzen unnd dergleichen / Die wőllen auch haben was ihrer Herren Sőne tragen und haben / die ersten am Reyen sein / die schőnsten und gebutzten. Woher denn nemen / Herrn und Frawen můssen es entgelten / Knechten unnd Mågdten geben / was und wie vil sie wőllen / das dem Tantzteuffel ⟨*Gvᵛ*⟩ fůrnem**Und schuh zum tantz.** lichen genug geschehe. Denn es gehőren zum Tantz viel Schuhe ein Jar hindurch / das weyß daß lose Gesindlein / darumb bedingen sie ihnen von wegen des Tantzens desto mehr Schuh / die werden also je lenger je thewrer. Denn da ist kein schonen mit den Schuhen / wenn Hanß rasend wirdt / so fehret er in die hőhe / schreyet unnd jauchtzet einen grewlichen galm / darauff schlegt er (symmer Botz Jeß) mit den Stiffeln zusammen / oder aber thut ja einen sprung auff den Boden / das es platzet / wie einer einen Hacken abschůsse / unnd das etliche lőcher an den Stiffeln auffspringen / Als gleich wie der Haußhan thut / wenn er krăen wil / so schlegt er auch mit den Flůgeln vorhin zusammen / pla-⟨*G 6ʳ⁼47*⟩tzet / unnd darauff krăet er. So thun ihm jene Galgenhůnlein / dergleichen die Ackertrollen auch tragen / Das ja (sage ich) die vergleichunge sich desto besser zwischen inen unnd den Haußhanen zusammen stimme / viel Hanen federn auff den Hůten / wie die Hencker unnd Bůttel / das sol denn ein weydlicher Bock seyn / wenn er also mit seinen Hanenfedern im Tantz so tapffer herein fleugt. Wenn einem die Augen erőffnet weren / so halt ich frey dafůr / einer solt bey solchem Tantz meynen / das die Teuffel wie Fliegen und Wespen / an den Hanenfedern hiengen / uber diß alles / so kommen denn die Kůhhőrner / mit solchen Federn in die Kirchen getretten / meynen es sey ihnen alles frey / wer ⟨*G 6ᵛ*⟩

hat ihnen dreyn zu sprechen / kan man doch dem Prediger / wil er viel sich unnůtz machen / auff dem Predigstul wol antworten / wie mir dann von einem Gottlosen / ubermůtigen / hoffertigen / stoltzen Bawren unlengst geschehen / mag leicht das ers gar unentgolten gethan hette / ʀc. So viel wirdt jetzundt auff das MINISTERIUM gehalten. *Antwort den Predigern in Kirchen.*

In summa Bawren wöllen jetzo den Bůrgern nichts nachgeben / wöllen sich kleiden wie Bůrger / herwider Bůrger wie der Adel / der Adel wie die Fůrsten / das es also verworren unnd seltzam durch einander gehet / wie das wetter im Himmel / und ist je alles auff den höchsten grad kommen / das nun nichts mehr zu gewarten / denn der grewliche / erschreckliche Niderfall / unnd die straffe Gottes. ⟨G 7r=48⟩ *Niemand helt sich mit kleidung nach seinem stand.*

Und weiters / das man ja greiffen möge / was der unfletige Tantzteuffel fůr sůnde / schande / laster und böses stiffte und anrichte / So sage mir doch lieber freundt / wo geschiehet mehr sauffens / Gotteslesterung / schmehung / zanck / hader / reuffen / schlahen / morden und wůrgen / denn in Schenck oder Kråtschemheusern / bey den unverschempten / wilden unnd unzůchtigen Tåntzen / sonderlich bey der nacht / welche zu allerley bösen thaten bequemligkeit gibt: ja selten wirdt ein solcher tantz verbracht / der Tantzteuffel stifftet bemelte sůnde / laster und unlust. *Des Tantzes früchte.* *Nachttantz.*

Da seind denn die Knechtlein auff einander ergrimmet / wenn sie einander zu nahend greiffen / grollen / gruntzen / stossen / jauchtzen / und kråen einander zu kriege und verdrieß / biß sie sich mit den haren erwischen / die kannen einander ⟨G 7v⟩ auff die köpffe schlahen / das ihnen die Reyffe am halse bleiben hangen. Ich meyne einer solt sein wunder sehen / wann ein solcher Tantzkrieg angehet / da hebet sich ein Geschrey / ein gewůte / jeder hat seinen anhang unnd beystandt / ja die Elte- *Beschreibung eines tantzkrieges.*

ren unnd alten Bawren / lauffen denn auch mit unter / zu retten unnd zu helffen / bekommen auch bißweilen tapffere schnappen und auffnåschlen davon / (wie nicht unbillich) da hebet sich ein Weiber unnd Mågde geschrey / zetter Mordio /
5 werffen mit Kannen / leschen die Liechter auß / schmiren den Leichter unter den hauffen / nemen Schoßbåncke / stossen / schlahen mit Exten / Beyeln / hawen mit Sebeln / denn wenn es dazu kompt / so zeucht ein jeder sein Sebel / helt sie empor / ⟨*G 8ʳ=49*⟩ (buben messer / unnd unzůchtiger Frawen Půrtzel
10 blecken gern /) glintzern mit den klingen / schelten / schmehen / fluchen / lestern GOTT / schreyen / schlag todt / schlag todt / auff mein geldt / machen so ein grausam geschrey / das bey einer Schlacht / da irer zehen tausent umbkommen / nimmermehr so viel geschreyes mag geschehen. Denn wenn solch
15 schlahen angehet / da kempffen nicht die anfenger fůr sich und alleine / (wie es billich seyn solte/) sondern einer fellt uber den anderen / die gleich nichts mit einander haben / unnd kommen auch in hadder unnd krieg die stille sitzen / nichts zum handel geredt / unnd gerne friede hetten. Wiewol etliche auch scheiden
20 wőllen / unnd der scheider lohn erkriegen / unnd also unter
Scheydßleut lohn.   die Treber in krieg kommen / ⟨*G 8ᵛ*⟩
Da gehet es denn also durch einander / ein weile / unnd alle weile / das einer sein eigen wort nicht hőret / und ir wenig gesehen werden / die nicht auch im hauffen weren
25 / fast alle / sage ich / fallen sie uber einander / das nichts mehr gesehen oder gehőret wirdt / in der gantzen Stuben unnd im gantzen Kråtschem / denn geschrey / schelten / lestern / rauffen / schlagen / unnd ob sie gleich nicht alle schlagen / so schreyen sie doch / und machen es so schendtlich / grausam
30 und unflåtig / das es nicht genugsam außzusprechen / biß vielleicht sie selber můde seyn / oder der lermen sonst gestillet werde / durch den Wirt / oder durch Gerichte / wiewol sie auff Wirt / Schultheissen / Rathleute / Eltisten und auff Recht offters wenig achten / ja bißweilen denselben so gute derbe
35 půffe / als andern mehr geben / ꝛc. ⟨*Hʳ=50*⟩

Tanzteufel

Da fůret man etliche zu Stocke / kompt fůr die Obrigkeit / volget Straffe / welche die Eltern offters entgelten můssen. Sagen denn / man thue inen unrecht / das man sie also straffe / wöllen gar nichts gethan haben / hetten allein fried genommen / (wie denn die Buben viel thun auffleugnen / unnd etliche friede nemen / wie tůckische lose leuthe.) Man druckt auch viel lesterung und zanck unter / verschweigets / und bringets nimmer fůr die Obrigkeit / sonderlich wenn die Hadderleut dem Wirt oder Richter gefreundt und verwandt seyen.

Straff auff hader.

So strafft auch die Obrigkeit bißweilen nach gunst unnd ansehen der Person / unnd nach dem man geschenck gibt / unnd Kôber bringet / treibet schimpff unnd schertz im hadderhandel / wenn er fůrgetragen wirdt. Und so denn ⟨H^v⟩ kein rechter ernst gebraucht und fůrgewandt wirdt / da wirdts darnach je lenger je erger.

Obrigkeit / Richter / sehen durch die finger.

Sihe das richtet der Tantzteuffel zu / wenn sich die Gesellen umb die Mågd rauffen / das einer dem andern seiner Magd zu nahend tritt / viel mit ir tantzen / raumen / sprachen / kůseln / hertzen / spadernatzen / schertzen / sich umb sie getesche / kundtschafft / gmeinschafft / freundschafft machen / bulschafft anschlahen / und spene einhawen wil / zwen Hund an einem beyn / seynds selten eyn / das man mag sagen AB EXEMPLO: Die Růden beissen sich umb die Braut.

Sprichwort.

Bißweilen kompt auch solcher tantzkrieg auß hoffart / das ein jeder der beste / schönste / erste unnd fůrnembste am Tantz seyn wil / andere verhindern / das sie zum vortantz nicht môgen kommen / einander verachten / spotten / Spitz-⟨Hij^r=51⟩gröschlen außwerffen / ꝛc. und welcher mehr dem Fidler auffwirfft / der hat den vorsprung / da hebet sich denn der Betlertantz / ꝛc.

Hadder / zanck / auß hoffart und tantz.

Solche hoffart / spott / gutduncken und verachtung / ist auch sonsten unter den

Dirnen hoffart.

Dirnen / Mågden / und Jungfrawen gemeine / jegliche wil seyn die frômbst / die schônste / die beste. Die albern / armen / und die nicht kirnig tantzen kônnen / und haben nit schône kleider / dieselben werden verlachet / verhônet / verspottet / das inen besser were / daheim geblieben. Aber der Tantzteuffel lest sie auch nicht daheim bleiben / eben wie die andern / das je eine so wol als die andere / bey tag unnd nacht zu dem leichtfertigen und unfletigen tantz renne / solten sie gleich zucht unnd ehre verlieren / unnd hilfft nichts das sie viel Exempel haben / der jhenigen / die so fleissig bey ⟨*Hij*ᵛ⟩ unverschempten Tåntzen gewesen / unnd darůber Mûtter seynd worden / ehe sie Månner genommen / in sůnde / schand / laster / auch in straff des Henckers gefallen / inen selber / iren Eltern / unnd der gantzen Freundtschafft zum ewigen spott / unehre / nachrede unnd schande / darůber die Eltern fůr hertzeleyd sich zu tode gråmen und kůmmern / etc. Das richtet der Tantzteuffel zu.

Albere und arme seind auch am tantz.

Frucht des tantzes.

Und alda / oder an den jenigen orten / findstu gemeinlich solche laster / wenn ein zeitlang zimlich Regiment gewesen / unnd hernach nachlessige / ungeschickte Regenten auffkommen / die zum Pfluge tůglicher / denn Stedte und Dôrffer zu regieren / nach gunst / verdrieß / rachgirigkeit / auch ansehen der Person / unnd nach geschencken richten unnd urtheilen wôllen / Nachttåntze unnd allen ⟨*Hiij*ʳ⁼*52*⟩ unlust gestatten / unnd durch die finger sehen. Also funden sich mit hauffen dicke Mågdt zum schandflecke / eines gantzen grossen Eigens oder Dorffs / und war doch keine oder kleine straffe. Wenn denn die Pastoren solchen losen leuten / (darunter ich auch allhier die Ehebrecher wil gerechnet haben/) offentlicher penitentz / straffen / fůr der Kirchen zu thun / aufflegen / das doch etwa eine schew und furcht gemacht wůrde / Was thun Herren und die

Wo laster gemein seynd.

Offentlich penitentz wirdt verhindert.

Obrigkeit? Kurtzumb / sie schreiben dem Pfarrherr fůr / unnd befehlen / wie man es mit der Buß oder offentlichen penitentz anstellen unnd machen sol / wőllen Geistlich und Weltlich regieren / (sagt jener /) hetten doch mehr denn zuviel mit irem Ampt zu thun / davon auch vil zu sagen. Weil aber mir es zu diesem fůrhaben nicht dienstlich / lasse ichs ⟨Hiij^v⟩ jetzo faren. INTELLIGENTIBUS SATIS DICTUM, 2C.

Wőllen denn auch sonsten ehrliche leute ubelthaten und grőssern sůnden vorkommen / brauchen gebůrliche mittel / stellen die jenigen mågde zu rede / die vil mit artzney und kreuterkochen umbgehen / in seiten voll / am leibe dick werden / geben bőse ergernuß / und verursachen die leute zu argwohn und bősen vermutungen / da lestern / schenden / schmehen sie jederman auffs aller ergeste / es zeihe sie diß kein frommes / es můssen huren und buben seyn / verschweren und verfluchen sich gantz erschrecklich zum Teuffel in abgrundt der Hellen / das sie nimmermehr wőllen selig werden / Gottes angesicht nit schawen / und leugnen biß das die zeit kompt / das sie nit mehr leugnen kőnnen / und inen die warheit fůr die fůsse fellt / wie ich irer viel gesehen und gehőret / die auch in die sechs wo-⟨Hiij^r=53⟩chen kommen / ehe ein halber oder ein gantzer monat nach der Hochzeit vergangen / 2C.

Die Můtterlein / schwestern / eltern / freunde / tretten auch zu solchen frůchtlin / und helffen schweren / verfluchen / leugnen / schenden / lestern / schmehen auffs ergste / 2C. da verlassen sich lose leute drauff / wőllen also davon kommen / trotz das man sie was zeihe / sie wolten mit einem ein wesen anfahen / 2C. Das machet fromme kinder / wenn inen die eltern uberhelffen. Prediger unnd fromme leute aber welche straffen und bőses verhůten wőllen / můssen von solchen losen leuten / bemelte grewliche schmachheit auch gar dulden und in sich fressen.

Ehrlicher leut straff bekompt bősen Lohn.

Vermanung an die knecht welche sich verheiraten wöllen.

Ich habe offtmals offentlich in Predigten diese vermanung gethan / und thue sie auch hiemit trewlicher meynung / nachmaln: Ir knechte / die ir willens seidt euch in Ehestandt zu geben / so hůtet euch ⟨*Hiiij*ᵛ⟩ für den Tantzteuffeln / das ist / für den Mågdten / die alle Tåntz außlauffen / auff alle Kirchweyhen / Hochzeiten / bey tag unnd nacht / es sey im Dorff oder uber die grentze / unnd uber feldt / Sonderlich welche sich der Nachttåntze befleissen / die sich von Knechten wiegen / hertzen / lecken / possen / beym kopff offentlich am hellen liechten tage / für allen Leuten / und so wol bey der nacht / füren unnd leyten lassen / gerne mit den Knechten im winckel stehen / die so wild ins feldt sehen / die den Vortantz halten / unnd tapffer die handt auff dem růcken füren / die hurtig und behend am Reyen. Denn also ist das Sprichwort: Risch am Reyen / faul daheim. Zu der arbeit so behend / wie der Stock umb den Vogel. Ob sie gleich Kråntze tragen / unnd inen aber die haar zerpörschet / und immer empor wöl-⟨*Hv*ʳ⁼*54*⟩len / man bůrste unnd kåmme wie man wölle.

Syr. xxvj.

Sprichwort.

Die nichts können denn schön thun / sich was lassen bedüncken / hochmütig / spöttisch seynd / auff die hoffart und auff den Tantz vil wagen und halten / sich mehr schmücken und butzen denn ihnen gebüret / (zwar reynlich und sauber ein jedes nach seinem stande / sich zu schmücken / zieren unnd kleiden / wirdt niemandt verbotten /) die den Rüssel emportragen / denen niemandts gut genug / welche vil Artzney und Kreuter kochen / in der Kirchen und am Tantze offt kranck unnd onmechtig werden. Unnd sonderlich hütet euch für den Tantzteuffeln / die selten in der Kirchen / und offt bey dem Tantz gesehen werden / unnd nicht beten können / ꝛc. Die nicht gerne arbeiten / iren Eltern ungehorsam / und wåscherhafftig seyen / die Leuthe ⟨*Hv*ᵛ⟩ außschetzen / jederman ubel nachreden / unnd dergleichen untugent mehr haben / fürwar es ist nichts guts an solchen Hummeln / holtzböcken / hörnitzen und schlauchen / ir werdet euch ubel beWeiben / ubel antreffen / unnd wirdt mit ir ein böse Ehe werden / ꝛc.

Item / und also auch ir Mågd / wolt ir euch freyen lassen / so sehet zu und hütet euch auch für den tantzteuffeln / den Knechten die alle pfützen außbaden wöllen / in Kråtschemheusern ligen / sauffen spielen / lestern / schenden / haddern / zancken / rauffen / schlahen / schreyen / unnd jauchtzen / wie sie unsinnig / springen / boldern / platzen mit den schuhen und stiffeln / die sich der tåntze befleissen / lauffen bey tag und nacht / im Dorff / uber feldt unnd uber die gråntz im lande umbher / auff alle Kirchweihen / hochzeiten / Tantzplåtze / welche die Mågdt ⟨H 6ʳ=55⟩ gerne hertzen / bey dem kopff nemen / füren / leyten / wiegen / haben für Gott unnd für der Welt / bey tag unnd nacht kein forcht noch schewen / seynd rohe / wild / verwegen / hoffertig / die sich nach hoffart kleiden uber ir vermögen / und das irem stande nit gehöret / hanenfedern tragen / ꝛc. den hindern mit spannischen gürteln zeumen / zerschnittene gefüllete Hosen / Seidene / mit Sammet verbrembte Juppen tragen / ꝛc. Sonderlich hütet euch für den jenigen / so selten in der Kirchen seyn / nit beten können / die Eltern ubel halten / inen ungehorsam seyn / sie nit fürchten / noch ehren / ja auch noch darzu offt schlahen / inen fluchen / böses wündschen / verspotten / verklagen / die faul seyn / und den kuchen unter den armen nit wöllen herfür fallen lassen / und dergleichen untugent mehr haben / Fürwar es ist auch ⟨H 6ᵛ⟩ an inen nichts guts / ir werdet euch ubel beMannen / ubel antreffen / und werdet mit inen einen mühseligen Ehestandt endtlich haben und füren.

Vermanung an die Mågde die sich wöllen freyen lassen.

Von beiderseits sollet ihr also gewarnet seyn / werdet ir volgen / es wirdt euch nit gerewen. Was hie geredt / das ist war / und die erfarung beweiset es täglich / Wol euch / so ir euch trewer lere / vermanung und warnung nach halten wer-

8 Teufelbücher 2

det / man meynets gut mit euch / man gönnet euch seligkeit / ehre und alle wolfart / wiewol der wenigste theil jetzund / solches mit danck annemen und gleuben wil. Ja das noch das ergst und teufflischest ist / sie schmehen / schenden / hassen / verfolgen die / welche auß trewer Christlicher meynung ihnen alles guts gönnen / sie zum besten weisen / füren / leren / vermanen / straffen. Solche undanck-⟨*H 7r=56*⟩barkeit / Gottloß / schendtliches / verkertes wesen / wirdt Gott nit ungestraffet lassen / wie die gantze heilige Schrifft durchauß klerlich bezeuget / unnötig allhie viel zu erzelen / oder zu allegiren / man höret es alle tag in der Kirchen / ꝛc.

Und wiewol diese bißher erzelete grosse grewliche laster / sünde / schand / jammer / trübsal / beschwerung / hertzleyd / ꝛc. so der leydige Tantzteuffel anstifftet unnd anrichtet / gnugsam seyn solte / demselben Tantzteuffel unnd den unfletigen / garstigen / unverschempten / unzüchtigen / tollen / unsinnigen / Gotts ehr unnd zucht vergessenen / leichtfertigen Täntzen / sonderlich den Nachttäntzen / uber all nach höchstem fleiß zu stewren unnd zu wehren. So ist doch uber das alles fast das gröste und ergste werck des Tantzteuffels noch dahinden / Nemlich / das derselb ⟨*H 7v*⟩ Tantzteuffel den Sabbath / Sontag unnd Feyertag schendtlichen entheiliget / wider GOttes des Allmechtigen Gebot / da gesaget wirdt / in zehen Gebotten im dritten Gebot: Du solt den Feyertag heiligen / das ist / an heilige gute werck anwenden / so thut der Tantzteuffel an diesem tage nichts anders / denn das teufflische böse werck begangen werden.

Tantz verhindert den Gottesdienst.

Dritte Gebot.

Denn so geht es zu in Dörffern / auff dem Lande / wenn nur des morgens das Göttliche Ampt verbracht / unnd das Mittagmal gehalten ist / so treibet der Tantzteuffel sein gesindlein / Diener unnd Dienerin / auff den Tantzplatz / da gehets wie oben nach der lenge erzelet. Unnd die Weißheit Salomonis am vierzehenden Capitel saget: Halten sie Feyertage / so thun sie als we-

Sap. xiiij.

⟨*H 8ʳ⁼57*⟩ren sie wůtend / und weret biß an abendt / etlich stunde in die nacht / und biß an mitternacht / wo nicht drůber. Und da nun Predicanten zu Mittags oder Vesperzeit / gerne den Catechismum handeln wolten / unnd den Feyertag recht heiligen / so kompt in summa niemandt zur Kirchen / der Tantzteuffel verhindert sie / unnd treibet sie / das sie viel mehr / viel lieber unnd lustiger / seinen oberzelten dienst treiben / außrichten / unnd zeitlichen genug herzu sich finden / dann zum Gottesdienst.

Und das solches abgestellt wůrde / ist schier unmůglich zu erhalten / die Pfarrherrn schreyen / klagen / straffen / vermanen / und sagen gleich wie viel unnd lang sie wôllen / wie auch der trewen unnd gelerten Superintendenten und anderer frommen Lerer klage / derwegen ⟨*H 8ᵛ*⟩ tåglichen gehôret unnd gelesen wirdt. Also saget M. Bartholomeus Wolffhart Pfarrherr und Superintendent zu Neuburg an der Thonaw / in der Leichtpredigt bey der Begråbnus des Christlichen Churfůrsten am Rhein / Hertzog Ott Heinrichen / Pfaltzgraffen / ꝛc. Anno 1559. in gegenwart des Durchleuchtigen Hochgebornen Fůrsten und Herren / Herren Wolffgangen Pfaltzgraffen beim Rhein / Hertzogen zu Bayern / Graffen zu Veldentz / etc. gethan / mit diesen worten: Item man sihet wie es auff dem Lande unnd Dôrffern zugehet / da kan fůr dem verfluchten Tantzen / kein Pfarrherr den Catechismum handeln und leren / der Tantz hat mehr recht unnd platz als Gottes wort / und wirdt das junge Volck mehr dahin gehalten und gezogen / als zur Kirchen / ⟨*Iʳ⁼58*⟩ und dem / was zu ihrem zeitlichen und ewigen heil unnd seligkeit gehôret und von nôten ist. Wenn sie denn etwa im jar ein mal wôllen fromb werden / unnd zum Nachtmal des Herren Christi gehen / dadurch sie alle ire begangene mutwillige sůnde und unzucht vermeynen abzulegen / so kônnen sie weder gexen noch Eyer legen / weder Beichten noch beten / noch sol inen der Pfarrherr / oder wie sie es auß verachtung

Klage uber den Tantzteuffel.

nennen / der Pfaff / das Sacrament geben / und also die
Perlen fůr die Sewe / unnd das heilige fůr
die Hunde werffen / unnd sich gleich
wissentlich unnd willig irer sůnden theil-
hafftig machen / und mit inen zum Teuffel
faren. Wil er das nicht thun / so hat er den
Rhein unnd Thonaw angezůndet / und brennet in allen
Gassen / kan man im dagegen wider einen steyn in den ⟨*I*ᵛ⟩
Garten werffen / und ein tůcklein beweisen / so leßt man es
an keiner můhe noch fleiß erwinden.

Pfarrherrn geben den unwirdigen das Sacrament wissentlich.

In Stedten und Mårckten ist es nicht besser / denn da ist die verachtung GOttes worts so groß / das sie grösser nicht seyn kůndte / und das bedarff auch gar keines beweisens / wer es nicht glauben wil / der gehe jetzunder hinfůr auff den Marckt / unnd sehe ob er nicht mehr / oder ja so viel Leute daran finde / als hie in der Kirchen. Deßgleichen nach mittage / da man den lieben Catechismum handeln unnd predigen sol / da kompt weder Alt noch Jung herein / da findet man sie beim Marckt oder in Wirtßheusern beim wein / da treibet man ein solches affterreden / liegen / triegen / Gottßlestern / mit fluchen / schweren / deßgleichen unzucht / mit wor-ten / gesengen / jauchtzen / schreyen / spie-⟨*Iij*ʳ⁼*59*⟩len / und des gleichen / das es nicht zu sagen ist.

Nota. Bey dem tranck unter der Predigt.

Und das noch das aller ergest ist / so wil jederman dabey ungestraffet seyn / saget der Prediger etwas darwider / unnd straffet wie ihm Gott befohlen hat / so hat er schon Wirt und Geste am halse / und ist im jederman feindt.

Hass wider die Prediger. Propheten lohn.

Ob nu solche verachtung Gottes worts / wenn gleich keine sůnde mehr were / nicht Gottes zorn / zeitliche und ewige straffe / wol verdienet / richte ein jeder frommer Christ selber?

Ich kan in Geistlicher Göttlicher schrifft nicht finden / das Gott solche verachtung seines worts / lesterung seines

Nammens / und mißbrauchung seiner schönen herrlichen gaben hett ungestrafft lassen hingehen / ob er schon ein zeitlang verzogen Darumb ists kein zweiffel / er werde es uns auch nicht ⟨Iij^v⟩ schencken / unnd ob er uns wol eine zeitlang ein Zech wartet unnd borget / werden wirs im doch gröblich zalen müssen. *Wer Gottes wort verachtet wirdt gestraffet werden.*

Unnd noch mehr / wirdt bald zuvor / für diesen worten daselbst gesaget / Wie vil seind unter uns / (spricht er) die dem lieben Gott für den lieben frieden dancken? Wie viel haben ihn jemals recht unnd Christlich gebrauchet? Ja wie viel seind unter uns / die Gott für sein heiliges Evangelion ein mal ein Deo gratias sageten / ime dafür danckbar weren? *Undanck gegen Gottes wort.* Allerley sünde / schand / untugent / dadurch das vorige unglück erregt / unnd Gott zu billicher straffe beweget worden / seyn jetzo grösser und mehr als vorhin jemals. Wer gedencket sich aber zu bessern? Wer gedencket in Regimenten solchen sünden zu wehren? Den lieben frieden hat man zu nichts gebrau-⟨Iiij^r=60⟩chet / denn zu Geitz / wucher / schinden / untrew / fressen / sauffen / tantzen / springen / *Mißbrauch des friedens mit tantzen.* unnd allerley unzucht / unnd das sol heissen der Obrigkeit nutz befürdert. Fragst du warumb? So sagt man / wenn man viel frisset und säufft / so tregets viel Ungelt. Tantzet unnd treibet man unzucht / so schlagen die Bawren einander / so tregt *Nota.* es viel Buß und straffe / so muß man frieden brauchen. Wie man sich aber gegen Gottes wort / und die hochwirdigen Sacramenta halte und erzeige / und derselben gemeß ein Christlich leben unnd wandel füre / bedarff keiner langen Predigt / ein jeder gehe in sein eigen hertz / und befrage sich selbst / was er davon grosses gehalten / unnd dargegen erzeiget habe und noch / so wirdt ein jeder sein theil wol finden / 2c. Biß daher daselbst in der Leichpredigt / 2c. ⟨Iiij^v⟩

Darauß ein jeglicher sehen mag / das nicht ich allein / oder nur allhie diß ortes / sonder auch an ferne gelegenen orten / unnd fast in allen Landen / was nach der lenge oben vermeldet / eben das gesaget unnd geklaget wirdt vom Tantzteuffel / Das nemlich jetzo tantzen / springen / unzucht / alle grewliche sůnde / laster / untugent / verachtung Gottes worts / sehr gemein / das niemand gestrafft seyn wil / Lerer und Prediger gehasset / verfolget / gelestert unnd geschendet / wenn sie solche sůnden straffen und angreiffen / (wie sie denn auß befehl Gottes thun můssen) das die Obrigkeit dem unzůchtigen tantzen / fressen / sauffen / nicht stewre und were / denn es bringe inen geldt und nutz. Und das der Tantzteuffel den Gottesdienst / und die rechten guten Göttlichen werck des Sabbaths verhindere / den Sabbath oder Feyertag entheili-⟨*Iiiij*ʳ=61⟩ge / seine Teufflische / grewliche / schendtliche werck / sůnd / schand / laster / Gotteslesterung / unverschempte tåntze anrichte und stiffte / das in summa an Feyertagen / an statt des Gottesdiensts fast der mehrertheil des Teuffels dienste getrieben wirdt / aller ding wie die Weißheit Salomonis saget / am 14. Cap. von der Heiden opffer / oder Feyertage und Feste / liese daselbst von solchen greweln und lastern / welche an der Christen Fest auch also begangen werden / ist das nit erschrecklich? Was aber Gott drewe solchem mißbrauch des Sabbaths oder Feyertags / das magstu lesen im 4. buch Mosy am 15. Cap. Da die Kinder Israel einen Mann nach Gottes befehl steynigten / der nur holtz gelesen am Sabbath. Item Jere. 17. Cap. stehet / Werdet ir mich aber nit hören / das ir den Sabbath heiliget / ꝛc. so wil ⟨*Iiiij*ᵛ⟩ ich ein fewer unter ihren Thoren anstecken / das die Heuser zu Jerusalem verzeren / unnd nicht geleschet werden sol.

Straff der entheiligung des Feyertages.
Num. xv.

Jer. xvij.

Dargegen seind reichliche verheissunge Gottes / wo man den Feyertag recht heiliget / und thut daran was GOtt be-

fohlen hat. Esa. am 56. Cap. stehet : Wol
dem Menschen der den Sabbath helt und
nicht entheiliget / und helt seine handt /
das er kein arges thue. Item / im 58. So
du deinen fuß vom Sabbath kerest / das du
nit thust was dir gefellt an meinem heiligen Tage / so
wirdts ein lustiger Sabbath heissen / den Herren zu heiligen
und zu preisen. Jerem. 17. So spricht der
Herr / so ir mich hören werdet / das ihr
keine last traget des Sabbath tages / durch dieser Stadt Thor
ein / (merck hie tragen oder arbeiten / ist sonst Göttlich /
wenns aber am Sab-⟨*Iv^r=62*⟩bath geschiehet / wirdts sünde /
Wieviel mehr ists sünde und verdienet Gottes straffe / was
am Feyertage geschicht / das Gott verbotten hat / sünde ist
an sich selber / und ungöttlich?) Sondern spricht der Prophet
weiter daselbst / das ir keine arbeit am selbigen tage thut /
so sollen auch zu dieser Stadt Thor ein und außgehen /
Könige und Fürsten / die auff dem Stule David sitzen / und
sol die Stadt ewiglich bewonet werden / ⁊c.

    Sihe Gott verheisset / wo man den Sabbath recht heiliget /
das er wil geben gutes Regiment / besserung / auffnemung
unnd bewohnung der Stedte. Entheiligen sie aber den Feyertag / mit Tantzen / unzucht / sünden / lastern / wie oben
die entheiligung erzelet / so wil Gott die Stedte mit fewer
straffen / das sie wegbrennen / und das fewer niemand wirdt
leschen ⟨*Iv^v*⟩ können / das die Stedte sollen
in abnemen und verderb kommen / und
wüste werden / wie leyder Gottes von
solcher straff der Stedte / bißher viel Jar
mehr denn zuviel gehört und erschinen / und noch täglich
für augen / das ir beschwerung unnd verderb je lenger je
grösser wirdt / und wils doch niemandt zu hertzen füren /
das es eben daher kompt / das sie Gottes wort verachten /
und den Feyrtag so schentlich unnd lesterlich mißbrauchen /
niemand wil auch mit ernst einsehen haben / das solcher ver-

*Esa. lvj. Verheis-
sung Gottes denen
so den Feyrtag
heiligen.*

Jer. xvij.

*Straff der Stedte
durch fewer
woher?*

derb und untergang der Stedte abgewendet würde / darauß entlich nichts gutes entstehen möchte.

Die Obrigkeit solt billich drob seyn / das doch solcher mißbrauch unnd entheiligung der Feyertage abgestelt / und Christliche gute ordnung in heiligung der Feyertage angerichtet. MAGISTRATUS ENIM EST ⟨*I 6ʳ=63*⟩ CUSTOS UTRIUSQUE TABULÆ DECALOGI / sol schützen und befördern alle Gebot Gottes in 10. Gebotten / und also auch den Feyertag / sie thun aber nichts darzu / das es gleich viel were einer schwiege nur (wenn er zwar schweigen dürffte) denn es hilfft alles nichts / drumb wirdt Gott die Obrigkeit wol treffen / weil auch irer vil selber den Feyrtag entheiligen / etliche der hohen Fest nit schonen / und wenn der Pfarrherr darumb redt und strafft / so zündet man den Herrn den Bart an / das ist / man saget inen vom hellischen fewer / da suchen sie darnach gelegenheit / das man sich an ime rechnet / tücke unnd neckerey beweise / wie man kan und mag / ungeachtet ob der gute Pfarrherr das angezündete im Meer wider außlescht / und saget: Weh dem der ergernuß gibt / wie die Obrigkeit thut / wenn sie selber die Feyertag brechen / (besser ⟨*I 6ᵛ*⟩

Matth. xviij. were es demselben Menschen / das ime ein Mühlstein an seinen halse gehenckt / und er damit inß Meer versenckt würde / da es am tieffsten ist.) Ja auch die Herren verantworten die Unterthanen fein / unnd sagen: Hat er gleich am Pfingstage und Pfingstmontage

Luc. xiiij. holtz geladen und geführet / Ey er hat dem Ochsen unnd Esel auß dem Brunnen geholffen / wie dort geschrieben stehet / ꝛc. Also ists unnd geschichts mit anderen Feyertagen auch / Man kündte aber dem Ochsen unnd Esel / so in Brunnen gefallen / wol die ohren und hörner schaben / das man von solchen ergernussen und reden innhielte unnd schwige / die geschenck können viel schlichten unnd außrichten.

Predicanten müssen straffen. Das aber Predicanten bey harter straffe Gottes / unnd vermeidung Göttliches zorns /

straffen ⟨*I 7ʳ=64*⟩ müssen / hast du zu sehen
Ezech. 3. Wenn ich dem Gottlosen sage / du Ezech. iij.
must des todts sterben / unnd du warnest in nicht / unnd sagests
im nicht / damit sich der Gottlose für seinem Gottlosen wesen
hüte / auff das er lebendig bleibe / so wirdt der Gottlose umb
seiner sünde willen sterben / aber du hast deine Seele errettet.
 Ezech. 33. Wenn ich ein schwerdt uber das Landt füren
würde / und das Volck neme einen Mann im Lande unter
inen / und machte in zu irem Wächter / unnd er sehe das
Schwerdt kommen uber das Landt / und bliese die Drommeten / unnd warnete das Volck / Wer nun der Drommeten hall hörete / unnd wolt sich nicht warnen lassen / unnd das Schwerdt keme unnd neme in hinweg / desselben blut sey auff seinem kopff / denn er hat der Drommeten hall ⟨*I 7ᵛ*⟩ gehöret / und hat sich dennoch nit warnen lassen / drumb sey sein blut auff ime / wer sich aber warnen lest / der wirdt sein leben davon bringen.

Wo aber der Wächter sehe das schwerdt kommen / und die Drommeten nit bliese / noch sein volck warnete / und das schwerdt keme / und neme etliche weg. Dieselben werden wol umb irer sünden weggenommen / aber ihr blut wil ich von des Wächters handt fordern.

Accommodatio unnd vergleichung folget auff die Lerer unnd Prediger / das sie straffen müssen / also daselbst:

Wenn ich nu zu dem Gottlosen sage / du Gottloser must des todts sterben / und du sagest ihm solches nit / das sich der Gottlose warnen lasse / für seinem wesen / so wirdt wol der Gottlose umb seines gottlosen wesens willen sterben / aber sein blut wil ich von deiner handt ⟨*I 8ʳ=65*⟩ fordern / warnestu aber den gottlosen für seinem wesen / das er sich davon bekere / und er sich nicht wil von seinem wesen bekeren / so wirdt er umb seiner sünden willen sterben / und du hast deine Seele errettet.

Esa. 58. Ruffe getrost / schone nit / hebe
deine stimme wie eine Posaunen / und ver- Esa. lviij.

kündige meinem volck ir ubertretten / und dem hause Jacob ire sůnd.

Mich. ij.

Mich. 2. Wenn ich ein irre Geist were / und Lůgenprediger / unnd predigte wie sie schwelgen unnd sauffen solten / das were ein Prediger fůr das volck / das ist / rechte Prediger sollen diß straffen.

Esa. lvj.

Esa. 56. Sihe von stummen hunden / bôsen hirten / dadurch Prediger angezeigt / ꝛc. sie sind blinde / stumme hunde / faul / ligen schlaffen / es seind starcke hunde vom leibe / die nimmer satt werden kônnen / Das ist / rechte Prediger sollen ⟨*I 8ᵛ*⟩ nicht stumm sein / sondern straffen 1. Timot. 5. Die da sůndigen / die straffe fůr allen / auff das sich auch die andern fůrchten.

j. Tim. v.

ij. Tim. iiij.

2. Timot. 4. Predige das wort / halte an / es sey zu rechter zeit oder zu unzeit / straffe / drewe unnd ermane / mit aller gedult unnd lere / denn es wirdt ein zeit seyn / da sie die heilsame lere nicht leiden werden / sondern nach iren eigen lůsten / werden sie inen selber Lerer auffladen / nach dem inen die ohren jucken / und werden die ohren von der warheit wenden / unnd sich zu den Fabeln keren.

Ezech. xiij.

Ezech. 13. Wehe den Lerern / die dem grindigen Ellnbogen ein kůssen unterlegen / ꝛc. das seind die Placentiner unnd Polsterprediger / ꝛc.

Tit. iij.

Tit. 3. Solches rede und ermane / und straffe mit gantzem ernst / laß dich niemandts verachten. ⟨*Kʳ 66*⟩

Luce vj.

Luce 6. Wehe euch / wenn euch jederman wol redet / deßgleichen theten ihr viel den falschen Propheten auch / das ist / wehe euch / wann ir prediget was die Leut gerne hôren / denn denselben redet jederman wol / unnd hat sie lieb / was ists aber fůr ein zeichen wenn einem jederman wol redet / lobet und nicht schildt? was seyn es fůr gesellen / Ein zeichen ists (spricht Christus) das es falsche Lerer seynd.

Tit. 1. Umb der sache willen straffe sie scharpff. *Tit. j.*

Gal. 1. Wenn ich den Menschen gefellig were / so were ich Christus knecht nicht / gefellig seynd die / so nicht straffen / heucheln und durch die finger sehen. Besihe alle Propheten / wie sie die laster so hart straffen / vom obersten biß zum untersten. *Gal. j.*

Volget weiter / wider die da ⟨K^v⟩ sagen / Man sol nit die leut so offentlich schmehen / oder bey dem Namen nennen / Und ob mans gleich nicht nennete / doch nit also abmahlen / das sie jederman můß kennen / wissen und greiffen / welchen man meynet / Antwort: *Wider die so nit wőllen gestrafft seyn.*

Christus nennete die Phariseer unter augen / Luce 11. Matth. 23. Acto. 7. Steffanus der erst Mårterer / schildt die Hohenpriester / Eltisten und den Rath inß angesicht / mőrder / verråther / halßstarrige / unbeschnittene an hertzen und ohren / die allwege dem heiligen Geist widerstrebt haben / ꝛc. Esai. 1. Nennet der Prophet die Fůrsten Juda / Diebe unnd Diebßgesellen. Luce 3. Johannes der Tåuffer / nennet die heiligen frommen Phariseer / Ottergezůchte / da gibt er inen einen schendtlichen zunamen. *Luc. xj. Mat. xxiij. Act. vij.*

Esa. j.

Luc. iij.

Christus nennet sie Luce 11. gethůnchte Gråber / die innwendig ⟨Kij^r=67⟩ voll gestancks und unlust weren / heisset sie Heuchler / Gleißner / und wer kan es alles erzelen? Es ist hie gnug zu unserm fůrhaben an disem. *Luc. xj. Matth. xxiij.*

Man muß solch straffen / oder auch schelten / nicht fůr schmehung oder lesterung achten / was da kompt auß Ampt unnd Gőttlichem gutem eiver / darmit wir nicht thun wie die Phariseer / Heuchler unnd Gleißner / die auch nicht gestrafft wolten seyn / unnd deuteten dem Herren Christo seine straffe auch fůr lesterung und unbilliche schmehung / Da sie

Luc. xj.   sagten / Luc. 11. Meister mit den schmehestu uns auch. Darumb ist es teufflisch / wenn man trewe Lerer schmehen / von inen liedlein dichten / oder offentliche schmehzettel anschlagen wil / wie im Propheten Ezech. 33.
Eze. xxxiij.   gesagt / das im / dem Propheten auch geschehen. Denn also spricht Gott da-⟨*Kij^v*⟩selbst: Und sie werden zu dir kommen in die Versamlung / und für dir sitzen als mein volck / und werden dein wort hôren/ aber nichts darnach thun / Sondern werden dich anpfeiffen / und gleichwol fort leben nach irem Geitz / und sihe / du must ir Liedlein seyn / das sie gerne singen und spielen werden / also werden sie dein wort hôren und nichts darnach thun. Wenn es aber kompt was kommen sol / sihe so werden sie nun erfaren / das ein Prophet unter inen gewest sey. Daselbst IN GLOSSA MARGINALI (Liedlein) Die Jûden kamen zur Predigt / nit das sie glaubeten oder sich bessern wolten / sondern das sie den armen Propheten anpfiffen und spotteten / und etwas hôreten / davon sie hernachmals hetten zu schertzen und zu singen. Also ehreten sie das liebe wort Gottes / wie man es zu unser zeit in der Welt ehret / HÆC GLOSSA MARGINALIS. ⟨*Kiij^r=68*⟩

So denn dem allem also / das es muß gestraffet seyn / unnd
Joh. xvj.   das Predigampt ist ein Straffampt / Johan. 16. Der heilig Geist wirdt die Welt straffen / das ist / der heilig Geist durchs Predigampt / ꝛc. Lieber mit wem zůrnestu denn? wen lesterst du? wen schmehest und schendest du? wenn du die Lerer / Prediger und Pfarrherrn lesterst und schendest? wenn sie ir Ampt / Gottes ernsten befehl / doch dir zum besten / und deiner Seelen seligkeit / außrichten? das ein jeder trewer Lerer thun muß / unnd nit unterlassen darff / bey vermeidung Gôttlichs zorns / straffe und ungnad.

Diß sey gesagt vom Predigampt / zur warnung den jenigen / die da zůrnen unnd lestern / wenn man Gottloß wesen /

sůnde / schand / laster / unzucht / unverschempte Tåntze / entheiligung des Feyertags / straffen muß. Dabey ver-⟨*Kiij*ᵛ⟩ manen / leren / anhalten / das man vielfeltige tåntze / unnd besonders die den Gottesdienst verhindern / abstelle / ein jeder sich zur Predigt unnd Gottes wort fleissig halte / und den Feyertag recht heilige.

Hierbey auch ein jeder Pfarrherr / Prediger und Lerer vermanet / unnd seines Amps erinnert seyn sol / das er straffe / und nichts darnach frage / ob man ihn gleich fressen wolt / ihn schmehe / lestere / und schende. Laß ihm lieber seyn Gottes gnade / denn der Welt gunst / Er fůrchte mehr Gottes ungnade unnd straffe / denn der Welt zorn. Es muß doch eine hitze sein / weren die kolen noch so thewer. Und das ein jeder Pfarrherr / Lerer unnd Prediger / dem Tantzteuffel / der alle unzucht und unlust anrichtet / den Feyer-⟨*Kiiij*ʳ⁼*69*⟩tag entheiliget / ꝛc. mit ernst widerstandt thue.

Vermanung an die Prediger.

Noch eines aber muß ich allhie anhengen / weil oben vermeldet / wie der Tantzteuffel verhinderet den Gottesdienst / das man an Feyer oder Sontagen nicht den lieben Catechismum handeln kan / ꝛc. Das einer mőchte sagen: Ey lieber tantzet man doch in der Fasten nicht / da helt unnd Prediget man allhier nach Mittag den Catechismum darzu viel volcks kompt / ꝛc. Antwort: Eine schőne andacht und feine antwort / hinder sich meyne ich / Denn es ist so viel gesaget / wenn in der Fasten am Sontage getantzet wůrde / kåme doch nach mittags niemandt in die Kirchen / so wol als andere zeit des Jares / Also aber weil man in der Fasten mit tantzen still helt / so sol man als denn nach mittag predigen / unnd den ⟨*Kiiij*ᵛ⟩ Sontag heiligen / das seynd falsche Christen / unnd ire frombkeit ist heucheley / gleißnerey / da man Gottselig wesen und leben allein im Jar auff eine zeit sparet / auff etliche wochen / darnach durchs gantze Jar gehet der Tantz unnd alles Gottloß wesen /

In der Fasten seind die Tantzteuffel allein fromb.

Straffe uber heuchel oder falsche Christen. Luce xj. Mat. xxiij.

widerumb / erger denn vorhin / ꝛc. Solche heucheley wirdt Gott ja so hart straffen / als die ergsten sünden / das beweiset er mit dem vielfeltigen wehe. Wehe uber die Heuchler und Gleißner. Und Matt. 7. Nicht alle die zu mir sagen: Herr / Herr / werden in das Himmelreich kommen / sondern die da thun den willen meines Vatters im Himmel. Diß seynd eben die falschen heuchel Christen / die sagen: Herr / Herr / welche alle frömmigkeit auff heucheley sparen / biß in die Fasten / und ein kleine zeit sich fromb stellen / als die den Feyertag als denn ⟨Kvʳ⁼70⟩ recht heiligten. Davon auch der Psalm

Psal. l.

saget / das sie es nicht helffen werde/ das sie Christen genennet / von Gottes wort viel reden und sagen können / unnd ist doch nichts darhinder. So spricht Gott zum Gottlosen: Was verkündestu meine Rechte / und nimmest meinen Bundt in deinen Mund? so du doch zucht hassest / und wirffst mein wort hinder dich / wenn du einen Dieb sihest / so lauffestu mit ihm / unnd hast gemeinschafft mit den Ehebrechern / dein maul lessestu böses reden / und deine zung treibt falscheit / Du sitzest und redest wider deinen Bruder / deiner Mutter Son verleumbdestu / das thustu / und ich schweige. Da meynest du ich werde seyn gleich wie du / Aber ich wil dich straffen / unnd wil dirs unter augen stellen. Mercket doch das / die ir Gottes vergesset / das ich nicht ⟨Kvᵛ⟩ ein mal hinreisse / und sey kein

Matt. vij.

retter mehr da / ꝛc. Und Matt. 7. saget Christus solchen heuchlischen Christen: Ich habe euch noch nie erkandt. Item ein böser baum der nicht gute frucht bringet / wirdt abgehawen / unnd inß fewer geworffen werden / ꝛc.

Trewes guts fürnemen wider den nachttantz.

Da ich dem Knecht und Mägde / Gesinde den Nachttantz nicht kundte erweren / Obrigkeit / Krätschemer / Eltern / Herrn und Frauwen / auff mein vielfeltiges ver-

manen und straffen / nichts darzu thun wolten / unnd je
mehr ich wider redete / je lenger in die nacht sie tantzteten unnd
erger das sie es macheten. Da drewet ich inen / und
sagete / ich wil dirs gedencken / und du wirst mir auch ein
mal in meine kloppen kommen / Unnd das war ein solches:
Ich examiniert sie scharpff / da sie in der Fasten beichten
und zum Abendtmal ge-⟨*K 6ʳ=71*⟩hen wolten / das ist / da
sie die heuchlische / stinckende frômmigkeit / auff etliche
tage oder wochen anfangen wolten / befand ich etliche die
mir nur im Catechismo nit etwas fertig waren / die jaget ich
zum teuffel / und wolt inen das Abendtmal nit reychen / biß
sie es besser gelernet. Die aber gleich bestunden / unnd auch
die widerkamen unnd gelernet hatten / unnd wusten was sie
wissen solten / wenn man wil zum Abendtmal gehen /denen
wolt ich ehe auch nicht die Absolution sprechen / und das
Sacrament reychen / es sey denn sie hetten vorhin zugesagt /
das sie vorthin nit mehr zum nachttantz gehen wolten / das
gelobeten etliche / und fast alle / aber sie haben sich leyder
Gottes vergessen / und das Sacrament mit lûgen / sûnden
und boßhafftigem fûrnemen empfangen / unwirdig / inen
zum gerichte wie Judas / denn sie in die alten ⟨*K 6ᵛ*⟩
Schuch widerumb getretten / zum Nacht-
tantze gelauffen / und also erger worden

Luc. xiiij.

seyn / denn sie vorhin gewesen. Wie auch Christus von
denselben saget / das sieben Teuffel solche leute reitten / da
sie vorhin nur einer geritten. Und Petrus
spricht: Es ist mit solchen leuten / wie mit

ij. Petri.
Prov. 28.

einer Saw / die sich nach der schwemme
im koth sûhlet / Unnd wie mit einem Hunde / der wider
frisset / was er von sich geworffen / 2c. Nun es mangelt an
warnung / (versehe ich mich) nichts / es wirdt inen gesagt /
welche eine schwere last sie auff sich laden / die das heilige
Abendtmal mutwilliglich in sûnden empfangen / und sage
diß darumb meinen Mitbrûdern / das sie auch solchen ernst
brauchen / und in einem solchen fall sich also halten môchten /

damit sie als trewe fleissige Hirten sich erzeigeten / unnd nicht so ⟨*K 7ʳ=72*⟩ gar unfleissig / nachlessig ir Ampt außrichten / Ir werdet warlich schwere rechnung müssen geben / ꝛc. Seyd trewlich unnd fleissig durch Gott doch vermanet /
5 und wachet auff von ewrem teufflischen nachlessigen faulen schlaff / seyd in ewerem Ampt mit leren / straffen / auffsehen / munder und wacker / ꝛc.

Etliche aber / wenn sie mir wie oben angezeiget / auff mein begeren haben sollen den Nachttantz verreden / Ab-
10 solution unnd das Abendtmal wöllen empfangen / gaben sie unnütze wort zur antwort / fingen in der Kirchen mit mir krieg unnd zanck an / sageten / ich weyß das nicht zu thun / oder aber / wenn andere zum Nachttantz nicht gehen werden / so wil ich auch nicht gehen / Da stunden die Mütterlein bey
15 den Töchterlein / halffen ihnen auffs hefftigst wider mich fechten unnd streiten / ⟨*K 7ᵛ*⟩ darumb treib ich sie von mir / und wolt ihnen kein Absolution noch Abendtmal / auff diß mal biß sie sich recht bedechten / und mit einem andern sinn widerkereten / reichen / lase inen die LAUDES / und
20 sagete ihnen vom Nachttantze und Tantzteuffel / allermassen wie hierinne beschrieben / ꝛc. unter andern auch disen spruch / Syr. 26. Cap. Ist deine

Syr. xxvj.

Tochter nicht schamhafftig / so halt sie hart / auff das sie nicht iren mutwillen treibe / Wenn du merckest das sie frech
25 umb sich sihet / so sihe wol drauff / wo nicht / unnd sie thut darüber wider dich / so lasse dichs auch nicht wundern / wie ein Fußgenger der dürstig ist / lechtzet sie / und trincket das neheste wasser / das sie krieget / und setzt sich / wo sie einen Stock findet / und nimpt an was ir werden kan /
30 dessen alles ich mich keines wegs in argem gerhümpt / sondern angezeiget wil ha-⟨*K 8ʳ=73*⟩ben / was hierinne und in solchen fellen / einem Seelsorger zu thun zustendig / ob meinem exempel nach / meine Mitbrüder hierumb mehrern ernst und fleiß / in ihrem Ampt brauchen wolten / damit
35 die für Gott / am jüngsten gericht bestehen / unnd gute

rechenschaftt irer Schafe und ires Ampts wegen / geben kundten.

Weil dann nun /wie in diesem puncten außfürlich gemacht / der Tantzteuffel den Feyertag entheiliget / GOTT dem Allmechtigen / auch seinen dienst verhindert on was er sonsten für sünde / schande / laster / unzucht / unnd alles böses anrichtet / 2c. So können auß solchem allem fromme / Gottfürchtige leute / ja jedermenniglich / des Tantzteuffels werck / unnd was der unzüchtige / unverschempte / leichtfertige / unzimliche tantz für früchte / zur straffe ⟨K 8ᵛ⟩ Gottes / und zu ewigem verdamnus bringe / klärlichen unnd unlaugbar lernen / unnd befinden / welches denn auch volgende Exempel beweisen unnd bestetigen werden.

Von dem volck Israel stehet geschrieben: Das Volck satzte sich nider zu essen und zu trincken / und stunden auff zu spielen / gossen inen ein Kalb / richteten es auff / unnd sprachen: Das sind deine Götter Israel / die dich auß Egypten lande geführet haben / hielten iren Reyen und Tantz umbher / 2c. Sihe Abgötterey / sicherheit / fressen / sauffen / und Tantz bey einander. Was folgete aber zur straffe? drey tausent wurden uber diesem Kalbtantz zu todt geschlagen. Unnd weiter sagete Gott: Ich werde ihre sünde wol heimsuchen / wenn meine zeit kompt heimzu-⟨Lʳ=74⟩suchen / ich wil den auß meinem buch tilgen / der an mir sündiget.

Exo. xxxij.

Niemands wirdt seiner sünden straff entfliehen.

Johannes der Täuffer / der heilige Mann / dem unter allen / die von Weibern geboren / keiner gleich / verleuret uber dem Tantz sein kopff / und wirdt vom Herode enthäuptet / dieser meuchelmordt an Johanne / wirdt auch angerichtet durch den Tantzteuffel.

Matt. xj. Johannes der Täuffer. Marc. vj.

Pompilius der ander / ein König in Polen / war ein schreyer / tåntzer / såuffer / beflisse sich aller untugent / tödtet seiner

Cronica Polonorum Micho:

Auth: lib.
1. cap. 11.

Vettern zwentzig mit gifft / auß derselben blut erwuchsen grosse Meuse / die uberfielen in / seine Königin und Söne / on unterlaß setzten sie inen zu / das kundten seine Kriegßleute nicht erweren / man machte umb sie allenthalben fewer herde / mitten inne saß Pompilius / seine Fraw und Kinder / aber die Meuse drungen durchs fewer mit ge-⟨L^v⟩walt / nageten unnd frassen an ihnen. Darnach fûrete man Pompilium / mit den seinen zu Schiffe / in einen grossen See / aber die Meuse schwummen hernach / nageten unnd durchbissen die Schiffe / das sie versincken unnd untergehen wolten / unnd da die Schiffleuthe sich besorgeten / das sie alle mûsten ertrincken / fûreten sie das Schiff zu Lande / da kamen noch ein heer grosser Meuse / den vorigen zu hülffe / unnd setzten an Pompilium / da diß seine beschützer sahen / unnd vermerckten / das es Göttliche Rache were / fliehen sie darvon. Pompilius / wie er von den seinen verlassen / entfleucht er auff einen hohen Thurn / in der Stadt Crußwitza / da hinauff die Meuse eilendts stiegen unnd lieffen / frassen unnd verzereten Pompilium / seine Frawe unnd zween ⟨*Lijr=75*⟩ Söne /

Pompilium
König in Polen
fressen die Meuse.

also das nicht ein bißlein oder Beynlein von ihnen uberblieben. Diß widerfuhr Pompilio dem Mörder / Schreyer / jauchtzer unnd Täntzer / unnd ob zwar diß fürnemlichen eine straffe seines grewlichen Mordts / unnd anderer sûnden unnd laster mehr / noch stehet doch auch darbey / der Tantz / das derselbe unnd andere laster oberzelet / als schande / unzucht / fressen / sauffen / mordt / ꝛc. stets bey einander / und entlichen solche laster / sampt dem Tantz / grewliche straffe von Gott bekommen.

Im anderen theil
der wunderzeichen
Jolij Fincelij gebessert / außgangen.

Ich lese ein geschicht / so sich zugetragen / Anno 1551. zu Rechenbach / 2. meil wegs von der Schweidenitz: Es ist ein Mann gewest / mit namen Jacob Vierschering / welcher fünff kinder gehabt /

unter welchen dreye / das erste ein ⟨*Lij^v*⟩ Mågdlein Barbara /
dreyzehen Jar alt / das ander ein Knåblein / neun Jar alt /
das dritte auch ein Mågdlein von sieben Jaren / haben den
Sontag PALMARUM / so wunderlich angefangen zu tantzen
und zu springen / deßgleichen unerfaren ist / auch so seltzam
und wunderlich / das es nicht zu fassen / welches sie alle
tage / ungefehrlich 7. oder 8. stunde die qwer unnd die
lenge / hin unnd wider in alle winckel / auß der Stuben inß
hauß / auß dem hause in die Stuben / fort an getriben /
haben sich so gedrehet und gesprungen / das sie grausam
mùde worden / geschnaubet / und gekiechen / das es nicht
wunder gewesen / sie weren auff der stett ligen bliben / und
verschmachtet. Und da sie sich durch alle winckel müde
getantzet / haben sie sich mit den köpffen auff die Erden
gelegt / sich unter einander gedre-⟨*Liij^r=76*⟩het / und ver-
wirret / als wolten sie auff den köpffen tantzen / so lang sie
ihre zeit außgehabt / seind sie auff die Erden gefallen / als
weren sie todt / und haben eine gute weil geschlaffen. Da sie
aber erwachet / haben sie bißweilen essen geheischen / nach
dem essen haben sie widerumb angefangen zu tantzen / wie
zuvor / gehupfft und gesprungen on unterlaß / deßgleichen
auch des nachtes / so sie es ankommen / haben wenig geredt /
bißweilen alle zugleich gelachet.

Es hat sich auch ein Pfarrherr / nicht weit davon unterstanden inen zu helffen / hat sie neun tage bey ime gehabt /
das es aber nichts helffen wöllen / 2c. so weit finde ich dise
Histori. Wie es aber endtlichen mit den armen Kinderlein
blieben / stehet nichts außdrücklichen dabey / aber abzunemen auß den letzten worten diser geschicht / ⟨*Liij^v*⟩ das
die armen Kinderlein so lange getantzet haben / biß sie gestorben.

Wer wil anders von dieser Geschicht sagen unnd deuten /
dann das es ein sonderes wunderzeichen von GOtt dem
Allmechtigen / das man sich für dem unfletigen / garstigen /
unzüchtigen / unverschempten / unzimlichen / GOttes / zucht

9*

unnd ehrverwegenen / leichtfertigen Tantze / darinne dann solches verkôrdern / verdrehen / schwingen / lauffen / rennen / ꝛc. In summa / wie der Tantz oben beschrieben ist / getrieben wirdt / sich fleissig hůten sol / unnd das GOtt solche Teufflische Tåntze nicht ungestrafft wôlle lassen. Denn also thut GOtt der Allmechtige / das er beide / durch trewe Lere / unnd auch durch allerley ⟨*Liiij*ʳ⸗77⟩ zeichen / warne / vermane unnd straffe / wie ich nach der lenge allhie darthun kôndte. Ich lasse es aber jetzo bey diesem wenden / wer lust hat / der lese die drey bůchlein / der Wunderzeichen / unlangest außgangen / das vierdte Theil hievon sol auch schon am tage seyn / ꝛc.

Durch wort und zeichen predigt uns Gott.

Ich muß aber allhie noch ferner diß vermelden / auß besonderem bedencken und ursachen / den Eltern dieser Kinder / so sie noch am leben zu trost / und andern zum unterricht.

Im vierdten theil der Bůcher Lutheri zu Wittemberg gedruckt.

In einer Predigt / so der heilige Mann Martinus Luther gethan / am andern Sontag in dem Advent / uber das Evangelion / Luce am 21.: Es werden zeichen geschehen an Sonne und Mond / etc. Da stehet unter anderen also / das den Leuten sol bange seyn / zagen / und er-⟨*Liiij*ᵛ⟩schrockene gewissen haben / ist wol ein erschrôcklich zeichen / aber nicht dir noch den jenigen / die es tragen / (wo sie Christen sind) sondern denen gildt es / den Gottlosen unnd veråchter / die es nicht tragen / sondern verachten / denn sie werden gleichwol erhalten / das inen solches nicht schadet / můssen aber gleichwol zum zeichen daher gehen / umb der bôsen willen. Gleich wie der Prophet Isaia muste nacket und barfuß gehen. Und Jeremia mit einer Ketten am halse / zum zeichen dem Lande Egypto / und den Priestern / unnd schadet inen doch nichts / sondern behielten ire Kleider / und blieben gleichwol frey.

Isa. xx.
Jer. xxvij.

Tanzteufel 133

Also sol es diesen auch one schaden seyn / die solche zeichen an sich tragen / Sondern allein den anderen zeigen wie es inen gehen sol / denn wie bôse die zeichen seind / so ⟨*Lv^r=78*⟩ thun sie doch denen nicht schaden die sie tragen / sonst dürffte der Hencker kein Schwerdt / und niemand kein Waffen tragen. Aber sihe du dich für / der du ein Môrder bist / unnd den todt verdienet hast / denn es gildt dir / wenn er das Schwerdt zuckt. Gleich wie auch fewer / Rad / strick und Galgen / schadet ime selbst nichts / sondern Dieben unnd Schâlcken / die es verwircket haben.

Zeichen thun nit schaden denen die sie tragen.

Also müssen jetzo für dem jüngsten tage viel leute seyn / die der Teuffel plaget unnd zermartert / mit bôsen gewissen / und schweren anfechtungen / und so bange machet / das sie niergendt wissen zu bleiben / Als die sind / da Gerson viel von geschrieben hat / und etliche Beichtvâtter wol erfaren haben / sonderlich in Klôstern / was zarte unnd blôde gewissen sind. ⟨*Lv^v*⟩

Aber laß nur plagen unnd schrecken / es muß doch ihnen nicht schaden / dann es seindt nicht solche Leute / die GOTT schrecken unnd verdamnen wil / als bôse rohe Leuthe / sondern forchtsame unnd weyche hertzen / die gerne trost hetten / unnd sich gerne wolten bekeren / unnd doch niergendt trost unnd rath finden kônnen / biß so lang ihnen Gott herauß hilfft / unnd mit seinem wort trôstet. Aber du hüte und fôrchte dich / der du so sicher unnd frôlich alles verachtest / wie dir Gott drewet unnd warnet / ꝛc.

Zu den Zeichen gehôret auch / da er saget / das etliche verschmachten werden / für furchte / des das zukünfftig ist / das ist / es werden viel betrübter hertzen seyn / die da hergehen / gleich als ⟨*L 6^r=79*⟩ verdürstet / als die da fülen / das groß unglück fürhanden sey / und sich damit nagen unnd fressen / unnd solch hertzeleyd fülen / das sie für trawrigkeit verdorren / wie dann trawrigkeit pfleget das leben zu verzeren / wie eine Schwindsucht / und das margk auß den

Syr. xxx. Beynen vertrůcknet / wie der Weise Mann saget. Nun solche Zeichen můssen sie fůlen / nicht ihnen / sondern dir / als die du billich soltest fůhlen / aber weil du sie
5 verachtest / so soltu allzu schwer fůlen / nicht die zeichen / sondern das / so die zeichen bedeuten / ewig zittern unnd hertzeleyd im Hellischen Fewer / denn so die frommen auff Erden solches můssen leiden unnd fůlen / eusserlich und zeitlich / was wils mit den andern werden / denen ⟨*L 6ᵛ*⟩
10 es gildt / und die Gott damit meynet / unnd sie sich nichts daran keren / sondern immer je erger werden / biß sie es erfaren / und kőnnen frőlich seyn / wenn die frommen betrůbet seind.

Weiter daselbst auch kurtz fůr diesen jetzo eingefůrten
15 worten / saget er. Denn die liebe Sonne thut auch selbst also / kůmmert sich nichts drumb / ob sie gleich mit dicken finstern Wolcken uberzogen wirdt / oder den schein verleuret / sondern geht immer iren gleichen lauff / und gehet ir nichts

Wem die zeichen gelten.

20 abe / bleibet eben dieselbe Sonne / unnd leuchtet noch wie vor / on das sie sich sawer stellet gegen die Welt / zum zeichen den bősen. Also auch die andern zeichen / Mond unnd Stern / das sie sich schrecklich stellen / schadet inen nicht / denn sie sind nicht inen selbst ein zeichen / ⟨*L 7ʳ⁼80*⟩ sondern der
25 Gottlosen Welt / die es verachtet und frőlich dazu ist.

Eben also sol man von den obbemelten armen dreyen Kinderlein auch sagen / urtheilen unnd richten / das sie also erbärmlichen getantzt / gesprungen / gerennet / gelauffen / sich verdrehet / geschwungen / ₢. ist wol ein schrecklich
30 zeichen / aber nicht inen / sondern denen es gildt / nemlichen den Gottlosen / unfletigen Tåntzern / die es fůrsetzlichen / mutwilliglich unnd halßstarriglich / ungeachtet aller trewer lere / vermanung und straffe / also treiben / dem rohen wilden Gesindle / so die zeichen nicht tragen / sondern verachten /

Denn also werden auch diese arme Kinderlein erhalten seyn /
das solches Tantzen und springen inen nichts geschadet /
musten aber gleichwol zum zeichen springen und tantzen /
umb der unfletigen / unverschem-⟨*L 7v*⟩pten Tåntzer willen
anzuzeigen / wie es inen endtlichen gehen solle / das sie
nemlichen ewig trawriges Tantzen / bey dem Teuffel im
Hellischen Fewer haben werden. Denn so die armen Kinderlein
solches Tantzen unnd springen musten leiden / eusserlich
unnd zeitlich fůlen / was wil es mit den andern werden /
denen es gildt? unnd denen GOTT damit drewet / und die
GOtt damit meynet. Als da seind / die unverschempten
Tantzteuffel / Knecht unnd Mågdte / wie allhier auch dieser
Kinder beider geschlechts / Mågdlein und Knechtlein / zu
einem deutlichen / unterschiedlichen zeichen getantzt haben /
unnd sie die Tantzteuffel sich doch nichts daran keren /
sondern immer je erger werden / biß sie es erfaren. ⟨*L 8r=81*⟩

Unnd wie es der lieben Sonnen / Monden unnd Sternen
nichts schadet / obgleich GOTT an ihnen Zeichen geschehen
lest / das sie grewlich / erschröcklich unnd ungestalt werden /
denn sie gehen immer ihren gleichen lauffe / unnd gehet ihnen
nichts abe / bleiben Sonne / Mond unnd
Sternen / unnd leuchten nach wie vorhin /   *Imitatio verborum Lutheri.*
one das sie sich sawer stellen gegen die
Welt / zum zeichen den bösen / denn sie sind inen nicht selber
ein zeichen / sondern der Gottlosen Welt / die es verachtet /
und frölich dazu ist.

Also sol man warlich von diesen armen Kinderlein / die also
jåmmerlich getantzt / gesprungen / etc. urtheilen / richten und
halten / das / ob zwar Gott an ihnen / gleich wie an Sonne /
Mond / Sternen / erschröckliche zeichen ⟨*L 8v*⟩ geschehen
lassen / solches inen doch gar nichts schedlich / viel weniger
verdamlich seyn wirdt / Denn sie sindt auch nicht inen / eben
so wenig als Sonn unnd Mond / inen selber zeichen / sondern
den Gottlosen / mutwilligen / unzůchtigen / unverschempten

Tåntzern / die solches zeichen verachten und verlachen / Gott gebe man straffe / lere / unnd vermane wie man wólle. Als denn diß orts in D. Luthers predigt / weiter von veráchtern also stehet und volget: Es ist keine zucht / erbarkeit /forcht noch straffe mehr / unnd die Leute / je mehr man ihnen predigt / je erger sie werden / und noch dazu trotzen / wenn man sie straffet unnd warnet / das wir (Prediger) doch nichts mehr haben / von dem lieben Evangelion / in der Welt / denn lautern hohn und spott / und teuffelischen hass / welches den frommen ⟨M^r=82⟩ Christen durchs hertz gehet. Lieber wem solches zu hertzen gehet / der wirdt freilich nicht grosse lust haben zu leben / ꝛc.

Verba Lutheri.

Item / bald hernach / das man sein wort also verachtet / schendet und lestert / und seinen Predigern alle plage / hohn und schmach anleget / denn es hilfft doch bey der Welt kein Predigen / ruffen / vermanen / drewen noch flehen mehr / so fern Lutheri Prediger / so du lust hast / besihe daselbst weiter / so wol nach aller lenge ein Búchlein von der Geistlichen immer werenden Practicka / auff das 1561. Jar / ꝛc. AUTHORE M. CASPARO BRUNMILLEO. ANNO 1562. zu Franckfurt getrucket / ꝛc. da wirstu wunder lesen / ꝛc.

1005.
    Ferner ANNO CHRISTI 1005. sind zu Colbecke / einem Dorff bey Halberstadt / auff den Christabendt / viel Frawen und Mann zusamen kommen / auff den Kirchofe / S. ⟨M^v⟩ Magni / haben alda mit ungewónlichem geschrey getantzt / wie volle trunckene Leute / unnd da die gleich vom Priester vermanet / haben sie doch nicht auff hóren wóllen. Derwegen hat er sie auß zorn verfluchet / darauff haben sie ein gantz Jar lang / tag unnd nacht on unterlaß / on essen unnd trincken getantzet / unnd sich verdrehet / biß sie alle umbgefallen und gestorben.

Sebastianus Múntzer in seiner CHRONOGRAPHIA schreibet also / unnd mit solchen worten / von diesem Tantze / Anno 1010. ist ein Tantz im Landt zu Sachsen / im Magdeburgischen Bisthumb / von fúnfftzehen Mannen / und fúnfftzehen Frawen gewesen / am Christabendt / der hat ein gantzes Jar geweret / durch des Pfaffen wundsch / der sie verflucht unnd saget: Gott gebe / das ⟨Mij^r=83⟩ ir ein gantzes Jar Tantzen mûst / welches also geschehen / ihr Schuh unnd Kleider haben nicht abgenommen / kein Regen noch schnee auff sie gefallen / seind auch nicht mûde worden. Der Bischoff von Côlln / sol sie von solchem fluch absolvieret haben / da seind ir ein theil gehling gestorben / unnd ein theil haben drey tag und nacht geschlaffen / ꝛc. Ein andere meynung findestu auch in der 45. Brautpredigt M. Ciriaci Spangenbergs / hinden angehangen / sampt mehren Exempeln / in welchen allen deßgleichen straffe und zeichen / wider die unverschempten Gottlosen Tåntze / wie oben.

Nun muß ich den Fidlern und Spielleuten / die zu solchen unverschempten / Gottlosen Tåntzen hofieren / ihre LECTION auch lesen / unnd ihnen ein Katzentrunck unter die augen sprûhen/ der ⟨Mij^v⟩ inen zu besorgen / eben so wenig gefallen wirdt / als irem Gottlosen Tantzgesinde oder Tantzteuffeln / was oben von inen gesaget.

Wider die Fidler und Spilleute.

Es stehet zwar in VITIS PATRUM / im Buch von dem leben der Altvåtter / von einem der hielt sich fûr einen grossen heiligen / Und da er wissen wolt / wie hoch er im Himmel solt sitzen / war im ein Pfeiffer angezeigt / dem solt er gleich seyn. Er bald hin und fragt in: Lieber was thustu doch guts? Der Pfeiffer antwortet: Ich thue nichts/ denn das ich den Bawren zu tantz pfeiffe / und bin ein mal dabey gewesen / das meine Gesellen ein Mågdlein schenden wolten / das weret ich / und errettet es. Ein ander mal fraget er wider / wem er gleich were / da wurde im geantwortet: zweyen Ehefrawen. Die fraget er auch wie den Pfeiffer / was doch ire gute werck weren? Da ⟨Miij^r=84⟩ antworten sie: Wir wissen von keinem sonderlichen heiligen leben / wir haben unser Hauß und Kinder / der warten wir / so viel uns mûglich / und halten uns also / das wir nie einander gescholten / noch uns gezweyet haben. Da gienge der alte Vatter hin unnd sagete: Nun sihe ich / das man kein stand verachten sol / er sey so gering er wólle / man kan allenthalben Gott dienen / und fromb seyn / und Gott wil im es von jederman gefallen lassen / er sey gleich in was standts er wólle. Solches spricht Mart. Luther heiliger gedechtnuß / wie ichs achte / nicht also geschehen / sondern getichtet / zum guten Exempel / auff das die Welt / für der Müncherey gewarnet würde.

Haußpostill in der iiij. Predigt in Weihenachten.

Und man pfleget auch diß Exempel zu gebrauchen / wie jetzo gesaget / sich für Müncherey zu ⟨*Miij*ᵛ⟩ hüten / das niemandts auff heiliges leben bochen / trotzen oder für Gott sich drauff verlassen sol / das ein jeder in seinem Stande bleibe / Gott diene / und ein Christ sey / unnd das bey Gott kein ansehen der Person / wie Petrus saget. Nun erfare ich mit der warheit / das Gott die Personen nicht sihet / sondern in allerley Volck / wer in fürchtet unnd recht thut / der ist ime angenem.

Act. x.

Aber wo findest du itzo solche fromme Spielleute / die da theten was jener Fidler thet / Sie seind dick gesâet / aber dünne auffgangen? Denn gemeiniglich sind es (damit ich gleichwol den frommen nichts zu nahendt geredt wil haben) rohe Gesindlein / die geldt nemen / und dem Teuffel eins auffstrichen / wie sie dann thun / das sie des Tantzteuffels schendtli-⟨*Miiijʳ=85*⟩chen / Gotteslesterlichen dienst / des unverschempten / unzüchtigen Tantzes umbs geldt / bey tag und nacht helffen verbringen / befürdern unnd außrichten. Was liget ihnen / meynen sie / viel dran / es sey ir Ege unnd Pflug / ir Handtwerck / Sie nemen geldt unnd zu sauffen / fideln immer hin / on allen unterscheidt / ohn alle schewe und nachdencken / ja fideln / pfeiffen unnd singen mit iren Tantzkindern / unverschempte / garstige liedlin vom Wackermâgdlein / Item / sie saß auff der schwelle / ꝛc. pfeiff noch ein mal / Item vom Schneider der den Kittel gemacht / die Hosen zuschnitten /

Des Teuffels hofierer.

Tanzteufel

etc. Unnd wer kan die unfleterey alle gedencken unnd erzelen / dafûr sie dann in der Hellen fideln und hofieren werden / wenn die alte Teuffelin wirdt Hochzeit machen / unnd wirdt inen auch ihr ⟨*Miiij*ᵛ⟩ Fidellohn / als ein lohn der ungerechtigkeit und schalckheit / gedeyen / wie dem Hunde das graß / etc. Denn sie seind zugleich mit schuldig / an dem Gottlosen Teuffelstantze / wie von den jenigen Paulus saget / welche ein ubelthat thun / drein willigen und dieselben befôrdern. Unnd das gemein Sprichwort lautet: FACIENS & CONSENTIENS EADEM PŒNA PUNIUNTUR. Der ein bôse that thut / und drein williget / leiden gleiche straffe. Rom. j.

Darumb auch die jenigen Obrigkeit / Pfarrherr / Prediger / Haußvåtter / Haußmûtter / Eltern / Kråtschemer / Schultheissen / Eltisten / Fidler / welche dißfalls iren beruff / mit gantzem ernst nicht nachkommen / das den Teufflischen / unfletigen / unzûchtigen / Gottlosen / unverschempten / Tåntzen / sonderlich den Nachttåntzen / gestewret / und dieselben ⟨*Mv*ʳ=*86*⟩ gentzlichen abgestellet wûrden / die sollen wissen / das sie zu gleich aller mit einander schuldig seyn / an aller Gotteslesterungen / sûnden / schanden / lastern / unzucht / unlust / mordt / an entheiligung des Feyertags / verachtung unnd verseumung Gottes Worts / hoffart / beschwer / schaden / unnd in summa an allem dem / das auß den unverschempten / Gottlosen / leichtfertigen Tåntzen entspringet / wie durchauß in diesem bûchlein erzelet / und außfûrlichen gemacht. Unnd das sie Gott so wol wirdt straffen / als die thåter selber / wie zuvor bewiesen / unnd weitleufftiger kûndt dargethan werden / durch Exempel der Obrigkeit / die irem Ampt nach das bôse nicht gestrafft / unnd durch Exempel der Eltern / Als des alten frommen hohen Priesters Eli / der Gottlose / unzûchtige Sône ⟨*Mv*ᵛ⟩ hette / die straffete er nicht mit ernst / ihrer boßheit / sûnden / unzucht unnd mutwillens wegen / darumb wurden nicht allein seine Gottlose Sône erschlagen / im Kriege wider die Philister / sondern auch er / der alte gute Mann / fiel uber den Stuel / dar- j. Sam. iiij.

140 *Daul*

auff er saß / den halß entzwey / da er hôrete / das seine beide Sôhne erschlagen / unnd die Lade des Bundts Gottes von den Philistern genommen were. So ist auch oben gnugsam auß dem Propheten Ezechiel angezeiget / wie den Predigern gedrewet /
5 etc. wo sie solche laster nicht straffen / das weiterung allhier nicht von nôten. Darumb solten die Obrigkeiten in Regimenten / Schuldtheissen unnd Eltisten in Dôrffern / Krâtschmer / Eltern / Herren / Frawen / sich fûr Gottes zorn und straffe hûten / leichtfertige / un-⟨*M 6ʳ=87*⟩züchtige / unverschempte
10 Tântze / besonders nachttântze / unnd die
Ermanung wider den Tantzteuffel.
den Feyertag entheiligen / Gottes dienst verhindern / gentzlichen und gar abschaffen / stewren / weren / unnd mit ernst die mutwilligen verbrecher / ohne alle gnad / unnd nachlassung straffen / das sie von ihnen /
15 unnd den iren / ja von einem gantzen Lande / die straffe Gottes / die jetzo mit dem Tûrcken vorhanden / abwenden / und also in Buß unnd besserung mit irem Gebet / wider den Tûrcken / von GOTT dem Allmechtigen / durch Jesum Christum seinen Son erhôret wûrden / Denn das beten wirdt ge-
20 wißlich nit helffen / wo man nicht busse thut / sondern in sûnden / unbußfertigem leben / lastern und schanden fortfaren wil / wie geschrieben stehet: Die Sûnder erhôret Gott nicht /
Psal. xvj. ⟨*M 6ᵛ*⟩ die unbußfertig seyn / von sûnden
Johan. ix. nicht abstehen / unnd mutwillig darinnen
25 Dan. ix. verharren wôllen.
Und wann dann ein jedes das seine darzu gethan / das dem tantzteuffel alle seinem wesen und wercken gestewret / wie durch Christum im glauben GOttes gnad / vergebung der sûnden / friede / gut Regiment / unnd in summa alle geistliche /
30 unnd zeitliche wolthaten und wolfart hoffen unnd gewarten môchten. Denn die Gottseligkeit ist zu allen dingen nûtz / unnd hat die verheissunge dieses und des zukûnfftigen lebens /
j. Tim. iiij. wie Paulus saget.
Ich habe aber beide / den züchtigen unnd
35 unzüchtigen Tantz / hierinne beschrieben / das man sich fûr

den unzüchtigen hüte / und die in bißher getrieben / davon abstünden / dieweil so viel und grosse ergernuß grewliche sünden / schand ⟨*M 7ʳ⹀88*⟩ und laster darauß entstehen / Die aber züchtig getantzt / sich die unzüchtigen unnd leichtfertigen nit ergern noch verfüren lassen / denn also heisset es: VITARE PECCATA, EST VITARE OCCASIONES PECCATORUM. So viel auff Deutsch gesaget: Wenn man prediget und saget / man sol sich hüten für sünden / und dieselbe meiden / So saget unnd meynet man auch dabey / das man alle das jenige meiden / und dafür sich hüten sol / das ursach und gelegenheit zun sünden gibet / als denn thut der unzüchtige / leichtfertige welttantz / sonderlichen aber der nachttantz. Darumb man solche täntze. Item die Spinnstuben / Rockengenge / derselben scheidewercken / gesäuff und gefreß / welche beides ursach und gelegenheit geben / zu allen grewlichen lastern / sünden und schanden / fliehen und meiden sol. Besihe das Gespräch / S. Pe-⟨*M 7ᵛ*⟩tri mit Christo / wie er in der spinnstuben mit einem Rocken uber den kopff geschlagen / 2c.

Beide Täntz warumb beschrieben.

Colloquium Petri cum Christo.

Es sollen sich auch alle errinnern irer Tauffe / darinn sie durch ihre Paten dem Teuffel absagen lassen / alle seinen wercken unnd wesen. So ist ja in diesem Büchlein / was mit unverschempten / leichtfertigen / unzüchtigen täntzen / sonderlich denen Täntzen / die den Feyertag entheiligen / die Predigt Gottes worts hindern / unnd die des nachts geschehen / des Tantzteuffels werck unnd wesen gnugsam angezeiget. Derhalben so sehe ein jeder zu / das er GOTT nicht meyneydig werde / das ist / nicht mutwillig des Tantzteuffels dienst / wesen unnd werck treibe / auch ein jeder nach seinem beruff / wesen und Stande / solches nicht ge-⟨*M 8ʳ⹀89*⟩statte noch fördere / welche es aber theten / sollen wissen / das sie in gleicher schuldt unnd straffe seynd / wie oben außgeführet / denn GOtt wirdt die meyneydigen oder Eydßbrüchigen / ihrer

In der Tauff hat man dem Tantzteuffel abgesagt.

Tauff / grewlich straffen / hie zeitlich mit allen plagen / unnd dort mit Hellischem fewer. Ich hette auch gerne / vom unzůchtigen Teuffels Tantz / subtiler unnd besser geredt unnd geschrieben / aber es hats die
5 that nicht anders leiden wőllen. SCAPHAM ENIM NON NISI SCAPHAM NOMINARE OPORTET. Man muß die warheit in allen dingen sagen / das Kind bey seinem namen nennen / und was an einem jeglichen ding / den rechten grundt / ꝛc. anzeigen. Die auch den Tantzteuffel nit kennen / sein wesen unnd
10 werck nicht gesehen / noch erfaren / die mőchten vielleicht etliche dinge / so hierinne geschrieben nit glau-⟨*M 8ᵛ*⟩ben wőllen / aber ich beruff mich auff ferner zeugnuß und beweiß / da ich jemandts mit dieser schrifft nicht genug gethan mőcht haben.
15 Endtlichen hůte sich auch ein jeder / fůr denen unzeitigen / unbedåchtigen und Gottlosen worten / das etliche Herren ihrer Unterthanen Tåntze in diesen bősen gefehrlichen unnd geschwinden zeiten entschuldigen und beschőnen wőllen / Sagendt: man muß die armen Leut jetzundt tantzen lassen /
20 das sie nicht so gar von dem geschrey vom Tůrcken sich entsetzen / nicht trawrig / kleinmůtig / oder gar verzagt werden / ꝛc. Ich habe sorg sie meynen ir Bier / das es also desto mehr außgetruncken werde.
Ich stelle es einem jeden vernůnfftigen / frommen Christen
25 heim / zu urtheilen uber diese wort und ⟨*Nʳ=90*⟩ endtschuldigung / Ich aber kan es nicht anders deuten /wenn man saget / die leute sollen sich mit dem Tantze wider den Tůrcken trősten / so viel gesaget sey / sie sollen sich mit sůnden / teufflischem wesen unnd wercken trősten / denn oben genugsam bewisen
30 unnd angezeigt / was bőses bey dem Tantz geschiehet / Gotteslesterung / rauffen / schlahen / schreyen / wůten / toben / unzucht / sauffen und dergleichen unnőtig mehr zu erholen / was vorhin ubergnugsam vermeldet.
Die rohe Welt ist ja jetzo nicht so demůtig unnd furchtsam /
35 das sie sich balde zur furcht und besserung bringen lasse / ich

hielt mehr davon / wenn sie ja erschrocken und blöde weren / man gienge zur Kirchen / bettete / Predigte / unnd sagete ihnen trost unnd lere auß Gottes wort / fûr diß das sie in ⟨N^v⟩ Krâtschem gehen unnd tantzen sollen / sich damit zu trôsten / denn beym Teuffel ist kein trost / man hielt sich zu Gott / ꝛc.
Der Allmechtige ewige gûtige GOtt gebe durch seinen heiligen Geist in unsere hertzen / seine Gôtliche gnaden und gaben / das wir rechte Busse thun / von des Tantzteuffels wercken und wesen endtlichen abstûnden / Unnd aber dagegen Gottseliges leben in aller zucht und erbarkeit / still und rûhwig forthin fûren môchten / umb Jesu Christi seines Sons / und unsers Herren willen / AMEN.

⟨Nijr=91⟩ **Vom Tantz / auß der 45. Predigt des Ehespiegels / M. Cyriaci Spangenbergij.**

Zum ersten / was Tantzen sey / und woher er komme.
Zum andern / ob Tantzen sůnde sey.
5 Zum dritten / wie mancherley Tǎntz seyen / und fůr welchen sich zu hůten.

ZUM ersten / sol ich anzeigen / was Tantzen sey unnd heisse / wiewol ich nun nicht in willens bin / das Tantzen jetziger Welt zu vertheidigen / so kan ich mir doch
10 auch die Beschreibung des Tantzes / die Agrippa / und etliche andere setzen / nicht gar gefallen lassen / Das sie sagen : Tantzen ist nichts anders / dann ein bewegung zur Geylheit / ein gefallen der laster / ein bewegunge der
15 unkeuschheit / ein Spiel das allen ⟨Nijᵛ⟩ frommen ubel anstehet / vom leydigen Teuffel / Gott zur schmach erfunden / ꝛc. Wol mag dieses mit warheit gesagt werden / von den meisten Tǎntzen dieser Welt / die nit viel besser seind / aber doch sollen in gemeyn / nicht also alle tǎntze verdampt werden.
20 Dann wann man sich recht in die sach schicken wolt / so dǒrffte ich sagen: Tantzen ist ein freud unnd kurtzweil / eines ordentlichen Reyens / von Gott seinem Volck erlaubt und gegǒnnet / zu seiner zeit. Darumb muß man nicht sagen / das alle Tǎntze vom Teuffel
25 herkommen / wie in der alten Papistischen Postilla. SERMONES DISCIPULI stehet: Es sey ein sonderlicher Teuffel / Schick den Tantz genant / der alle Tǎntze anrichtet / das ist zu viel geredt / Dann ja David /

I.
Agrippa vom tantz.

Was tantzen sey.

Schick den Tantz.

Vom Tanz 145

Miriam / und andere heiligen / nit ⟨*Niijr-92*⟩ vom Teuffel zum tantzen bewegt worden.
Es schreiben etliche (Celius Rhod. lib. 3. Cap. 3.) das der grausame Tyrann Hieron in Sicilia / seinen Unterthanen / alle kurtzweil unnd freundtliche unterredunge verbotten habe / unnd da sey der Tantz erstlich herkommen / an welchem eins dem anderen / seine meynunge hat anzeigen mögen. Diß lasse ich seinen weg gehen / achte aber dafür / man habe zuvor auch getantzet / unnd habe der Tantz erstlich seinen anfang daher / das es sey ein eusserliche beweisunge innerlicher freude / welchen auch die Gottlosen wol mißbrauchen können / und leyder solches am meisten thun.

Ankunfft des tantzes.

Doch ist anfenglich der Tantz bey den vernünfftigen Heiden / ehrlich und züchtig gehalten worden / daher auch Atheneus sagt / ⟨*Niijv*⟩ (lib. 14. cap. 12. Dipnosophistarum) In allen freuden Täntzen und bewegungen / steht zucht und schmuck wol / aber ubermasse unnd zuviel frechheit stehet zumal ubel / unnd das sey für eins vom Tantze in gemein / was er sey und woher.

Tantz bey den Heiden.

Zum andern / Wöllen wir sehen ob Tantzen auch sünde sey / ich wil mir aber zuvor noch ein mal bedinget haben / das ich unsere leichtfertige täntzer gar nit in irem mutwillen hiemit wil gestarckt haben. Sonst sage ich aber in gemein / das ich tantzen an im selbst / so es on zufelligen mißbrauch geübt wirdt / für keine sünde halte. War ists / all unser thun ist sünde / unnd wir können nichts fürnemen / es ist sündlich / aber das tantzen an im selbs / eine solche sünde sein solte / als fluchen / vollsauffen und unnütz gewäsch treiben / achte ich noch unbeweiset.

II. *Tantzen an ihm selbst kein sünde.*

Dann ich nirgendt finde / das ⟨*Niiijr-93*⟩ Gott zimlichen guten mut / freude und kurtzweil / seinen Christen geweret hab / mit essen / trincken / singen / springen / tantzen / ⁊c.

Tantzen ist nit verbotten.

10 Teufelbücher 2

So fern / das es zu seiner zeit geschicht / in Gottes forcht / und nit ein wild / toll / voll / schendtlichs und wůstes wesen darauß gemacht wůrd / wie gemeinglich geschicht / das ehrliche leut zusamen kommen / essen und trincken / frólich und guter dinge seind / kan Gott wol leiden / aber das man sich toll und voll sauffet / unnd ein geschrey anfahet / als wolte man sich zerreissen / haddert / fluchet / den leuten ubel nachredt / ꝛc. das hat Gott nit erlaubet / sondern ist zum hefftigsten entgegen.

Also kan Gott auch wol leiden / das junge leut tantzen / springen / und frólich seindt / aber das wůste umblauffen / unzůchtigs drehen / greiffen und maullecken / gefellet im gar nit / ist Gottloß / sůnde und ⟨Niiij^v⟩ unrecht / sonst kóndte Gott mit tantzen wol zu frieden seyn / wann solcher schendtlicher mißbrauch davon bliebe / Gott hats nicht gebotten / das man tantzen můsse / darumb sůndigen die nicht / so nit tantzen / aber widerumb hat ers auch nicht verbotten / darumb die auch nicht sůndigen / die da ehrlich tantzen /

Tantz ist erlaubt.

Derhalben ists ein erlaubunge von Gott / das mans thun oder lassen mag / unnd ist weder sůnde noch verdienst. Ich wil aber die Gottlosen Tåntze / die jetziger zeit am gebreuchlichsten / nicht gebillichet haben / wie ich solchs bald hernach weiter erklåren werde.

Argument der tantzfeinde.

Daher achte ich nun / es sey ein wenig zuviel geredt / das man saget alle Tåntze seind sůnde / unnd das wóllen etliche also beweisen: Was nicht auß dem glauben gehet / das ist sůnde. Tantzen hat kein wort Gottes / geschicht also ohn ⟨Nv^r=94⟩ glauben / derhalben ists sůnde. Wann dieses von unzůchtigen Tåntzen verstanden wirdt / so ists war / aber es kan auch wol ein Tantz auß dem glauben gehen / als Davids unnd anderer. So ist auch Tantzen nicht gar one Gottes wort / dann Salomon sagt: Tantzen hat seine zeit /

Eccl. iij.

wie kan man dann alles Tantzen verdammen? Aber also weren solche schlußrede recht: Was nicht auß dem glauben gehet / ist sůnde / etlicher

Tantz gehet nicht auß dem glauben / darumb ist etliches tantzen sünde / nit umb des tantzens / sondern umb des anhangenden mißbrauchs willen.

Also sagen auch diselbigen sawersehen-den leute / wer die Welt lieb hat (spricht S. Johannes) in dem ist nit die liebe des Vatters / dann alles was in der Welt ist / Nemlich / die lust des fleisches / der augen / ⟨Nv^v⟩ und hoffertiges leben / ist nit vom Vatter / sondern von der Welt. Nu ist solchs alles am Tantz / darumb der tantz sünde unnd wider Gott / das ist auch war / wenn solche ding am tantz sind / so ists freilich sünd / und möcht wol dieses mit warheit von den Täntzen dieser Welt gesaget werden. Wann aber ehrliche Christen leute tantzen / und dieser erlaubunge Gottes recht brauchen / so muß man sie je also nicht verdamnen.

Ein ander argument.

Im fall das sich gleich ein böser mensch oder etliche mit einmengten / so ists nur derselben halben allein unrecht / und heisset doch von den andern also: Den reynen ist alles reyn. Mißbraucht jemands Gottes erlaubunge / der wirdt ohn zweiffel seinen Richter wol finden. Das sey nu davon geredt ob tantzen an im selbs sünde sey oder nit.

Zum dritten / dieses nun besser zu verstehen / wöllen wir unter-⟨N 6^r=95⟩schiedlich vom tantzen sagen / und dann sehen / wann tantzen sünde sey. In der heiligen schrifft und Historien findet man viererley Täntz / Erstlich ein geistlichen Tantz / Zum andern ein Götzen tantz / Zum dritten ein Bürgerlichen tantz / Und zum vierdten ein Bubentantz.

III. Viererley Täntze.

Der erste tantz / ist ein geistlicher tantz / welchen fromme heilige leute / bey den rechten waren Gottesdiensten / Gott zu lob / ehren und danck gethan haben / nach dem sie der heilige Geist getrieben hat.

Geistlicher tantz.

Also lesen wir von Miriam Moises schwester / Exod. 15. da die kinder Israel durchs rote Meer gangen waren / unnd Pharao sampt seinem gantzen Heer dar-

1. Miriam Moisi schwester.

innen ersoffen war / da nam diese heilige Prophetin eine Paucken in ire handt / und alle Weiber folgeten ir nach hinauß mit paucken am reyen / und Miriam sang inen fûr; Lasset uns dem Herren ⟨N6ᵛ⟩ singen / denn er hat eine herrliche that gethan / Mann unnd Ross hat er inß Meer gestûrtzt. Das war ein rechter Gottseliger unnd Geistreicher Tantz / vielleicht haben auch die Månner in irer ordnung / fûr freuden / Gott zu lobe / getantzet.

2. Tantz zu Silo. Also stehet auch Jud. 21. Das ein Jarfest des Herren zu Silo war / an welchem die Tôchter herauß giengen / mit Reyen zum Tantze. Solche kurtzweil ist gemeyn gewesen im alten Testament bey den Gottesdiensten / das auch Gott gebotte / sie solten vor im essen / trincken und frôlich seyn. Und ob sie da gleich nicht alle getantzt haben / so haben sie es doch macht gehabt / unnd es den andern nicht gewehret.

3. Davids Tantz. Als man die Lade des Herren wider auß der Philister gewalt anheim bekommen hatte (2. Sam. ⟨N7ʳ⁼96⟩ 6.) und der Kônig David hôrete / das sie im hause Obed Edom des Gattiters war / zoge er hinauff / und holete sie herab / in die Stadt David / Und David tantzete mit aller macht vor dem Herren her / machet es fûr freuden so gut als er immer kondte / mit kûnstlichem hûpffen und springen. Und ob in wol sein stoltzes weib Michol darumb verspottet / verantwortet er sich doch mit allen ehren / Und ich halt es gentzlich dafûr / das er nit allein getantzt habe / sondern das der heilige Geist mehr leut / in dieser Proceß zu tantzen getrieben habe / unnd warumb solten sie solches nicht gethan haben / weil sie es einen solchen grossen Kônig und herrlichen Propheten / sahen vorthun. So hatten sie darzu grosse bewegunge / von den besten Drommeten und Seitenspiel / welches durch einander so gewaltig ⟨N7ᵛ⟩ daher klang / das wol ein Todter solte getantzt haben / ich geschweige dann ein lebendiger.

4. Tantz zu Bethulia. Deßgleichen thete Gottes volck / da Holofernus umb kam / da war jederman frôlich / sungen und sprungen / beide jung

Vom Tanz 149

und alt / zu solchem tantz vermanet der heilige Geist / Psalm. 90. Lobet den Herrn mit Paucken und Reyen / lobet in mit seyten und Pfeiffen. Unnd wirdt ein solcher proceß beschrieben / Psal. 68. Man sihet Gott wie du einherzeuchst / wie du mein Gott und König einher zeuchst im heiligthumb / die Senger gehen vorher / darnach die Spielleute unter den Mågden die da Paucken.

Dieser Tantz hat nun mit dem alten Testament auffgehört / das man in nicht mehr treibt / bey den Gottesdiensten / es kan aber noch wol kommen / das ein fromb hertz mit besondern freuden und gaben er-⟨N 8ʳ=97⟩getzet / Gott zu lobe / seine hende zusammen schlegt / vor freuden auff springet und tantzet / das möchte man einen geistlichen tantz sein lassen / es geschehe offentlich / oder im hause / das ist nun ein Tantz.

Der ander Tantz / davon man findet / heisset ein Götzen tantz / welchen der teuffel hat erdacht / zu spott den Geistlichen tantz. Ein solcher Götzen tantz war / da die kinder Israel umbs gülden kalb tantzeten / Exod. 32. und da die Baalßpfaffen umb die Opffer tantzten und hupfften. 3. Reg. 18. Wie nun der gantze tantz verdampt unnd unrecht war / also war auch ihr essen / trincken / freude und tantz.

Götzentantz.

1. Israeliten.

2. Baaliten.

Solche Götzen tåntze waren gemein bey den Heiden / wenn sie ire Opffer auff dem Altar anzündeten / so fiengen sie an zu tantzen / zur rechten werts herumb / bald wandten sie sich zu der lincken / unnd die Indianer / welche die ⟨N 8ᵛ⟩ Sonne zu morgens / wann sie auffgieng / anbeteten hieltens für ein unvolkommen Gottesdienst / wann sie auch nicht dazu tantzeten. Unnd die Moren verhofften in Kriegen desto mehr glück zu haben / wenn sie die Schlacht mit tantzen unnd hüpffen anfiengen.

3. Heiden.

4. Indianer.

5. Moren.

150 *Spangenberg*

(CÆLIUS UT SUPRA) Wie denn auch die Rômer eigene Pfaffen (12.) darzu hielten / die sie SALIOS nenneten / welche dem Marti / dem Abgott des Kriegs zu ehren tantzen musten. (FENESTELLA lib. 1. cap. 7.) Aber dise Gôtzentântze seind nun auch verloschen / mit den Heidnischen Abgôttereyen.

6.
5 Salij bey den Rômern.

Bûrgerliche tântz.

Der dritte Tantz / heisset ein Bûrgerlicher Tantz / unnd geschihet alß dann, wo Mann und Frauwen / junge Gesellen und Jung-
10 frawen / offentlich zusammen kommen / zu rechter zeit / in zûchten und ehren / mit wissen unnd er-⟨Or₌98⟩laubnuß der Obrigkeit / unnd irer Eltern / als auff Hochzeiten unnd ehrlichen gesellschafften / frôlich unnd gutes muts zu seyn und zu tantzen.

Solche Bûrgerliche Tântze seind nicht wider Gott / wenn sie
15 recht unnd ehrlich gehalten werden / und seind zugelassen zu Hochzeitlichen ehren / deßgleichen zu ehrlichen Gesellschafften und wolleben. Item wann man eine freude haben wil / das Gott einen sieg wider die feinde geben hat / oder das ein Landtsherr / der etwan lang außgewesen ist / mit freuden ge-
20 sundt wider anheim kompt / ꝛc.

Goliath erschlagen.

Also lesen wir 1. Sam. 18. als David den Risen Goliath erschlagen hat / das die Weiber auß allen Stedten Israel / mit Gesang und Reyen / dem Kônig Saul entgegen giengen / mit Paucken / mit freu-
25 den / unnd mit Geigen / das ⟨Oᵛ⟩ war ein Bûrgerlicher Tantz des Volcks Gottes / von wegen des siegs / den in Gott gegeben hatt.

Jeremias.

Also trôstet auch Jeremias 31. das volck in der Babylonischen gefengnuß / und sprach: Wolan / ich wil dich widerumb bawen / du Jungfraw
30 Israel / du solt noch frôlich paucken / und herauß gehen an den tantz. Und bald hernach: Als denn werden die Jungfrawen frôlich am reyen seyn / dazu die junge Mannschafft / und die alten mit einander. Da malet der Prophet Jeremias einen rechten teutschen Tantz ab / da Mann und
35 Teutscher Tantz. Frawen mit einander / in zucht und ehren /

zu rechter zeit tantzen. Wer solches aller dinge wolt verdamnen / (wie die Widertåuffer thun) der macht je sůnde / da keine sůnde ist / verbeut das Gott erlaubet / Nu verbeut Gott solchen bůrgerlichen tantz niergend.

Zacharias am 8. spricht: Der ⟨Oij^r=99⟩ Stadt gassen sollen seyn voll knåblein und mågdlein / die da auff ihrer gassen spielen. Von solchem spil achte ich / sey ein zůchtiger tantz nit außgeschlossen. Denn auch Exod. 32. spilen von tantzen verstanden wird. Und Salomon sagt auch hievon / Eccl. 3. Tantzen hat seine zeit / Was nu seine zeit hat / das mag alßdann wol geschehen / wenns seine zeit und gelegenheit ist.

Zacharias.

Tantz hat seine zeit.

Nun ist auch bey den Jůden breuchlich gewesen / solche ehrliche tåntze auff den Hochzeiten zu brauchen / denn Nicolaus Lyra / welcher ein gelerter Hebraist / und ein getåuffter Jůd gewesen / der sich der alten gebreuch wol verstanden / und woher sie kommen gewust hat / legt den spruch Salomonis / Tantzen hat sein zeit / also auß / das es von hochzeiten der Ehleut sol verstanden werden.

Nicolaus Lyra.

Ists nu breuchlich gewesen / auff der Jůdenwirtschafft zu tantzen / ⟨Oij^v⟩ so haben sie freilich zu Cana auch getantzt / und hats der Herr Christus nicht gewehret / dann er ist nicht ein solcher starrkopff/ der etwas sonderlichs haben wolt / sondern hat ihm lassen gefallen / was zun ehren Låndtlich und breuchlich war / er kan von seinen Christen wol einen guten mut leiden / in ehrlichen Sachen / er ist frölich gewesen mit den frölichen / und im gefallen lassen was zun ehren geschicht.

Christus ist mit fröligkeit wol zufrieden.

Das aber Pfeiffen unnd Tantzen zu Christi zeiten im brauch gewesen / ist in seinen worten wol abzunemen / da er saget / Matt. 11. Von den kindern die auff der

Tantz zu Christi zeiten gebreuchlich.

gassen zusammen schreyen / Wir haben euch gepfiffen / und
ir habt nit getantzt. Dieses wûrden die Kinder nit geschrien
haben / wenn es nicht breuchlich gewesen. Unnd Luce am 15.
stehet in der Historia ⟨*Oiij^r*=100⟩ vom verlornen Son / das er
5 wider zu gnaden auffgenommen worden / unnd da der elter
Son kommen sey / habe er im Hause gehôret das gesenge
und den Reyen.

Keyser
Constantinus.

Einen solchen Tantz / davon ich jetzt
gesagt / haben die Leut hin und wider im
10 Rômischen Reich gehalten. Als Constantinus der Keiser den Tyrannen Licinium uberwunden hatte /
(Eusebius lib. 10. Cap. 9.) da hat man allenthalben Freudenfeste gehalten / Gott zu danck / unnd dem frommen Keyser zu
ehren (Eusebius DE VITA CONSTANTINI, lib. 2.)

15 Unsere Vorfaren haben solche offentliche freude unnd kurtzweil darumb auch unter andern ursachen gehalten / das alda
ire Kinder / und derselbigen geberden / von andern Nachtbarn môchten gesehen / unnd zwischen derselbigen unnd iren
Kindern Ehestifftun-⟨*Oiij^v*⟩gen fûrzunemen und zu machen /
20 ursach genommen wûrde. Daher in Meis-

Lobtåntz
in Meissen.

sen und anderßwo jårlichen zu gewissen
tagen / jetzt auff diesem / dann auff dem
andern Dorffe / durch der Obrigkeit ordnunge die lobtåntze
gehalten werden.

25

Auffsehen
der Obrigkeit.

Und solche ehrliche und bûrgerliche
tåntze kôndt man wol halten / wo nur
allein die Oberkeit ein ernstes und fleissiges
auffsehen mit haben wolt / wie man dann an etlichen orten
hart helt / und dem jungen volck also sagt: Wolt ir tantzen /
30 so solt ir zûchtig und eins seyn / so aber jemands unzucht
treiben / oder hadder anrichten wûrde / den sol man in Thurn
stecken / und dem kompt man auch also nach / denn sonst

Nota.

mengen sich viel unnûtzer buben in solche
bûrgerliche tåntze / die keine ordenung mit
35 halten wôllen / Einer wil sein wehr nit ablegen / spricht / er

sey hofgesinde / der ander wil das drehen nit lassen / spricht er sey frembd / und so fortan / jederman suchet auß-⟨*Oiiij^r=101*⟩ flucht und behelff / seinen fürwitz zu treiben / da ichs doch dafür hielt / wer ein rechter Christ were / solte sich hierinnen nach weltlicher Obrigkeit ordnung halten / oder da er das nit thun wolte / möcht er sich des orts tantzen enthalten / und nit irrung und verwirrung anrichten / und dazu anderen zu ungehorsam anreitzung geben / mit ungeberden und leichtfertigkeit.

So doch die Heiden auch züchtig und erbarlich ire bürgerliche täntze gehalten / das auch in Thessalia niemands denn den fürnembsten Amptleuten / oder die sonst berümbt gewesen / die Vorreyen gegünnet worden. Und der weise Socrates hat den Tantz sonderlich hoch gelobt / daher wol zu gedencken / das solche leichtfertigkeit nit dabey gewesen als jetziger zeit wol am tantze geübt wirdt. Und Homerus gibt dem tantz den tittel / das er in unschedlich nennt / damit er anzeigt / das man dazumal also getantzt habe / das man ⟨*Oiiij^v*⟩ nicht hat ursache können haben / etwas an den Täntzern / als leichtfertig und unzüchtig zu taddeln / das es nichts anders ist gewesen / dann ein züchtige freude.

Tantz in Thessalia.

Socrates.

Homerus.

Daher auch (Plato lib. secundo, LEGUM) spricht: Andere Thier springen und lecken / jetzt hin und her / ohn alle ordenung / aber die Menschen von Gott geleret / sollen in singen und Tantzen / ein feine ehrliche / züchtige und unergerliche ordnunge unnd weise füren. O wie weit haben die Heiden in diesem fall den grössern theil / der jetzigen Mundtchristen ubertroffen / die dieser erlaubten kurtzweil so schendtlich unnd grewlich mißbrauchen / welches man doch wol umbgehen köndte.

Plato.

Ich habe auch selbst gesehen / fromme Ehrenleute tantzen / auff irer Kinder Hochzeiten / denen am Tantze die augen ubergangen / ⟨*Ov^r=102*⟩ da man sie fraget / Warumb sie am Tantze geweynet? Haben

Freudentantz.

sie geantwortet: Es sey vor freuden geschehen / das sie es
GOtt dem Herrn nit zu verdancken gewůst / das er sie an iren
Kindern solche ehr und freude hat erleben lassen. Wer wolte
nun sagen / das solches ihr Tantzen verdamlich gewesen.
⁵ Darumb sage ich / Tantzen ist an im selbst keine sůnde / wann
man sein recht braucht / was aber der mangel sey / das wenig
Leut on sůnde tantzen / wőllen wir nun weiter hőren.

                    Der vierdte Tantz / davon man in
Bubentantz.   Schrifften findet / mag wol ein Bubentantz
¹⁰   heissen / und ich wolte nit weit auß dem
                  wege rathen / wenn ich in auch gleich einen
Hurentantz.   Huren tantz nennete / das ob sie gleich
nicht Huren unnd Buben in der that seind / die solchen Tantz
tantzen / so seind sie es doch im hertzen / ⟨Ov^v⟩ und mit den
¹⁵ begirden / und werdens auch gemeiniglich zuletzt in der that.
Und ist diser bubentantz nichts anders / dann da man auff
nichts gutes zusammen kompt / nur des fleisches kůtzl und
mutwillen bůssen / da sich gmeiniglich dise edle frucht bey
finden / pracht / hoffart / ubermut / verachtung anderer leut /
²⁰ unzucht / hadder / zanck / mordt / Ehebruch / Hurerey /
heimliche verlőbnuß / und andere schanden und laster.

Ungebůrliche   Wie dann gemeinglich geschicht an de-
tåntze.   nen tåntzen / welche junge Gesellen und
                Jungfrawen / on der Obrigkeit und der
²⁵ Eltern erlaubnus halten. Item an den abendtåntzen / da man
nichts guts noch ehrlichs suchet / item da die Obrigkeit dem
jungen volck nit weren / sondern leiden das sie unzůchtig
tantzen / springen / drehen / greiffen / ꝛc. An solchen tåntzen
verleurt manchs frommes Weib ihr ehre und gut gerůcht /
³⁰ manche Jungfraw lernet allda / das ir besser wer sie het es nie
erfaren. Summa ⟨O 6ʳ=103⟩ es geschicht an solchen buben-
tåntzen nichts Christliches / nichts ehrliches / nichts Gőttliches.

    Bey solchen tåntzen sol kein ehrlicher Mann sein weib oder
kinder seyn lassen / wider solche schreyet Gottes wort / alle
³⁵ Våtter / Eltern / Prediger / Obrigkeit und erbarkeit / da sol

Vom Tanz 155

man straffen / verbieten und wehren. Wer solche tåntze billicht der ist ein bub / und wer sie vertheidigt / ist ein schalck / und wer sie treibet / handelt wider Gott / ehr und zucht / dann was ist da anders / denn ein wildes ungehewr / viehisch rennen / lauffen / und durch einander zwirbeln / da sihet man ein solch unzůchtig auffwerffen und entblössen der mågdlin / das eins schwůre / es hetten die unfleter / so solchen reyen fůren / aller zucht und ehr vergessen / weren taub und unsinnig / und tantzen S. Veits tantz / und ist in der warheit auch nit vil anders. *Nota.*

Nu sind gmeinglich jetzt alle tåntze also geartet / gar wenig auß-⟨*O 6ᵛ*⟩genommen / das ich warlich auch an den Tåntzen / die bald nach geschehener Malzeit / auff den Wirtschafften gehalten werden / nicht viel zu loben finde / dann das junge volck ist gar vom Teuffel besessen / das sie keine zucht / ehr noch tugent mehr lieben / die jungen Gesellen meynen / wann sie nicht ire Fochtel oder Degen neben dem Tantz / an der seiten tragen / sich ungeberdig genug stellen / hoch springen / schreyen / wůten und drehen solten / sie hetten nicht recht getantzt / ich geschweige der unzüchtigen wort und geberde / so die garstigen Esel am Tantz treiben. Und da ein frommes Kindt daran ein abschewen hat / unnd sich mit solchen groben unfletigen Teuffelsköpffen zu tantzen beschweret / dörffen sie ehrlicher Leute Kinder inß angesicht schlagen / unnd groß bochen unnd drewen fůrgeben. ⟨*O 7ʳ=104*⟩ *Junge welt vom Teuffel besessen.* *Nota.*

Solche Buben solt man ernstlich straffen / und am Tantze nicht leiden / es solten auch andere ehrliche Gesellen / da sie einen solchen vermerckten / der Obrigkeit anzeigen / das man in ein zeitlang beyseits setzen möchte / da er sich in gůte davon nicht abweisen lassen wolte.

Ein Heidnischer Fůrste / Clistenes genant / hette ein schöne Tochter / er ließ außruffen / *Clistenes.*

wer dieselbige haben wolt / solt sich auff einen bestimpten tag einstellen / und sehen lassen. Da kamen der Freyer ein grosse anzal / unter denen war einer von Athen / der fûrnembste / dem sie auch wol am ersten worden were / aber weil er viel
5 leichtfertiges springens / unnd unzůchtiges tantzens machte / ward im die antwort / Er hett die Metz vertantzt. Also solte man noch solchen leicht-⟨O 7ᵛ⟩fertigen buben / keines frommen Manns kindt folgen lassen.

Die Metze vertantzen.

10 Denn was solte er fůr zucht und ehre seinem Eheweib zu hause erzeigen / der sich nit schemet alle unzucht und untugent offentlich fůr aller Welt zu uben? Da sauffen sie sich so voll uber der malzeit / das sie darnach keim Menschen ehnlich seind / und selbst nit wissen was sie reden und thun / was solte denn
15 da fůr zucht und erbarkeit folgen? Darumb solt man auch auff den Hochzeiten nit gar lang Tischen / (wie ich zuvor auch ein mal angezeigt /) sondern je ehe je lieber abspeisen / und das junge volck auffs erst es můglich zum Tantze abfertigen.

Mißbrauch des tantzes.

20 Es ist ja wol war / der mißbrauch des tantzes ist so gar groß / und wird solche uppigkeit und leichtfertigkeit darinn getrieben / das es wol schier am besten were / man gieng des tantzes gar můssig / und brecht es aller ⟨O 8ʳ⁼105⟩ dinge ab / nit daß das tantzen an im selbst so böse sey / sondern das die gemeing-
25 lich böse seind / die da tantzen / aber weil das junge volck zu solchen hochzeitlichen ehren / auch ire freud und kurtzweil haben muß / so schaffe man doch die schendtlichen mißbreuche ab / so kan man wol on sůnde tantzen / wiewol ich fôrchte das unter zwentzig nit einer on grosse sůnde

Wenig tantzen on sůnde.

30 tantze / wie jetzundt die Welt geschickt ist / aber ein jeder sehe sich selbst fůr / Gott wirdt zu seiner zeit rechenschafft geschwinde genug fordern. Es ist nit umb sonst gesagt / Matt. 18. Wehe dem der ergernuß gibt / wer da ergert dieser geringsten einen / die an mich glau-
35 ben / (spricht Christus) dem were besser das ein Můhlstein an

Vom Tanz 157

seinen halß gehenckt würde / unnd ersäufft würde im Meer / da es am tieffsten ist. Ich weyß wol das dise predigt und erinnerung ja so wol als andere ⟨*O 8ᵛ*⟩ meine trewe warnunge / von meisten hauffen wirdt veracht werden / aber Gott lesset sich darumb nicht spotten. Darumb wil ich beide / Mann und Weiber / junge Gesellen und Jungfrawen / vermanet haben / sie wolten ihrer seelen seligkeit höher achten / und nit also leichtfertig wider Gott / ehr und tugent handeln / sondern sich am tantze / züchtig und erbarlich halten / so kan Gott solche frôligkeit wol dulden. Auch wil ich noch ein mal vermanet haben / die Werber unnd andere / so es auff den Wirtschafften zu thun haben / das sie helffen anhalten unnd treiben / das man von statten speise / und der Tantz nicht biß in die nacht auffgezogen werde.

An etlichen orten gehen die gäste / mit der Braut unnd Breutigam / alle sämptlich zum Tantze / das ist nicht eine böse ordnung / ⟨*Pr=106*⟩ dann da kan ein Vatter unnd Mutter ein zeitlang zusehen / wie sich sein und anderer leut Kinder am Tantze halten / unnd muß ja mehr forcht in der jugent seyn / wann die Eltern zu entgegen seind / dann wann sie ihr spiel allein haben. So können auff solche weise die Eltern ire Kinder nach ihrer gelegenheit vom Tantz abfordern / und mit heim nemen / aber hie zu lande ist uns mehr am sauffen gelegen / dann an der kinder zucht / da sitzt man von einer Malzeit zur andern / nicht on geringe beschwerung des Breutigams / und dieses köndte man wol endern / wann es der Obrigkeit ernst were.

Gute ordenung.

Darnach ist das auch ein unverstandt unnd vergessenheit / wann man zum Tantzhauß gehet / und uber den Marckt für der Kirchen uberziehen muß / darinnen man bißweilen den Catechismum mit ⟨*Pᵛ*⟩ den Kindern übet / das man da keinen unterscheid helt / da die Spilleut selbst solten so bedechtig seyn / und der Breutigam und Werber inen solches auch solten ernst-

Verhinderung des Gottesdiensts.

lich befehlen / das sie alda mit Trummen und Pfeiffen stille und inne hielten / biß sie fůr der Kirchen uber weren / damit das singen und andere Gottesdienste mit solchem getůmmel und gestůrme nicht gehindert und inturbiret wůrde.

5 Proceß zum Tantzhause. Auch solte der proceß zum Tantzhause / als vil immer můglich / on alles leichtfertiges geschrey / in aller zucht gehalten werden / und darnach auff dem tantzplatz die jenigen sich nit mit eindringen / so zur Hochzeit nit geladen worden /
10 denn da ist nit ein kleiner mißbrauch / drauß offt vil hadder entsteht / und muß die arme Braut allen tåntzern fußhalten / niemands mit herumb zu hetschen abschlagen / er sey gleich so schebichte / wůst / grob / truncken / und un-⟨*Pij^r=107*⟩ verschempt er wôlle / und muß also viel unzůchtiges hôren
15 und sehen.

Solche Bubentåntze / davon ich jetzt gesagt / da man alle unzucht und leichtfertigkeit treibt / hat das Concilium zu Laodicea / den Christen verbotten / Anno 368. und wil das sich Christen auff Wirtschafften erbarlich und zůchtiglich sollen
20 halten / und solchs verbott ist hernach Anno 396. in CONCILIO APHRICANO wider vernewert worden (CANONE 27. & 28.)

Und hat Gott zwar auch bißweilen solche leichtfertige tåntze grewlich gestrafft / dann umb das Jar Christi 1277. on geferd / haben etliche viel leute zu Utrecht auff einer Brucken
25 uber dem Wasser einen leichtfertigen tantz gehalten / und viel ůppigkeit getrieben / da ist letzlich die Brůck gebrochen / und seind von tåntzern und zusehern bey 200. menschen ersoffen / wiewol die Papistischen historienschreiber ein andere ursach solchs unfalls setzen / ire ⟨*Pij^v*⟩ Abgôtterey zu bestetti-
30 gen (Hartmannus Schedel / in CHRONICO CHRONICORUM.)

Anno 1352. hat Johann von Miltiz / Bischoff zur Naumburg / unnd jetzt an S. Johanns des Evangelisten tage / etliche Frawen unnd Jungfrawen vom Adel zu sich geladen / mit denselbigen Tantz gehalten / unnd etwan mehr leichtfertigkeit
35 geůbt / dann einer solchen Person anstehet / ist derhalben am

Vom Tanz 159

Reyen zwischen zweyen Weibern / mit denen er zu gleich getantzt / umgefallen / und plötzlich gestorben / (Paulus Langius in CHRONICO CITICENSI.) Albertus Krantz schreibet (in METROPOLI. lib. 10. cap. 23.) Das ein Ertzbischoff zu Magdeburg gewesen / Ludwig / ein geborner Landtgraffe zu Düringen / welcher ob er wol zimlichs alters gewesen / habe er doch Tantzen und ⟨*Piijʳ=108*⟩ andere leichtfertigkeit nicht lassen können. Nun hette er auff ein zeit / Anno 1376. etliche Graffen unnd Junckhern vom Adel / vor Faßnacht zu sich ghen Kalbe geladen / mit iren Weibern und Töchtern / ließ inen gütlich thun / unnd machet sich frölich sampt ihnen / mit tantzen unnd springen / und war er mit drehen / hüpffen / unnd anderer leichtfertigkeit nicht der letzte. Montags zu abendts / da sie alle uppigkeit trieben / hetten die Diener von den Fackeln oder Windtliechtern / etwas fewers auff der Stiegen abgestossen oder fallen lassen / welches hinunter in die ledige unnd dürre Fass kommen / da das etliche innen worden / unnd davon geredt ward / lauffet jederman vom Tantzhause der thür zu / mit grossem geschrey unnd gedrenge / der Ertzbischoff selbst eilet auch vom ⟨*Piijᵛ*⟩ Tantz / aber wie sie die Stege beschweret hatten / bricht dieselbige / also / das sie alle mit einander hinab fallen musten / da ist doch niemands dann allein der Ertzbischoff und sonst noch 3. davon beschedigt worden / der Ertzbischoff war auff das häupt gefallen und gestürtzt / das er den andern tag davon starb / und der Exempel hat man mehr. Wo man nu zu viel unzucht treibet / unnd allerley leichtfertigkeit und geylheit ubet / da kan auß einem Bürgerlichen tantz / bald ein Bubentantz werden.

Unter die Bubentäntze mögen auch gerechnet werden die täntze / so man andern zum unglück und verderb anrichtet / Als Herodias tantzte umb das Haupt Johannis / Matthei 14. Und des Ptolomei freunde / richteten auch einen tantz an / als sie Alexandrum / Königs Philippi zu Macedonien / ⟨*Piiijʳ=109*⟩ Bruder erwürgeten. (Atheneus lib. 14. cap. 12.)

Nun das mögen auch wol Mordttäntze heissen / für solchen schedlichen und sündtlichen Täntzen / sollen sich alle fromme Christen hüten / sonst kan unser lieber Herre GOtt / ehrliche fröligkeiten und kurtzweil / zu Hochzeiten unnd andern ehrlichen Wolleben wol leiden / dann freude mit ehren ist ein gnade unnd gabe Gottes / und nicht ein sünde. Daher auch die Alten gesprochen: Freude mit ehren / sol niemandt wehren. Unmaß und mißbrauch ist zu straffen. Darumb ein verstendiger weiser König (Alphonsus von Sicilien) nit unrecht gesagt / wer auß üppigkeit und geylheit tantze / sey billich für ein narren und törichten menschen zu halten / aber zun ehren tantzen / könne man nit so leichtlich tadeln (PANORMIT. lib. 2. DE REB. GESTIS ALPHONS. ⟨Piiij^v⟩

Derhalben / wann sich der glaubige zimlicher freuden mit zucht und masse gebraucht / so sündiget er darinnen nicht / aber das es auch zu gelegener zeit geschehe/ wann Gott friede und ruhe gibt / dann sonst bringet die unzeit und der Mißbrauch / den unrath und das böse an Tantz / wie auch zu allen andern dingen. So pfleget auch auff zu gar unmessige freude / gemeiniglich allzu groß leyd zu folgen. Darumb sollen alle fromme Christen vermanet seyn / das sie auff Hochzeiten unnd andern Wolleben / den Tantz unnd andere freude und kurtzweil also üben und treiben / das sie Gottes / Christlicher zucht unnd erbarkeit auch darbey nicht vergessen / so würde Gott auch wol mit inen zu frieden seyn.

Zum dritten / alßbald nun die ⟨Pv^r=110⟩ Abendtmalzeit geschehen ist / so muß es von newem wider gehupffet und gesprungen seyn / und solche Abendtäntze tügen gar nichts / es ist doch daran nichts zu loben / noch zu vertheidigen / unnd wer sich auch solche Abendtäntze zu loben und zu billichen unterstünde / der müste ja ein rechter Bube seyn / und köndte man an eines solchen fürnemen wol spüren / das er zu nicht / dann zu aller untugendt / schanden unnd lastern geneiget seyn müste.

Vom Tanz 161

Darumb solten die Abendttäntze gar nicht von der Obrigkeit zugelassen werden / sonderlichen zu Winters zeiten. Es solten auch die Eltern ihren Töchtern nicht gestatten / bey solchen Täntzen zu bleiben / unnd solche fromme züchtige Jungfrawen / solten sich auch selbst davon machen / ⟨Pvᵛ⟩ und ire Eltern dafür bitten / das sie bey solchen Täntzen nicht seyn dörffen.

Behüte Gott alle fromme Gesellen für solchen Jungfrawen / die da lust unnd liebe zu den Abendtäntzen tragen / unnd sich da gerne umbdrehen unnd züchtig küssen unnd begrüssen lassen / Es muß freilich nichts guts an inen seyn / da reitzet nur eines das ander zur unzucht / unnd fiddern dem Teuffel seine Boltzen.

Wie der heilige Basilius sagt / (IN SERMONE DE EBRIETATE & LUXU,) da geschehen offtmals heimliche verlöbnuß / und viel böses wird an den verfluchten Abendtäntzen begangen / darumb sie als ein gifft zu fliehen. Summa / Täntze die zu unrechter zeit geschehen / seind keines wegs zu billichen.

Darumb auch S. Ambrosius gesagt: Es sey besser auff einen hei-⟨P 6ʳ⁼¹¹¹⟩ligen tag graben oder pflügen / dann tantzen. Also were es auch besser zu abendt / das die jungen Mägdlein daheim spinnen / oder die Kinder hülffen einwickeln / dann das sie am unfletigen tantz umblauffen.

Ich muß allhier ein seltzame Historia von einem unzeitigen tantz erzelen in der Sächsischen Chronica steht (Albertus Krantz lib. 4. SAXONIÆ cap. 33.) das zu Colbeck im Stifft Halberstadt / (nit weit von hinnen gelegen /) etliche Personen / in die achtzehen Menschen in der Christnacht auß fürwitz auff dem Kirchhofe daselbst haben angefangen zu tantzen / unnd ob sie wol vom Pfarrherrn darumb gestrafft worden / haben sie doch nit ablassen wöllen / sondern sein dazu gespott / gelacht und gesagt: er were ein Pfaff / und sie Leyen / er solt in der Kirchen für sich singen / ⟨P 6ᵛ⟩ so wolten sie heraussen iren Reyen on in wol singen und springen / unnd der verwehneten wort viel mehr / darüber der Pfarrherr bewegt worden / unnd gesagt: So wolte ich das euch

11 Teufelbücher 2

Gott straffete / das ir můsset ein gantzes Jar tantzen / unnd also tantzens satt werden / Also haben sie nicht auffgehöret zu tantzen / biß sie durch frommer leute fůrbitte seind erlöset worden / unnd da sie auffgehört / seind irer vier davon gestorben / die andern kaum erquickt worden. Das ist geschehen / Anno 1021. und haben die Landtßherren daselbst zum gedechtnuß also viel steynern Bilder hawen lassen / als viel der Personen gewesen / so getantzt haben.

Nun Gott kůndte noch heutiges tages den unzeitigen fůrwitz wol straffen / wann man alle war-⟨*P 7r=112*⟩nunge und untersagunge / so gar veracht unnd in Wind schlegt.

In der Schöffen zu Magdeburg Chronica stehet / das Anno 1203. zu Ossenier bey Stendel / der Pfarrherr in Pfingstfeyertagen den Bawren selbst gefidelt habe / da habe im der Donner die rechte handt mit dem Fidelbogen abe / und bey vier und zwentzig Menschen erschlagen. In des Stiffts Chronica / wirdt das Dorff Hessewig genannt.

Das sey auff dißmal trewlicher wolmeynunge vom Tantz gesagt / Wer solches nun annimpt unnd folget / wol im / wer im aber nicht wil sagen lassen / mag hinfaren / ich bin entschuldiget. Was mehr von hinderstelligen freuden unnd andern sachen / von Wirtschafften zu sagen ist / sol nehermals geschehen. Gott wölle ⟨*P 7v*⟩ uns seine gnade verleihen / das wir mögen erkennen unnd thun was recht ist / durch Christum Jesum seinen Sohn unseren Herren.
AMEN.

Getruckt zu
Franckfurt am Mayn /
bey Martin Lechler / in
verlegung Sigmund Feyr-
abends und Simon
Hůters.
Anno M. D. LXVII.

Getruckt zu Franckfurt am Mayn/ bey Martin Lechler / in verlegung Sigmund Feyrabends vnd Simon Hüters.

Anno M. D. LXVII.

Wider den
Huren Teufel,
vnd allerley Vnzucht.

Warnung vnd
Bericht / aus den
worten:
Hurer vnd Ehebrecher wird
GOTT richten / Heb. xiij.
Andreas Hoppenrod.

Mit einer Vorrede
M. Cyriacus
Spangenberg.

M. D. LXV.

Wider den
Huren Teufel /
und allerley Unzucht.
Warnung und
Bericht / aus den
worten:
Hurer und Ehebrecher wird
Gott richten / Heb. xiii.
Andreas Hoppenrod.
Mit einer Vorrede
M. Cyriacus
Spangenberg.
m. d. lxv.

⟨*A 2ʳ*⟩ **Vorrede M. Cyria. Spangenbergs.**

ICh meine ja nicht / geliebter Christlicher Leser / das sich jemand von denen / die in Sůnden / Schanden und Lastern beharlich ligend bleiben / und one Busse fortfaren / fur dem gerechten ewigen Gott / werde entschůldigen / und fůrwenden kônnen / es sey inen entweder nicht gesagt noch angezeigt worden / das ire Sůnde so gros und untreglicher straffe wirdig gewesen / Oder inen je kein bericht noch anleitung gegeben / wie sie von denselben ablassen / und rechte ware Busse thun solten. Denn es wird ja wi-⟨*A 2ᵛ*⟩der alle Sůnd und untugend so viel und so klar / gepredigt und geschrieben / und solchs so ernst und geschwinde getrieben / das die Gottlosen / mutwilligen / verstockten Sůnder / uns Predigern und Dienern des worts selbst wider iren willen / auch noch hie in diesem leben / eben damit / das sie klagen / man greiffe sie gar zu hart an / kônne nichts denn schelten etc. unsers trewen vleisses / zeugnis geben / und gewislich auch an jenem tage / das wirs inen deutlich gnung gesagt / nicht werden leugnen kônnen. Was aber fur besserung folgt / ist leider am tage / wie dieselbige so gar wenig und geringe / ja schier gar nicht zu spůren. Da doch die mancherley Ruten / so uns Gott vielfaltiger Sůnden wegen / auff den růcken gelegt / menniglichen erinnern ⟨*A 3ʳ*⟩ solten / das die gar groben Sůnden und mutwillige ubertrettungen / der Zehen gebot / gewislichen grewlicher zuletzt můssen gestraffet werden / denn die sichern rohen Weltkinder itzt gedencken môgen / Wiewol etliche / wenn inen Gott auff die Hauben greiffet / grosse besserung zusagen / aber so bald die Straffe gelindert und abgewand wird / werden sie neunmal erger / denn sie zuvor je waren / Und kan man wol dencken / wie ernst es inen jenesmal gewesen / oder wie sie noch zur zeit zum Gôttlichen gehorsam geneiget und gesinnet sein můssen /

Freilich anders nicht / denn jennes Weib / die fur zeiten dieser ôrt gewonet / von der man sagt / das sie sich nicht / wie einer ehrliebenden Frawen gebûret / verhalten / sondern gros ergernis gegeben / ⟨*A 3v*⟩ und ihrer ehrlichen Freundschaft
5 viel betrûbnis gemachet / die sie darumb hart besprochen / aber wenig ausgerichtet / biss sie dermal eins von GOTT mit schweerer und hefftiger Kranckheit heimgesuchet worden / und in den grossen Schmertzen / so sie in solchem harten lager gelidten / haben ihre Freunde das Bubenleben / so sie getrie-
10 ben / ihr ernstlich fûrgehalten / mit erinnerung / das sie damit GOTT zum hôchsten erzôrnet / die gantze Gemeine schwerlich geergert / und auff sich selbst diese und noch viel schrecklichere straffe (wo sie nicht ware Busse thun wûrde) geladen hette / Dûrffte derhalben wol guter furbitte / die ihr denn auch
15 als sie bekandt / das sie gesûndiget / und ⟨*A 4r*⟩ besserunge zugesaget / durch das gemeine Gebet mitgeteilet worden. Als sichs nu mit ihr gebessert / hat sie solcher geschehenen zusagunge wenig gedacht noch geacht / sondern ist nicht allein wider in die alten Schuhe getretten / sondern es viel grôber /
20 denn eben zuvor gemachet. Da sie nu darûber wider von ihren Freunden ernstlich zu rede gesetzet / und ihrer angelobunge / auch wie untrewlich sie derselben vergessen hette / erinnert worden / mit befragunge / was sie sich doch zeihe? warumb sie solchs Gottlose leben nicht unterlassen môge / so sie es doch
25 Gotte / der Kirche / dem Seelsorger / und der freundschafft zugesagt und angelobet hette? Hat sie eine solche antwort gegeben / Sie wisse wol / ⟨*A 4v*⟩ was sie in irer schwacheit verredet / wenn ir aber itzt noch also were / wie ir damals / als sie kranck gelegen gewesen / wolte sie es wol unterlassen / und
30 ward also an ir war und erfûllet / das alte Deutsche Sprichwort / Da der Krancke genass / Erger er vor nie was. Und solchs tregt sich gleicher gestalt auch zu in allen andern stûcken / darumb Gott zûchtiget und heimsuchet / das gemeiniglichen die Leute / so bald Gott die Rute ein wenig abwen-
35 det / viel ungehorsamer werden / denn sie zuvor je gewesen /

Vorrede

wie man viel òrte findet / da man nach den schweren kriegen / belagerungen / durchzůgen / schatzungen und andern beschwerungen / itziger zeit viel ungerner und weniger zu Kirchen und Predigt gehet / denn zuvor / ja viel unwilliger die Buss-⟨*A 5ʳ*⟩predigten duldet / unbarmhertziger sich gegen das Predigampt und den armen Lazarum erzeiget / mehr fluchet / schweret / heuchelt / pranget / schwelget / wuchert etc. denn vormals je geschehen / noch der òrte gehòret worden / Solchs ist leider am tage und fur augen. Aber Gott lesset sich nicht spotten / Er wird einen jeden zu seiner zeit wol wissen zu finden. Thun derwegen mittler weil gar recht / wol und gut / alle Prediger und Lerer / die ire stimme und Feder erheben / dem Volck ire Sůnde deutlich in allen Stenden anzeigen / Gottes kůnfftige straffe verkůndigen / zur Busse vermanen / und wie darzu zu komen / můndlichen und schrifftlichen bericht und anleitung geben. Aber weisslich und wol thun auch darneben alle fromme Hertzen / die ⟨*A 5ᵛ*⟩ solcher vermanung und warnung fur sich wol brauchen / und auch andern als viel in môglich / damit dienen. Dieweil denn mein geliebter Bruder im HErrn Jhesu / der wirdige und Wolgelarte Herr Andreas Hopperod / in sonderheit das laster der unzucht (darinnen itzt alle Welt schwimmet) angegriffen / und diese Schrifft davon gestellet / durch Lere / Sprůche / und Exempel menniglich dafur zu warnen / und davon abzureitzen / habe ich in getrieben und angehalten / solchs in druck zu geben / damit auch / fur andern / seinen eiver wider solche und dergleichen Sůnde zu bezeugen / und denen die es nicht besser etwan wissen / ursache und reitzung zu geben / auch ernster dieser untugend zu begegnen / und versehe mich / es sollen alle gut-⟨*A 6ʳ*⟩hertzige Christen inen diesen vleis gefallen lassen / fur in und mich / und alle Diener der warheit / Gott vleissig bitten / und anruffen / das er uns auff allen teilen seine gnade verleihen wolle / in bestendiger bekentnis des Glaubens / nach allem das fur Gott gut und recht ist / zu trachten / und dagegen alles was Sůnde und unrecht ist / zu meiden / umb

Jhesu Christi seines geliebten Sons unser einigen Heilands willen / Amen. Geben zu Mansfeldt / 1565.

⟨*A 6ᵛ*⟩ **Den Erbarn und Namhafftigen Christoff Stahl und Paulo Zweickmanno Bůrgern zu Hammenburg / meinen gůnstigen lieben Herrn und alten Freunden.**

ERbare / Namhafftige / Gůnstige / Liebe Herren / Es ist von uns heutiges tages leider alzu war / was der Prophet Esaias klagt in seinem 1. Capit. von den Juden / da er saget / O wehe des sůndigen Volcks / des Volcks von grosser Missethat / des boshafftigen Samens / der schedlichen kinder / die den Herrn verlassen / den Heiligen in Israel lestern / und weichen zurůck etc. Denn wir sehens fůr augen / wie die Menschen in Sůnden leben / und also schedliche Kinder sind / ⟨*A 7ʳ*⟩ die beide in falscher Lere / und Abgöttischen Exempeln / die Leute verfůhren und verderben / und ist faste die zeit / so fur der Sůndflut auch war / alle Sůnden gehen im schwang / man wil sich auch nicht mehr den Geist Gottes straffen lassen / so er die zarte Welt je irer Sůnden halben angreifft / so mus er balde wandern / ja es wird ime noch wol sein Ampt genommen / und damit geboren / nach dem es jederm gefellet. So ist Fluchen / Gotteslesterung / und verachtung seines heiligen Namens also tieff eingerissen / bey hohen und nidern personen / jung und alt / reich und arm / das es fur keine Sůnde mehr wird gehalten / ja wer weidlich fluchen kan / der ist der rechte Mann / der hat ein hertz im leibe / der sol Oberster und Heubtman wer-⟨*A 7ᵛ*⟩den. Item / wer helt wuchern / geitzen / und aussaugen die armen leut fur Sůnden. Es gehet hiemit wie jener sagt: Ubicunque spes lucri est pudere non decet.

Darnach sicht man auch wie die Welt frist / seufft / und hoffart gewaltiglichen treibet / und endlich in Hurerey und unzucht / hass und Neid sticket bis uber die ohren. Das ein Christen Mensch wol wůndschen möchte mit dem heiligen

Paulo / Auffgelöset und bey dem Herrn zu sein. Zuvoraus weil auch das ubrige von der Tochter Zion abnimpt / und das arme Heusslein im Weinberge / und die Nachthütte im Kürbisgarten jemmerlichen von Tyrannen / falschen Lerern / bösen Christen / und allen Teufelskindern / so itzunder in der Welt regieren / wird ⟨*A 8ʳ*⟩ angetastet / geschmehet / verfolget / und zerrissen. Wiewol wir nu aber solches fur augen sehen und erfaren müssen / so ist aber doch gleichwol der trost dieser / das Gott der HErr Zebaoth wird lassen Samen uberbleiben / das wir nicht alle werden wie Sodom und Gemorrha. Uber den grossen aber und Gottlosen hauffen / wird Gott seine straffen dermal eins grewlichen ausschütten / und seinen zorn gar anzünden / welcher da verzeren wird was er ankömpt. Gleich wie er hat die gantze Welt mit der Sündflut verderbet / die fünff stedte mit fewr vom himel verbrandt / die Chananiter gantz ausgerottet. Die Juden / das sein eigen volck und Königlich Priesterthumb war / also gezüchtigt / das sie one Priesterthumb und Regement in aller welt müssen umbher schweiffen. ⟨*A 8ᵛ*⟩

Esa. 1.

Denn ob gleich Gott ist sanfftmütig / und von grosser güte / doch hat die lenge die ferne / die menge die folge / und man krawet und reitzet in auch so lange / bis er mus auffwachen / und in seinem zorn mit uns reden / und mit seinem grim uns schrecken. Wollen wir aber nu solcher straffe entlauffen / mögen wir wol zusehen / das wir fursichtiglich wandeln / nicht als die unweisen / sondern als die weisen / und uns in die zeit schicken / denn es ist böse zeit / und nicht mehr unverstendig sein / sondern verstendig / und lernen was da sey des HErrn wille / folgen nicht mehr den Sünden / sondern stehen davon abe / thun Busse / bessern unser leben / finden uns zu Gotte / halten uns an seine gnade / bawen auff das verdienst Christi / so sol alle un-⟨*Bʳ*⟩gnade dahin sein bey Gott im Himmel / So sol auch sein zorn entweder gar von uns komen / oder zum wenigsten gelindert werden / wird uns auch letzlichen gerne annemen / zu Kindern / und uns selig machen.

Und damit wir unser leben also anstellen / sollen uns dazu furnemlich sechs stůcke reitzen / vermanen / und treiben. Zum ersten / Ist da das Gesetze Gottes / welches Gott darumb gegeben / das es sol uns unsere sůnden fůrhalten / seinen zorn und straffen / wegen unserer ubertrettung seiner Gebot / anzeigen und verkůndigen / und also schrecken / martern / peinigen / plagen / engsten bis zur verzweifelung / mit der unablesslichen stim / MALEDICTUS, MALEDICTUS, wer nicht helt alle meine Gebot etc. Wie denn ⟨B^v⟩ S. Paulus davon leret zun Rô. am 3. 4. und 5. Cap. und 2. Cor. 3. nennet ers ein Ampt des Todes. Summa / das Gesetz ist der Cherubin mit seinem zweischneidenem Schwerdte / der uns das himlische Paradis versaget / so lange wir in dieser unser angeborner verderbter Natur sticken und leben / So wir aber durch Christum zu im kommen / so mus er auffthun und weichen.

Zum andern der befehl Gottes Mat. 3. Thut busse. Hier. 3. Bekeret euch zu mir / spricht der Herr / so wil ich mein antlitz nicht von euch wenden / denn ich bin barmhertzig spricht der HErr / und wil nicht ewiglichen zôrnen / allein erkenne deine Missethat / das du wider deinen HErrn und Gott gesůndiget hast. Marc. 1. Thut Busse und gleubet dem Evangelio. ⟨$B\ 2^r$⟩

Zum dritten / sollen uns zur busse bringen und vermanen / Gottes zeitliche und ewige straffen / die er uber die unbusfertigen wil ergehen lassen / Luc. 13. Werdet ir nicht Busse thun / so werdet ir alle gleichsfalls umbkommen. Das Gott so mancherley Creutz / plagen / jamer / not und elend in die welt sendet / geschiet auch der ursachen / das er gerne wolt uns zur erkenntnis unser sůnde bringen / und das wir ursach nemen / zu suchen Christum den rechten Erretter und Helffer / aus allen solchen unsern nôten und jamer / darinnen wir sticken / und damit die Helle verdienen. Daher sagt auch CHRIstus / Wenn wir beladen sind / so sollen wir zu im komen. Und der 49. sagt / Rufft den HErrn an in ewrer not. Und das Sprichwort heist / Not leret beten. ⟨$B\ 2^v$⟩

Zum vierden / Soll uns darzu bringen / das wir Busse thun / weil wir hie auff Erden keine bleibende stat haben / und darvon müssen / und doch gleichwol ungewis sind des letzten stündeleins / Denn so uns Gott erwischet im bösen / sündlichen / und unbussfertigen leben / so würde er uns auch also richten / Denn es heist / QUALEM TE INVENIO TALEM TE IUDICO, so füren wir denn dem Teufel in den rachen / und müsten also ewiglichen verderben. Darumb in der zeit angefangen / und sich zum HErrn bekeret / weil der Gnaden thür offen stehet / und seine Arme ausgestrecket sind / uns zu umbfahen / und mit sich zu führen in seines Vaters Reich / denn Er ist willig darzu. Ezechielis am 33. Capitel / So war als ich lebe spricht der HERR / so wil ich ⟨B 3ʳ⟩ nicht den tod des Sünders / sondern das er sich bekere und lebe.

Zum fünfften / Frewen sich alle Engel im Himmel / uber einen Sünder der da Busse thut. Damit wir nu frewde im Himmel anrichten / und nicht trawrigkeit / sollen wir uns zu Gotte bekeren.

Letzlichen haben wir fur augen viel und mancherley Exempel / derer Leute / so nach Gottes Wort und befehl haben Busse gethan / und sind von Gott zu gnaden auffgenomen worden / als des Königes Davids / Manasse / der armen Magdalenen / Petri / des Schechers am Creutze. Wollen wir nu in irer Gesellschafft sein / und mit inen bey dem HErrn im Paradis sein / so müssen wir uns auch fur dem HERRN demütigen / und mit dem offentlichen Zöll-⟨B 3ᵛ⟩ner sagen / HERR bis mir armen Sünder gnedig.

Das nu aber solche ursachen / die uns zur erkentnis der Sünden / und zur rechten bekerung zu Gott / mögen eingebildet werden / ist hoch von nöten / das die Prediger ire stimme erheben / wie eine Posaune / und mit Johannes in der Wüsten schreien und ruffen / Thut Busse / das Himmelreich ist nahe herbey kommen / und solches thun zur rechten / und unrechten zeit / und mit gantzem ernst / unangesehen / das es der Welt nicht angenem ist / und darüber zörnet / pochet / drawet / verjaget / ubel davon redet / es schendet und schmehet.

Demnach weil mich GOTT auch in seinen Weinberg beruffen / ⟨*B 4ʳ*⟩ und gesetzet hat / wolt ich ja darinnen gerne ein ARBEITER sein / und der Weinreben mit vleis warnemen / damit sie nicht durch mein zusehen und nachlessigkeit
5 verdůrben / und vom rechten Weinstocke JHESU CHRISTO / würden abgerissen / und sampt mir ins Hellische fewr geworffen. So habe ich derhalben diesen kurtzen / einfeltigen bericht / von dem grewlichen Laster / und Sodomitischer Unzucht und Hurerey / zur vermanunge gethan / das menniglichen darvon abstehen / und sich zu GOTTE bekeren / ihn
10 mit einem rechten Glauben annemen / und also sein Kind und selig werden wolte.

Euch aber Erbare und Namhafftige / günstige / liebe Herren und ⟨*B 4ᵛ*⟩ Freunde / denselben zugeschrieben und in
15 ewrem Namen ausgehen lassen / Erstlichen darumb / das ich weis / das ir solchen Sodomitischen schanden auch feind seid / und derwegen euch in den heiligen Ehestand begeben / und nu mit Gotte und ehren Kinderlein zeuget / die des Himmels Pflentzlein sind / wie sie der Prophet nennet. Darnach / das
20 ich meine alte Freundschaft mit euch widerumb vernewerte / denn euch wol wissend / wie wir mit einander aufferzogen / zur Schulen gangen / und in unsern jungen jaren viel mit einander umbgangen sind. Letzlichen / damit auch ewre Bůrger und Einwohner / der löblichen alten Sechsischen Stad HAM-
25 MENBURG / sehen und spůren mögen / was wir alhier von ⟨*B 5ʳ*⟩ euch halten und judiciren / und darnach bewegt / euch gunst / ehre / freundschafft / und förderung allenthalben zu beweisen.

Hiermit freundlich und günstiglichen bittende / Ewr E.
30 G. wolten denselbigen kurtzen / ernanten / einfeltigen bericht günstiglichen annemen / und inen gefallen lassen / dem Göttlichen Worte zur förderung / euch zum unterricht und trost / mir zur anreitzung hinförder mehr und vleissiger Gottes ehre zu schützen / und seinen heiligen Namen zu beför-
35 dern / Andern aber zum Exempel und Spiegel / ire Sůnde zu

Vorrede

erkennen / from zu werden / ir leben zu bessern / und also Gottes ewiger straffe zu entlauffen. Gott der Allmechtige Vater / unsers HErrn und Heilandes Jhesu Christi / sey mit euch und ⟨*B 5ᵛ*⟩ allen den ewren / regiere ewre hertzen und sinn / durch seinen heiligen Geist / das ir bey der reinen gesunden Lere / und rechtem Glauben an Jhesum Christum / und Gottseligkeit ewres lebens / bestendiglich bis ans ende verharret / und ewig selig werdet / Amen. Datum Hecksted in der alten Graffeschafft Mansfelt am tage Johannis Baptiste / Anno 1565.

    Ewr E. G.
      Williger.
      Andreas Hoppenrod / Diener des Göttlichen worts
         zu Hecksted.

⟨*B 6ʳ*⟩ Huren und unzucht Teufel / auff die wort / zun Ebre: am xiij. Cap. Hurer und Ehebrecher wird Gott richten. Gestalt durch Andream Hoppenrod.

WIr sehen und erfarens (leider Gott sey es geklaget) das Un-
5 zucht und Hurerey / grewlich bey den Christen eingerissen ist /
und also tieff / das man es nu fur keine Sůnde fast mehr achtet / ja man rhůmet sich irer / als herrlicher kôstlicher thaten /
one alles seufftzen und schmertzen des Gewissens. Darumb ist
es warlich hoch von nôten / solche laster mit ernst zu straffen /
10 Wollen derwegen / vermôge unsers Ampts / fůr uns nemen /
die wort aus der Epistel zun Ebre: am xiij. Capit. HURER
und ⟨*B 6ᵛ*⟩ EHEBRECHER wird Gott richten / und dieselbige / nach dem Gott seinen heiligen Geist darzu verleihen
wird / erkleren / den Fromen zur warnung und unterrichtung /
15 das sie sich fur solchem Laster hůten / Den Bôsen aber zur
abschew / das sie auff hôren / ihr leben bessern / und nicht
ewiglichen verloren und verdampt werden / Auch der lieben
Obrigkeit und Weltlichen Regenten zur erinnerung / ernstlichen alle unzucht / schande und ergerlichs leben zu straffen
20 und abzuschaffen. Damit aber die verlesenen wort recht
gründlich môgen verstanden werden / wollen wir zur erkle-
rung / zwey stůcke dabey bedencken und handeln.

j. Zum ersten / Was doch die beweglichen ursachen môgen
sein / so die Menschen zu solcher grewlicher Sůnde und Schan-
25 de der Unzucht / Hurerey / und Ehebrecherey / bewegen und
reitzen / Und woher es kom-⟨*B 7ʳ*⟩me / das sie in der Welt so
gar uberhand genomen haben.

ij. Zum andern / Was herwiderumb die Leute vom Hurenteufel
abschrecken / und wodurch ein jeder nach seinem Beruff sich und
30 andere von solchen lastern mit gantzem ernste abhalten solle.

Vom Ersten Teil.

WAs das Erste stücke thut anlangen / finden wir mancherley reitzende ursachen zu aller Unzucht und Hurerey / unter denselbigen / aber wollen wir furnemlich ir viij. ordentlich nach einander erzelen und bedencken.

j. Die erste furnempste heubt ursache aller Sünde und Schande / und sonderlich der unzucht und Hurerey / ist der Sathanas / denn er ist ein unreiner / unsauberer / und unfletiger Geist / wie er denn Luc. am xj. Capitel ⟨*B 7ᵛ*⟩ vom HErrn Christo selbst also wird genennet / und das nicht alleine darumb / das er fur seine Person unreine ist / und zu aller unzucht lust und liebe treget / sondern auch / das er die Menschen in solche grewliche laster der unzucht treibet / und gewaldsam einfüret / und sie dermassen einnimpt und verblendet / das sie auch das helle Liecht des Göttlichen Worts nicht sehen / viel weniger dem folgen können / wie wir denn erfahren / das die Menschen zum offtermal vom Teufel also geritten werden / das sie grewliche unzucht begehen / ja umb derselbigen willen in Tyranney / Mordt / und andere schreckliche Sünde gerathen.

Damit aber der Teufel die Menschen also möge beschleichen und einnemen / braucht er darzu mancherley mittel und wege.

j. Zum ersten / nimpt er inen Gottes wort aus den hertzen und augen / oder verkerts inen zum aller wenig-⟨*B 8ʳ*⟩sten / Wie er denn mit Eva umbgieng und saget / Ey es hat die meinunge nicht mit Gottes verbot / ir werdet nicht des todes sterben / sondern Gotte gleich sein. Es ist nicht so gar geschwinde mit dem Sechsten Gebot / Gott lessets ein mal oder zwey wol geschehen / Es ist nur fur die Eheleute / und nicht fur ledige Personen gegeben. Gott weis wol das du dich an Himel nicht halten könnest / Er wird dirs wol zu gut halten / weil es diese und jenne gelegenheit / mit deinem Weibe oder deinem Manne hat etc. Und was solcher Teufelischen gedancken mehr sind / damit er einen Nebel uber Gottes ernstes

Gebot und strenges Gesetze machet / das man des nicht gros achten / noch viel darnach fragen solle.

ij. Zum andern / bildet er vielen die schônheit einer Person fûr / wie den kônig David die schône der Betsabe hat betro-
5 gen / und die falschen Richter ⟨*B 8ᵛ*⟩ die schône gestalt der Susannæ. Und findet man in Historien viel Exempel trefflicher Leute / die sich der Weiber schône haben betriegen / und grosse torheit und schande / durch des Teufels eingeben / zu treiben bewegen lassen.

10 iij. Zum dritten / Fûret er einen auff den Berg / zeiget im gross Geld und Gut / und saget / Sich mein Gesell / du kanst hie zum Herrn werden / so du nur wilt / da ist ein reich Weib / treibe heimliche schande mit ir / es bleibet auch wol verborgen / Wie one zweiffel mit solchem griff der Joseph in Egypten ist
15 angetastet worden / und nicht ungleublich / das im der Teufel auff die mancherley wege / so im bûchlin TESTAMENTUM DUODECIM PATRIARCHARUM genant / gemeldet werden / habe zugesetzet.

iiij. Zum vierden / Dringet er auch auff die Wollust des
20 leibs / und sagt / Du bist ein jung Gesell / brauche deiner jungen jaren / weil dir es so gut ⟨*Cʳ*⟩ werden kan / du kanst wol wider ablassen / und from werden.

v. Zum fûnfften / Sperret er einem die augen auff / und weiset im einen grossen hauffen der Weltkinder / die in glei-
25 cher unzucht ligen / gibt im die gedancken ein / Bistu es doch alleine nicht / thun es doch auch andere / und eben die / so es andern verbieten sollen / was kan es dir denn schaden.

vj. Zum sechsten / Ob jemands die offentliche unehre und schande fûrchten wolte / machet er demselbigen einen nebel
30 fur die augen / das er gedencket / ort und stette sey darnach / das es niemand leichtlich erfahre / so sind die Personen verschwiegen / werden ire eigen schande nicht entdecken / und blendet denn also den Menschen / das er meinet / wenn es nur heimlich bleibe / sey es keine sûnde. Daher es denn kômpt /
35 das solche heimliche Huren und Buben / Ehebrecher und Ehe-

brecherin / nicht allein in aller sicherheit ire schalckheit treiben / sondern ⟨C^v⟩ fur die aller ehrlichsten darzu wollen gehalten sein.

vij. Zum siebenden / Wendet er auch das Deckementelin fůr / das er einem eingibt / weil man ein Beschlaffene wider ehren kônne / oder weil einer one das mit ir verlobt / môge man wol sich zusammen halten / und sey fur Gott keine Sůnde. Solche und viel andere mittel braucht der Teufel / damit er die Menschen ins Huren netz bringe / und treibet solches mit gantzer gewald / denn er ist ein mechtiger Geist / ein Fůrst der welt / gehet umbher / wie ein brůllender reissender Lewe / und sicht auff alle gelegenheit. Daher er auch von Christo genennet wird / Luc. am xj. Cap. ein starcker gewapneter / der seinen Pallast bewaret. Und vom h. Petro / ein brůllender Lewe / uns zu verschlingen / gerůstet. Aelianus schreibt lib. j. ANIMAL. Cap. ij. und xij. von den Meerfischen / so CAPITONES und SCARI heissen / das sie also gefangen werden / die Fischer trach-⟨C ij^r⟩ten / das sie ein Weiblin dieser Fische art bekomen / das fassen sie an einen strick / mit einem wenig bley beschweret / hengen es also ins wasser / und lassen darneben ir netz einsencken. Nu sind genante fische so geil / das sie sich heuffig umb das Weiblin herfinden / und wil ein jeder der nechste sein / darůber werden sie denn leicht gefangen. Also weis der Teufel auch der leckerhafften / sonderlich der jungen Welt unart und zuneigung / derhalben stellet er inen also etwan eine schône bôse Bůbin / die er albereit in seiner gewalt hat / auff den Kloben / locket sie herzu / und bringet sie also in seine Falle / zu Sůnden / Schande / und unglůck / wie leider die erfarung zeugen / Und Lactantius lib. vj. Cap. xxiij. beklaget. Derwegen mus man sich wol gegen ihn růsten / damit man ihme begegnen kônne / und solche Růstunge / der Waffen / sind nicht Eisen / Bůxen / oder Harnisch / Sondern erstlich Gottes Wort / das fasse ⟨Cij^v⟩ man in sein hertz / damit begegne man dem Teufel / Sagt er / treibe du Unzucht / Hurerey / Ehebrecherey / Sprich du / nein Teufel / ich wils nicht thun / denn Gott hats verbotten in seinem Worte / da er sagt / Du

solt nicht Ehebrechen / Item / Hurer und Ehebrecher wird
Gott richten. Also hat der Herr Christus den Teufel selbst
uberwunden mit Schrifft / Matth. iiij. Und S. Paul / als er den
geistlichen Ritter beschreibet / zun Ephesern am vj. Capit.
heist er Gottes Wort das Schwerd / wil auch gewetzet und gefůret sein / damit es nicht ruste / und das schneiden verliere /
mögen derhalben wol Gottes Wort in stetiger ubung treiben /
mit teglichem lesen / studieren / beten und vleissigem nachdencken. Darnach greiffe man zum rechten eiver des Glaubens / und spreche zum Teufel / wenn er uns mit Unzucht /
oder andern Sůnden anficht / Heb dich hinweg Sathan / Wie
denn CHRistus auch gethan / ⟨Ciij^r⟩ und der Engel Michael /
wie die Epistel Judæ anzeigt / auch zum Teufel sagt / Der
Herr straffe dich. Zum dritten / kan man denn den Teufel
auch fein von sich bringen / mit vleissigem Gebet und rechter
anruffung / so geschicht im Namen unsers Herrn und Heilands Jhesu Christi / Wie er denn saget / Was ir werdet bitten
in meinem Namen / das wird euch mein himlischer Vater
geben. Und er hat auch nu dem Teufel seine macht und gewald
genomen / und all seine wercke zerstöret. Wer sich nu zu
ime helt / der mag fur dem Teufel und aller seiner list wol
bleiben. Wer weitern bericht von den růstungen wider den
Teufel begeret / der lese S. Paul: zun Ephes. am vj. Cap. Also
sol man darneben die augen von schönen Personen / wenn
man reitzung befindet / abwenden / und lasse im ein iglicher
an dem glůck / das im Gott bescheret / gnůgen / dencke das
der mensch nicht zur wollust / sondern zur ehre Gottes
⟨Ciij^v⟩ geschaffen sey / und ein jeder fur sein person selbst
ernste rechenschafft werde fůr Gott geben můssen / fur welchem nichts verborgen ist / Und das auch niemand böses thun
solle / dasselbige hernach wider zu verbessern / etc. Und so
viel von der ersten Heubtursach.

Die ander ursach / so uns reitzet zur unzucht und aller untugend / ist unser eigen böse vergiffte natur / die grosse zer-
růttung und verderbung des gantzen menschens am verstan-

de / willen und hertzen. Daher auch der Heide sagt / OMNES À NATURA PROCLIVES SUMUS AD LIBIDINES. Es sind doch alle Menschenkind / Zur unzucht von natur gesint. Und man sicht / wie die leute solcher verderbten natur folgen / und allen anreitzungen zum bôsen / also gewaltiglichen nachsetzen / unangesehen das es Gotte im Himel missfellet / und offentlich wider seine Gebot ist.

Es hat der liebe Gott den menschen ⟨Ciiij^r⟩ eusserlich seine glieder von offentlichen sûnden und schanden abzuhalten / vernunfft / krafft / macht und sinne gegeben / darumb solten die leute doch nicht so blind in solche untugende / und andere schande lauffen / Aber es findet sich imer der Ertzfeind aller zucht / tugend und erbarkeit / der Sathanas / und verkerer Gôttlicher ordnung / der nimpt auch solches gutes in eusserlichen sachen hinweg / und verblendet die menschen / das sie im ire glieder alles bôses zu volbringen und auszurichten / thun fûrstrecken / wie denn die Medea sagt bey dem Poeten / VIDEO MELIORA PROBO, DETERIORA SEQUOR, Ich sehe das gute und lobe es zwar / und folge doch dem argen gar. Denn sie war so eingenommen vom Teufel / das sie wider ire vernunfft / mord und grewliche schande anrichtet.

Ovid.
7. Meta.

Es wird aber unsere bôse / gifftige natur gebessert / und dem bôsen / das sie stifftet / wircket und anrichtet / geweret / durch den h. Geist. Der wird aber ⟨Ciiij^v⟩ niemande gegeben / denn denen so Gottes Wort hôren / lernen / und studieren / und also in Christus Schul gehen / und seine Jûnger werden / und darnach durch solche gehorte Lere und Predigt / zum erkentnis Christi komen / und in des Namen den himlischen Vater anruffen / Wie denn geschrieben stehet / Lu. xj. Wie viel mehr wil Gott geben den heiligen Geist / denen so in darumb bitten. Und in Geschichten der Apostel am ij. Cap. wird der heilige Geist gegeben / denen so der Predigt Petri zuhôreten.

Darumb môgen wir wol Gottes wort lieb haben / es gerne hôren / unser verderbte natur daraus lernen erkennen / fur-

sichtig werden / und nach des Worts warnung uns selbst nicht
zu viel trawen / sondern dem Geist Gottes folgen / der uns im
worte gegeben wird / das der unsere hertzen regiere / und uns
durchaus fûhre / unserer verderbten natur wehre und stewre /
das sie iren willen nicht ⟨Cv^r⟩volbringe. Und das heist S.
Paul zun Galat. am v. Cap. im Geist wandeln / Item / frûchte
des Geistes volbringen / Item / im Geist leben. Werden wir
aber die lûste des fleisches volbringen / und ire werck ausrichten / so mûssen wir sterben / und werden das Reich Gottes
nicht erben. Zun Gala. am v. Offenbar sind die wercke des
fleisches / als da sind / Ehebruch / Hurerey / Unreinigkeit /
Unzucht / von welchen ich auch zuvor gesagt habe / und sage
noch wie vor / das die solches thun / werden das Reich Gottes
nicht erben. Hieher dienen auch die warnungen Christi /
Beschweret ewre hertzen nicht mit fressen und sauffen etc.
Wachet und betet / das ir nicht in anfechtung fallet etc. Und
môchten hieher des Ehrwirdigen / und Wolgelerten Herrn
Magister Cyriaci Spangenbergs Reim gezogen werden / also
lautend:

    Bedencke die kûrtze des lebens dein
    Vielleicht kônd heut die stunde sein ⟨Cv^v⟩
    Das du fur Gotts Gerichtstuel must
    Was hûlff dich denn die kleine lust
    Wenn du dafûr solt ewig queln
    Schon deines leibes / schon deinr seelen
    Schon ander leut / schon Gottes ehr
    Jag nicht von dir der Engel Heer
    Wo Sûnd regiert / der Engel weicht
    Herein als bald der Teufel schleicht.

Die dritte ursache aller Unzucht und Bûberey / ist die bôse
hinlessige Kinderzucht / und solche ist sehr gemein in aller
Welt / wie wir denn sehen / das die Eltern den Kindern allen
mutwillen gestatten / alle Sûnde und Schande auszurichten /
Wenn die Kinder klein und unerzogen / lassen sie die morgends

und abends / etliche stunde (und bisweilen eben grosse Kelber) nackend und blos durch einander lauffen / das sie also jung der schamhafftigkeit und zucht entwohnen. Talmen und zieren sich darnach die Eltern auch selbst unterlang one alle scham fur den Kindern / das sie ⟨C 6ʳ⟩ nicht viel zucht noch erbarkeit / sondern geilheit und leichtfertigkeit von inen sehen. Ich geschweige / das gemeiniglich one schewe fur der Jugend solche wort gefallen / derer man sich fur alten Leuten billich solte schemen.

Zu deme findet man Eltern / die ihre Kinder unzůchtige / oder doch zum wenigsten untůchtige Lieder / Reime / Retzel / und Merlin leren / die mit ihnen uben und treiben / oder es doch ihnen und dem Gesinde gestaten zu hŏren / mitlachen / und es ihnen gefallen lassen. Darnach mit Schmuck und Kleidung zu aller geilheit ihnen ursache geben / sie zur leichtfertigkeit halten / an die ŏrte / da sie solches lernen / mit sich fůhren / und alles was sie nur fůrnemen / gut sein lassen / wenn gleich die Tochter beim Nachttantz ist / und bis in die tieffe nacht ausbleibt / jungen Gesellen nachleuffet / heimlich ⟨C 6ᵛ⟩ sich mit inen verlobet / ja offt heimliche schande ubet / das können die Eltern zum offtermal / und nur sehr wol leiden / ja wenn ehrliche Leut inen solches anzeigen / können sie es noch herrlich entschůldigen / und noch wol mit drew worten sich vernemen lassen / man sol es auff ir Kind bringen / man wolle ir Tochter gerne zu schanden machen etc.

Desgleichen wenn der Son alle Hurheuser durchleuffet / bey allen bŏsen Gelaken und Burschen leit / solchs wird im gestattet / die Eltern sehen zu / stercken in mit gelde / zerung und verlag darzu / ja verteidigen in zum offtermal / Ey er mus ja in seinen jungen jaren auch frŏlich sein / kŏmpt er in unser alter / es wird im wol vergehen etc.

Darumb mag es niemand wunder nemen / das bey der jungen Welt / so viel unzucht und untugend geschiet / weil es ihnen von den Eltern nicht wird gewehret / Aber sie werden ein-⟨C 7ʳ⟩mal tewre rechenschafft müssen dafur geben.

S. Paulus zun Ephes. am vj. Capitel / vermanet die Eltern
gantz ernstlich / das sie ire Kinder in aller zucht und tugend
sollen auffziehen / denn also sagt er / Ir Veter ziehet ewre
Kinder auff in der zucht und vermanung des Herrn. Da nennet
⁵ er drey stůck / welche die Eltern bey iren Kindern verrichten
sollen.

Erstlichen sollen sie ire Kinder ernehren / Nu wird dem
zimlichen nachgesetzt in der Welt / denn die natur gibet es ja /
Educare.   das man die jungen kindlin ernehre und versorge
¹⁰   / Wiewol man gleichwol solche ἀστόργους findet / die ir Weib und kind verlassen / davon lauffen / und handeln an inen / wie die Raben an iren jungen / aber doch geschiet
solches bey dem wenigern theil der Welt / der meiste hauffe
pfleget seiner kinder / und versorget sie mit narung / Ja man
¹⁵ findet wol etliche Eltern / die ire Kinder mit teglicher narung
⟨*C 7ᵛ*⟩ verwehnen / in dem das sie allzu grossen vleis drauff-
legen / und also sie selbest mit vielen fressen und sauffen zu
allen guten kůnsten untůchtig machen / und zu aller leckerey
verziehen.

²⁰ In disciplina.   Zum andern / Sollen sie ire kinder in
der zucht auffziehen. Zucht nennet alhie
S. Paulus (παίδιαν) darumb das man in der jugend sol den kindern das gute fůrsagen / und einpflantzen / und wo gute wort
nicht wollen helffen / sol man mit ruten zuschlagen. Daher
²⁵ sagt auch der Poet / A TENERIS ASSUESCERE MULTUM EST.
Und sol niemand hie furwenden / er kônne aus eingepflantz-
ter liebe sein kind nicht straffen / wenn es gleich nach guter
vermanung nichtes fraget. Der weise Man saget / Je lieber
Kind / je scherffer Rute. Und am xiij. Cap. sagt er / Wer sein
³⁰ Kind nicht zůchtiget / der hasset es. Und Syrach am vij. Cap.
Hastu Kinder / so zeug sie / und beuge iren hals von jugend
auff. Hastu Tôchter / so bewar iren leib / und verwehne sie
nicht.

Und was ist das fur eine liebe / die man Gottes Worte und
³⁵ seiner liebe wil vorziehen. Es heist also / Wer seine kinder

mehr liebet als mich / der ist meiner nicht werdt. Darumb sol die straffe der Kinder / so sie es verschulden / nicht aussen bleiben.

Wir lesen von den Egyptiern / das sie haben unter andern iren Gesetzen / die inen Zaleucus ir legislator geben / und auch dieses gehabt / das so einer wůrde Hurerey oder Ehebrecherey treiben / dem solten beide augen ausgestochen werden. Nu hat sichs zugetragen / das Zaleuci eigen Son solch gesetz uberschritten / und ein Ehebrecher worden / da sahe der Vater nicht durch die finger / sondern wolt kurtzůmb haben / das seinem Son nach laut des Gesetzes / die augen ausgestochen wůrden. Nu geschach viel furbittens / und das Veterliche hertz regte sich auch / das also Zaleucus zum teil erweicht wurde / Aber gleichwol damit das Gesetz nicht geschwecht wůrde / lies er dem Sone ein auge / und im selbst auch eins ausgestochen. Valerius Maximus li. 6. ⟨*C 8ᵛ*⟩

Zaleuci lex.

Dieses Exempel sollen nicht alleine die Eltern / sondern alle Obrigkeiten wol mercken / das sie ob iren Gesetzen und ordnungen mit allem ernst halten / und das bôse unzůchtige leben / auch an irem eigenen leibe straffen / und nicht also zusehen / und mit irem stillschweigen das helffen befôrdern und fortschieben.

So lesen wir auch / das auff eine zeit / als ein Ehelich Adelich Weib / ire Tochter / so zu allen tugendlichen ehren gezogen / hat verheiraten wollen / ir tewer und hoch hat eingebunden / sie solte ja Gott fůrchten / iren Mann lieben / ime trew und Glauben halten / das wenn der Man die hausthůr ansehe / sich frewete im hertzen / und nicht daran ein abschew hette. So sollen die Eltern ire kinder / zucht / tugend und erbarkeit leren / und das / wie S. Paulus saget / in der jugend einpflantzen und einbilden.

Zum dritten / Sollen die Eltern ire kinder auffziehen / zur vermanung ⟨*Dʳ*⟩ im Herrn / und das nicht thun mit schlech-

Admonitione Domini.

ten worten / das sie nur zur eusserlicher und mündlicher erkendtnis des Herrn komen / sondern das solche vermanung auch ins hertze gerathe / und darinne frucht schaffe. Darumb braucht S. Paulus das wörtlin νουθεσία: als wolt er sagen /
5 Die Eltern sollen iren Kindern Gottes Wort ins hertze legen / einbilden / einpflantzen / und da es möglich / eingiessen / Gottes willen fürlegen / drewunge und straffen der Sünde durch Sprüche und Exempel fürhalten / und also zur Gottes furcht vermanen und gewehnen / wie denn alle frome Eltern solches
10 gethan haben / als wir lesen von Adam / Noah / Abraham / Jacob / Hanna / und das darumb / weil es Gott also befohlen / und alle Menschen zur Gottes erkendtnis sind erschaffen / auch sie mögen Kinder Gottes und selig werden.

Diese lere aus dem lieben Paulo sollen alle Eltern wol be-
15 dencken / in ir ⟨D*ᵛ*⟩ hertze fassen / ir Ampt darnach anstellen / das sie die Kinderzucht wol in acht haben / der rechtschaffen nachsetzen / damit nicht der Kinder blut von iren henden einmal gefordert werde / oder sie zum wenigsten zeitlich von wegen der nachlessigkeit ires befohlenen Ampts / von Gott
20 mögen gestrafft werden / als wir lesen vom Hohenpriester Heli im ij. buch Samuel. im iij. Cap.

Die vierde ursach / so den Hurenteufel weidlich promoviert / ist böses auffsehen / und grosse nachlessigkeit der Herrn und Frawen in der haushaltung auff ir Gesinde / geben auff
25 die kein achtung / wie sie leben / ob sie auch zucht / ehr und tugend pflegen / da lest man Knecht und Megde / und Kinder alles zusammen gehen / man gestattet inen auch allerley gemeinschafft / böse geschwetz / fabeln / Narrenteidigung / merlein mit einander reden / ja zusamen und alleine hausar-
30 beit ausrichten / daraus entstehet denn ⟨D*ij*ʳ⟩ mancherley unrath. An einem ort hat newlicher zeit eine Hausmutter gehöret / das der Knecht zu nacht bey der Magd in der kamer gewesen / derhalben sie auffgestanden / und sie angeredet und gesagt / was sie für hetten / sie soltens also machen / das sie
35 nicht schande und unglück anrichten / Hat der Knecht ge-

Hurenteufel

antwortet / er hette wol ehe mit Megden gekurtzweilet / und dennoch keine gefressen. Dabey ists blieben / und darüber geschehen / was die Fraw befaret. Hette ir aber dabey nicht anders zu thun gebüret? Aber solche nachlessigkeit ist leider allenthalben in der Hausshaltung mehr denn es gut ist. Darumb solte ein vleissiger auffsehen in heusern sein / von Herrn und Frawen / und eine stracke / ernste / gewisse Hausszucht gehalten werden / Wie ich denn hie des Herrn Philippi Glüenspies Bürgern im Thal Mansfelt haushaltung rhümen mag / der Knechten und Megden nicht gestatte / heimliche reden mit einander / ⟨*Dij^v*⟩ und wo er sie bey einander redend oder stehend fand / musten sie hören das inen nicht gefiel / Ja er hat auff eine zeit / darumb einen Hausknecht auff einen stracken tag wandern lassen / als er sich nur ein wenig unverschempter ding liesse mercken. Wolte Gott / solche stracke und ernste hauszucht were allenthalben in Heusern gewis / man würde nicht so viel Exempel der unzucht und Hurerey erfaren.

Es hilfft auch nicht wenig zu aller Sodomitischer Sünde / das man in der Hausshaltung / solche eine schendliche und lesterliche tracht in der kleidung gestattet itziger zeit / da man das jenige / das Gott und die Natur versteckt und verborgen haben wil / entblösset. Die alten habens warlich nicht gelidten / wie wir denn lesen von Hertzog Wilhelm von Saxen / das er einen statlichen vom Adel aus seinem Hofe hat heissen abziehen / weil er in kurtzen Kleidern mit ⟨*Diij^r*⟩ zerschnidten hosen einher gieng / und sich nicht nach seines Hofes art kleiden wolte. O was solte itziger zeit der frome Fürste sagen / wenn er lebte / da man nicht einfeltige zerschnidtene hosen und kleider / sondern gar zerzerrete / zerfleischte / zerstümlete / zerhackte / bis auff die knöchel hinab hangende / tregt / Gewis er würde sagen / das es anzeigungen weren / aller Sünde / Schande / Unzucht und Untugend / wie denn allzeit die Alten an den kleidungen ire merckzeichen gehabt haben. Denn also Ennius sagt:

FLAGITIJ PRINCIPIUM EST NUDARE CORPORA INTER CIVES.
Und Herod. lib. j.
MULIER CUM VESTE PUDOREM DEPONIT.

Wo nicht da ist ein ehrlich Kleid
All zucht und ehr darvon ist weit, VEL.
Welchs kleid nicht fein noch ehrlich ist
An dem man zucht und ehr vermist.

Die fůnffte ursache ist / das offt der Mann kein auffsehen auff das Weib hat / lest sie ires eigenen willens pflegen / bey allen wollůsten und Ten-⟨*Diij*ᵛ⟩tzen umbher schweiffen / sich mit jungen Gesellen und andern Mennern reissen / und gauckeley treiben / ander leut ir zu lieb ins haus bitten / zu tische auffnemen / auch sie lassen nach irem willen in andere heuser und verdechtige ôrter gehen. Welchs alles anreitzungen sind / und IRRITAMENTA zu aller Sůnde und schande / denn es kan ein Weibes person bald betrogen und uberredet werden / mit guten worten / mit geschencken / und grossen verheissungen. Darumb sol ein Mann auff sein Weib vleissig achtung geben /

Zeloty pia.   aber doch gleich auch zusehen / das der Eivergeist nicht mit einreisse / daraus denn nichts guts pfleget zu erfolgen. Und das wil S. Paul / da er spricht / zun Ephes. am v. Cap. Der Mann ist des Weibes heubt. Ir wisset das das Heubt fur alle glieder des leibs sorget / wie sie môgen unverletzt und unzerrůt bleiben. Ist denn nu der Mann das Heubt seines Ehegemahls / so sol er sich irer auch vleissig annemen / ⟨*Diiij*ʳ⟩ auff sie sehen / irer pflegen und warten zu allen zeiten. Es ligen etliche on unterlas im Bierluder / und sauffen sich alle tage voll. Item / etliche ziehen in den Krieg / lassen ir Weib und kind one alle narung daheime / etliche lauffen gar hinweg / Das da nicht solte mancherley unrat auff erfolgen / kan ein jeder wol erachten. Und tregt sich hie offt zu nach dem Sprichwort:

Zubricht der Mann Tôpffe /
So zubricht die Fraw Krůge.

Etliche führen verrüchte Leute / so sich aller Büberey geflissen / mit zu hause / oder nemen sie auch wol gar in ire wohnung zu sich / das sie bisweilen auch mit einer Schlemmerey geniessen mögen / sauffen sich voll / sampt Weibe und Gast / und gehet denn fein zu etc.

Man findet auch bisweilen wol solche Narren und Fantasten / die bey ander leuten / und jungen Stratioren ir Ehegemahl hoch loben / wie sie schöner gestalt / gerades leibes / und freund- ⟨Diiij^v⟩licher rede sey / gedencken auch wol anderer sachen / damit denn die Hertzen so es hören / als mit einem Pfeil der lustseuche getroffen / und verwundet werden / und also letzlichen nichts guts daraus entstehet / wie solches diese nachfolgende Historien gnungsam ausweisen.

Es schreibet Herod: im anfang des ersten Buchs / und Justinus desgleichen / Das in Lydia ein König gewesen sey / mit namen Candaules / des Königs Myrsi Son / daher er auch Myrsilus von den Griechen genant wird / der auch die schöne seines Weibes bey jedermeniglichen on unterlas preisete / und meinet / wenn er solches unterliesse / möchte ir etwas darvon abgehen / Nu hatte er einen guten bekandten Freund / und wie Herod: sagt / der sein Trabant gewesen / und welchs dienst er in hohen wichtigen sachen hat gebrauchet / mit namen Gyges / ein Son Dascyli / den zog er an sich / nam in offt mit ⟨Dv^r⟩ sich heim / und lobet im sein Weib / wie sie am leibe gerade / und uberaus schön were / und damit ers gleuben köndte / erbot er sich ime nackend zu zeigen. Wiewol nu aber Ggyges sich des zum ersten hefftig wegerte / doch weil Candaules fest anhielt / lies er sich bereden / da fuhr der Narr Candaules zu / versteckt in heimlich in die Kammer / das er sein Weib / so sich hette ausgezogen / wol kondte besehen. Als nu solches geschehen / und die Fraw es erfur / gedacht sie solchs zu rechen an irem Manne / vereiniget sich derhalben mit Gyge / er solte in heimlich umbbringen / so wolte sie in nicht alleine schützen / sondern auch zur Ehe nemen. Solchem bösem fürschlag des Weibs ward nachgesetzt / und ward also der gute Candaules jemmerlich erstochen. So gehets wenn man Leuse in den Beltz setzet / ein bôse geniste wird draus / das man one schaden nicht kan los werden.

Desgleichen lesen wir im Livio / ⟨*D^v*⟩ lib. j. Deca. j. das Collatius der Hauswirt Lucretiæ / auch habe ursach mit seinem rhůmen geben dem Torquinio / das er aus der Belagerung der Stad Ardea geritten nach Rom / die Lucretiam zu besichtigen / und wie er es also befunden / das sie furtreflicher schôner gestalt war / sie habe mit gewald irer ehren beraubet / Daraus denn letzlichen ein jemmerlicher handel erfolget / als wir hernach hôren werden. Also ist offt ein Mann selbst ursach / das sein Weib trawlos und zu schanden wird / und also den zugesagten glauben uberschreitet. Es heist hie also:

 Hab vleissig achtung auff dein weib
 Zu Gottes wort mit ernst sie treib
 Behalt sie heim in deinem Hauss
 Las junge Buler alle draus
 Schaff das sie môge arbeit han
 Wird ir der kůtzel wol vergahn.

Die sechste ursach / so unzucht und Hurerey pflegt zu erregen / ist die grosse nachlessigkeit aller Obrigkeit / das ⟨*D 6^r*⟩ sie dieselbige nicht straffen / wie man denn sicht / das es faste dahin kommen / das man unzucht und Hurerey lest passieren / oder mit geringem gelde verbůssen / ja Hurenheuser / die doch nach des Keisers Theodosij exempel abzuschaffen / und Sorgen (wie mans nennet) werden gestattet / und die zum aller hefftigsten befordert / und besser in verwarung und bawlichem wesen / denn kirchen und Schulen / erhalten. Darumb mag es keinen wunder nemen / das also grewliche unzucht heuffig einreisset. Es ist leider an etlichen orten dahin kommen / das man durch die finger sihet / und den Schencken und Kretzschmarn auff dem Lande Huren und Belge auff zu halten gestattet / damit das sie desser mehr zulauff haben / und so viel mehr fass Bier ausschencken / und auff gesetzte Bierstewre desser besser reichen môgen. O eine

ehrliche narung. Es hat Aeschines der Philosophus gar wol gesagt: ⟨*D 6ᵛ*⟩
N. B.
Nullam esse utilitatem civitatis, quæ non habeat nervos adversus delinquentes. Das ist. Die Stad wird keinen langen bestand haben / so alle sûnde und schande lest ungestrafft hin gehen. Denn es ist mit den Sûnden / gleich wie mit einem wûtende / tobende Meere / so man deme nicht wehret / mit zeunen / temmen / graben / wallen etc. so leufft es aus / verseufft Dôrffer / Stedte / Viehe und Menschen / verschlemmet Wiesen und Ecker. Also wo man den Sûnden nicht steuret / und wehret mit allem vleis / so reissen sie ein / fressen und verzehren hinweg was sie antreffen / Wie man denn saget: Impunitas scelerum, multos invitat ad peccandum. Das ist.

Wo man die laster strafft nicht
Da wird nur mehr schand ausgericht
Lest mans dem einen gut hin gehn
So thuns hernach ir noch wol zehn.

Es solte aber ein Obrigkeit sich selbst ires befohlenen Ampts erin-⟨*D 7ʳ*⟩nern / warumb sie Gott zum Regiment gesetzet und erhaben hat / und das Schwerdt in die hand gegeben / Nemlich / das sie damit die bôsen sollen straffen / das arge auffreumen / und das gute befôrdern. Daher spricht S. Paul / Die Obrigkeit ist Gottes Dienerin / eine Racherin zur straffe / uber denen so bôses thut.

Aber es tregt sich offtmals zu / das die in Regimenten selbst in solcher untugend bis uber die ohren stecken / darumb wollen sie nicht hinan / haben sorge man sage inen / Ist doch unser Herr / Amptman / Schôsser / Schultheiss / Bûrgermeister / Stadvoigt / Richter / etc. auch ein solcher / etc. Und gibt also der Herrn Sûnde ursach andern / auch den nach zu folgen / Denn wie der Herr / Also der Knecht.

Utque ducum Lituos sic mores castra sequuntur, sagt Lucanus etc. Und solches darff keiner weiterer erklerunge / man sichts gnungsam fûr augen. ⟨*D 7ᵛ*⟩

13 Teufelbücher 2

Solche nachlessige Oberkeiten aber solten / zu dem das sie Gottes helle Wort / seine verheissungen und straffen / wissen und haben / erinnern vieler herrlicher Regenten Exempel / die warlich solche laster nicht gelidten / sondern mit gantzem ernst gestraffet haben. Als wir lesen vom Keiser Aureliano / der hat einen Frawenschender mit den beinen lassen an zwene beume / so herunter gebeuget waren / anbinden / je ein bein an einen baum / und also wider auffschnellen / damit er auff zwey stůcke mitten von einander gerissen wurde.

Desgleichen lesen wir vom Keiser Macrino / das er hat zwen seiner Krieger / so mit gewald irem Wirte hatten das Weib geschendt / lassen einschliessen in einen Ochsen / mit ausgereckten kôpffen / das sie miteinander reden kondten / bis sie also gestorben sind.

Die Egyptier schnidten deme / so eine freye beschlaffen / on alle barmhertzigkeit aus was er hatte / Einen ⟨*D 8r*⟩ Ehebrecher strichen sie mit Ruten aus / und gaben im tausendt streiche / kondte er die ausstehen / mochte er fôrder lauffen. Dem Weibe so Ehebruch begangen / ward die Nase abgeschnidten. Bey den Juden worden die Ehebrecher mit steinen zu tode geworffen. In Pisidia fůhrete man Ehebrecher und Ehebrecherin / zusammen auff einen Esel gesetzt / viel tage lang zum spot umbher.

Die alten Deutschen haben Unzucht und Hurerey geschwinde gestrafft / denn sie die geschwechte haben verbrandt / und vergraben / den Schender aber bey den beinen auffgehangen / uber das Grab der Geschendeten / und also lassen sterben. Und die alten Saxen haben den Huren die Haar und die Kleider abgeschnidten / biss an die Gurt / und darnach verwiesen. An etlichen orten hat man sie mit Ruten oder Stecken ausgeschlagen. Appulius und Fundanus / jagten die Ehebrecherin ⟨*D 8v*⟩ zu Rom gar hinweg. Keiser Julius lies seinem Diener einen / umb Ehebruchs willen / den Kopff abschlagen. Desgleichen thet auch Keiser Augustus / wie Horatius von im zeuget. Tyberius lies diese schwindigkeit fallen. Domitianus kondte es nicht allerding wider auffrichten / hat doch das seine gethan. Wie auch Alexander Severus / Diocletianus / und Maximianus die ein ernst Gesetz gemachet / das die Ehebrecher mit dem halse bezalen solten. Dieses haben Macrinus und Aurelianus / wie itzt gehöret / ernstlich ins werck gesetzt / und darauff ist endlich die CONSTITUTION CONSTANTINI erfolget / SACRILEGOS NUPTIARUM GLADIO ESSE PUNIENDOS. Wie solchs auch LEGE IULIA zuvor also verordnet war. Aber itzt gehets also zu / das man wol mit dem Plauto in Mercatore sagen möchte / UBI NUNC LEX IULIA? DORMIS? Desgleichen lesen wir vom Keiser Carolo dem v. das er diesem laster ist feind gewesen / Denn ⟨E^r⟩ als er ist auff eine zeit zu einem Könige komen / und in einem Gemach eine Jungfraw / so hefftig geweinet / gefunden / hat er sie gefraget / was ir mangelte / das sie so sehr weinete / da sie nu geantwortet / sie sey aus befehl des Königes dahin bracht / das sie durch in irer ehr beraubet würde / hat er sie also balde abführen / und iren Eltern wider zustellen / und darzu das Schlos abbrechen lassen.

Item / als Alexander Farnesius des Bapsts Enickel / und oberster Heubtman des Kriegsvolcks fur Ingelstad / Anno M. D. xlvj. bey dem Keiser / sich auff eine zeit sehr ungebürlich in einem Frawenzimmer verhalten / und dem Keiser solchs fürgetragen wurde / hat er ime lassen anzeigen / er solte sich aus dem herzuge hinweg packen / oder so er in antreffe / wolt er in mit seiner eigenen faust erstechen. Schreibt Manlius.

Ich mus noch eine Historien erzelen. Es hat sich zugetragen / An-⟨E^v⟩no M. D. xlvij. das ein Bürger zu Como / eines Todschlages halben ist gefenglichen eingezogen worden / welcher ein from / erbar und tugendsam Eheweib gehabt / Nach dem aber (wie wol zu erachten) das Weib in grossem elend und bekümernis war / von wegen solcher misshandelung ires Ehemannes / hat sie den Heubtman zu Como / welcher ein Hispanier gewesen / angesprochen / und fur iren Hauswirt gebeten / das ime das leben möcht geschenckt werden / Hat

der Heubtman geantwort / solchs stůnde alles bey ir / wolte sie seines willens pflegen / kôndte ir Mann balde los werden / Das Weib bitt / sie wolle sich mit irem Manne erstlich unterreden / Da nu ir das vergunst wurde / hat der Mann / zu retten
5 sein leben / dem Weibe solchs zugegeben / das gute Weib wird irer ehren beraubet / vermeint iren Mann damit los zu machen. Aber der Heubtman fordert uber das noch 200. kronen / die er mů-⟨*Eij*ʳ⟩ste unter die Gerichtsleute austeilen / Das Weib brachte sie auch zu wege / vermeinte noch iren
10 Herrn los zu machen. Als nu der Heubtman das gelt entpfangen / lest er den Man wol los / aber also balde den Kopff abschlagen. Hie kan man nu wol dencken / in welcher grosser trawrigkeit das frome Weib mus gewesen sein / sintemal sie irer ehren beraubet / darzu des Geldes entblôsset / und zum
15 uberflus der Mann ir auch entheubtet war. Nu in solchem elend zeucht sie zu irer Mutter und Freundschafft / klaget denen ir leit / nach vielem bedencken / verschrieben sie Sie also balde an den Stadhalter des Hertzogthums Meiland / mit namen Gonzaga / so der Keiser Carolus dahin gesetzt hatte / und
20 erzelen wie die sache ergangen war / Der Stadhalter Gonzaga lest also balde den Heubtman fordern / helt ihm die that fůr / da kondte er nicht leugnen / Sintemal auch das Weib in seiner gegenwertigkeit ⟨*Eij*ᵛ⟩ alle sachen erzelete / da bat der Heubtman balde umb gnade. Gonzaga der Stadhalter fragt das
25 Weib / wie viel sie zu irem Ehemanne gebracht hette? Sie antwortet / sieben hundert kronen / solche hiess er den Heubtman der Frawen barzalen / und darzu die zwey hundert / so er zur unkost des Gerichtes von ir hette auffgenomen / und darnach sie ehelichen / und also balde einen Priester fordern /
30 der sie zusammen gebe. Wie nu der Heubtman meinet / er solte mit der Braut zu bette gehen / hat in der Gonzaga lassen fur Gericht fůhren und erhencken.

In dieser Historien sihet man warlich / wie grewlich und doch billich unzucht und Ehebrecherey ist gestrafft worden.
35 Wolt Gott alle Oberkeiten brauchten gleichen ernst / one

zweiffel würde es besser stehen in Regementen. Man findet desgleichen Historia / von Hertzog Carln von Burgundia / wie der einen Graffen / der auch ein armes Megdelein zu ⟨Eiij^r⟩ schanden gemacht hatte / gestrafft / welche denn der Ehrwirdige und wol gelarte Herr M. Cyriacus Spangenberg / in seinem Jagteufel nach der lenge hat erzelet / da man sie auch lesen mag.

Die alten Deutschen der Alemannen hatten ein solches Recht / wenn einer auff der Strassen einem Weibsbild den Schleier / oder was sie auff dem heubt hette / abgerissen / must er vj. Schilling zur Busse geben. Hette er sie aber sonst entblösset / xij. Schilling erlegen. LEGES ALEMANNORUM Tit. 59. § 1. Gleiches Recht hielten die Beyern gegen die / so unzüchtige Weiber oder Jungfrawen angegriffen. LEGES BOIARIORUM, Cap. j. Tit. iij. iiij. & v.

Die siebende ursach / so alle Lustseuche und schelmerey hilfft anstifften / findet sich auch alhier / Nemlich böse Gesellschafften / unzüchtige örter / Hurengelag / Volsauffen / Nachttentze / böse Geschwetz / von welcher ⟨Eiij^v⟩ der weise Man spricht / Wer pech anrüret / der besudelt sich gerne damitte. Und S. Paulus / Böse geschwetz verderben gute sitten. Luc. am xxiiij. stehet geschrieben / Das Christus kam zu den zweien die nach Emaus giengen / und trat mitten unter sie / weil sie von seinen herrlichen wolthaten / und freudenreicher aufferstehung mit einander redeten / So sind auch die lieben frommen Engelein gerne / da man unternander von Christo / und ehrlichen Christlichen sachen redet und handelt / Herwiderumb finden sich balde die bösen Geister zu böser versamlung / die darnach alle Sünde und Schande / und Laster anstifften / denn sie können nichts anders / denn liegen und triegen / morden und rauben / Sünde und Schande anrichten. Johannis am achten Capittel.

Es bliebe offt manches Weib und Jungfraw bey ehren und from / so sie sich der Hurengelag / böser Ge-⟨Eiiij^r⟩sellschafft / und unzüchtiger örter enthielten / und in iren Heusern blieben / Aber sie wollen in allen quassen ligen / hin und her refieren / alle gassen durchstreichen / alle newe zeitung erfaren etc. So kômpt es denn auch / das so mancherley unrath draus erfolget. Were Dina Jacobs Tochter nicht ausgangen / des Landes notdurfft zu erforschen / were sie wol ungeschendet blieben. Daher nennet der lxviij. Psalm das Weib ein Hausziere / nicht ein Gassen oder Strasse / oder Marckziere. Und S. Paul: sagt zu Tit. am ij. Ein Weib sol hausheltig sein / braucht das wôrtlein οἴκουρον, damit er wil zu verstehen geben / das ein Weib all ire sorge / gedancken / hertz / mut und sinn / nechst Gotte / sol auff die Hausshaltunge werffen / wie sie ihren Mann wil lieben / ime gehorsam sein / ihre Kinder und Gesinde / zur zucht und vermanung des HERREN halten / sie mit Essen und Trincken / zurichtung / wûschen / ⟨*Eiiij*ᵛ⟩ waschen / und reinigen / versorgen / und alles also bestellen / das der Man eine frewde und lust an ir haben môge.

Es hat der gewaltige Maler Apelles / die Venerem gemalet auff eine Schnecken / damit anzuzeigen / wie das Weibervolck nicht weit sol ausschweiffen / sondern in iren Heusern sich innen halten / wie das Schnecklein / Und wenn sichs ja zutreget / das sie mûssen gescheft halben ausgehen / sollen sie doch ir Haus mit sich tragen / das ist / ire Haussorge sol inen anligen / und immer sprechen:

φίλος οἶκος φίλος ἄριστος.

Meine hôchste liebe alleine steht
Auff dem wie es in meim hause geht.
Daher Eurip: der Poet sagt:

εἰς ὄχλον ἕρπειν παρθένοισιν οὐ καλόν.

Das ist:
Es ist nit fein und wol gethan
Wenn Jungfrawen viel auff strassen gahn. ⟨*Ev*ʳ⟩

Es hilfft auch viel zur Unkeuschheit / spat und langsam tischen / und sich mit allerley schleckhafftiger speise fůllen / und volpfropffen / wie Basilius im buch DE VIRGINITATE erinnert / und Tertullianus / LIBRO ADVERSUS PSICHICOS. Daher warnet auch Paulus / man solle sich nicht voll weins sauffen / denn es folge ein unordentlichs leben daraus. Item / unzůchtige nackend bilde und gemelde / welche fur zeiten nicht weren von denen in der Obrigkeit iren Unterthanen gestattet noch nachgegeben worden. Aber itzt bey denselben in allen gemachen funden / und den Unterthanen fůrgestellet werden. Ezech. xxiij. Augustinus DE CIVIT. lib. ij. cap. vij.

Ich mus alhier auch die bôse gewonheit straffen / da Frawen und Jungfrawen zur Wirtschafft sind / und also mit andern Mennern oder jungen Gesellen sitzen / bis in die sinckende nacht / sauffen und spielen mit ⟨E^v⟩ einander / oder treiben Nachttentze / da denn nichts guts daraus erfolget. Man pfleget zu sagen / Gleich wie das fewr umb sich frist und brennet / wo es stro oder holtz / oder andere narung erwischet. Also kan es nicht abgehen / die liebe und innerliche begirden / mûssen auch angezůndet werden / wo also der trunck und nechtige zeit mit zukommen. Daher sagt Ovidius:

NOX & AMOR NIHIL MODERABILE SUADENT.

Dentze kôndten wol gelidten und auch gehalten werden / wenn sie alleine Christlicher / erbarlicher weise geschehen / denn darinne mancherley zucht und hôfflichkeit gelernet wird. Die jungen Gesellen lernen alda das Weiber volck ehren / So sind sie auch offt ein ursache zur freundschafft und Christlicher liebe / welche des heiligen Ehestandes anfang ist. Aber wie ⟨E 6^r⟩ in allen dingen masse gut ist / also hie auch / zu rechter zeit sol man wider auffhôren / und nicht bis in die sinckende Nacht alda verziehen / da denn die vollen Zappen an den Tantz kommen / und sich mit unverschemeten worten und geberden vernemen und sehen lassen. Es solten sich auch die Jungfrawen nicht also umbwerffen und verdrehen lassen / wie leider geschicht / denn man dabey nicht zucht / tugend / und erbarkeit lernet / sondern unzucht / bôse nachrede / bôse gedancken / ja ander grobe Bûberey und Schande. Dem allem aber fûr zu kommen / sollen die Eltern vleissig achtunge geben auff ire Kinder / und sie in aller zucht und vermanunge des HERRN auffziehen / und da sie nicht wollen gehorchen / ihnen auff die hauben greiffen / und also das Compelle mit ihn spielen / gewis es wûrden viel schanden und laster nachbleiben etc. ⟨E 6ᵛ⟩

Die achte und letzte ursach ist diese / Nemlich / Mûssiggang / da nimmermehr ist guts aus erfolget / Denn es ist wie S. Hieronymus sagt / ein Sanfftkûsslein / darauff der Teufel seine ruhe hat.

OTIUM PULVINAR SATHANÆ.
Nichts thun / spaciern und mûssig sein
Ist des Teufels Faulbettelein.

    Und Ovidius sagt:
OTIA DANT VITIA. Der Mûssiggang
    Sûnde anefang.

    Item / Seneca sagt:
HOMINES NIHIL AGENDO MALE AGERE DISCUNT.
So nichts zu schaffen hat die Welt
Bald sie furnimpt was Gott missfellt.

    Und Ovidius sagt:
OTIA SI TOLLAS PERIERE CUPIDINIS ARCUS.
So bald du lest das mûssig gehn
Zerspringt am Lustbogen die Sehn.

Daher lesen wir vom Aegischo / ⟨E 7ʳ⟩ das in keine ander ursach hat zur Ehebrecherey bracht / denn sein mûssig gehen /

weil er nichts erbarlichs zu schaffen hatte / Wie denn die
Versslein lauten:

QUÆRITUR AEGYSTUS QUARE SIT FACTUS ADULTER
IN PROMPTU CAUSA EST DESIDIOSUS ERAT.

       Das ist:
Aegystus flog die arbeit hart
Darumb er zum Ehebrecher ward.

 Er nam aber dem Griechischen Fûrsten Agamemnoni
sein Weib Clytemnestram / brach mit ir die Ehe / und ermordet
dazu iren Herrn / den Agamemnonem / Das ist des
Hurenteufels art / das er leuget / Sûnde und schande anrichtet
/ den Namen Gottes verdunckelt / und darzu mord
anstifftet. Das offt an vielen Hôfen auch solche Sûnden und
schanden im schwancke gehen / ist kein andere ursach / denn
das man wenig guts zu ⟨E 7ᵛ⟩ schaffen hat / fressen / sauffen /
spielen / spacieren gehen ist das beste / in Frawenzimmern
treibet man ander kûrtzweil / da list man Bulenbûcher / oder
singet Bulenlieder / was sol denn gutes draus erfolgen / Denn
es heist wie der Poet sagt:

PECTORA DUM GAUDENT NEC SUNT ASTRICTA DOLORE
IPSA PATENT, BLANDA TUNC SUBIT ARTE VENUS.

Wenns menschen hertz in freuden steht
Bald Venus sich hineinen dreht.

 Hette des Kôniges Pharaonis Kemmerers weib was zu
schaffen gehabt / so were ir hertz nicht nach unzucht und
falscher liebe des frommen Josephs gestanden. Darumb solte
ein jeder Christ sich fur Mûssiggang hûten / weil er dem
Hurenteufel also ursache / Sûnde und Schande anzurichten /
gibt / und zu ehrlicher Christlicher handtierung gewenen /

welchs denn Gott im Himel befohlen / wie seine befehl lauten / Genes. iij. Im ⟨*E 8ʳ*⟩ schweis deines angesichts soltu dein brot essen. Psal. cxxvij. Du wirst dich nehren deiner hende arbeit / wol dir du hast es gut. Daher lobet Salomon /
5 Proverb. ult. Ein tugendsam Weib die arbeitsam und zůchtig ist.

Ja Gott hat den Menschen also geschaffen / das wenn er gleich nicht gefallen were / hett er doch můssen arbeiten / wie wir lesen vom Adam / das in Gott hat in das Paradeis
10 gesetzt / das er das solte bawen / (UT OPERARETUR TERRAM) Aber solche seine arbeit were im nur eine lust gewesen / damit er sich ergetzet / und nur wol darůber gehabt hette.

Diss sind nu faste die fůrnempsten ursachen / so erzelt sind / aller Unzucht / Hurerey / und Ehebrecherey / Darumb
15 wer sich nu wil hůten fur solchen Lastern und Schanden (wie denn ein jeder Christ thun sol) der meide zu főrderst mit gantzem ernst die ursachen / Denn wie Augusti-⟨*E 8ᵛ*⟩nus sagt: VITARE PECCATA EST VITARE OCCASIONES PECCATORUM. Und so viel vom Ersten teil.

Vom andern Teil.

NAch dem wir nu gesagt haben / aus was ursachen der Hurenteufel mechtig ist / und die Menschen zu Sünde und Schande hetzet und treibet. Wollen wir nun anzeigen / etliche gründliche ursachen / warumb man beides solche Sünde und Schande / und auch die anreitzungen dazu / sol meiden / und sich dafur hůten / und wollen ir auch furnemlichen viij. erzelen.

j. Die höchste und wichtigste ursach / ist Gottes Wort und sein ernstes verbot / das er spricht / Du solt nicht Ehebrechen / das ist / Du solt keine Sünde / Schande / Unzucht / mit worten und wercken / keine Hurerey / Ehebrecherey treiben oder u-⟨F^r⟩ben / oder einigerley gedancken oder begirde darnach haben / Denn so legt Christus das aus / Matth. v. Ir habt gehört / das zu den Alten gesagt ist / Du solt nicht Ehebrechen. Ich aber sage euch / wer ein Weib ansihet etc. Damit aber solche angezogene ursache möge bey uns hafften / und die hertzen durchdringen / so ist von nöten / das wir wol bedencken zwey umbstende / Nemlich. j. Wer ists der solchs verbeut? Nicht ein schlechter König oder Keiser / noch der Bapst zu Rom / sondern Gott im Himmel selbst / der da ist Gott der Vater / und Son / ewiges Wort / der HErr Jhesus Christus unser Heiland / und der Tröster der heilige Geist / Denn er ist ein reiner Gott / der reinigkeit und keuscheit auffs höchste liebet und befördert. Wie denn S. Paulus saget / j. Thessal. iiij. Das ist der wille Gottes ewre heiligung / das ir meidet die Hurerey / und ein iglicher unter euch wisse sein Vass zu behalten / in heiligung ⟨F^v⟩ und ehren / nicht in der Lustseuche wie die Heiden / die von Gott nichts wissen. Item / bald darauff / Gott hat uns nicht beruffen zur unreinigkeit / sondern zur heiligung. Und der Poet Manilius hat ein sehr fein Versslein / das also lautet:

CASTA DEUS MENS EST, CASTA VULT MENTE VOCARI.
Das ist:
Ein reines hertz hat unser Gott
Drůmb wil er das wir in der not
Mit reinem hertzen in sprechen an
Als denn wil er uns nicht verlan.

Im dritten buch Moisi am xviij. Cap. spricht Gott also von Hurerey und blutschanden / Welcher diese grewel thut / des Seele sol ausgerottet werden / von seinem volck / darumb haltet meine satzungen / das ir nicht thut nach den grewlichen sitten / die fur euch waren / das ir nicht damit verunreiniget werdet / Denn ich bin der ⟨Fij^r⟩ HERR ewer Gott. Hie nimpt Gott niemand aus / er sey gleich Herr oder Knecht / Fůrst oder Unterthan / reich oder arm / Er sagt in gemein / welche solche grewel thun etc. derer Seelen sollen ausgerottet werden.

Es meinen grosse Herrn und Fůrsten / sie wollen diesem Gebot Gottes nicht unterworffen sein / freihen derwegen offt zu nahe in die Blutfreundschafften / nemen bisweilen mehr weiber denn eine / wie Henricus 8. in Engelland nach seinem gefallen etliche verstossen / und andere wider genommen hat / Etliche halten auch Concubinen und Beyschlefferinnen neben den Eheweibern / und wenn sie alhie des Bapsts permission haben / meinen sie Gott ist wol damit zu frieden / Aber es heist: OMNIS ANIMA, Gottes Gebot gilt gleich / und geht alle Menschen an / niemandes ausgenomen / er sey gleich wer er wolle. ⟨Fij^v⟩

ij. Der ander umbstand / den wir hie bedencken sollen / ist / Wem es Gott verbotten hat zu Huren / Sůnde und Schande zu treiben / Nemlich uns Menschen. Wer sind wir denn? Erstlich Gottes geschepff / seine Creaturen / seine Unterthanen. Darnach / arme / elende / verderbte Sůnder / die wir uns selber nicht helffen kônnen / weder in Sûnden noch Todt / Teufel / Hell / noch in zeitlicher grosser gefahr oder jammer / unserthalben müssen wir alle drinnen verderben / wo uns solcher unser Gott und Herr nicht hülffe / Worumb wollen wir denn nu nicht solchem unserm HErren / der uns Leib und Seel / und alles was wir bedürffen / zeitlichen und ewiglichen / reichlichen gibt / uns von Sûnden / Todt / Teufel und Hell errettet und erlôset / nicht mit Golde oder Silber / sondern mit seinem tewren blut / auch seinen heiligen Geist mitteilet / zum Trôster und beystande in allen unsern nôten / williglichen und ⟨*Fiijʳ*⟩ von gantzem hertzen gehorsamen / ist es doch billich und recht / das man zeitlichen Herrn und Weltlicher Obrigkeit unterthan sey / und ir gebürlichen gehorsam leiste / worumb wollen wir denn nicht auch unserm ewigen Himlischen Gotte dienen und gehorsam sein / der nicht allein / wo man in verachtet / den leib tôdten kan / sondern leib und Seel zugleich ins Hellische fewr werffen / sintemal wir seine Unterthanen und Knechte sind / die wir in seinem Reiche dienen und arbeiten sollen / Aber wie oben gesagt / ist der Teufel da / nimpt das Wort Gottes und sein Gebot aus unsern augen und hertzen hinweg / oder verkleinets / oder verkerets / wie er denn darumb Sathanas heisset / und bildet uns dagegen ein / viel herrlicher / zeitlicher gûter und wollûsten / und betreuget uns denn also / das wir Gotte unserm HErrn ungehorsam werden / und also seine straffen auff uns laden. Aber wir solten dem Teufel be- ⟨*Fiijᵛ*⟩ gegnen / nicht allein mit dem hellen klaren worte / sondern auch mit schônen Exempeln der alten Veter / als Abrahæ / Noah / Isaaci / Jacob etc. die Gottes stimme haben gefolget / wie Abraham denn seinen Son nach Gottes befehlich schlachten und opffern wolte / ja des HErrn Christi selbest / der seinem Vater ist gehorsam gewesen bis in den todt / bis zum tode des Creutzes / Philip. ij. Und also darnach gedencken / sind diese Leute ja der Son Gottes Jhesus Christus selbs / Gott so gehorsam gewesen / was wollen wir uns denn

zeihen / die wir inen das wasser nicht reichen können / wir wollen auch thun was Gott haben wil. Sehet so würden wir fromme / gehorsame Leute / aber wir gehen nicht gerne zur Kirchen / verlassen und verachten GOTTES Wort / so hat
5 denn der Teufel gewunnen spiel / Und wie Sanct Paulus saget / ist er thetig in den Ungleubigen / Davon entstehet denn ⟨*Fiiijr*⟩ solcher grosser ungehorsam.

Diss sollen wir wol behertzigen / damit wir GOTTES Wort und Gebot / hoch und tewer achten / das wir uns fur
10 dem Hurenteufel können fürsehen / in von uns schlagen / und also das feldt behalten.

ij. Die ander ursache / so uns sol vom Hurenteufel abhalten / ist unser eigen Vernunfft / Hertzen / und Gewissen / Denn ob gleich unser Natur verderbet ist / und zu allem
15 argen geneiget / ja eine feindschafft ist / wider alles das GOTT von uns fordert und haben wil. So ist doch gleichwol in eusserlichen dingen / die Vernunfft durch das eingepflantzte / natürliche Gesetze GOTTES / zun Rö. am j. Capitel / thetig und krefftig / und liebt was erbar und gut ist / und
20 herwiderumb verwirffet sie Sünde und schande / so fern sie nicht wird vom Teufel / und böser giff-⟨*Fiiijv*⟩tiger schwacheit gehindert / wie wir denn solchs in Exempeln gnugsam sehen / an den weisen / verstendigen Heiden / die Gottes Wort nicht gehabt / das sie sich gleichwol unzucht / Hurerey
25 und Ehebrecherey / auffs höchste entschlagen haben.

Acastus. Es war ein König mit namen Acastus / der hatte eine geile Breckin zum Weibe / mit namen Creteis / die gewan falsche liebe zum Peleo / und setzt an in / Er solte seine wollust mit ir pflegen / wie er es
30 ir nu abschlug / that es ir auffs hefftigste wehe / und gedachte sich zu rechnen / gehet zu ihrem könige Acasto / vermeldet im den handel / wie sie der Bube Peleus habe mit gewald wollen zu schanden machen (Ist im gangen wie dem lieben Joseph.) Der König (wie billich) ward erzörnet / und lest in

greiffen / und den Centauris / das ist / wilden / wůsten / und
reuberischen Leuten fůrwerffen / damit er wůrde jemmer-
⟨Fv^r⟩lichen erschlagen / Aber Gott hat im wunderbarlichen
ein Schwerd in die faust beschert / damit er sich der bösen
Leute erwehret / und also erhalten ward / Pindarus.

   Weiter lesen wir vom Bellerophonte /   Bellerophon.
das er auch nicht hat gewolt der Antiæ /
des Königs Præti Weibes / willen pflegen / und sie es irem
Herrn dem König Prætum auch habe verstendiget / hat in
der König mit Brieffen zu seinem Schwiher abgefertiget in
Lyciam / in welchem vermeldet wurde / das er sol umbracht
werden (sind Urias Brieffe gewesen) balde ist er seltzamen
Thieren / und auch wůsten Völckern fůrgesetzt worden /
Aber Gott hat im wunderbarlich davon geholffen / das er
seine feinde alle hat erschlagen. Wie denn Homerus / Iliad: vj.
von im saget.

Πάντας γὰρ κατέφενεν ἀμύμων βελλεροφόντης. ⟨Fv^v⟩

   Es was kein feind der in bestund
   Er ward geschlagen von im zu grund.

   Es schreibet auch Livius Decad. iij. lib. vj. wie Scipio der
feine Römer / da er die newe Stad Carthago hat gewonnen
und eingenommen / und unter den gefangenen / eine herrliche /
schöne Jungfraw im zugefůhrt / ob welcher schönheit sich alle
Menschen wunderten / sie nicht habe wollen behalten / sondern irem Breutigam / dem sie vertrawet / Nemlich einem
jungen Fůrsten aus Celtiberia selbst zugestalt / und also gesagt / Wiewol er durch Kriegsrecht sie wol behalten möchte
und köndte / wolle er doch hierinnen handeln / als ein auff-
richtiger Römer / und im seine Braut widerumb zustellen /
die bey im / als bey irem lieben Vater / bey allen ehren geblieben und gewesen were / hat im auch die Summa geldes /

die der Breutigam bracht / seine Braut damit zu lôsen /
widerumb als zur mit-⟨*F 6ʳ*⟩gifft zugestalt. Last uns das ein
herrlich Exempel sein eines Heiden / wolt Gott solche erbarkeit und zucht / wûrde itzund in Kriegen / so Christen fûren /
5 gebraucht und gepflogen / so wûrden / Gott sey es geklagt /
nicht so viel armer Kinder geschendet / und irer ehr beraubet.

Desgleichen Exempel schreibt auch Plutarchus im VITA
ALEXANDRI / Das Alexander Magnus / als er hatte den letzten
Darium Kônig in Persen uberwunden / und sein Weib und
10 Tochter ime als gefangene auch zugefûrt wurden / die nicht
hat wollen ansehen / auch von irer schône nicht hôren /
damit er nicht in falscher liebe gegen sie entzûndet wûrde.

Folgeten ihme heutiges tages beide Mann und Weib / Jung
und Alt / und liessen ihre Augen nicht also umbher schweiffen /
15 wûrde manches mal ihr Hertz nicht also mit ⟨*F 6ᵛ*⟩ bôsen
gifftigen begirden vergifftet und entzûndet werden / Denn es
heist wie jenner sagt:
    EX INTUENDO NASCITUR AMOR.
    Tieff aus dem ansehn wird entzûnd
20
    Die lieb / das sie im hertzen brind.

Solche und dergleichen Historien solten wir wol mercken /
und uns zum Spiegel fur die augen setzen / damit wir ge-
dechten / Sihe / sind das Heiden gewesen / die Gottes Wort
nicht gehabt / und gleichwol so ehrlich ir leben gefûrt / Wie
25 viel mehr sollen wir es thun / die wir Christen wollen sein /
und Gottes wort so klar und helle fur augen haben / daraus
wir wissen / das es Gott also befohlen / und von uns haben wil.

iij. Die dritte ursache / so uns sol von aller Unzucht und
Schande abhalten / ist / Gottes grewliche straffe / die er dar-
30 ûber pflegt auszuschût-⟨*F 7ʳ*⟩ten / Denn ein jeder Gesetze
fasset und bindet den Menschen auff zweierley weise / ent-

weder zum gehorsam / oder zur straffe / Hat nu Gott auch ein Gesetze gegeben / Du solt nicht Ehebrechen / Warlich so wil ers auch gehalten haben / oder da man darwider sûndiget / wil er es grewlichen straffen / Und weil denn solche seines Gesetzes vielfaltige und schwere ubertrettung in der Welt sich finden / mag es auch nu mehr niemandes gros wunder nemen / das Gott auch heuffig seine straffen ergehen lesset. Es finden sich nu aber derselbigen straffen dreierley.

j. Erstlich hie leibliche oder zeitliche straffe / denn gemeiniglich Unzucht / Hurerey / Ehebrecherey gestraffet wird am leibe / entweder an den Kindern / das eines solchen Geschlecht abnimpt / und ausgerottet wird / Wie denn das Buch der Weisheit sagt / SEMEN PEREGRINUM NON AGIT RADICES ALTAS, Und darnach / PECCATA ⟨F 7ᵛ⟩ SEMINIS PUNIUNTUR IN SEMINE, Oder aber an eigenem leibe / mit kranckheiten / frantzosen / brûchen / beulen / gnatz / reude / aussatz / wansinn / dûrre / und dergleichen / wie man denn solchs genungsam sihet und erfehret / das offt junge Leute / von Huren jemmerlichen vergifftet und beschmeisset werden. Wie ich denn Anno M. D. lxij. alhie zu Hecksted habe einer armen Dirnen das Sacrament / auff ir begeren / geben / die also verderbet war durch die Frantzosen / das ir der gantze leib von unten auff faulete / und must letzlichen also jemmerlichen mit grossen schmertzen erbermiglich sterben / die bekandte / sie were durch gute wort der Landsknechte auffgesprochen / und also von inen verderbet worden / und nu elendiglich von ihnen verlassen.

Im 4. Buch
Moisi/5. Cap.

Zum andern sihet man auch / wie solche Hurentreiber am Gut und an der Narunge abnemen / es zurinnet ⟨F 8ʳ⟩ inen ir Gut unter den henden / wissen nicht wo es steubet oder fleugt / wie wir denn solchs sehen in Exempeln vom verlornen Son / Lucæ am funfftzehenden Capitel / der gros

Geldt vom Vater uberkam / aber es gieng bald hindurch /
die gebeten Belge namens hinweg / liessen im den Beutel /
must zu letzt ein Sewhirt werden / und hiess recht mit im /
Nimmer gelt / nimmer Gesell.

5 Zum dritten / strafft GOTT mit bôsem Gerůchte. Es
spricht Salomon / Ein guter Name ist besser denn Silber und
Goldt / Solcher schatz wird nu bey unzůchtigem und Huren-
leben verloren / das da man zuvor erbar und tugendsam
gesagt / heissets nu Hure / Balck / Schandsack / Schandfleck /
10 Unflat etc. das muss man denn hôren / und geschicht uns auch
recht / worumb stellen wir unser leben nicht besser an. Sanct
Paulus zun Corinth. am v. Wer an Hu-⟨$F 8^v$⟩ren henget / der
ist ein leib mit ir. Der gewaltige Kônig Demetrius / verlor
darůber all sein guten Namen und ehre / das er den Huren
15 nach kroch / und solchs widerferet noch heutiges tages vielen /
die sonst wol in ansehen bey andern Leuten blieben / und
inen nur mit diesem laster einen bôsen namen machen / das
man sie Hunds- und Rattenkôpffe / geile Bôcke / unzůchtige
Hunde / Nachtfliegen / und umblauffende Kater / nach solcher
20 Thiere geilheit und unzucht / nennet.

Hie findet man aber solche gantz verrůchte Leute / die gar
nichts darnach fragen / man heist sie wie man wil / man sage
in guts oder bôses nach / gilt inen gleich viel / und sprechen /
O wer nicht Huren und Buben in seinem Geschlechte hat / der
25 wůsche zu Nůrmberg den Reim aus / kůtzeln sich also mit
iren herrlichen thaten / die sie begangen / und noch Ritter-
lichen darinnen fechten / Sol-⟨G^r⟩chen Leuten kan man kein
ander Recept geben / fur ire seuche / darinne sie stecken /
denn diese wort zun Heb. am xiij. Hurer und Ehebrecher
30 wird Gott richten / da mache man aus einen Tranck / Salbe /
oder Pflaster / und lege es inen auff die Wunde / das es die
wol beisse / hilfft es / wol gut / hilfft es nicht / so wird ein
ander Artzt kommen / und ein ander Recept bringen / das

heist Hellisch fewr / ewiger tod / ewige verdamnis / Gal. v.
Alle die unzucht / Ehebruch / Hurerey / unreinigkeit treiben /
sollen das Reich Gottes nicht ererben / Davon wir hernach
weiter hören werden.

Zum vierden / straffet Gott auch solche Sünde mit todschlag / Hilff lieber Gott / wie mancher kömpt umb sein leben bey Hurengelacken / mancher wird in seinen Sünden erstochen/ oder wird im zum wenigsten arm / bein oder faust abgehawen / oder der kopff / das angesicht zurspal-⟨G^v⟩ten. Als der Athenienser Alcibiades / der schöne Phaon zu Mitylene / der Philosophus Speusippius / der Wachemeister Tigillinus / von dem Cornelius Tacitus schreibt / das im in einem Hurengelag der hals mit einem Schermesser abgeschnidten worden. Rodoalt der Longobarder König / und Bapst Joannes der dreitzehende / welcher Anno 964. im Ehebruch ergriffen / und also gestochen worden / das er nicht viel uber acht tage darnach gelebt. Ludovicus Gonzaga zu Mantua. Sonst sind auch wol etliche uber der unzucht des gaehen todes gestorben / Als der Poet Cornelius Gallus / und Q. Heterius ein Römischer Ritter / deren Plinius lib. vij. gedencket / und Beltrandus Ferterius in Hispanien / wie Pontanus zeuget.

Ich geschweige derer / so von den Poeten und andern gedacht wird / die uber Unzucht und Hurerey sind ⟨Gij^r⟩ umbkommen: Als der Molurus zu Argo / den der Hyettus / als er in bey seinem Weib ergrieff / erstochen hat. Aiax Oilei Son / brachte des Königs Priami Tochter Cassandram im Tempel zu falle / ward derwegen auff dem Meer vom Wetter erschlagen / Hipparchus der Son Pisistrati / Semiramis die Königin zu Assyrien / Victorinus der Tyrann in Franckreich / welcher bey Keysers Galieni zeitten zu Cöln am Rein erschlagen. Gleich wie auch dem Ugutio Fürsten zu Florentz widerfahren / Lusius des Marij Schwester Son / Aruntius / Papyrius Romanus / Caunus / Keiser Claudius / etc.

Zum letzten / straffets GOTT an Land und Leuten / ein gantz Land wird verstôret / wie man des Exempel leider gnug weiss / und teglich noch erfehret / Denn was verursachte die Sûndflut und den schrecklichen untergang der fûnff Stedte /
5 denn ⟨Gij^v⟩ unzucht? Worumb ward der Stam Benjamin schier gar ausgetilget? Troia und Thebæ zerstôret? Rom unrugig gemachet? etc. denn umb der Hurerey und unzucht willen.

Zum andern / finden sich nu alhie auch die Geistlichen
10 straffen / Nemlichen das solche Leute / das ware erkentnis Gottes und seines lieben Sones Jhesu Christi / und des heiligen Geistes / verlieren auch das helle klare Wort / wird fur iren augen verdunckelt und verdûstert / das sie mit sehenden augen nicht sehen / und also in tieffe blindheit gerathen /
15 Davon predigt die Epistel zun Hebreern am xij. Jagt nach der heiligung / one welche wird niemand den HERRN sehen. Matth. v. Selig sind die reines hertzen sind / denn die sollen Gott schawen. So lesen wir auch im ersten buch Moisi am xix. Cap. Als die Leute zu Sodoma und Gomorra / aus un-
20 erhorter lustseuche sich fur Loths haus ⟨Giij^r⟩ machheten / und wolten kurtzûmb die Menner / so zu ime eingekeret / herausser haben / sie zu erkennen / saget die Schrifft / wurden sie mit blindheit geschlagen / also das sie die Thûr Loths nicht kondten gefinden. Diss ist nu nicht ein geringe straffe
25 der Hurerey / das die Leute dadurch geistlich blind werden / das ist / in nôten / in anfechtungen des Gewissens / kônnen sie Loths Haus nicht finden / das ist die heilige Christliche Kirche / darinne Gott wohnet / und seine gaben und gûter reichlichen austeilet / da leben sie dahin in solcher blindheit /
30 sterben auch bisweilen darinnen / und fahren denn zu irem Herrn / dem sie so weidlichen gedienet / und des namens sie gefûhret haben / Es heist ir Herr und Vater der Hurenteufel / so heissen sie auch nach im / Hurenjeger / Hurentreiber / Teufelssamen / Hurenkinder / Teufelskinder / nicht das sie

von im herkommen / oder geschaffen weren / Sondern das sie in irem leben nach ⟨Giij^v⟩ seiner unart liegen und triegen / Sünde und schande haben ausgerichtet.

iij. Die dritte straffe ist nu die ewige / welchs die aller schrecklichste ist / das man von wegen solcher sünde / schande und laster / in den ewigen todt / ins Hellisch fewr sol gerathen / und zur verklerung solcher straffen / sollen wir die oberzeleten Sprüche lernen und behalten. Heb. xij. SINE SANCTIFICATIONE NEMO VIDEBIT DEUM. Item / j. Cor. vj. Last euch nicht verführen / weder die Hurer und Ehebrecher sollen das reich Gottes ererben. Und zun Galat. v. Ca. Alle die solches thun / sollen Gottes Reich nicht besitzen. Also stehet der Seelen verlust darauff / wer nu hören wil der höre / weil er noch zeit hat etc.

Hie fellt nu ein Einrede für / das etliche sagen / Ja wer kan sich an den himel halten / man mus ja bisweilen sich verlustiren? Antwort S. Paulus / Kanstu dich nicht enthalten / so nim ⟨Giiij^r⟩ ein Weib / und umb der Hurerey willen / habe ein iglicher sein eigen weib / und eine igliche iren eigen Man. Ja sagen sie weiter / das wil sich mit uns nicht leiden / wir sind Thumbherrn / und geistliche / wir dürffen kein Weib nemen. Je welcher Teufel hats in verbotten? Ach sihe ir Hurenteufel / sonst werden sie es aus der gantzen heiligen Schrifft nicht beweisen können / und worumb folgen sie nu nicht viel mehr Gottes wort denn dem Hurenteufel / der sie zu allen Sünden und schanden treibet und reitzet. Es ist ein anzeigung / das sie Gottes wort nicht haben / wissen / oder verstehen / oder so sie es haben / ir augen also verblendet und verdüstert sind durch Gottes straffen / von wegen irer grossen Hurerey / beide mit unzüchtigen weibern und den Babilonischen Huren / das sie es nicht sehen oder lesen können / und also mit sehenden augen / wie der Prophet Esaias und Christus sagen / blind werden. ⟨Giiij^v⟩

Gott der Allmechtige Vater unsers Herrn Jhesu Christi / behůte unser hertz und augen fur solcher blindheit / und regier und erleuchte sie fůr und fůr mit seinem heiligen Geiste / das sie das helle Gőttliche Wort ansehen / sich darnach richten / dadurch zum rechten verstande / und erkentnis Jhesu Christi / und seiner wolthaten kommen / die mit dem Glauben als die Ausserweleten annemen zur Gottseligkeit / in der hoffnung des ewigen lebens / das verheissen hat / Gott der nicht leuget / fur der zeit der Welt / und geoffenbaret in seinem heiligen Evangelio / Amen.

Zu Tito am j. Cap.

iiij. Die vierde ursach / sind Exempel in allen Historien / darinnen Gott seinen willen erkleret / und sehen hat lassen / wie er solche Sůnde und schande hat gestrafft / Und damit wir doch in rechter Christlicher betrachtung des willen Gottes / durch solche Exempel mőgen zu warer Gottes furcht ⟨G v^r⟩ bewegt werden / So wil ich beides aus heiliger Gőttlicher Schrifft / und darnach aus andern Historien / einen zimlichen Catalogum derer erzelen.

j. Erstlich / lesen wir im ersten buch Moisi am vj. und vij. Cap. wie unser lieber Gott im Himel hat eine Sůndflut kommen lassen / uber die gantze Welt / dardurch alles verdorben ist / was nur einen lebendigen Athem gehabt / ausgenommen Noah mit seinem Weibe und Kindern / so in der Arca erhalten wurden / Die ursach aber solches zorns Gottes / sind die grewlichen Sůnden / darinnen alle Welt ersoffen war / unter denselben Sůnden wird auch erzelt die unzucht: Sie namen wen sie wolten / sagt der Text / haben nicht gefragt nach der Blutfreundschafft / oder irgend einer Schwegerschafft oder verwandnis. Item / angenomen und von sich gestossen nach irem gefallen / und zu jeder zeit wenn sie gewolt. ⟨G v^v⟩

Zum andern lesen wir / Genesis am neunzehenden Capitel / das Gott Fewr und Schwebel vom Himmel hat regnen lassen /

und fünff Stedte damit in grund verbrennet. Der Prophet Ezechiel am achtzehenden Capitel / erzelt die ursachen / die solchen zorn Gottes haben erregt / Nemlich viel und manchfeltige Sünden / unter welchen auch diese stehet / Sie theten grewel fur dem HErrn / welchs Sanct Paulus auslegt / zun Römern am ersten Capitel / Die Menner haben verlassen den natürlichen brauch irer Weiber / und sind untereinander entbrand in iren lüsten / und haben Mann mit Mann schande getrieben / und den lohn ires Irrthumbs (wie es denn sein sol) an inen selbst entpfangen etc. das denn der Text auch meldet / Genesis am neunzehenden Capitel / da sie zu Loth sagen / Gib uns die Menner heraus / das wir sie ERKENNEN. ⟨G 6ʳ⟩

iij. Genes. xxxiiij. stehet geschrieben / das Dina Jacobs Tochter sey aus ires Vaters Hauss gangen / die Weiber in Sichem zu besichtigen / da sey sie als balde von Sichem / der ein Son Hemor des Fürsten des Landes war genomen / und zu schanden gemacht worden. Als aber solchs ire Brüder haben erfahren / unangesehen / das er sie durch nachfolgende Ehe wolte widerumb zu ehren bringen / und er sich auch drauff lies beschneiden / nach der Hebreer art / seind sie in Sichem gefallen / sonderlich Levi und Simeon / die Dinæ rechte Brüder waren / und haben dem Hemor sampt seinem Son Sichem erstochen / mit ihrem gantzen anhang / Und nachfolgendes haben sie die gantze Stad in grund verderbet / alles hinweg genommen / und also gar verheret.

iiij. Nume: xxv. und j. Chro: x. saget der Text / das die Kinder von ⟨G 6ᵛ⟩ Israel haben gehuret mit den Kindern Moab / und dazu ire Götter angebetet / und inen geopffert / wie es denn allezeit pflegt zu gehen / wenn man sich hat an Abgöttische Weiber gehenckt / da hat sie Gott dermassen gestrafft / das ir auff einmal fielen in die vier und zwentzig tausend Menschen. Und sonderlich wird ein schrecklich exempel da angezogen / das nemlich Phinees aus dem geschlecht

Aaron / habe einen Man Simei genant / sampt dem unzůchtigen Weibe einer Midianitin Coebi / zu der er eingangen war / mit ir der wollust zu pflegen / mit einem Spiess im Hurenwinckel jemerlichen durch den bauch durchstochen.

v. In dem Buch der Richter am xxix. Capitel / wird angezeigt / wie die Bůrger zu Gibea / ein stam Benjamin / einem Leviten haben sein Weib geschendet / also das sie des tods muste sein / da sey das gantze Volck in ⟨*G 7ʳ*⟩ Israel wider den einigen Stam gezogen / in Benjamin / und in fast gantz und gar ausgerottet.

vj. Zum sechsten / ist irgend ein Historia / darinnen wir Gottes zorn spůren und sehen / gegen unzucht und Ehebrecherey / so mag mans sehen in der Historien vom David / denn so balde er dem fromen Man Uria sein Weib nam die Bersebeam / da giengen die straffen daher / das Kindlein starb / der Prophet sagt im auff Gottes gnade und gunst / bis er sich bekeret / und die Sůnde im lies leid sein / ein Bruder ermordet den andern / der bruder beschlieff die Schwester / Absolon richt auffrhur an / der Vater must ins elend / viel Leute wurden jemmerlichen ermordet / David must hôren scheldtwort / er were ein Bluthund und Beliaskind / seine Kebsweiber wurden im geschendet / Absolon blieb mit den haren an der Eichen behangen / und erhub sich also unzelicher jammer im Reich. ⟨*G 7ᵛ*⟩

> Denn Gott der Herr umb eine schand
> Strafft leut ja wol ein gantzes Land
> Denn er gerecht und eiverig ist
> Sein zorn gar weit herumb sich frist.

Das môgen wir behertzigen / und unser leben nach Gottes Wort und befehl anstellen / und uns fur solcher schande hůten / sonst werden wir Gottes zorn auch nicht entlauffen /

Denn so er seines Dieners Davids nicht verschonet / wie viel weniger wird er unser verschonen.

vij. So list man / das die furnempste ursach der zurstörung der stad Troiæ ist gewesen / Paridis Ehebruch / das er hat Menelao einem Griechischen Fürsten sein weib entführt. Dencke einer selbst / was jammer und schaden / aus solcher grossen zerstörung muss erfolget sein / ja mord und verderben des Königs und aller Unterthanen. Also heists hie / wie Hesiodus sagt:
UNIUS EST URBI CULPA LUENDA VIRI. ⟨G 8ʳ⟩

Es mus bezaln ein gantze Stad
Offt eines Mannes Missethat.
Oder:
Was ein Mann nur gesündigt hat
Mus zalen offt ein gantze Stad.

viij. Pausanias schreibt / und auch zum teil Plutarchus / in VITA PELOPIDÆ / das ungefehrlich fur 1923. jaren / den v. Junij / die Lacedemonier eine jemmerliche niderlage haben erlidten / bey dem Flecken Leuctris / und derwegen genant wird die Leuctrische Schlacht / und das der ursachen. Es war ein chrlicher Mann in dem Flecken Leuctris / Scedasus genant / der hatte zwo Töchter / tugendsame Kinder / Nu trug sichs zu / das zwene Lacedemonier zu im einkereten / und bey im beherbergten / thet inen auch allen freundlichen willen / mit fürtragung / was das Hauss vermochte / die gewonnen also beide die zwo Töchter unehrlichen lieb / und gedachten auff wege / wie sie dem Vater ⟨G 8ᵛ⟩ Scedaso die Kinder zu schanden macheten / Da sichs aber in seiner gegenwertigkeit nicht leiden wolt / ziehen sie als balde davon / und nach dreien tagen kommen sie wider / in abwesen des Vaters / und schenden ihm die Töchter mit gewald / darnach ermorden sie dieselbigen / und das die that möchte in geheim bleiben / so werffens sie in den Brunnen / so im hofe daselbst

war. Als der Vater kômpt / findet er niemand denn ein Hůndlein / das leufft zum Brunne und winselt / daraus der Vater verstund / Es mûste nicht recht zugehen / und findet also bald die grewliche that / zeucht derwegen hin gen Sparta /
5 klaget dem Rath solche môrdische schande / Aber er ward nicht allein nicht gehort / sondern auch dazu verspottet / das denn dem armen Man Scedaso so wehe that / das er aus der Stad gieng / mit weinenden augen / und wůndschet ir alles ubel und Gottes straffen / Und schreibet Pausa-⟨H^r⟩nias / das
10 also balde das Oraculum sol den Lacedemoniern geweissaget haben / wie solchs der Herr Philippus Melanthon also hat gegeben.

LEUCTRA MIHI SUNT CURÆ & MORS TRISTISSIMA GNATÆ
    OCCISÆ SCEDASI QUÆ PERIERE DUÆ
15 HIC ATROX FIET PUGNA & SÆVISSIMA CÆDES
    FATALIS QUANDO VENERIT ISTA DIES
QUAM PRIUS HAUD QUISQUAM NORIT QUAM CUM OBRUTA PUBES
    AMITTET ROBUR MILITIÆVE DUCES.
              Das ist:
20   Ich bin dem Flecken Leuctra gut
          Dazu trag ich in meiner hut
          Des Scedasi zwey Tôchterlein
          So jemmerlich erschlagen sein
          Drumb wird geschehn ein grewlich streit
25   Ein hesslich mord zu seiner zeit
          Solchs niemand aber sol erfahrn
          Bis die Dores bracht sind zum barn.

Solche Weissagung ist erfůllet nicht lange hernach / denn die Lacedemonier zogen wider die Tebaner / und ward der
30 Spartaner Heuptman ⟨H^v⟩ Cleombrotus erschlagen sampt tausend Spartaner an dem ort / da die Jungfrawen sind begraben worden / und behielten also das feldt die Thebaner. In diesen Historien sihet man Gottes zorn / das ob gleich

derselbige ein zeitlang sich auffhelt / er doch letzlich umb sich frist / und verzeret die Ubeltheter / so sie sich nicht bekeren und Busse thun.

ix. Justinus lib. iij. schreibet / das keine ander ursache sey gewesen / warumb die Spartaner haben uberzogen die Messenier / denn das sie hatten ire Jungfrawen / so zu irem opffer und Kirchwey komen waren / geschendet / darumb hat sie Gott also gestrafft / das sie all ire macht und freiheit in demselbigen Kriege verloren haben / wiewol sie etlich mal / wider sich auff macheten / aber es halff nicht / sie wurden gedemůtiget. Daher das Sprichwort kam / MESSENA SERVILIOR. ⟨Hij^r⟩

x. Pausanias ein Edler Fůrst der Spartaner / hat sich erstlich wol gehalten in seinem leben / ist nicht stoltz oder ubermutig gewesen / auch sich seines Sieges gar nicht uberhaben / Item / sich an der Edlen gefangnen gut nicht vergriffen / Aber darnach als die Griechen die Stad Bizantium einnamen / ist er stoltz und hoffertig worden / hat also bald eines Bůrgers zu Bizantio Tochter mit gewald holen lassen / sie geschendet / und darnach jemmerlichen umbbracht / Solches kondte Gott ungestrafft nicht hingehen lassen / Wie denn auff ein zeit ein Bilde zu im sol gesagt haben / als er ist fur uber gezogen / und Plutarchus in VITA CIMONIS die wort setzet:

IURIS TE POENA VOCAT MORTALIBUS HORROR.

Das ist.

Geh hin: doch sey des gewis bericht
Verdienter straff entfleugstu nicht. ⟨Hij^v⟩

Als er nu mit den Persen eine verbůndnis machet / wider die Griechen / haben sie im nachgestellet / und wie ers gemerckt / ist er in eine kleine Capellen geflogen / vermeinet da sicher zu sein / aber er ist darinnen verwaret und vermauret worden / damit er hungers stůrbe / wie denn geschehen / Und man schreibet / seine Mutter Alcythea sol den ersten stein / in die thůr so zugemauret worden / geleget haben.

Also sihet man / wie Gott auch keiner grosser Herrn verschonet / er straffet gleich durch / wie er sie findet / also richtet
5 er sie. Darumb last uns Gott fur augen haben / und thun was er befohlen.

xj. Der siebende Kônig in Persien Artaxerxes Mnemon / hat eine Concubinam bey sich gehabt / die er sehr liebet / hat geheissen Aspasia / ist ein Jonisch Weib gewesen. Nu
10 war eine ⟨*Hiij^r*⟩ gewonheit / wenn ein Vater seinen Son zum Kônige machete / wurde er eines bitte geweret / was er begeret / derwegen bat der Son Darius umb die Aspasia / wiewol sie der Vater sehr liebet / lies er sie im doch folgen / Aber nicht lange darnach / nimpt er sie im wider / da war
15 der Son zornig / henget eine Gesellschafft an sich / fiel dem Vater in sein Gemach / und wo er nicht gewarnet davon kommen were / wolt er in haben umbbracht / und da ward des Darij Gesellschafft erlegt / Er aber ward gefangen / und nach gehaltem Rath des gantzen Reichs Fůrsten / jemmer-
20 lichen ermordet. In Chro: Phil: Mel:

Sehet also straffet Gott Blutschanden und grewliche Unzucht / ja es ist die straffe auch fôrder gangen in die andern Kinder / die sich auch jemmerlichen durch einander haben erstochen und umbbracht. ⟨*Hiij^v*⟩

25 xij. Herodotus im v. Buch seiner Historien schreibet / das als Darius ist Kônig worden in Persia / habe er viel Kriege gefůrt / und viel Lender unter sich bracht / und endlich die Macedonier durch seine Botschafften lassen ansprechen / ob sie im unterthenig sein wolten / welche als sie kommen zum
30 Kônige in Macedonia Amyntha / haben sie nach irer Landart in den Panckel / so der Kônig inen zugericht / auch haben

wollen das Frawenzimmer / Wie nu dasselbige der König
Amynthas inen nicht wol kondte abschlagen / und es an den
Tisch gebracht / haben sie sich als balde mit unzüchtigem
geberde gegen in eingelassen / welchs denn den jungen König
Alexandrum auffs hefftigst verdrossen / also das ers gedenckt
zu rechnen / hies derhalben den Vater Amyntham entweichen /
er wolte sich mit den Legaten wol gehaben / und da er nu
sahe / das es kein ende nemen wolte / und die unzucht uberhand
nam / ⟨Hiiij^r⟩ bat er die Legaten / das sie den Edlen
Frawen und Jungfrawen vergönnen wolten / ein wenig auffzustehen
/ wenn sie sich ausgekleidet / solten sie widerumb
kommen / Da bestellet er so viel junge Gesellen / das sie sich
antheten mit gleicher kleidung / und blosse Wehren unter
den röcken verborgen / das so der Persen Legaten widerumb
sie würden antasten / mit unzüchtigen griffen / sie also balde
in sie stechen und hawen solten / und niemandes verschonen /
Solches geschach auch / und wurden der Persen Legaten alle
ermordet / und ist dieser Alexander ein Vorfahrer des grossen
Alexandri gewesen. So ist diese Unzucht gestrafft worden.

xiij. Diocles ein Son Pisistrati / Hertzogen der Athenienser /
ist auch jemmerlichen erstochen worden / von einem jungen
Gesellen / des Schwester er geschendet hat. Justin. lib. ij. ⟨Hiiij^v⟩

xiiij. Lucumon ein Edler Clausinus / hat einem Verwalter
in Italia sein Weib genommen / und damit ursach geben /
das er die Celtas hat in Italiam beruffen / die auch komen /
und des Lucumonis schande bezalet / Chro: Phil: lib. ij.

xv. Livius lib. j. Decad. j. schreibt / das der vij. König zu
Rom Tarquinius Superbus, habe einen Son gehabt / mit
Namen Tarquinius sextus / der sey auff eine zeit kommen gen
Collatiam / zu des Collatini Hausfrawen Lucretia / und habe
bey ir geherberget / darnach des nachts / als er gesehen das
alles zu bette war / sey er mit gewapneter faust zur Kammer

der Lucretiæ eingedrungen / und sie DE STUPRO sollicitiert /
Wie sie aber sich auffs hefftigst gewehret / hat er ir den todt
gedrawet / und dazu gesagt / Er wolle einen todten Knecht
gar blos bey sie legen / das jedermeniglich hernach solt
dencken / sie were also im ⟨Hv^r⟩ Ehebruch mit einem un-
edlen Knecht erstochen worden / lies sich derwegen bereden.
Nu wie strafft Gott solche schande / Lucretia ersticht sich
selbst / darnach wird ein auffrhur angericht zu Rom / des
Anstiffter waren / der Vater und Hausswirt Lucretiæ / und
das Regiment ward verendert / das kein König hinfort solt
zu Rom sein / sondern Bürgemeister / Darauff wurde auch
Tarquinius Superbus ausgetrieben / nach dem das Königreich ungefehrlich 240. jar gestanden / und zu Bürgemeistern
gemacht / L. Junius / und L. Collatinus. In dieser Historia
sihet man / wie grosse Königreich umb unzucht und Hurerey
willen / gestrafft werden und verendert / ja noch wol gar zu
grunde und bodem gehen.

xvj. Lucius des Keisers Honorij Amptman / hat auch ursach geben mit seiner unzucht den Francken / das er einem
Edlen Herrn seine Hauss-⟨Hv^v⟩fraw hat entfrembdet / das sie
uber den Rhein sind gezogen in Franckreich / und ist ir erster
König gewesen Waramundus / Chro:Phil:lib.iij.

xvij. Anno Christi 714. lebet Rodericus der Gothen könig
in Hispania / der hatt einen Landvoigt / hies Julianus / den
sandt er uber Meer Legation weis / und in dem als er aussen
war / schwecht der König dieweil sein tochter / das verdros
den Landvoigt so ubel / als er wider zu Hause kam / und
die that erfur / das er der Sarracenen König mit einem grossen
Heer auffbrachte / der fiel in Hispanien / nam das Land ein /
erschlug den König / und sonst viel Christen / Munsterus.

xviij. In der Longobarder Chronica lieset man auch von
einer Königin Rosimunda geheissen / die sich an einen Buben

hieng / und iren Herrn könig Alboinum in der kammer am bette erwürgen liess / muste darüber mit ⟨*H 6ʳ*⟩ dem Buben landflüchtig werden. Da ir nu ein ander aber besser gefiel / und sie dem ersten vergeben wolte / und er vermercket / das er das gifft entpfangen hatte / zwang er sie mit blosser Wehre / das ubrige auszutrincken / und musten also beide des todes sterben / das war der ausgang ires Huren lebens.

xix. Man sagt das die stad Vincentia in Welschland / sey auch in der Venediger gewald kommen / das ein Tyrann daselbst gesessen / habe einem Unterthan seine Tochter mit gewald abgeführt / und darnach nach etlichen tagen / auff stücken zurhackt / widerumb zugeschickt / Solcher grosser schmach und Tyranney hatte dem Vater ursache geben / das er sampt etlichen Rathsfreunden sich auffgemacht / und den Venedigern die Stad ergeben / So ist der Tyrann gerochen worden. ⟨*H 6ᵛ*⟩

xx. Eine schreckliche Historia erzelet Paulus Aemilius lib. viij. von König Philips zu Franckreich des hübschen / dreien Sönen / derer aller drey weiber Ehebruchs beschüldigt / und zwo desselben uberweiset worden / die man im Gefengnis hat verderben lassen / den Ehebrechern ausgeschnidten / darnach die haut abgezogen / geschleifft / und letzlich gehencket hat.

xxi. Anno 1134. hat sichs zugetragen im lande zu Saxen / das ein Graffe von Winsenburg / einem Edlen Ritter sein Weib / in seinem abwesen hat geschendet / und wie nu solche that der Ritter erfahren / ist er hefftig erzörnet / und gedachte wie er solche schmach am Graffen rechnen möchte / Endlichen ist er auff einen tag in des Graffen Schlaffkammer gangen / und in in seinem eigen Bette erstochen / da das die Greffin gesehen / hat sie auff geschrien und gesagt / der ⟨*H 7ʳ*⟩ mir unter der gurdt leid / sol solchs an dir rechnen (denn sie gieng schwangers leibs) ist sie als balde auch erstochen worden / und weil also kein menlicher Erbe verhanden / hat der Bischoff von Hildesheim die gantze Graffschafft mit willen Lotharij des Keisers an sich bracht / Chro: Saxo:

xxij. Friderich Hertzog in Osterreich / ist Anno 1246.
jemmerlich von dem Pferde geworffen und erschlagen / das er in der Stad Wien hat die schönste Bürgerin mit gewald beschlaffen. Munsterus.

xxiij. Cilia ist eine Graffeschafft gewesen / zu Keiser Friderichs zeiten / des Keisers Maximiliani Vaters / die ist auch zurgangen / das Fridericus und sein Son Ulrich also der unzucht und Ehebrecherey / und andern sünden nach hingen / Und sonderlich wird vermeldet / wie Friderich Graffe zu Cilien habe noch ein Weib ne-⟨*H 7ᵛ*⟩ben seiner Ehelichen Hausfrawen gehalten / und mit ir schande getrieben / die habe sein Vater lassen erseuffen / Aber es habe wenig geholffen / denn er darnach der Bürger Weiber beschlieff / und also gar in unzucht lebete / da must auch drüber die Graffschafft zu grunde gehen / denn sein Son Ulrich ward erschlagen / und kam die Graffschafft letzlich an Keiser Fridericum. Munsterus.

xxiiij. Alexander Medices / der des Keisers uneheliche tochter zu der Ehe hatt / und die stad Florentz beherschete / hatt sich sehr ungebürlich Büberey halben gehalten / ist derwegen von zweien Gesellen in einer Kammer jemmerlichen erstochen / und mit viel wunden zurhacket worden.

xxv. Es hat auff eine zeit ein Edelman / einen Ehebrecher bey seinem Weibe erhaschet / den hat er gefenglichen angenomen / und alle tage im ⟨*H 8ʳ*⟩ lassen fürtragen köstlich essen / gesotten und gebraten / aber nicht davon essen lassen / sondern nur den Hunger damit zu erregen / derselbige hat sich viel tage nur von dem geruch erhalten / letzlich hatt er seine Schuldern alle beide abgefressen / so weit er sie hatt können erreichen / auff den ix. tag ist er endlichen gestorben. Manlius.

Solcher Historien findet man noch unzelich mehr in allen Chronicken / die wol zu mercken sind / denn sie dienen dazu / das man Gottes ernsten zorn wider die Unzucht lerne erkennen / und sich ja von jugend auff gewene zu Gottes furcht und Christlicher zucht / damit man Gottes straffen nicht auff sich lade / und gantz und gar davon werde verzeret. Wie denn Sanct Paulus sagt: Hurer und Ehebrecher sollen das reich Gottes nicht ererben. Und unser Text sagt: Hurer und Ehebrecher wird Gott richten. ⟨H 8ᵛ⟩

v. Die fünffte ursach ist / so uns sol von aller Unzucht abhalten / die unfletige schande an sich selbst. Denn dencke im einer selbs nach / wie hesslich und scheusslich es ist / in Hurerey und Unzucht ligen / alle Ehrliebende haben ein abschew dafur / denn Erstlich / so verunreiniget man sein eigenen leib / und macht in zum Hurentreiber / wie Sanct Paulus sagt / j. Cor. xvj. Wer huret / der sündiget an seinem eigenen leibe.

Zum andern / so nimpt er Christo seine Glieder / und macht Hurenglieder draus / und wird mit der Huren ein leib.

Zum dritten / ist unser leib ein Tempel des heiligen Geistes / Worumb wolt man denn nu des heiligen Geistes wohnung zustören / und ein Hurenhaus draus machen / das sey fern.

Zum vierden / ist unser leib tewr ⟨Iʳ⟩ erkaufft / warumb wollen wir in denn umb einer Huren willen also dahin geben / viel mehr last uns Gott preisen in unserm leibe / und in unserm Geiste / den Gott in unser hertzen geben hat / wollen wir Gottes Kinder und rechte Christen sein / Sintemal unser

Christenthumb auch zum teil stehet in der keuscheit / ja das noch mehr ist / kan man Christen und Heiden mit diesen zweien stůcken gar fein unterscheiden.

j. Mit einem keuschen und zůchtigen leben / dem die Heiden nicht durchaus nach gehen / ja unzucht und unkeuscheit fur keine sůnde achten / wie der im Terentio sagt / AN HOC FLAGITIUM EST ADOLESCENTEM SCORTARI.

ij. Mit der Religion / und die stehet nu im erkenntnis des wesens und willens Gottes / wie er gegen uns gesinnet ist / und was er von uns haben wil / und das ists furnempste / Sintemal ⟨I^v⟩ viel Heiden gefunden / die ihre eusserliche gliedmass in aller zucht gehalten / aber von der rechten Religion nichts gewust / Wie denn fur zeiten gelebt ein Poet / Bachilides genant / der die Keuscheit gar hoch gelobet / und gesagt / Gleich wie ein schön Angesicht am gemelde einen gantzen Menschen zieret / also auch das keusche / reine leben / und wenn einer alle Tugenden an sich hette / und were ein unfletiger Hurer / so were es doch nichts. Der Herr Philippus Melanthon hat die meinung also geben:

UT CUM DE STATUA FACIES FORMOSA REVULSA EST
  NON DECUS IN RELIQUO CORPORE TRUNCUS HABET
SIC RELIQUI MORES SPRETI SINE HONORE IACEBUNT
  NI SINT ORNATI LAUDO PUDICITIÆ.

Das ist:
Gleich wie ein Bilde kein zierde hat
Wenns angesicht darauff nicht staht ⟨Iij^r⟩
So ligen alle sitten gar
Wenn keuscheit nicht mit in ist dran.

Letzlich / so fliegen und meiden alle fromme Christen solche Unzucht / und haben ein abschew daran / Denn wer wil gerne umbgehen mit solchen Leuten / die in Unkeuscheit leben / sie vergifften ander Leute auch / und wo Christliche Regiment sind / da leidet man sie nicht / ja das noch mehr ist / sie werden aus Rathstůlen geworffen / wo sie solcher schande uberzeuget werden / und geschicht inen recht / Denn wer wil bey Unfletern / die Hurenzeichen am leibe tragen / ja die ein leib mit den Huren sind / das ist mit unfletigen / garstigen / stinckenden / frantzosichten Belgen und Secken sitzen / und mit ihnen umbgehen / und was solten sie auch rathen dem gemeinen nutz zu gute / weil ir hertz in aller Unreinigkeit ersoffen ist / wie solten sie andere regieren / die ihren eigen lůsten nicht wehren kônnen / noch im zaum halten / Wie solten ⟨Ij^v⟩ sie zur erhaltung guter zucht und ordnung etwas nůtze sein / die selbst kein lust noch liebe zu zucht und keuscheit haben / sondern mit bôsem gewissen jederman ergerlich sind / wie kondten sie die Hurerey und unzucht an andern ernstlichen straffen / sintemal sie selbst damit am meisten behafft. Die Cretenser hetten den brauch / das sie die Ehebrecher und Hurer ehrlos macheten / bůsseten / und zu keinem ehrlichen Ampt kommen liessen / Aelianus lib. xij. VARIÆ HISTORIÆ cap. 12.

Es ist die unzucht und das schendliche Huren leben auch wider die natur / Daher man sihet / das auch etliche unvernůnfftige Thiere derselben hart zu wider und zu entgegen sind. Von den Holtztauben und Turteltauben schreibet Aelianus lib. iij. DE ANIMALIBUS / cap. xliiij. das sie hart uber Ehelicher keuscheit halten / und da eins uberschreitet / ists ein Menlein / so sind die andern seiner gattung uber ⟨Iiij^r⟩ es her / bis so lange sie es alle machen / dergleichen thun die Weiblein / so sie die Sie uberfůndig betreffen.

Porphyrio das Thierlein / wenn es ein Weib huren sihet / bringet es sich selbst umb / Aelia: lib. iij. cap. xlij.

15*

Der Elephant / wenn er vermercket / das dessen Weib / der sein wartet und pfleget / Hurerey treibet / erwûrget er Huren und Buben mit seinen zeenen / Aelianus lib. xj. cap. xv.

In Thessalia sol eine Stôrckin / da sie gesehen / das die Fraw im Hause mit dem Knecht zugehalten / und solchs offt getrieben / ir in gegenwertigkeit ires Hausswirts / zur straffe des Ehebruchs / die augen mit irem schnabel ausgestochen haben / Aelianus lib. viij. cap. xx. Daran gnug.

vj. Die sechste ursach ist / die uns sol vom Hurenteufel abfûhren / Got-⟨Iiij^v⟩tes reichliche und trôstliche belohnung / denn ob gleich kein gut werck / so von uns Menschen geschicht / in Himmel bringet noch selig macht / sintemal es unvolkommen / und dazu mit vielen Sûnden verunreinigt ist / und auch dem Gesetze Gottes nicht genung thut / so wil doch Gott im Himmel es unbelohnet nicht lassen / Wie Sanct Paulus sagt / j. Timo. iiij. Die Gottseligkeit hat belohnung dieses und jenes lebens.

Die belohnung dieses lebens ist / das Gott bey fromen keuschen Leuten sein wil / sie leben ausserhalb oder in der Ehe / ire Kindlein und haushaltung beschûtzen und vertheidigen / wider alle macht und gewald / des wollen wir hôren etliche schône Exempel.

Sara ward irem Herrn dem Abraham zwey mal genommen / wie wir lesen / Genes. xij. und xx. und hat ⟨Iiiij^r⟩ sie Gott dennoch gnediglich beschûtzet / das sie irer ehr nicht beraubet wurde.

Maria und Elisabeth / fromme / tugendsame / zûchtige Personen / die hat Gott wunderbarlich beschûtzet / da fast das gantze Jûdische Land voll Secten / Gottloser Leute und Kriegern war / das sie blieben / und die heilige Christliche Kirche waren.

So lieset man / das Alexander Magnus habe einen Heubtman gehabt / der habe wollen zu schanden machen / einem Bůrger von Thebæ seine Tochter / Timocleam genant / die hat Gott wunderbarlich errettet / also / sie gab fůr / wie sie den Heubtman sehr liebete / und zeiget ihm auch an den Schatz / so im Hause verhanden / bat derwegen ihn / das er mit ihr gehen wolle in den Garten / da er verhanden / Der Heubtman (wie denn gemeiniglich ⟨Iiiij^v⟩ das Kriegsvolck gierig nach Gelde ist) folgt ir nach / da zeigt sie im einen Brunnen / als ob der Schatz darinnen stůnde unter einem steine / Der Heubtman bůcket sich hinein / den ort zu erkůndigen / da stöst ihn die Jungfraw hinein / das er muste ersauffen / Die sache kam fur Alexandrum / der lies die Jungfraw fordern / wie sie nu gründlichen bericht angezeigt / das sie nemlich solchs gethan / ire ehre damit zu retten / hat sie Alexander absolvirt / und dazu gebotten / sie unbeschedigt zu lassen / Chro: Phil: Melant:

Wie gnediglichen und fast wunderbarlichen Alberti des Landgraffen in Důringen Ehegemal Margretha / Keiser Friderici des andern Tochter / aus dem Schloss Wartperg uber Isenach / als ir Herr der Landgraffe ir nach dem leben stunde / und sich an eine andere Kůnne von Isenburg gehengt hatte / und auch allbereit den ⟨Iv^r⟩ Eseltreiber bestelt / sie umbs leben zu bringen / ist davon kommen / findet man in der Thüringer Chronicken.

So sihet man auch / wie unser lieber HErr Gott / die Kinderlein und gantze Haushaltung / der fromen / ehrliebenden Eltern / segnet. Davon auch der Psalm sagt / GENERATIONI RECTORUM BENEDICETUR. Und Theocritus: ἐυσεβέων παίδεσσι τὰ λῶία δυσσεβέων δ'οὔ.

Das ist:
Gott wil der fromen Kinderlein
Beschützer und ir Vater sein

Die bösen aber wil er nicht
Es frist sie auff der Sünden gicht.

Was aber nu die belohnung jenes lebens anlangt / saget Christus / Matthei am fünfften Capitel / Selig sind die / so
⁵ reines hertzen sind / denn sie sollen Gott schawen. Hie saget Christus / das sie sollen selig sein / darnach sollen sie Gott schawen / denn gleich wie der unreinigkeit straffe ist ⟨I v^v⟩ blindheit / als wir denn gehört haben / Also ist der reinigkeit frucht und belohnung / Gottes angesicht / das wir das sollen
¹⁰ ansehen. Davon denn S. Paulus saget / One die heiligung wird Gott niemand anschawen.

Und damit wir in rechter betrachtunge dieser herrlichen belohnung / zeitliches und ewiges lebens / zu warer liebe / rechter keuscheit / bewegt werden / wollen wir noch ein wenig für
¹⁵ uns nemen / das herrliche Exempel des lieben Josephs / und sehen / wie Gott im Himmel / demselben sein reines und keusches leben hat belohnet / als er nicht hatt wollen an des Hofemeisters Potiphars Weib ein Ehebrecher werden.

j. Hatte er einen gnedigen Gott / und den behelt er auch /
²⁰ wie der Text sagt / Gene. xxxix. Der HERR war mit im / und neiget seine hulde zu im / etc. ⟨I 6^r⟩

ij. Liess in Gott gnade finden / für dem Amptman / uber des Gefengnis also / das alles was da geschach / durch in geschehen muste / denn der Herr war mit im / und was er thet / gab Gott glücke zu.

²⁵ iij. Begnadet in Gott mit Treumen auslegen / beide des Beckers und des Schenckens / welchs darnach ein ursach war / das er wider zu gnaden kam bey dem Könige.

iiij. Fand er so grosse gnade bey dem Könige / das er der ander nach dem Könige erhaben wird / Denn also saget der

König zu im / Genesis am ein und viertzigsten Capitel / Du solt uber mein Hauss sein / und deinem worte soll man als meinem gehorsam sein / alleine des Königlichen Stuels wil ich höher sein denn du / und that seinen Rinck von seiner Hand / und gab in Joseph in seine Hand / und kleidet ihn mit weisser ⟨16ᵛ⟩ seiden / und hieng im ein gülden Ketten an seinen hals / und lies in auff seinem andern Wagen führen / und fur im her ausruffen: DER IST DES LANDES VATER / und setzt in uber gantz Egyptenland / und nennet in den heimlichen Rath / und gab im ein Weib / Asnath die Tochter Potiphars des Fürsten zu On.

v. Gott gab im auch feine Kinder / die hernach Jacob sein Vater segnete / und inen zwey teil im Lande Canaan zueignet.

vj. Lest in erleben / das seine Brüder und Vater zu im in Egyptenland kommen / und aller seiner wolthat geniessen. Also hat Gott diesen fromen keuschen Joseph mit vielen wolthaten reichlichen belohnet / in dem er hindan gesetzt hat / alle zeitliche wollust und herrligkeit / und geblieben bey Gottes Wort und der Lere des ⟨17ʳ⟩ heiligen Geistes / da geschrieben stehet / Du solt nicht Ehebrechen / dem sollen wir folgen / so wird Gott dergleichen bey uns thun / und zeitlich und ewiglich mit gnaden ansehen / Amen.

Die vij. ursach / so uns sol vom Huren leben abschrecken / ist das grosse geistliche Geheimnis und Exempel unsers Herrn und Heilandes Jhesu Christi / der seiner Braut traw und glauben helt / an ir alleine hanget / keine ander erkendt / auch keine ander haben wil / die liebt er alleine / die versorget er / und ist die heilige Christliche Kirche / von der er saget im Propheten Osea am andern Capitel / Ich wil mich mit dir verloben in ewigkeit / Ich wil mich dir vertrawen in Gerechtigkeit und Gerichte / in Gnade und Barmhertzigkeit / ja im Glauben wil ich mich mit dir verloben / und du wirst den HErrn erkennen. Und im hohen Lied Sala-⟨*I 7ᵛ*⟩monis lobet er seine Braut aus der massen schôn / sintemal er von keiner andern weis / denn von ir alleine / Er nennet sie seine Freundin / Schwester / Hertz / seine Schône / eine schône Turteltaube / seine Braut / seine Liebste / seine Taube etc. Cap. vj. Eine ist meine Taube / meine Feine etc. Und vergleicht sie hernach allen herrlichen Schetzen und Creaturen Gottes / das nichts so gewaltig / gros / mechtig / schôn / Edel etc. ist auff Erden / dem seine Braut nicht môchte vergleicht werden. Solche lust und frewde / hat der HErr Christus an seiner Braut alleine.

Sanct Paulus / zun Ephesern am v. Capitel / sagt auch von diesem grossen Geheimnis / so da ist zwischen Christo und seiner lieben Braut der Christlichen Kirchen / und eignet ir diese vier stûcke zu.

j. Das er seine Braut liebe / und ⟨*I 8ʳ*⟩ also liebe / das er sein leben fur sie lasse / damit sie gereiniget werde / durch das Wasserbad im Wort / und heilig sey / und habe nicht einen flecken oder runtzel / oder des etwas / Sondern das sie heilig sey und unstrefflich.

ij. Das er ir trew und glaube halte / und wolle sie nimmermehr verlassen.

iij. Das er sie ernehren und versorgen / mit aller leibes narung und enthaltung.

iiij. Sie beschûtzen und vertheidigen wider alle macht und tyranney des Teufels / der Welt / und allen bôsen Leuten / Secten / Rotten / Ketzerey etc. Ja fûr dem bôsen Lindwurm / ist er der rechte Ritter Sanct Georg / der das arme / reine Jungfrawlein / fur seinem Rachen behûtet und bewaret. ⟨*I 8ᵛ*⟩

Solche Exempel sollen wir behertzigen / unser leben darnach richten / das unser hertz auch kein ander meine / denn die unser alleine / und leben also rein und keusch / zůchtig und ehrlich allezeit.

Welcher Mensch aber sein Ehegemahl verachtet / andern anhengt / und mit denselben zuhelt / der schendet / beflecket / und zerstôret als viel an im ist / das schône hertzliche Trostbild der liebe Christi / gegen die gleubige Seele im Ehestande fůr uns fůrgestelt. Und thut ein Ehebrecher und Hurer nicht anders / denn als ob er mit vollem halse den HERREN Christum solcher untrew / wie er seinem Weibe erzeiget / beschůldigte / denn mit offentlicher that zeigt er an / der des bilde er sein solle / sey auch ein solcher wie er / Das heisset Christum zum hôchsten geschendet und gelestert. Und widerumb / welchs Weib sich in irem Ehestand so ungebůrlich ⟨K^r⟩ und untrewlich verhelt / beschůldiget mit offentlicher that und grober lůgen die h. Christliche Kirche / als were dieselbige auch so vergessen und untrew an irem Breutgam Christo / welches warlich von allen theilen wil schwer zu antworten sein.

Die viij. und letzte ursach / die uns von aller Sůnde und schande / laster / untugend / Hurerey und Ehebrecherey abziehen / ist / die trewliche / hertzliche vermanung / aller rechten Lerer und Prediger / darinnen sie uns Gottes segen / hulde / gnade / barmhertzigkeit / und alle wolthaten / so wir aller zucht und erbarkeit pflegen / verhalten und anbieten. Widerumb aber / so wir in allen lastern ligen / den zorn Gottes / unglůck / ewige verderbung des leibs und Seelen drewen / weil sie denn unser geistliche Veter und Seelsorger sind. Billich wer es nu / das wir ire lere und warnung / als trewe gehorsame Kinder annemen / theten wie sie von uns begeren. ⟨K^v⟩

Und damit ja niemand môge sich behelffen / als geschehen solche vermanungen nicht / wil ich alle solche spôtter und

Teufelskinder an die schriften und Predigten / der fromen / trewen Lerer und Prediger geweiset haben / und sonderlich des lieben Doct: Mar: Lutheri / der gar viel solche vermanungen und Predigten hat lassen ausgehen / Und damit ja offenbar
5 sey jederman / wie er solche schande und laster auffs aller hefftigst gestrafft hat / wil ich ein kurtzes / und doch sehr ernstes Schrifftlein setzen / das er offentlich zu Wittenberg / Anno M. D. xliij. in den Pfingst Feiertagen hat anschlagen lassen / weil dazumal auch etliche nicht wenig waren / die sich an
10 Huren und unzüchtige Weiber hingen / und als dem Hurenteufel folgeten / das laut also:

Es hat der Teufel durch unsers Glaubens /
8. Tom. Jenensi
115. fol. sonderliche feinde / etliche Huren hieher geschickt / die arme jugend zu verderben /
15 dem zuwider ist ⟨Kij^r⟩ mein / als eins alten trewen Priesters / an euch Lieben / mein Veterliche bitte / ir wollet ja gewislich gleuben / das der böse Geist solche Huren hieher sendet / die da gnetzig / schebig / garstig / stinckend / und frantzösisch sind / wie sichs leider teglich in der erfarunge befindet / das
20 doch ein gut Gesell den andern warne / denn ein solche frantzösische Hure x.xx.xxx.c. guter Leute kinder vergifften kan / und ist derhalben zu rechnen als ein Mörderin / viel erger als ein vergifterin / Helffe doch in einem solchen gifftigen geschmeis / einer dem andern mit trewem rath und warnen / wie
25 du woltest dir gethan haben / Werdet ir aber solche Veterliche vermanung von mir verachten / so haben wir (Gott lob) einen solchen löblichen Landsfürsten / der züchtig und ehrlich / aller unzucht und untugend feind ist / dazu eine hand mit dem Schwerd gewapnet / das er seinen Speck und fischerey /
30 dazu die gantze stad wol wird wissen zu reinigen / ⟨Kij^v⟩ zu ehre dem wort Gottes / das sein Chur Fürstliche Gnaden mit ernst angenommen / bisher mit grosser gefahr und unkost dabey blieben ist. Darumb rathe ich euch Speckstudenten / das ir euch bey zeite drollet / ehe es der Churfürst
35 erfahre / was ir mit Huren treibet / denn sein C. F .G. habens

nicht wollen leiden im lager fur Wolffenbeuttel / viel weniger wird ers leiden in seinem holtze / stad und lande / trollet euch das rathe ich euch / je ehe je besser / wer nicht one Huren bleiben wil / der mag hin ziehen / und wo er hin wil / hie ist ein Christliche Kirche und Schule / da man sol lernen Gottes Wort / tugend und zucht / wer ein Hurentreiber sein wil / der kan wol anders wo sein / unser Gnediger Herr hat diese Universitet nicht gestifftet fûr Hurenjeger und Hurentreiber / da wisset euch nach zu richten / Und ich mus tôrlich reden / wenn ich Richter were / so wolt ich ein solche frantzôsische / gifftige Hure / Redern und Edern lassen / denn es ist nicht aus zu re-⟨*Kiijr*⟩ den / was schaden ein solche unfletige Hure thut / bey dem jungen blut / das sich an ir so jemmerlichen verderbet / ehe er ein recht mensch ist worden / und sich in der blût verderbet / Die jungen Narren meinen sie mûssen nichts leiden / so bald sie ein brunst fûlen / so sol eine Hure da sein / die alten Veter nennens IMPATIENTIAM LIBIDINIS, heimlich leiden / Es mus ja nicht als balde gebûsset sein / was einen gelûstet / Es heisset wehne dich / POST CONCUPISCENTIAS TUAS NON EAS, kans doch im Ehelichen stande nicht gleich zugehen. Summa hûte dich fur Huren / und bitt Gott / der dich geschaffen hat / das er dir ein from kind zufûhre / es wird noch mûhe genung haben / DIXI wie du wilt STAT SENTENTIA DEI, NON FORNICEMUR SICUT QUIDAM EX IPSIS FORNICATI SUNT, & CECIDERUNT UNA DIE VIGINTI TRIA MILLIA, Chor: 10. Num. 25.

Hieraus sihet man ja / als bey einem liechten hellen Sonnenschein / was der heilige Man Lutherus fur ⟨*Kiijv*⟩ gantz ernstige vermanunge gethan hat / sich fur Hurerey und aller unzucht wol zu hûten / bey verlust der straffen Gottes / und verlierung Gottes hulden und ewigen lebens / Darumb sich niemand zu behelffen / als sey es im nicht gesagt / wer nu hôren und sehen wil / der hôre und sehe / ehe denn in Gott mit daubheit und blindheit schlahe / und gibt im einen verkarten sinn / das er darnach gerne wolte / wenn es ime dazu komen kôndte / dafur denn Gott alle gnediglichen durch seinen heiligen Geist wolle behůten / Amen.

Also haben wir nu aus den worten der Epistel zun Hebreern gehôrt / zwey stůck. Erstlich / was doch den Hurenteufel
⁵ verursacht / das ist / wo es herkom / das so viel Hurerey und Unzucht in der Welt entstehe / und da haben wir acht bewegliche ursachen angezogen. Zum andern / haben wir weiter gehôrt / acht Argument und beweisungen / die uns treiben und rei-⟨*K4ʳ*⟩tzen sollen / nicht allein solche oberzelte anreitzungen
¹⁰ zu vermeiden / sondern auch die that an sich selbst zu lassen / welchs das es nu geschehen / und wir nach Gottes willen leben môgen / wollen wir Gott den Vater unsers Herrn Jhesu Christi / umb seinen heiligen Geist bitten und anruffen.
AMEN.

Gedruckt zu Eisleben durch
Urban Gaubisch.

Der Sieman/das ist wider den Hausteuffell.

Wie die bösen Weiber jhre frome Menner/ vnd wie die bösen Leichtfertigen buben/ jhre frome Weiber plagen/ Sampt einer vormanung aus H. Schriefft vnd schönen Historien/ wie sich frome Eheleutt gegen einander verhalten sollen/ Nützlich vnd lustig zu lesen/beschrieben Durch/

Adamum Schubartum.

Der Sieman / das ist
wider den
Hausteuffell.
Wie die bösen Weiber ihre
frome Menner / und wie die bösen
Leichtfertigen buben / ihre frome Weiber
plagen / Sampt einer vormanung aus H.
Schriefft und schönen Historien / wie sich
frome Eheleutt gegen einander verhalten sollen / Nützlich und
lustig zu lesen / beschrieben Durch /
Adamum Schubartum.

⟨A^v⟩**Zum Leser.**

Hôr Leser urteill nicht zu behend /
  Lies vor dies Bûchlein gar zu end.
Schatz es darnach gleich wie du wilt /
  Verkeret urteill hie nicht gilt.

Genes. 3.

Sagt Gott zum Weibe / dein wille soll deinem Mann unterworffen sein / und er sol dein Herre sein / etc.

Vom Sieman her da ist mein Nam /
  Ich red von Weibern ungezam.
Die fromen acht ich ehren wert /
  Welchem wierdt ein boß beschert.
Der darff des Nachbarn unglûck /
  Und sonst sein bôs geubte stûck.
Nicht klagen oder briengn an tag /
  Sein eigens er bedencken mag.

⟨*Aij*ʳ⟩ **Allen Lieben Brůdern und Schwestern des heiligen Ehelichen ordens / In welchen Gott der vater Apt ist / wunsche ich Gottes gnade/barmhertzigkeit/segen/heill/ und den lieben hausfrieden.**

5 Und demnach der leidige Teuffel / Gottes und aller fromen 1 Petri 5. Christen abgesagter feind ist / Sonderlich aber dem Ehestandt / als Gottes Lustgartten / von hertzen gram ist / Erschreckliche unnd greuliche dieng dorinnen anricht / das offt Man und Weib nicht allein ir leben einander sawer 10 machen / gram und feindt seind / und eins des andern plage Teuffel ist. Sondern offt wol gar erwůrgen / wie hiervon viel warhafftige Historien und lebendige Ex-⟨*Aij*ᵛ⟩empel verhanden / und wo er vor sich selbest mit blossem eingeben der gedancken nichts ausrichten kan / Erweckt er bóse Meuler / und 15 falsche giefftige zungen / die zwischen Eheleutte viel zu reden haben / verhetzen Man und Weib gegen einander / doraus has / neid / ehebruch / scheidung / weglauffen / mit giefft vergeben und Todtschlagen folget / wiewoll man solchs gemeiniglich den Mennern zuschreibet und schuldt giebt / wie ich dann 20 sorge / das offt ehrvorgessene und gottlose buben hieran nicht wenig schuldig sein / Ist doch auch dieses allzu viel am tage / das etliche Weiber indem sie den Mennern gehorsam versagen / nichts vorschweigen wollen / jemer / greinen / hadern / zancken und wiederbellen / Sein stoltz / eigenwillig / unvor-25 sónlich / kriegisch und wiederspenstig / zu solchem gros ursach geben / Sage mir ob solche ungezogene und unertregliche Weiber / nicht einen fromen mielden und gůt-⟨*Aiij*ʳ⟩tigen Man / zum zorn und wiederwillen bewegen kóndten / Wie Cato sagt / Furor fit læsa sepius patientia.

30 Da dargegen in eim solchen Man (der ein from gehorsam und zůchtiges Weib hat / die ihme keinen gehorsam abschlegt /

In worten / wercken und geberden sich gegen ihme freundlich erzeigt) nicht viel guts sein muste / wan er wieder sie wütten und toben oder nach schlagen wolte. Darumb ist es jhe biellich unnd recht / das die Weiber ihr geschöpff und gehorsam erkennen / wie es ihn dann die Schrifft an viellen enden auffleget / Im ersten Buch Mosi am dritten Capitell / Spricht Gott der HERR zum Weibe / dein wille soll deinem Man unterworffen sein / und er sol dein Herre sein / So lehret S. Paulus ja gewaltig 1 Chor. 11. Da er unter andern also saget / Ich lasse euch aber wissen / das Christus ist eines jeglichen Mannes Heupt / Der Man aber ist des Weibes Heupt / ⟨*Aiij^v*⟩ Item daselbest / denn der Man ist nicht vom Weibe / sondern das Weib ist vom Manne / Und der Man ist nicht geschaffen umb des Weibes willen / sondern das Weib umb des Mannes willen / Das ist / das das Weib zu einer vornunfftigen Creatur geworden ist / hat sie nehest Gott niemandt zu dancken denn ihrem Manne / dem soll sie auch stets gehorsam leisten / in allen billichen diengen / und wil S. Paulus an gemelten ort haben / das die Weiber sollen ein Macht oder Schleier auff dem Haupt tragen / zum gemerck und zeichen / das sie unter dem gehorsam und macht des Mannes sein. Item 1. Thim. 2. Einem Weibe aber gestadte ich nicht / das sie lehre / Oder des Mannes Herre sey / sondern stielle sey / Denn Adam ist am ersten gemacht / darnach Eva / ⁊c. Alles was das Weib hat / Gut und Ehre hat sie vom Man als ihrem Herrn / so soll sie billich dem Man gehorsam sein. Also sagt ⟨*Aiiij^r*⟩ auch S. Petrus / 1. Petri 3. Desselbigen gleichen / sollen die Weiber ihren Mennern unterthan sein / Auff das auch die / so nicht gleuben an das wort/ durch der Weiber wandel / ohne wort gewonnen werden / wenn sie ansehen ewern keuschen wandel in der furcht. Welcher Geschmuck soll nicht auswendig sein / mit Harflechten und Gold umbhengen / oder Kleider anlegen / Sondern der verborgene Mensch des Hertzens unverruckt / mit sannftem und stillem Geiste / Das ist köstlich vor Gott. Denn also haben sich vor zeitten die heiligen Weiber ge-

schmůckt / die ire Hoffenung auff Gott satzten / und iren
Mennern unterthan waren / Wie die Sara Abraham gehorsam
war / und hies in Herre / Welcher Tôchter ir worden seid / so
ir wolthut / und nicht so schůchter seid. Ich meine der H.
Petrus zeigt ahn / welches der Weiber hôchster und schônester
schmuck sey auff erden / Nemlich der gehor-⟨Aiiijᵛ⟩sam so
sie ihren Mennern leisten. Also sagt auch der heilige Man
Gottes / Doctor Martinus Luther / Wann ich in des Kaysers
schmuck herein gieng / Oder ein junge Frawe in der Kônigin
von Franckreich / das wer ein schôn und kôstlich ding vor der
Welt / do jederman das Maul auffsperret / Aber in der warheit
ist es nichts / gegen diesem Geistlichen schmuck / Wann ein
Weib doher gehet in gehorsam gegen Gott / Und ihren Eheman lieb und werd hat / und die Kindtlein fein und wol zeuhet /
Gegen solchem schmuck seindt Perlen / Sammat und Gůlden
stůck / wie ein alder zerriessener Betlers Mantel / denn es ist
ein schmuck / der heisset Gottes wort / Gottes befehl / Gottes
gehorsam / das ist die rechte Kron und schône Gůldene Kette /
᚛c. Siehe wie der heilige Man denn gehorsam hôchlich lobet.
   Weils aber jetzund nicht sein wil / sondern an villen ôrttern
deutzscher ⟨Avʳ⟩ Nation / gehen die Weiber doher prangen /
in Sammat und Seyden / das es wunder ist / das die Menner
solchen unkosten ertragen kônnen / aber der innerliche schmuck
des hertzens / welcher ist gehorsam gegen Gott und iren
Mennern / dohin auch Gott siehet / ist von ihnen ferne / seind
eigewillige bôse bestien / welche die Menner teglich krencken /
und wie stôck und plôcke verachten / und seind nun etliche
Ortter fasth berühmet / das der Herr Sieman mit viel tausent
Pferden bey ihnen eingerietten / und sich aldo gelagert hat /
und wollen die funcken aus Siemans Kůche / nun hin und
wieder stieben und anzůnden / der liebe Gott wolle gnedig
wehren.
   Wird derhalben gantz billich gescheen / das der Man sein
Herschafft / die ihm Gott gegeben hat erhalte / und keines
weges nemen lasse / Wie der Kônig Ahasveros gethan / da er

Regiert / von Indien bis an Mohren / ⟨A v⟩ uber hundert und zwentzig Lender / als derselbe allem seinem volcke / ein herrlich mall gemacht / und nun frölich war / hat er seine Kemmerer nach der Königin Vasti geschickt / das sie dieselbige mit der Königlichen Kronen briengen solten / das er den Völckern und Fürsten zeige ire schöne / weil sie hübsch war / aber die Königin Vasti wolte nicht komen / nach dem worte des Königes / wird vielleicht gesaget haben / der König sey voll / Oder sie müsse bey iren Gesten sein / weil sie die Weiber / wie der König die Menner geladen hatte / und hett also ir aussen bleiben bey viellen können entschuldiget werden / und wans jetzundt schon ein Weib ihrem Manne thette / Er wer wes standes er möcht / würde es doch nicht viel auff ihme haben. Aber es ist der stoltzen Vasti / der ungehorsam wol gebüsset worden / denn der König ward zornig / und sein grim entbrand in im/ und hielt radt mit seinen Weysen / ⟨A 6ʳ⟩ auch den sieben Fürsten der Perser und Meder / was vor ein Recht man an der Königin Vasti thun soltte / darumb das sie nicht gethan hatte / nach dem wort des Königes / durch seine Kemmerer / Da antwort ein Fürst mit namen Memuthan / und thette ein rede vor dem König und Fürsten.

Die Königin Vasti hat nicht allein an dem König ubel gethan /sondern auch an allen Fürsten / und allen Völckern / in allen Landen des Königs Ahasveros / denn es wird solches stück der Königin auskomen zu allen Weibern / das sie ihre Menner verachten / vor ihren augen / und werden sagen / Der König Ahasveros hies die Königin Vasti vor sich komen / aber sie woltte nicht / so werden nun die Fürstinnen in Persen und Meden auch so sagen zu allen Fürsten des Königes / wan sie solches stück der Königin hören / so wird sich verachtens und zornes gnug ⟨A 6ᵛ⟩ heben / Gefelt es dem Könige / so lasse man ein Königliche gebot von ihme ausgehen / und schreiben nach der Persen und Meder Gesetz / welchs man nicht darff ubertretten / das Vasti nicht mehr vor dem König Ahas-

veros kome / und der König gebe ihr Königreich ihrer Nehesten / die besser ist denn sie / und das dieser brieff des Königs der gemacht wird / in sein gantzes Reich welches gros ist erschalle / Das alle Weiber ihre Menner in ehren halten / beyde
5 unter grossen und kleinen.

Das gefiel dem König und Fürsten / und der König thet nach dem wort Memuthan. Da wurden Brieffe ausgesandt in alle Lender des Königes / in ein jeglich Land nach seiner schrifft / und zu jeglichem Volcke nach seiner sprache. Das
10 ein jeglich Man der Ober herr in seinem Hause sey / ꝛc. Wie solchs im Buch Hester am ersten Capitel beschrieben stehet.
⟨A 7ʳ⟩
Es lest sich schier ansehen / als wer es zu geschwinde gefahren / das die Königin gar verstossen wird / Aber trawen
15   nein / die noth hat es erfordert / Es
Psal. 127. würde viel Siemenner gegeben haben /
Esa. 49.
Psal. 78.   und würde beide die POLYTIA und OECONOMIA die Gott umb seiner lieben Kirchen / und der Kinderzucht willen erhelt / grewlich sein zerrüttet
20 worden.

Ich wolt ja nicht gern das Weibliche geschlecht schenden / oder lestern / wie etliche lester meuler als Franck / und ander grewlich gnugsam dasselb gelestert / und auffs schendlichste / darvon geschrieben haben / und Diogenes der bliende Heide /
25   weis nicht wie er gnugsam ein Ehefraw
Vocat Mulierem schenden und lestern soll. Es ist gewis /
spetiosam Templum ædificatum wer das Weibliche geschlecht lestert / der
super cloacam. lestert sich selbest / Denn unter den Weibern
O an Galgen. seind unser Grosmutter / Mutter /
30   Mohmen und Schwestern / So ist jhe unser keiner aus einer Löwin geboren / viel weni-⟨A 7ᵛ⟩ger aus eim Stein oder Holtz gesprungen / sondern sein alle von Weibern geboren / und her komen / wie viel unser allhie seind / Ich wil geschweigen / das ein solch Lestermaul / Gottes ordnung und
35 geschöpff verachtet / Denn es saget der HERre Christus /

Johan. 5. Cap. Mein Vater wirckt und ich wircke auch / ꝛc. Und lest Gott Knaben und Megdlein geboren werden / Nicht allein die Erde / sondern den Himel zu erfüllen / und ist ein Weib die aller schönste Creatur auff dem umbkreis der Erden / auch ein herliche schöne Werckstadt / darinnen Gott die Menschen formiert / Ein schöner lieblicher Baum / welcher die aller schönsten Pflantzlein und früchte bringt / die da sollen ins himlische wesen versetzt werden / Jedoch wie ein schöne Creatur sie ist / also sehr schendet sie sich selbest / vor Gott und allen vornunfftigen Menschen / wan sie ihren gehorsam gegen Gott und irem Man ⟨A 8ʳ⟩ nicht erkennet / nach dem Regiment stehen / uber den Man herschen / Sieman und Herre sein wil / von solchen frechen ungehorsamen Weibern / schreibet und ticht man nicht unbillich.

Und wiewol ich willens war / ich wolt dis Büchlein gar aus tilgen / und nicht lassen an tag komen / weil ich gewis bin / das es der schende Teuffel nicht wird lassen ungelestert furuber Passiern / und alles was ich thue und lasse / meinen feinden nichts taug / Ja was sie an den iren loben / und bis an Himel erheben / das schelten sie an mir / und stossens bis zur Helle hinab / als aber viel gutter freunde bey mir angehalten und gebetten / Ich solt dis Büchlein ausgehen lassen / und ihnen mit teilen / habe ich denselben Wielfehern / und die grossen Siemenner nichts achten wollen.

Zu dem seind etliche Siemennische Knöttel / in ihrem sinn so weise / ⟨A 8ᵛ⟩ das sie ander Leut (so es in doch selbest hoch von nöten wer) reformiern wollen / denen es gleich gehet / wie dem Gorgia / der den Grichen auff dem kampffplatz Olimpia / ein schöne zierliche rede vom friede und einigkeit thete / Da einer mit namen Melanthus sagete / dieser kan viel vom friede waschen / und kan doch sich selbst / sein Weib und Magdt / nicht bereden / das sie drey tage untereinander eins weren / Also sage ich auch wollen sie andere / dis und jhenes bereden / und können ihre böse hadermetzen nicht stillen / sondern müssen holtz auff sich hawen lassen /ꝛc.

Bitte derhalben zum aller freundlichsten / alle so dis Bůchlein lesen werden / sie wollen mich im besten vormercken / und nicht dafur achten / das ich wolt die Weiber dormit lestern / wie es auch in warheit nicht mein meinung ist / Sie wollen auch nicht dahin sehen / wie ernstlich dis Bůchlein herein gehet / sondern das-⟨B^r⟩selbe gar aus durchlesen / so werden sie leichtlich spůren was ich wolle.

Dis ist mein klare und endtliche meinung / das ich die zornigen / eygewillige / ungehorsame / widerspenstige hadermetzen / gern ein wenig schrecken / und schamrodt machen wolt / werden sich vielleicht vor dem grewlichen namen des Siemans entsetzen.

So haben je andere vor mir (Ich rede hie nicht von den groben Weiberschendern) wol scherffer / Etliche von den Neun heutten der Weiber. Etliche wie ein Weib drey heutte habe / eine Hundeshaut / eine Sew haut / ꝛc. Item wie ein Weib eins der Neun bôsen Wůrmer / und mit zehen bôsen Teuffeln besessen sey / und was des dinges mehr ist geschrieben / Ich bleibe bey der vormanung / das das Weib gehorsam / und der Man das Weib lieben / und bisweillen ubersehen soll / Und haben sich zwar die Weiber / uber mich nichts zu be-⟨B^v⟩klagen / weil ich den bôsen Buben und Weiber Teuffeln / auch zimlich wol auff gegossen habe / Es ist in Summa das gantze Bůchlein dahin gerichtet / das es die Weiber zum gehorsam leitten wil / da sie nicht folgen / Ist vom Sieman mit hin an gehangen / wie er erschlagen werde / darmit bedeut das es den ungehorsamen Weibern / gemeiniglich ubel hinaus gehet / wie ich solcher Exempel viel wůste anzuzeigen / da offt die Siemennische Weiber / ire frome Menner vorachtet / geplaget / und alle schalckheit angelegt / das sie in verachtung / und nach der Menner absterben zur euserstenn armut komen sein / das man mit fingern auff sie gewiessen hat.

Welche nun dis mein wolmeinend schreiben / und vermanen verachten / und sich sonst auch an Gottes wort / das sie zum gehorsam vormanet (wie dan gehorsam besser ist denn Opffer / und auff-

1. Reg. 15.

mercken besser denn das fette ⟨*B 2ʳ*⟩ von Wiedern) nicht keren wollen / die mögen auff ihren füssen hien tretten / und gewartten / in wasse spiel sie der Eheteuffel / der sie zu solchem ungehorsam reitzet / fuhren wird / werden auch ihres schadens nicht ehe gewar werden / bis sie im unglück bis uber die Ohren stecken werden / da als dann Cresem und Tauff wird vorlohren sein.

Den andern fromen Christlichen Ehefrawen / wunsche ich Gottes segen und den schutz der lieben Engel / Bitte Gott den Vater durch Jhesum Christum / Er wolle ihnen gnedig sein / alhie im Ehestand mit einigkeit / frieden und allerley wolfarth / Sonderlich aber mit seinem warhafftigen erkendnis / in welchem das Ewige leben stehet sie begaben / Endlich ein gnedige hienfarth und stundlein / ein selige ru und fröliche aufferstehung vorleihen / Amen.

Ioan. 17.

Adam Schubarth.

EPIGRAMMA AD LECTOREM.

Coniugij quæ sit præstantia, nullius unquam
Pro merito eloquium concelebrare potest
Scilicet à summo velut est autore creatum
Sic summo est dignum semper honore coli.
5 Adde quod humanum genus hoc servatur, & omni
Tempore coniugij fertilitate viget.
At veluti cunctis recteque; pieque; statutis
Dæmonis insidiæ telaque; dira nocent.
Sic intentatum nihil hic, nil linquit in ausum
10 Coniugio ut possit damna parare saro.
Ergo vel immites odia ad scelerata maritos
Excitat, uxores trux vel ad arma vocat.
Sic ubicunque; potest fædus discindere sacrum
Mille vias atrox furcifer aggreditur:
15 Posset at illius quò paulum infringere vires
Unâ supremo concomitante Deo:
Sedulus hunc librum doctus conscripsit Adamus
Omnibus ut Sathanæ vis mala nota foret.
Hunc igitur Lector sincera perlege fronte
20 Ipsius inque; hac re consule velle boni.
Fœmina sis placidè iuncto subiecta marito
Exequere officium ritè marite tuum.

A. L. M.

⟨Biij^r⟩

  EIns tages ich spaciern gieng /
  Beyn mier selbst zu trachten anfieng.
  Wie es jetzundt stundt in der welt /
  Da jeder tracht nach gutt und gelt.
5 Wie alle tugent nehmen ab /
  Und Gott wenig recht Christen hab.
  Bosheit die nehm gar uberhandt / Math. 24.
  All laster sůnd und grewlich schandt. Gene. 6.
  Seint worden ehr und gutte wergk /
10 Es regiert allein frevels sterck.
  Unrecht betrug und bôse tůck /
  Finantz vorteill und schelmenstůck.
  Der glaub ist weg gehorsam todt /
  Mutwiell ist der welt teglich brodt.
15 Gerechtigkeit ligt unter gar /
  Warheit stehet in grosser gfahr.
  Die Christlich lieb ist gar erkaldt / Math. 24.
  Und der Sathan in Engels gstalt. 2. Chor. 11.
  Fuhret die Leutt zur Hellen zu /
20 Richtet ahn Mord brandt unru.
  Verhetzt die Fůrsten und Obrigkeit / Hiob 1.
  Gehn ander mit zorn has und neidt.
  Dergleichen auch den gmeinen Man /
  Der nichts denn fluchn und lestern kan
25 Gott und sein liebs wort verachten /
  Nach aller sůnd und bosheit trachten. ⟨Biij^v⟩
  Sauffen spiellen huern tantzen /
  Die Seel setzen in die schantzen.
  Falschlich handeln ahn mas und gewicht /
30 Annehmen keinen unterricht.
  Die hertzn verstockt mit bosheit gschwiend /

                  Das sie gleich wie des Teuffels kiendt
                  Achten kein straffe noch gefahr /

Genes. 6.   In bosheit seinds ertruncken gar.
Psal. 14.   35 Als ich solchs beyn mier bedacht /
                  Darneben Gottes zorn betracht.
                  Wie Gott die Siendtflut komen lies /
                  Schwebel und feur vom hiemel hies.

Genes. 7. 19.   Verderbt die Welt und Sodoma /
            40 Die lag im kott und asch alda.
                  Gleich wer sie da gewesen nicht /
                  Wie Gott sonst hat gehaltten Gericht.
                  Alweg uber die arge welt /

Psal. 5.   Dem gotlos wesen nicht gefeltt.
            45 Erschrack ich hefftig in meim muth /
                  Gedacht es wierd nicht werden gutt.
                  Wie ich also gehe daher /
                  Siehe da bracht mier newe Mehr.
                  Einer denselben kandt ich nicht /
            50 War aber ernst von angesicht.
                  Ich fragte baldt was seints vor Mehr /
                  Seind sie gutt so sage sie her. ⟨*Biiij*ʳ⟩
                  Seind sie bős viel lieber ich wolt /
                  Das man der nicht gedencken soltt.
            55 Er sprach sie seind jha nicht fast gutt /
                  Es wierd noch kosten leib und blut.
                  Der gewaltig Tyran Sieman /
                  Greiffet unser Landt itzt ahn.
                  Kompt her gezogn mit heeres krafft /
            60 Wiel beweisen sein Rietterschafft.
                  Alle Lender wiell er zwiengen /
                  Alle Menner dahien driengen.
                  Das sie mussen ahm aller meisten /
                  Ihren Weibern gehorsam leisten.
            65 Der dem Weib nicht gehorsam ist /
                  Soll als baldt zur selbigen friesth.

Geschlagen werden mit Rutten hart /
Und ausgeraufft sein Haar und Bartt.
Den Esell in der Stadt umbtragn /
70 Soll noch weitter werden vorklagn.
Vorm Richter und derselbe soll /
Ihm das Leder zu bleuen woll.
Und lahn in die Neusse Teuffen /
Er mag in auch woll gar erseuffen.
75 Oder fluchs lassen zu balgen /
Und darnach hencken an galgen.
Denn Sieman ist ein ernster Herr /
Schaden zu thun ist sein beger. ⟨Biiij^v⟩
Er wiel ausschûtten seinen zorn /
80 Die ungehorsam reitten mit sporn.
Und sie beherschen also stoltz /
Das er auff in wiel hauen holtz.
Und wan er sie gnug hatt vorwundt /
Wiel er sie wieder machn gesundt.
85 Und die wunden sauber fegen /
Gutte liendrung dareinlegen.
Als da ist Saltz Kalck und Spangrun /
MERCURIUM SUBLIMATUM.
ARSENICUM und Etzwasser /
90 Pfeffer und Kopperwasser.
Lienden Kollen geben in Leib /
Das ins geblût vom Hertzen treib.
Auch darzu ohn eigen gesuch /
Machen von Specerey ein geruch.
95 Als da ist ASA FÆTIDA,
Und ander gutte PHARMACA.
Darmit der Bauer wagen schmert /
Also Sieman sein wierdt vorehrt.
Und nicht auff ein besser weis /
100 Dies sag ich dier in ernst und vleis.
Ich erschrack mich jemmerlich stelt /

Und sagt dein red mier nicht gefelt.
Ich gleub es sey ein lauter schertz /
Sage recht mach mier keinen schmertz. ⟨B v^r⟩
105 Er sprach soll dieses sein ein schertz /
Es ist mier schier gebrochn das hertz.
Ich hab heint gelegn beyn eim Baur /
Dem armen wardt sein leben sauer.
Er hett daheim ein bôsen Wurm /
110 Unbeweglich wie ein Kirchthurm.
Er war zum Bier ein wenig lang /
Die Fraw schaldt das im haus erklang.
Wo bleibt der lose bôsewicht /
Ich wiels ihm schencken dies mal nicht.
115 Die haut wiel ich im bleuen woll /
Und lernen wie er sauffen soll.
Ohne mein erlaub und bey sein /
Daheimen soll er bleiben fein.
Dergleichen ander bôse wort /
120 Hab ich vom selben Weib gehort.
Sie woltte stechen und hauen /
Heupt und lenden zur blauen.
Ich war in grosser angst und noth /
Dacht wer es tag mein lieber Got.
125 Das ich ab kem der giefftign haut /
Vor der mier in meim hertzen graut.
Unterdes kompt der Bauer heim /
Und meint er wûrde wielkom sein.
Bracht mit sich ein gutten Bruder /
130 Und ander so bey seinem luder. ⟨B v^v⟩
Mit ihm dies mall gewesen warn /
Und dacht die Bradten wern nuhn gar.

Vera Historia est.
Es wer auch jetzundt essens zeit /
All dieng die wehren woll bereit.
135 Vortrôstet drauff die guttn Gsellen /
Das Weib sas gleich in der Hellen.

Sprach fuhrn dich alle Teuffel rein /
Bistu doch voll wie ein Schwein.
Wer sein die losen Lotterbubn /
140 Die mit dier komen in die Stubn.
Hett ich hie mein Offen krucken /
Ich wolt euch salbn euer rucken.
Das ir morgen besser dann jetzt /
Fůllen solt wie ich euch geschmietzt.
145 Der Man der gab die besten wortt /
Die er nur kondt erdencken dort.
Du wierst mich jha geniessen lahn /
Das ich bien dein lieber Man.
Und wierst meines Rucken schonen /
150 Und mier nicht mit schlegen lohnen.
Vor zeitten war ich Herr im haus /
Nun bien ich gar getrieben aus.
Und worden Weib dein armer knecht /
Ich kan es niergent machen recht.
155 Ach Got thu dich erbarmen /
Wie gehet es jetzt mier armen. ⟨*B 6ʳ*⟩
Vorzeitten warestu nicht so stoltz /
Werstu ein Wolff und lieffst im holtz.
So wolt ich mich freundtlich beweisen /
160 Und mein geladen Gest speisen.
Wie ich auch verheissen hab /
Welches du mier stribest ab.
Ich biette noch hertz liebe Fraw /
Du wollest doch umb meiner traw.
165 Etwas zu essen briengen rein /
Und uns lahn gutter dienge sein.
Du wolst auffhören zu toben /
So werden dich die Leutte loben.
Wierstu nichts zu essen briengen /
170 So wierd mier ubel geliengen.
Wan ich kome zu den Leutten /

So werden sie diers ubel deutten.
Sie sprach da frag ich nichts darnach /
Ich verderb darmit nicht mein sach.
175 Bien ich doch der Herr Sieman /
Ich mags thun oder unterlahn.
Es stehet alles in meim gefallen /
Ich las dich Brummen und Lallen.
Zůrnen Pochn und anders machen /
180 Greinen schnauben oder lachen.
So gielt miers doch alles zu gleich /
Halts Maull und gern wiellig weich. ⟨*B 6ᵛ*⟩
Schweig und drolle dich darvon /
Sonst bekompstu baldt dein lohn.
185 Ich wiel nicht lang mit dier zancken /
Sondern ahn das Ohre wancken.
Und dies soll deine Speise sein /
Schlegel Kuchen gemachet ein /
Mit Steckn pfeffer und Bengel suppen /
190 Wiel ich dier den hals vorstopffen.
Auff Dremmel bradten und Bleuel fladen /
Wiel ich dich zu Gaste laden.
Kolben gemus und Scheitter krautt /
Das gehört dier in deine hautt.
195 Starck getrenck so Mühlen treibt /
Dabey man bey gutter wietz bleibt.
Wiel ich dier zu triencken geben /
Höre drauff merck mich eben.
Red nicht viell weill die sach ist gut /
200 Oder wierst vergiessen dein blut.
Ich wiell nicht mit dier schertzen viell /
Wierstu kosten den Gabel stiell.
So wierstu von deim Bietten lahn /
Und ich werd vor dier friede han.
205 Und stalt sich scheutzlich wie ein Sack /
Das miers hertz im Leib erschrack.

Der arme schweig und gieng darvon /
   Must haben spot schaden und hon. ⟨B 7ʳ⟩
Ich wardt betrubet zu der stundt /
210 Und trauert aus meins hertzen grundt.
Ich gedacht ahn S. Pauli lehr /
   Was der Weiber gehorsam wehr.
Das sie sich anders befliessen /   Ephes. 5.
   Aus der Menner gehorsam riessen.
215 Ich sprach ein Schwalbe machet nicht /
   Ein Sommer / also dies geschicht.
Macht nicht ein recht durchs gantze land /
   In Stedten thut man wiederstandt /
Die Bůrger wehrn mit starcker handt.
220 Sie bleibn Herrn ubern Sieman /
   Denn er nicht uber die Mauer kan.
Da seind sie sicher wolgemutt /
   Herr Sieman hats alda nicht gutt.
Trotz das er alda nur sein Schieldt /
225 Wappen Panier oder Bieldt.
Auff hieng oder sich sehen lies /
   Man wůrde in nicht on verdries.
Baldt mit Knůtteln woll zuschlagen /
   Und zum Thore heraus jagen.
230 Der ernste Man zu lachen begundt /
   Und antwort mier mit seinem Mundt.
Sagt lieber niehm an itzt straaff /
   In dem biestu warlich ein Aff.
Herr Sieman regiert in der Stadt /
235 Im haus auffm marckt und in dem radt. ⟨B 7ᵛ⟩
Der Man kein mall zu gbietten hat /
   Denn wan das Weib ist ihm Badt.
Gehet der Man zu keuffen aus /
   Bringt Fleisch oder Butter zu haus
240 Eyer Kese Brodt oder Schmaltz /
   Visch Hering Brodtwurst oder Saltz.

Und solchs gefelt dem Weibe nicht /
Gar baldt sie zu dem Manne spricht.
Ey das dich stos viell tausent griendt /
245 Du biest ein grober Esell bliendt.
Du lest dich narn und vexiern /
Und die Bauer Tribuliern.
Du kauffest wie ein ander Nar /
Und verthust was ich erspar.
250 Thutt sich gegen dem Man spreissen /
Und mit ihme den tag beissen.
Bies der Man gehet zum Bier /
Vertrinckt ein Pfennig oder vier.
Wan er nuhn kompt wieder anheim /
255 So heisset sie in wielkom sein.
In viel tausent bôser nahmen /
Und wunschet er soll verlahmen.
Verblienden und gar verdorn /
Wiel der Man den biettern zorn.
260 Seins bôsen Weibes stiellen /
So mus gescheen ir wiellen. ⟨*B 8ʳ*⟩
Er darff da wieder reden nicht /
Oder wierd baldt angericht.
Zancken hader und gros scheltten /
265 Das Weib wiels ihm vorgeltten.
Ist er aber ein Kretzschmar reich /
Herr Sieman wiell da herschen gleich.
Wan der Man breuen thutt /
Und lest das Bier machen gutt.
270 Der viertell aber nicht so viell /
Wie Herr Sieman haben wiell.
Das man stercken kan den schmuck /
Und offt gebrauchen den Weinkrugk.
Spricht Sieman hôr / Es soll dich reuen /
275 Ich wiell selbst nach gefallen breuen.
Schleicht heimlich das es niemandt weis /

In Keller zu abent mit vleis.
Spunt auff als baldt die Bier fas /
Harre ich wiell dier helffen bas.
280 Geust in jeder viertell so baldt /
Etlich kann wasser ungezalt.
Lest zuvor das Bier heraus /
Verbiergets heimlich in dem haus.
Darnach thuts vor sich vorkauffen /
285 Das kompt der hochfart zur stauffen.
Die Töchter gehn her in Gulden krentzen /
Ir Röck seind mit Buntten schwentzen. ⟨*B 8ᵛ*⟩
So schön geschmuckt und also zartt /
Als weren sie von hoer arth.
290 Nach ist das Bier dick und gutt /
Und schmeckt wie ein Fieltzhutt.
Vorzeitten war der Kophant stercker /
Die da solten sein auffmercker.
Lauffen mit und halttens vor recht /
295 Seind Siemenner / und Bier knecht.
Sonst müssens die Bürger machen /
Es sey mit schlaffn oder wachen.
Wies Sieman ahm besten behagt /
Las dier sein jetzt dies gesagt.
300 Ich erschrack hefftiger denn vor /
Und gedacht du biest ein thor.
Dein meynung dich betrogen hat /
Doch hats nicht geordnet Got.
Das das Weib regiern soll /
305 Sondern dem Man gehorchn woll.
Gehorsam unterthennig sein /
Gegn dem Man die lieb uben rein.

1 Petri 3.
Proverb. 31.

So wirdt Got geben glücke zu /
Und in der Ehe gutte ru.
310 Da sonsth nur zanck und hader ist /
Betrug gefahr und arge liesth.

Ich sahe den Man baldt wieder ahn /
Sprach hôre doch du Erbar man. ⟨C^r⟩
Ists auch beyn Herrn also gethan /
315　Das der Kriegische Edelman.
Mus fôrchten das Weib in seim schlos /
Seind auch die Edelweiber bôs.
Er lacht wie vor sahe mich an /
Sprach meinstu das der Edelman.
320　Alweg gutt frôlich tage hat /
Kein mall erduldet ungemach.
Sieman alda gar offt und viel /
Das Regiment selbst haben wil.
Jha Fûrsten und grosse Herren
325　Kônnen sich sein kaum erwehren.
Doch ist er wenig gescheider /
Denn beym gemeinen Pôffel leider.
Da er sich an Niemandt will kern /
Lest im sein bosheit nicht erwehrn.
330　Man sing im sûß oder sawer /
So start er wie ein steinern Mauer.
Er fenget offt zu Sturmen ahn /
Und leget seinen Harnisch ahn.
Sein Bûchs geladn das schwert gewetzt /
335　Es gehet nicht ab unverletzt.
Gott wird dadurch sein ordnung verkert /
Und dem Teuffel sein reich gemehrt.
Asmod der boß Eheteuffel geschwiendt /
Eine liest nach der andern fiendt. ⟨C^v⟩
340　Damit anficht den heilign orden /
Der auff Erd der erst ist worden.
Denn er weis wie nutz er sey /
Das man aus Teuffels stricken frey.
In gutten Gewiessen wandeln mag /
345　Heilige werck thun alle tag.
Die Kiender nehrn und ziehen auff /

Sie briengen zu dem gutten hauff.
Der Gottes kirche ist genanth /
Den heilign Engeln woll bekandt.
350 Ohn welchs die welt nicht kôndt bestehn /
Wurd wûst und musth zu boden gehn.
Wiewol ich hatt ein gutten bericht /
Zu fragen lies ich abe nicht.
Sprach es hatt sich sehr vorwandt /
355 Das auch jetzundt der Geistlich standt.
Wiell Weiber han / und Ehelich sein /
Mich dunckt es sey frômbd und nicht fein.
Wie gehets bey dehnen sag mier /
Ist es recht gefelts auch dier.
360 Er sprach O das ist wol gethan /
Das die Priester Eheweiber han.
Es ist nichts newes sondern aldt /
Und in der ersten Kirchen baldt.
Jha da die Propheten lebten auch /
365 War albereit dieser gebrauch. ⟨Cij^r⟩
Hernach da kamen solche Pfaffen /
Was sie soltn ahn andern straffen.
Das trieben sie und war in recht /
Es war ein giefftig bôß geschlecht.
370 Nach faullen tagn war ihr trachten /
Irn beruff sie wenig achten.
Unzucht Ehebruch war in gemein /
Furtten doch ein heiligen schein.
Sonst hieltten sie des Kukuks weis /
375 Der legt sein Eyer mit allem vleis.
Eim andern Vogel in sein Nest /
Also hieltten sies vors best.
Das ander Leut ihr Kiender nertten /
Und sie der Kirchen gut verzertten.
380 Mith Huren und schnôden Balgen /
Und hiengen ans Teuffels galgen.

Psal. 28.

Levit. 21.

Sungen darnach ein Mes davor /
Und sonsth ein Liedtlein im Chor.
Vom alden Haffersack herein /
385 Damit solt Gott bezallet sein.
Jetzund die Priester ehelich siendt /
Haben ehelich Weiber und Kiendt.
Das ist recht und woll gethan /
Unzucht zu meidn soll jeder han.
390 Sein Gemahl und ehelich Weib /

1 Chor. 7. Darmit unzucht dahienden bleib. ⟨*Cij*ᵛ⟩

Math. 8. Wie beyn Aposteln war der brauch /
1. Chor. 9. Beyn alden Bischoffen vorhien auch.
Trip. Das sie all waren im Ehestandt /
Hist. lib. 1.
Cap. 10. 395 Huerey war bey ihn sünd und schandt.
Decret: Solchs thut der alden Schlangen zorn /
Distinc. 31. Das nicht die Priester wie zuvorn.
omnino confit: Befleckt seind mit Huerey /
Item Und leben in aller Buberey.
Nicena Synodus. 400 Viel Hundt er teglich an sie hetzt /

Und in auff alln ortten zusetzt.
Braucht auch darzu ir Weib und Kiendt /
Die in sehr offt zu wieder siendt.
Sieman beyn in offt reittet ein /
405 Sie mussen sein gefangner sein.
Er plagt und fegt sie wie er wiel /
Darzu sollen sie schweigen stiel.
Dies ist alles des Teuffels thon /
Der beweist in spott und hon.

Hiob 2. 410 Wie des fromen Hiobs weib /

Aus ihrem Man / den spott nur treib.
Doch viel Weiber man beyn ihn fiendt /
Die ihren Herrn gehorsam siendt.
Erkennen ihren Orden recht /
415 Wenden sich vom bösen geschlecht.
Seind eingezogen güttig und mieldt /

Und andern Weibern der tugent bieldt. ⟨Ciij^r⟩
Uber dieser red wardt mier leidt /
Der ernste Man gab weitter bescheidt.
420 Und sprach ich hab mein vleis nicht gespart /
Sondern dier nuhn offenbart.
Was die sach an ihr selbest sey /
Thue du auch das best darbey.
Und vorman mit allem vleis /
425 Nach der allen besten weis.
Das die Weiber sein unterthan /
Ein jeder ihrem Ehelichn man.
Und das ein jeder Man sein Weib /
Liebe wie sein eignen leib.
430 Damit lieb fried und einigkeit /
Wohne bey ihn ohne leidt.
Und das in nichts args wiederfahr /
Lieber deinen vleis nicht spar.
Ich sprach O Man zu dieser sach /
435 Befiendt ich mich gar viel zu schwach.
Wan ichs gleich auffs beste ausricht /
So werden sie mier volgen nicht.
Man ist mier vorhien nicht gut /
Ir viel důrstet nach meim blut /
440 Doch wiel ich in dem Namen des Herrn /
Verbriengen dein ernstes begern.
Nach meinem geriengen verstandt /
Und deinen befell machen bekandt /
In Stedten und im gantzen Landt. ⟨Ciij^v⟩
445 Wolan ich gieng wieder zu haus /
Gedacht wie ichs wolt richten aus.
Wie ich nuhn erst war komen heim /
Und sietz in der Stuben allein.
Da kompt ein Weib ernster gestalt /
450 In die Stub gegangen und schalt.
Ich hies sie aber wielkom sein /

Und hollet baldt ein kanne Wein.
Sie woltte den nicht nehmen ahn /
Sagte ich bien der Herr Sieman.
455 Du wierst nicht nach deinem wiellen /
Mich mit eim trunck Wein stiellen.
Ich wiell Regiern uberall/
Im Haus Kůch Keller auff dem Saal.
Das soltu mier nicht erwehren /
460　Ich wiell dier alles verkehren.
Mit tausent Pferden reit ich ein /
Du must mein gefangner sein.
Ich wiell dich woll bezwiengen /
Mein Liedtlein mustu siengen.
465 Ich sprach hôr Sieman las dier sagen /
Ich thu vor dier nicht verzagen.
Mich hatt gewarnt ein Weyser man /
Und dein zukunfft gezeiget ahn.
Bies stiell halt friedt und sey nicht stoltz /
470　Siehestu auch jehns grosse holtz. ⟨*Ciiij*ʳ⟩
Damit schlae ich dich auff dein haut /
Vor deinem Murren mier nicht grautt.
Haltt dein Maull und thu gemach /
Verderb du selbst nicht dein sach.
475 Du kennest noch nicht mein sien /
Das ich ein seltzam heilig bien.
Wierst aber gleubn hernach vorwar /
Wan du biest komen in gefahr.
Als sie dies hôrt erzůrnt sie hart /
480　Und greiff mier nach dem Har und Bart.
Saget zu mier du loser Schelm /
Ich schlae dich auff dein Schieldt und Helm.
Und greiff mich ahn also sehr /
Gleich als wan sie ein Riese wehr.
485 Ich schrey nuhn hielff mein trewer Gott /
Thue mier beystandt in dieser noth.

Ich legte wieder an mein handt /
Und thette Sieman wiederstandt.
Und mich also eylendt baldt /
490 Zur gegen wehr und fechten staldt.
Wier jagten einander hien und wieder /
In dem Hause auff und nieder.
Ungever drey gantzer stundt /
Bies Sieman zu grausen begundt.
495 Ich sprach biesher hab ich nicht traffen /
Itzt greiff ich erst recht zun Waffen. ⟨*Ciij^v*⟩
Ergreiff ein scharffe Hellepart /
Schlug zornig auff den Sieman hart.
Und sties in nider zur Erden /
500 Fragte wiltu nuhn from werden.
Jha alle Teuffel auff dein Kopff /
Saget sie / har du loser Tropff.
Schlegstu einen Teuffel aus mier /
So schlegstu ir nein sechs und vier.
505 Da wardt ich erst zu zorn bewegt /
Schlug zu weil sich der Sieman regt.
Ich dacht fůrwar er wer nuhn todt /
Und ich erledigt aller noth.
Gienge darmit aus dem streit /
510 Vorhies mier selbest sicherheit.
Gieng zum Wein ergôtzt mich woll /
Wie ich kom heim bien eben voll.
Da war Sieman noch nicht erstickt /
Sondern hett sich wieder erquickt.
515 Wie ich ins Haus geh durch die thur /
Da sprang Sieman behendt herfur.
Und hatt ein Spies in seiner handt /
Wolt mier beweysen spott und schandt.
Stach mich darmit auff mein Brust /
520 Und war nur seines hertzen lust.
Das er mich soltte todten gar /

Ich aber in solcher gefahr. ⟨C v^r⟩
Ergreiff mit meiner rechten handt /
Eyn eysern Flegel thet wiederstandt.
525 Der streyt war gros und wehret lang /
Es war uns alle beiden bang.
Ich traff Sieman / eins ahn den Kopff
Schlug in zu boden wie ein Topff.
Er lag vor mier alda gestrackt /
530 Mit schlegen ich in bas bedackt.
Schlug fluxs zu und bleuet in woll /
Von der Scheittell bies auff die Soll.
Auffn Lenden Rucken und Bauch /
Ich schlug in auff die Schenckel auch.
535 Ich meint er hett nuhn sein bescheidt /
Vorn Todtengreber war mier leidt.
Ich gieng ins Todtengrebers haus /
Sagt gehe auffn Schiendtanger naus.
Und mach ein Grab dem bôsen Wurm /
540 Den ich erschlagen in eim Sturm.
Er sprach ist es dann ein Mensch nit /
So begrab ichs nicht nach mein siett.
Schweig sprach ich es ist der Sieman /
Den niemandt bezwiengen kan.
545 Den hab ich gar geschlagen todt /
Manch armer Man kompt aus noth.
Er sprach ich bin fro und zweiffel doch /
Ob er nicht môchte leben noch. ⟨C v^v⟩
Viell haben sich des unterstanden /
550 Und seind worden drob zu schanden.
Wan sie dachten Sieman wer hien /
Brachts in erst bôsen gewien.
Ich sprach kom mit las sehen /
Ob er wôll wieder auffstehen.
555 Wier giengen zu gleich alle beidt /
Im stiellen war mier hefftig leidt.

Ich gedacht wie mich Sieman /
Zweymall vor hett betriegen than.
Wie wier nuhn kamen unter die thur /
560 Da ruckt Sieman wieder herfur.
Der todtengreber sehr erschrack /
Das Hasen Panier auffstack.
Lieff eilendt wieder darvan /
Lies mich im streyt alleine stan.
565 Ich ergreiff baldt ein scharffes Schwert /
Und mich aus allen krefften wert.
Der krig werht lang bey zweien stundt /
Ich wardt hartt in ein Arm verwundt.
Griemmig wardt ich wie ein Lewe /
570 Sieman schrey dich gefangen gebe.
Ich sprach es ist mier nicht recht /
Ich bien erborn von solchen geschlecht.
Das ich nicht weich auff die seyt /
Solt auch ein jhar wehren der streit. ⟨C 6ʳ⟩
575 Wendet mich dem feindt zum gesicht /
Sprach mein feindt Ich weiche nicht.
Hieb darmit auff Sieman hinein /
Traff in gleich auff das Haupt sein.
Von ihme rahn das Rotte blut /
580 Ich dacht mein sach wierd werden gut.
Schlug jehmer mehr und hefftiger zu /
Sieman fieng an und bat umb ru.
Ich hett michs lassen erbarmen /
Aber hôr wie giengs mier armen.
585 Wie ich leg weg mein scharffes Schwert /
Sieman mich erst zu wûrgen begert.
Und greiff mier baldt in mein Keel /
zurkratzt mier unterm gsicht das feel.
Und mit einem Messer spitz/
590 Stach er mier ein bôsen schmietz.
Ich entpfieng gros ungemach /

Mein Hellepart ich liegen sach.
Die ergreiff ich eilendt wieder /
Sieman schlug ich darnieder.
595 Wie er nuhn lag auff der erdt /
Erst ich im sein leder gnug zerbert.
Sehe hien und hab dier den schad /
Hie fiendestu weytter nicht gnad.
Wie Sieman so ligt in gefehr /
600 Siehe da kamen vier her. ⟨*C 6ᵛ*⟩
Welche man sonst nennet Landtsknecht /
O sie warn mier eben recht.
Die rufft ich her und sprach zu ihn /
Nehmet diesen Gůlden hien.
605 Und uberbleut jhens thier /
Ein mall drey oder vier.
Schlahet im Arm und Bein entzwey /
Heint halt ich euch beim Weine frey /
Sie nahmen auff sich diese last /
610 Schlugen den Sieman also fast.
Umb sein Heupt und gantzen leib /
Das er auff der stelle todt bleib.
Er starb und fuhr Gott weis wo hien /
Das war seiner bosheit gewien.
615 Ich lies in bald austragen /
Und untern Galgen begraben.
Sein EPITAPHIUM also laut /
Hie ligt begraben ein bőse hautt.
Die viel bőses hatt gestiefft /
620 Und war des Ehelichen ordens giefft.
Man hat sie untern Galgen begraben /
Da solln ir siengen die Raben.
REQUIEM VIGILG und Mes /
Du Wandersman dies nicht vorges.
625 Sage es nach und thue bericht /
Aldo die Weiber gehorchen nicht. ⟨*C 7ʳ*⟩

Da nuhn dieser feindt war todt /
Danckt ich baldt meim lieben Gott.
Das er aus aller angst und noth /
630 Auch vor Siemans schiempff und spot.
Mier hett geholffen durch sein hand /
Das ich von Mennern hon und schand.
Und das schwere eysern bandt /
Mit fechten hette obgewandt.
635 Batt er wolt weytter durch sein gnad /
Behůtten vor allm bôsen schad.
Mich und sonst ein jedern Christ /
Vorm Sieman und seiner liest.
Und was mehr môchte schedtlich sein /
640 Das wolt er durch sein gůtt allein.
Gnediglich abwenden thun /
Durch Christum seinen lieben Sohn.
Der ernste Man / da wieder kam /
Und fieng also zu reden ahn.
645 Sey gegrust du Streitbar heltt
Du hast Sieman redtlich gefeltt.
Und den ohn alles zagen /
Gar zu todt geschlagen.
Du kůner Man hab grossen danck /
650 Itzundt und dein leben lang.
Man wirdt dich lobn in aller welt /
Dein freies gmůtt mir woll gefeltt. ⟨C 7ᵛ⟩
Eins ist noch hienderstellig /
So mier ist woll gefellig.
655 Nemlich die vormanung schon /
Die du solt an die Weiber thon.
Das sie abents und morgen /
Wolten lebn in den sorgen.
Wie sie Gott gefellig wern /
660 Und ihren Mennern gehorsam gern.
Hochfart stoltz und eigen sien /

Abe thun und legen hien.
Und das ein jeder Man so woll /
Nach dem hausfrieden trachten soll.
665 Ich sprach jha / du Erbar man /
Auffs beste als ich jhemer kan.
Wiel ich deim beger nach komen /
Es brieng schaden oder fromen.
Es verdries Rietter oder Knecht /
670 Ihre Weiber und geschlecht /
Doch wiel ichs also vollenden /
Das ich nicht jemandt wiell schenden.
An seinem gutten gerůcht und gliempff /
Sondern in ernst ohn allen schiempff.
675 Sagen was sey recht gethan /
Das thu sprach zu mier der Man.
Hiermit kam er aus mein gesicht /
Furtter hab ich in gesehn nicht. ⟨C 8ʳ⟩

Das Ander Theil dis Bůchleins / ein vormanung aus heiliger Schrifft / Wie sich Eheleut gegen einander vorhalten sollen.

    ICh dacht wie werd ichs richten aus /
680   Das mier nicht volg ein schertz daraus.
    Weil itzt die welt verkeret ist /
        Voller tůck und arger list.
    Das wan du HOMERE hochgelartt /
        Kembst gegangen auff dieser fartt.
685 Und brechtest mit der Weisheit viell /
        Sonst aber nichts zu diesem ziell.
    Das Kůfenster wůrd man zeigen dier /
        Gar baldt das glaub du sicher mier.
    Und dich nicht lassen ein her gan /
690   Wirst můssen bleiben draussen stan.
    Das ist der brauch in dieser Welt /
        Das sie nur sieht auff Gut und Gelt.
    Kunst und Weisheit ist gar veracht /
        Ein jeder nur nach Reichthum tracht. ⟨*C 8v*⟩
695 Er gewien das gleich mit lieb oder leidt /
        So niempt mans doch hien alzeit.
    Und kôndt man steign in hiemel hinauff /
        Und wůst aldo was auff eim hauff.
    Do es auch leg in Gottes schos /
700   Man nehm es hien und lies in blos.
    Jha keme Christus Gottes sohn /
        Mit seinen zwôlff Aposteln schon.
    Und Maria die Jungfrawe rein /
        All Heiligen die im hiemell sein.
705 Predigten der Welt das best fůr /
        Man lies sie draussen vor der Thůr.

Niemandt geb in Audienz /
Oder bewies in Reverentz.
Wie viel mehr wierdt man mich gewies /
710 Hôren mit zorn und wieder dries.
Was ich in einfalt werd sagen /
Wierdt vielen nit fast behagen.
Er wird in leiden seltzam ein /
Das ich was woll reden ein.
715 Doch wiell ich ohn allen betrug /
Sagen dies was ich hab fug.
Hiermit gieng ich zum Glôckner zu /
Sprach leut mit allen Glocken nu.
Und ruff zu samen jederman /
720 Ich lies auch durch all gassen gan. ⟨D^r⟩
Und schreien aus mit hellem schall /
Kompt hôret Man und Weiber all.
Ir werdet hôren diese dieng /
Darvon doch keinem miesgeliengt.
725 Es kam zusamen ein gros schar /
Ich redet zu ihn ohn gefahr.
Sprach hôret lieben Christen leutt /
Gott hat wie uns die Schriefft bedeutt.
Den Mensch geschaffen nach seim bieldt /
730 Das er nicht wie ein Thier wieldt.
Soltt wohnen in der Wûst allein /
Sondern das Weib die soltte sein.
Sein gehûlff auff dieser erdt /
Den Man haben lieb und werd.
735 Im gehorsam und unterthan /
Zu keiner zeit nicht unterlahn.
Was dem Man wer lieb und werdt /
Das wurd alhie auff dieser erd.
In beyden sein gut und nutz /
740 Aber der Teuffel durch sein trutz.
Liest lûgen und behendigkeit /

Genes. 1. 2.

Psal. 104.

Fůget in zu gros hertzleidt.
Dieweill der Mensch verachtet Gott /
Und unterlies sein ernst gebot.
745 Kam er beyn Gott in ungnad /
Entpfieng an seiner Seel schad. ⟨D^v⟩
Daran wier all noch auff die stund /
Liegen im Sichbett ungesund.
Doch hatt der HERRE Jhesu Christ /
750 Der beim Vater der Mitler ist.
Uns versôntt und bracht zu recht /
Das wier nicht mehr des Todtes knecht.
Sondern bein Got ewig sollen sein /
Erlôst von Todt Hell Teuffel und pein.
755 Und unter ander herlicher that /
Die Gott dem Mensch bewiesen hat.
Ist der Ehestandt mit gezalt /
Darin gutte Werg mannichfalt.
Kônnen gescheen wo man wiell /
760 Und nicht dem Teuffel weicht zu viell.
Wo nuhn ir zwey in Gottes nahmen /
Komen in Ehestandt zu samen.
Da wirfft der Teuffel Stůll und Benck /
In weg und braucht auch ander Renck.
765 Damit er richtet ahn unru /
Das Weib auch er braucht darzu.
Das sie teglich mit zorn und streit /
Wieder den Mann zu felde leit.
Und hadert mit ihm tag und nacht /
770 Macht in bey aln Leutten veracht.
Das man mit Fiengern auff in zeigt /
Und sagt der hat ein bôses Weib. ⟨Dij^r⟩
Das wierdt dann der Sieman genanth /
Ein Erbar man / hats spott und schandt.
775 Offt ist ihr aller beyder sien /
Gantzlich von in gericht dahien.

Genes. 3.

1. Thim. 2.
1. Iohan. 3.
Esa. 53.

Rom. 5. 8.14.
1. Chor. 15.

18 Teufelbücher 2

Das sie nicht wollen eines sein /
  Gruntzen gen einander wie die schwein.
Eins bricht den Topff das ander den Krug /
780 Treyben beide bôsen fug.
Es ist Gotte nicht lieb noch werdt /
  Als der / der Menschen heill begertt.

Ezech. 33.

Doch wiell ich Protestiert han /
  Vor euch Weibern und dem Man.
785 Das ich allein von bôsen frauen /
  Und nicht von fromen bey mein traun.
Reden wiell auff diesem Plan /
  So hôret die sach selber an.
Dem Weysen man Syrach genanth /
790 Ist Weiber liest gewesen bekant.
Die bôsn Weiber hat er gescholtn /
  Sagt das er lieber wohnen woltt.

Syrach 25.

Bein Lôwen Trachen und ungemach /
  Wiewoll es wer ein schwere sach.
795 Denn bey einem bôsen Weibe /
  Ob sie gleich schon wehr vom Leibe.
Die fromen aber lobt er hefftig /
  All ir thun ist thettig krefftig. ⟨*Dij*ᵛ⟩
Zeuhet sie vor den hochsten gaben /
800 Die man auff erden kan haben.
Die fromen wiessen sich woll zu richten /
  Von dehnen wiell ich nichts tichten.
Sie seind aller ehren werdt /
  Wer ein fromes Weib begert.
805 Der mus sie suchn bey Gott dem HErrn /
  Der kan sie allein beschern.

Proverb. 19.

Aber du Sieman stoltz und prechtig /
  Sich nit dahien wie gros mechtig.
Jetzundt ist dein Regiment /
810 Wie woll geziert dein Perlament.
Wie gros dein hauff und krieges macht /

Das künfftig unglück woll betracht.
Welchs dier baldt begegnen mag /
Und fur der thür ist alle tag.
815 Lieber Sieman bedenck dich woll /
Sonst wierstu werden trauerns voll.
Wierstu von deim sturm nicht lassen /
Und dein zorn mit gutte massen.
Niemandt wierd endtlich auff dich gebn /
820 In spot verachtung wierstu lebn.
Die Schlacht verliern und unterligen /
Man wierdt dier deinen Rücken biegen.
Mit vhesten ungebrantten holtz /
Wierdt man kloppen dein Cörper stoltz. ⟨Diijʳ⟩
825 Das Brodt körbel höcher stellen /
Und deinen hochmutt niederfellen.
Erken dich selbst und Gott dein HErrn /
Thue nicht dein unglück selbest mehrn.
Von deinem sauffn und spiell steh ab /
830 Den Man vor deinen Herren hab.
Vorspiell und brienge nicht mehr hien /
Denn da tregt des Mannes gewien.
Und brieng in nit an Bettelstab /
Das er von gutt und aller hab.
835 Mus endtlich elendt untergan.
Und sein ein arm verdorbner Man.
Und kompst mit ihm in grosse noth /
Leidest auch woll den ewigen todt.
Wo diese sund nicht wierdt erkent /
840 Und Gott gebetten am letzten endt.
Das er dieselb wolle nach lahn /
Durch Christum seinen lieben Sohn.
Denn ungehorsam in der Hell /   Deut. 28.
Ist des Teuffels zech Gesell.   1. Reg. 15.
845 Darumb ich itzt den Weibern wiell /
Sagen ein ernstes beyspiell.

Welchs beschreibt IOANNES ANGLICUS,
Es ist kein schertz merck dus.
Ein Bůrger war geplaget hart /
850 Mit einer stoltzen Frawen zart. ⟨*Diij*ᵛ⟩
Die wolt alzeit mehr verderben /
Denn der Man woll kondt erwerben.
War bôse wolt sich vergleichen /
Mit ihrm pracht den stoltzen reichen.
855 Der Man kondt dies nicht ertragen /
Bein sich fieng an so zu sagen.
Ich bien ein armer Handwergs man /
Mein Handwerg wiel ich faren lahn.
Thett solches balde fahen ahn /
860 Und wardt ein reicher Kauffman.
Sein Seel schlug er in die schantz /
Treib Wucher vorteil und Finantz.
Mit falscher Wahr unrechtem gewicht /
Wie bey unsern wůchern auch geschicht.
865 Schwur falsch bey Christi Martter und blut /
Und samlet baldt ein grosses gut.
Gott verhiengs und lies gescheen /
Sathan halff auff die schantz sehen.
Sie lebtten alle tage woll /
870 Ir hertz stackte der freuden voll.
Es wolt sich keines nicht bekernn /
Sie meintten es wurdt jhemer wehrn.
Aber unser Leben niempt ein endt /
Geht hien schnell wie Wasser bhendt.

2. Reg. 14.

875 Unser lebn verschleist eilendt baldt /
Stielschweigend werden wier aldt. ⟨*Diiij*ʳ⟩

Psal. 90.

Gantz ungewies ist unser zeit /
Das Grab ist alle tag bereit.

Hiob 14.
Heb. 13.
Psal. 103.

Denn der Mensch geboren vom Weib /
880 So viell belangt den armen leib.
Hatt allhie kein bleibend stell /

Mit unrug wie ein Blumme schnell.
Fellet hien kein bleiben er hatt /
Und wie da fleucht ahm tag der schatt.
885 Sein Monden seint gar abgezalt /
Der HErre hat ein ziell gestalt.
Bein einer Minuten nicht kan /
Der Mensch dasselbe ubergan.   Psal. 144.
Darumb der Todt geschlichen kam /
890 Und pocht bein reichen Kauffman ahn.
Er ward todt kranck und hefftig schwach /
Da solchs das Weib und freundtschafft sach.
Sie sprachen im gantz freundlich zu /
Stell itzt dein sach zu rast und ru.
895 Und mache baldt dein Testament /
Und letzten wiellen vor deim endt.
Er wer gescheen sprach der Man /
Sie hieltten emsig weytter ahn.
Er wielligt drein man fordert her /
900   NOTARIEN Zeugen und Schreiber.
Fieng an vor denselben leutten /
Sein letzten wiellen zu deutten. ⟨Diiij^v⟩
Ich bevell mein Leib und Seel baldt /
Dem Teuffel in sein hellisch gewalt.
905 Der soll sie plagen und krencken /
Ins hellisch feur ewig sencken.
Dahien gehörtt sie ohn entgelt /
Ich habs verdient in dieser welt.
Die Fraw sprach gedencket ahn Gott /
910   Treibet itzt nicht solchen spott.
Sprach ich darff an Gott gedencken nicht /
Ich hab es also ausgericht.
Ich tracht allein nach gut und gelt /
Schwur falsch treib lugen in der welt.
915 Es kan nuhn anders nicht gesein /
Ich mus in die ewig hell pein.

Sprach der arme verzweiffelt man /
Kein hoffnung ich ewig habn kan.
Das Weib sprach zu diesen sachen /
920   Was woltt ir dan mit mir machen.
Er sprach du solst ewig verdampt sein /
Und mit mier leiden hellisch pein.
Mit mier fahren zur hellen grundt /
Bescheidt ich dier zu dieser stundt.
925 Die Fraw schlug das Creutze vor sich /
Sprach der lieb Gott behutte mich.
Er sprach Creutzig oder Segne dich /
So mustu doch gantz jemmerlich. ⟨Dv^r⟩
Mit mier hinabe in die Hell /
930   Und alda sein mein stetter Gsell.
Das mier auffstet dies ungemach /
Biestu O Weib ein ursach.
Umb deint wiellen hab ich verlan /
Mein Handwerg / wieder Gott gethan.
935 Gelogn geschworn bey Christi wunden /
Und Gott veracht zu allen stunden.
Dein hoffart ich nicht erfüllen kundt /
Drumb ich erdacht ein andern fundt.
Und hab deinen wiellen gethan /
940   Nun wierstu auch mit deinem Man.
Fahren in die Helle hinab /
Dies dier aus meim Testament hab.
Dieser hatt auch ein Capplan /
An seim Tisch ein Geistlichen Man.
945 Der fraget in auff dies behent /
Herr was krig ich ausm Testament.
Er sprach ir solt in der Helle /
Auch sein mein stedter Geselle.
Ir habt hie gessen ahn mein Tisch /
950   Brod Fleisch Wielpret Gebratne visch.
Habt geliebet die Suppen /

Nicht gestrafft mich armen Truppen.
Darumb solt ir auch beyn mier sein /
In des hellischen feuers pein. ⟨Dv^v⟩ Ezech. 3.
955 Sprach der kranck verzweiffelt Man /
Da antwort im sein Capplan.
Dafůr behůt mich der liebe Gott /
Das ich nicht kom in diese noth.
Da sprach der reiche krancke man /
960 Ir must gleich auch mit mier dran.
Ir habt mier geheuchelt alzeit /
Lieb zu kosen wardt ir bereitt.
Habt nicht gestraffet mein wandel /
Euch hat gefaln mein unrecht handel.
965 Ir liebt bein mier sauffen und fressen /
Und habt darbey leider vorgessen.
Gottes und meiner armer Seel /
Das briengt mier nuhn angst und Quel.
O wehe euch und mier ewig /
970 Wier werden niemehr selig.
In solchem zweiffel dieser starb /
An Leib und Seel elend verdarb.
Darumb O Weib vergreiff dich nicht /
Bedenck dein Man und deine pflicht.
975 Las dier gnůgn was der Man erwierbt /
Auff das er nicht mit dier verdirbt.
Erzeig dich freundtlich und sennftmůtig /
Gieb gutt wort bies alzeit gůttig.
Ein guttes wort ist angenehm /
980 Und mehr denn scheltwort bekem. ⟨D 6^r⟩
Freundtlich wort sein sůsser dann Feign /
Das wiell ich dier durch Exempel zeign.
Die Heiden habn also geticht /
Und eine Fabel zugericht.
985 Wie der Nordtwiend von Mietternacht /
Mit der Son nach eim kampff getracht.

Welchs unter ihn das sterckste wehr /
Der soltte sein des andern Herr.
Die wette wardt geschlagen ahn /
990   Das jeders ahn eim Wandersman.
Versuchen soltte seine sterck /
Wer den Regen manttel zum gmerck.
Im kŏndte vom Halse briengen /
Dem soltt vorm andern geliengen.
995 Und den Kampff gewonnen han /
Der streytt ward so gefangen an.
Der Nordtwiend fehet an und blest /
Mit Regen Schnee thut ers best.
Mit grossem ungstum und saussen /
1000   Mit Platzregen und Praussen.
Hieltt dormit ahn lang und hartt /
Der Wandersman beweget wart.
Gŭrttet seinen Manttel zu sich /
Und verwartt sich sicherlich.
1005 Der Wiendt kondt nichts gerichten aus /
Must wieder krichen in sein haus. ⟨D 6ᵛ⟩
Darnach die Sonne hŭbsch und fein /
Fieng an sich zu versuchn und schein.
Mit ihren Stralen warm daher /
1010   Wolt sehen welchs da stercker wer.
Der Man ward mŭd mad schwietzend /
Schnapt nach der lufft niedersietzend.
Legt sich baldt in kŭllen schatten /
Meint es wer im besser zu radten.
1015 Den Manttel itzt zu legen hien /
Und sich zerfrischen war sein sien.
Behielt also die Son den Platz /
Und uberkam die Herschafft.
Also auch du Weibes bieldt /
1020   Wan du gutt tage haben wielt.
So lern den Man mit freundtligkeit /

Gewiennen das wierd dier nicht leidt.
Gleich wie der Wiend diesen Man /
Mit seinem sturm nicht zwiengen kan.
1025 Also wierd dier auch wiederfarn /
Wo du gutte wort wierst sparn.
Wierstu verliern des Mannes gunst /
So ist dein Polttern gar umb sonst.
Klugheit Weisheit Bescheidenheit /
1030 Erlangt alweg ein bessern bescheidt.
Noch ein Exempel wiel ich dier sagn /
Las es dier nur woll behagn. ⟨D 7ʳ⟩
Es lebt ein Weib zu Xerxis zeit /
Růmlich von Tugent und Weisheit.
1035 Des Kônigs Pithei Ehelichs weib /
Schôn klug und gerad vom leib.
Ir Herr ein Gold Bergwerck fandt /
Sein vleis legt er darauff zuhandt.
Ward auff diesen handel geitzig /
1040 Sorgfeltig geschwiendt und liestig /
So das er all sein Bůrgerschafft /
Unterthan / gewachsne Manschafft.
Gebraucht und drang sie dahien /
Hofft zerlangen grossen gewienn.
1045 Etlich musten hůtten weltzen /
Die andern fegen und schmeltzen.
Am Haspel ziehen und seiffen /
Etlich musten Koln zuschleiffen.
Weill jederman des allein wart /
1050 Begibt sich ein bôse artt.
Niemand kondt baun Acker und Wein /
Oder Pflantzen junge Beumlein.
Die armen musten verschmachten /
Die Bůrgers weiber da trachten.
1055 Wie man mit radt und gutter biet /
Môcht wenden den bôsen siett.

Beriedten sich in gutter traw /
Kamen zu Pithei Hausfraw. ⟨*D 7v*⟩
Batten sie woll in komen zu stadten /
1060 Und diesem ubel radten.
Ihren Herrn von dem abwenden /
Und wieder kern ihr elende.
Die Fraw sprach sie gnedig ahn /
Sie soltten wieder zu haus gan.
1065 Sie woltt ahn ihrem besten sein /
Diesen diengen abhelffen fein.
Es verlieff gar ein kleine zeit /
Der Herr reiset von hause weit.
Mitler zeit die Klug weise Fraw /
1070 Gedacht an ir vorheissen traw.
Trachtet nach der armen fromen /
Lies alle Goldtschmiedt her komen.
Lies machn von Goldt allerley speis /
Brodt Fleisch Visch ein jeders mit vleis.
1075 Alles was der Herr gerne as /
Von Goltt dasselb gemachet was.
Wie es nuhn alles vertig war /
Der Herr kam heim ohn gefahr.
Bevieltt man soll in seinem Saal /
1080 Bereitten zu das Abentmall.
Die Fraw lest briengn ein Tisch herein /
Der war gegosn vom Golde rein.
Dergleichen all und jeder speis /
War gemacht nach seiner weis. ⟨*D 8r*⟩
1085 Jha alles was man essen solt /
War von klarem lautteren Goldt.
Pytheus der Goltgeitzig Man /
Siehet erst mit verwundrung ahn.
Die schön arbeit und ihr gestalt /
1090 Hies darnach essen briengen baldt.
Er hies gleich Fleisch oder Visch /

Von Goldt trug mans auff den Tisch.
Zu letzt sprach er mit griem und zorn /
Ich bevell bringt essen zuvorn.
1095 Ich beger weder Golt noch Gelt /
Nach speise jetzt mein Magen stelt.
Da sprach das Weib den Herrn ahn /
Sagt sehet was ir habt gethan.
Ir zwiengt all ewer arme Leutt /
1100 Das sie allein nach Goldes beutt.
Tag und Nacht müssen trachten /
Handwerg Acker baw verachten.
Druber sie komen in groß noth /
Etlich sein für hunger schon todt /
1105 Golt ist nichts nütze ohne Brodt.
O lieber Herr bedenckt euch bas /
Und lasset euch bewegen das.
Auff das die Leutt mögen bauen /
Den Acker und zum Wein schauen.
1110 Und nehren ihre kleine Kiendt /
Goldt man auch allzeit woll viendt. ⟨*D 8v*⟩
Die weise redt den Herrn bewegt /
Sein zorn sich also balde legt.
Behielt den fünfften teill allein /
1115 Die andern hies er gehen heim.
Den Acker pflügen und bauen /
Zun Beumen und Weinbergn schauen.
Lies sich die Leutt wolgehaben /
Der fünffte teill solt Gold graben.
1120 Diese kluge weise geschicht /
Euch fromen Weiber unterricht.
Wie ir mit weisheit und bescheidt /
Gutten worten und freundtlichkeit.
Der Menner fürhabn köndt wenden /
1125 Und briengen zum gutten ende.
Lieb mit deim Man den einigen Got /   Deut. 6.

Tob. 10.

Lieb auch sein freunde fru und spot.
Die Eldern und vorwandten sein /
Las dier alzeit befolen sein.
1130 Euer gûtter soln sein gemein /
Des Mans ungluck sein las dein.
Ob du gleich biest gewesen reich /
Gieb doch dem Man sein ehr und weich.
Schweig stiell und jha nicht offenbar /
1135 Was briengen môcht dem Man gefahr.
Dan TANTALUS kan nicht Trincken sat /
Weil er der Gôtter heimlich radt. ⟨E^r⟩
Offenbaret und macht bekandt /
Viel mehr hat ein Weib grosse schandt.
1140 Wan sie ihrs Mannes heimligkeit /
Nicht mit grossem vleis vorschweigt.
Brauche auch freundtlich geberdt /
Die seindt deim Man lieb und werdt.
Und im anfang sehet dahien /
1145 Das nicht verletzt werd euer sien.
Mit zorn wiederwieln oder zanck /
Damit euer liebe nit wanck.
Ob jha erwuchs ein kleiner neidt /
So rauffet in aus in der zeit.
1150 Und lasset aus den bôsen schwer /
Das er nicht mehr zancks geber.
Daheime bleiben glaub du mier /
Ist dem Weib ein grosse zier.
Wie der Bieldhauer PHIDIAS,
1155 Den Vôlckern ELIENSIBUS.
VENEREM hieb auff ein Stein /
Wie das sie stund mit ihrem Bein.
Auff einer schieldt Krôtten haus /
Dies solten sie lernen daraus.
1160 Das wan sich die schieldt Krôtt bewegt /
Ir haus sie alzeit mit ihr tregt.

Also soll auch des Hauses sorgen /
Das Weib tragn abent und morgen. ⟨E^v⟩
Und bein den Egiptiern auch /
1165 War vetterlich siett und Landtsbrauch.
Das die Weiber giengen ohn Schuch /
Drumb sie allein des Hauses gesuch.
Wartten und Pflegn soltten allein /
Und nicht auskomen zur Gemein.
1170 Trôste dein Man in seinem leidt /
Mit wortten schôn wans giebt die zeit.
Hûtte dich vor falschen zungen /
Dan vielln hat drumb miesgelungen.
Und thu jha nit auff das Thor /
1175 Den Mehrtregern viell weniger das Ohr.
Denn solchs hatt offt im Ehestand /
Zerriessen sehr der Liebe bandt.
Hûtt dich vor Ehebruch und untrew /
Haltt vhest die ald Lieb / such nit new.
1180 Woran der Man hatt ein graw /
Das meid biestu ein frome Fraw.
Der Elephant hast Weisse farb /
Der Ochs der Rodten gerne darbt.
Das Tieger thier sich zerfleischt /
1185 Und selbest gar zu stûcken reist.
Wan es hôrt der Paucken schall /
So gieng manch man uber berg und thal.
Lieber das er dem graw abkem /
Denn so bôsen geschmack einnehm. ⟨Eij^r⟩
1190 Bein Leutten dich zûchtig haltt /
Man red sonst ubel von dier baldt.
Zu Gottes furcht zeuhe dein Kiendt /
Christlich halt dein Haußgesiendt.   Ephes. 6.
Bies mieldt gegen den armen /   Psal. 41.
1195 So wierdt sich Gott dein erbarmen.   Math. 25.
Verzage nicht in dem armut /

Proverb. 14. 19. 28.		Sey nit stoltz in grossem gut.
		Gott kan woll geben und nehmen /
		Den todt und ewiges leben.
Ioan. 5.	1200	Lies mit vleis die alden geschicht /
Rom. 15.		Wies die fromen Weiber ausgricht.
		Im aldt und neuem Testament /
		So wierd viell böses abgewendt.
		Sara liebet Abraham /
Genes. 23.	1205	Dem Got verhies ein reinem sam.
1. Petri 3.		Sie nennet ihn ihren Herrn /
		Und thet stets sein begern.
		Darumb wierdt sie hochgelobt /
		Und mit eim jungen Sohn begabt.
	1210	Rebecca liebte Isaac sehr /
Genes. 4.		Darumb liebet er sie wieder.
		Rachel und Lya hieltten werdt /
Genes. 29.		Jacobum der sie begert.
		Und dient ihrem Vatter mit freud /
	1215	Ein lange zeit umb sie beyd. ⟨Eij^v⟩
Exod. 2.		Die Mutter Mosis und Zipora /
Iudic. 4.		Die war sein Weib und Delbora.
Ios. 2.		Rachab Susanna und die Ruth /
Daniel 13.		Haben ir vielln gethan gut.
	1220	Warn kostfrey keusch züchtig und mieldt /
		Gottes furcht und aller ehren bieldt.
Hest. 1. 7.		Hester Judit und die Hanna /
1. Reg. 1.		Die frome Wietwe zu Sarepta.
		Abigail das züchtig Weib /
1. Reg. 15.	1225	Davids griem zu rucke treib.
		Sara des junge Tobiæ Weib /
Tob. 3.		In Gottes furcht und tugent bleib.
		Und die Mutter der Machabeer /
1. Mach. 7.		Gab ihren Sönen gutte lehr.
	1230	Das sie bey Gots wort und Gesetz /
		Bleiben soltten und zur letzt.

Lieber verliehren Leib und Leben /
Dan Gott wiell dasselb wieder geben.
Elisabet das weib Zachariæ /
1235 Christi Mutter die Jungfraw Maria.   Lucæ 1.
Magdalena die Bůsserin /
Die Wietwe so ihrn Scherff warff hien. Lu. 7. 18.
Tabita sonsth Dorcas genanth /
Die halff den armen mit mielder handt. Act. 9.
1240 Die in der Schriefft hochgelobet sein /
Die bieldt euch zum Exempel ein. ⟨Eiij^r⟩
Wo du aber unrecht leidest /
Und doch das bôse meidest.
So wierdt dich Gott beradten /
1245 Das bôß mit guttem erstatten.
Hůtt euch vor verfluchter Weiber that /
Welch Gott zur hell gestůrtzet hat.
Als war die Gotlos Jesebell /
Aller bosheit ein giefftig Quell.   3. Reg. 18.
1250 Achab bracht sie in grosse noth /   3. Reg. 22.
Den Nabat lies schlagen todt.   Idem 21.
Die Propheten tôdtet sie all /
Darumb sie auch aus ihrem sall.
Gewurffen ward vor die Hund /
1255 Die frassen sie zur selben stundt.
Achalia nach des Sones todt /   4. Reg. 11.
Begieng ein Môrdtlich bôse that.
Den Kônigs samen tielgt sie aus /
Beraubt den Tempel Gottes haus.
1260 Richt auff dann dienst Baalim /   2. Paral. 23.
Und war ein bôse Kônigin.
Jaiada aber macht ein Bundt /
Lies sie erschlagen wie ein Hundt.
Das war ihrer boßheit gewienst /
1265 Man richtet auff den Gottes dienst.
Der lang gelegn unter der Banck /

Achalia fur in Teuffels stanck. ⟨Eiij^v⟩
Des Davids Gemahl Michal genanth /
Bewies im hon spot und schandt.
1270 Da er vor der Laden sprang /
Und dem HErren saget danck.
Vor sein erzeigte gůttigkeit /
Das nuhn solt werden ausgebreit.
Wie vorhien des HErren wort /
1275 Michal daucht es ungehort.
Sprach wie herlich ist der Konig /
Heutt gewesen vor der Mennig.
Und der Megde seiner Knecht /
Entblost sich nach loser Leutt recht.
1280 Sie ward vom David gar verflucht /
Unfruchtbar starb sie gantz verrucht.
Wo auch also ein Weib veracht /
Im hertzen ihren Man verlacht.
Die ist mehr dan ein Wölffin wieldt /
Genes. 1.   1285 Weill sie verachtet Gottes bieldt.
Der Man ist vor dem Weib geborn /
Und von Gott darzu auserkorn.
Das er sey des Weibes Herr /
Math. 19.   Die heilig Schriefft giebt diese lehr.
1290 Den Man zuvorn das Weib hernach
1. Chor. 11.   Gott schuff mit radt aus der ursach.
Das der so vor gewesen wehr /
Stetz bleiben soltte der Herr. ⟨Eiiij^r⟩
Und das das Weib ist worden /
1295 Ein Creatur nach Gotes orden.
Nehest Got sie niemand dancken kan /
Denn eben ihrm Ehelichen Man.
Umb des wiellen sie Gott erschuff /
Höre Weib und mercke druff.
1300 Der Schleier klein auff deinem Heupt /
Dier gehorsam und demut zeigt.

Rein Ehelich lieb Gott woll gefelt /
Wie volgend Historia meldt.
Rupprecht der Kŏnig aus Engellandt /
1305 Zog ins heilig gelobte Landt.
Sein Arm ward im alda verwund /
Das er nicht werden mocht gesund.
Die weill die bŏs vergieffte wehr /
Die Wund hat vergiefftiget sehr.
1310 Er kam anheim nicht sonder leidt /
Die CHYRURGI gaben bescheidt.
Die Wunde nicht heill werden kŏndt /
Es wurd dan gefunden jemandt.
Der den giefft sŭge aus der Wund /
1315 Dieweill die gefahr drauff stund.
Das ihm die giefft das Leben nehm /
Dauchts den Kŏnig unbekem.
Mit vleis die Kŏnigin drauff tracht /
Als der Kŏnig schlieff und sie wacht. ⟨Eiiij^v⟩
1320 Thet sie mit ihrem zartten Mund /
Aus der bŏsen giefftigen Wund.
Die giefft saugen und sprutzt sie hin /
Bracht darvon diesen gewien.
Das sie erredtet ihr leben /
1325 Und ihren Herrn darneben.
Auch sonst viell Weiber seind gewest /
Die bein ihrn Mennern gthan das best.
Inn Kriegsleufften und gefengnis /
Belagerung und gedrengnis.
1330 Und haben vorwechsselt ihr kleidt /
Damit die Menner wurden gefreit.
Der gefengnis und sicher vorm todt /
Seint selber blieben in der noth.
Etlich haben sich erwagen /
1335 Und ihre Menner weg getragen /
Aus belagerung und dem her /

Ludo. vives
de Inst.
Fœmi:
Christ:
lib. 2. Cap. 3.

Auff ihrem eignen Růcken schwer.
Wie auch der Gwelffen weiber gethan /
Die ewigs lob erlanget han.
1340 Aber du Sieman glaub es nicht /
Das ein gut wort etwas ausricht.
Sondern fahre nach deiner arth /
Mit polttern scheltten und wortten hart.
Jhemer fort und rege dich baldt /
1345 Las sehen dein giefftig gestalt. ⟨Ev^r⟩
Niem jha ahn kein unterricht /
Und las dich uberreden nicht.
Bies du die Schlacht hast verlohren /
Und dier abgurtet sein die Sporen.
1350 Darmit du stachst den bôsen gaull /
Und erlangest der boßheit saull.
Auch biest geschlagn und ubel wund /
Dan wierstu trachtn nach friedes bund.
Wan die Metten nuhn ist verschlaffen /
1355 Das man nicht mehr radt kan schaffen.
Sondern schon das unglůck zu weit /
Sich zwieschen dier und deim Man hat ausgbreit.
Das keins unter euch friede hab /
Es werd dan eins getragen ins grab.
1360 Wie dier dies wierd erspriessen /
Soll dich lehren dein gewiessen.
Wo dier dieselb nit seint so weit /
Das man jung Pferde dadurch reit.
Den Weibern hab itzt erzelt /
1365 Und mit kurtzen wortten gemelt.
Was da sey ihr beruff und ampt /
Darinnen sie sich alle sampt.
Uben soln ohn unterlas /
Ich hoff sie werden lernen das.
1370 Fliehen boßheit und ubermut /
Auff das nicht Got mit seiner ruth. ⟨Ev^v⟩

Sie straff in seinem griemigen zorn /
Do Leib und Seel ewig verlohrn.
Weill aber auch viell Menner siend /
1375 Die mit aller schalckheit geschwiend.
Liegen untrew und falscheit gros /
Plagen ihr frome Ehegnos.
Mus ich ein wenig hie schreiben /
Wies die bôsen Katzbalger treiben.
1380 Sie sein faull stoltz und woln all tag /
Sein bein gesellen im glag.
Daheimen lahn sie leiden noth /
Die Weiber und Kiender ohn brodt.
Und manchen lieben tag sietzen /
1385 Hungern frieren und schwitzen.
Bedencken nit ihren bevell /
Das sie im Haus den mangel.
Erstatten soln wie Vetter thun /
Wo sie solchs aber unterlahn.
1390 Und vorsorgen nicht ihr hausgnos /
Lassen sie gehen nackt und blos.
So thu man sie berauben /   1. Thim. 5.
Des heiligen Christen glauben.
Sie seint nuhn weytter auch nicht werdt /
1395 Zu tzellen unter Christi herdt.
Sondern gehôrn ins Teuffels rodt /
Gott aber seint sie nur ein spott. ⟨E 6ʳ⟩
Wan sie nuhn gnug gesoffen han /
Das nicht mehr in die Gurgel kan.
1400 So kompt der Gôtz zu abent heim /
Dûnckt sich in seim sien zornig sein.
Hebt ahnn und fluchet eins herumb /
Doch weis niemand da worumb.
Heist dies und jhenes briengen /
1405 Itzt soll man lachen / itzt siengen.
Baldt greinen heuln und traurig sein /

Baldt irret ihn sein eigner schein.
Sagt viel von hauen und stechen /
Wiell eysern Mauern nieder brechen.
1410 Ertzeigt sich jha gnug unmieldt /
Stelt sich zornig und Fuchswieldt.
Als wer er selbest der Teuffell /
O wan man ihm schniett die feuffel.
Mit vhester ungebrantter asch /
1415 Und wol zuschlůg die Bierflasch.
Das wer ein artzney vor den Lapp /
Zu laben mit den vollen Zapp.
Kem sonsth seins gleichn im zu gesicht /
Er wurd von Fechten sagen nicht.
1420 Aber ahn Kiend und Wehrlosen weib /
Wiell er sein muttwillen treiben.
Auffn morgen ist es nicht vorgessen /
Sondern mus mit dem Prediger essen. ⟨*E 6ᵛ*⟩
Dem Pengel schielt sie voll die Haut /
1425 Stelt sich als ein zornig Braut.
Scheltten und beissen sich wie Hundt /
Dem Haußfrieden ists ungesundt.
So fiend man auch manchen Gesellen /
Der thut allein nach Geld stellen.
1430 Gottes furcht wierd da nicht bedacht /
Weil man allein nach reichthum tracht.
Doch greifft man offt ahn ein ort nach schmer /
Und bekompt dieweill ohn gefehr.
Ein STERCUS und ein grossen Sack /
1435 Den der Nar kaum tragen mag.
Und ob gleich volget Reichtum mit /
Weils Weib gezogen zu keiner Sitt.
Und ist ein gutte faulle Haut /
Die nicht versaltzen kan ein Kraut.
1440 Wiell doch des morgens leben wol /
Auffn abent sein des Biers voll.

Das sie kaum das Bette triefft /
Und wan sie gleich was bôses stiefft.
So mus es doch sein wolgethan /
1445 Rûmlich herlich und lobesam.
Red der Man ein einiges wort /   Plaut: Quæ in
Das die Reiche fraw nicht gern hort.   dotata est in
Da hebt sich erst der Betler tantz /   potestate est viri.
Das sie in schleget in die schantz. ⟨E 7ʳ⟩
1450 Sagt du Schelm Schalck und bôsewicht /   Dotatæ mac-
Du darffst uber mich herschen nicht.   tant & malo
Du biest gewest ein armes blut /   damno viros.
Und wer es ohn mein grosses gut.
Du werest woll ein Betler bliebn /
1455 Und hest die Esell zur Mûll getriebn.
Du verzerest mier das mein /
Es soll dier nicht gesegnet sein.
Mein Freunde die sollens rechen /
Und dein Mutwiellen brechen.
1460 Dan wan das Weib reichtum gebracht /
Zum Man sie ihn stetz veracht.   Syrach 25.
Darumb so ist kein schwerer last /
Die den Man drucket so fast.
Als ein Reiches weib mit trotz /
1465 Die in verachtet wie ein Klotz.   Intollerabilius
Denn die Reiche Sielberne metz /   nihil est quam
Pochet auff ihr Gûlden stetz.   fœmina dives.
Wie auch jhene gutte Diern /
Die da hatte ein schmalle Stiern.
1470 Sagt meins vattern Gûlden rodt /
Die helffen mier aus aller noth.
Ob ich gleich bien ubel gestalt /
Gerunzelt schwartz werd ich doch bald.
Bekomen ein jung schônen Man /
1475 Der Wierd mein Gûlden sehen ahn. ⟨E 7ᵛ⟩
Und mich darumb nehmen zur Ehe /

Welchs sonsth niemermehr geschee
Drumb der hochgelart Philosophus /
Der genennet wierd Lycurgus.
1480 Zu Sparta den Lacedemoniern,
Die er pflegt zu Informiern.
Ein gesetz gab / das thet bericht /
Das der Vatter der Tochter nicht.
Kein Geld oder Morgen gab /
1485 Es wer ahn Gut oder ander hab.
Wan sie Freiet solt geben mit /
Das bleib bey ihn in stetter siet.
Gefragt warumb er dies gethan /
Sagt das man fort soltt unterlahn.
1490 Zu freien nach Reichthum allein /
Wie vorhien war alda gemein.
Auff das man der armen kiend /
Die offt woll auffgezogen siend.
Nicht daheimen lies sietzen /
1495 Sondern das jeder mit wietzen.
Freiette nach Erbarkeit /
Gottes furcht und redlichkeit.
Wo noch der Brauch wer auff heut /
So wůrden offt die Reichen leut.
1500 Mit ihrn Kiendern dahienden stan /
Die sonsth forn an der Spitzen gan. ⟨*E 8ʳ*⟩
Aber Welt die bleibet Welt /
Ir Gott ist das elend Geldt.
Der hielfft ir doch nicht aus der noth /

Ovid: Si qua 1505 Wan sie erschleicht der bietter todt.
voles apte nu-   Darum ist dies die beste weis /
bere nube pari.   Das einer frey seines gleich.
Die handt des HErrn ist nicht verkurtzt /
Und sein gemůt also versturtzt.
Esa. 59. 1510 Das er nach seiner mielden gnad /
Heb. 13.   Dier armen nicht kôndt schaffen rad.

Las dich zu arbeitten nicht verdriessen /
　So wierd dier Gots segen zufliessen.　　　Psal. 128.
Doch ist dein arbeit gar umb sonst /　　　Prover. 6.
1515　Ist nicht dabey Gottes gonst.　　　　　Psal. 127.
Das reich Gottes zum ersten such /
　Das zeitlich als dan hernach.　　　　　　Math. 6.
So wierd gewies vor allem /
　Dier das zeitlich zufallen.
1520 Im freien lad Got zu Gaste ein /
　Gleub mier er legt den ersten Stein.
Das er der erste freier sey /
　Zeigt die teglich erfarung frey.
Ir zwey einander unbekant /
1525　Komen zusam aus frömbden landt.
Got siehet aus eim jedern das best /　　　Proverb. 19.
　Dan sein vorsehung stehet vhest. ⟨E 8ᵛ⟩　Rom. 11.
Drumb fangs in seiner furchte ahn /　　　Ephes. 1.
　Wierstu aber dies unterlahn.
1530 So volgt dier draus gros ungemach /
　Gott aber ists nicht ein ursach.
Sondern du selber wer du biesth /
　Weil jeder seins glücks Werckmeister ist.
Noe Isaac und Abraham /
1535　Jacobo Joseph allesam.
Und Tobiæ dem jungen /
　Ist bein der Freiheit woll gelungen.
Denn sie habn genohmen zu radt /
　Gott der in das gluck auch geben hat.
1540 Platz nicht herein wie ein Riend /
　Die Eldern begrus umb ihr Kiend.
Hat sie nicht Geld noch grosse Hab /
　So gibt Gott selbst die Morgen gab.
Vor heimlichen Gelübden hab ru /
1545　Denn solchs stet eim Schelmen zu.
Der Eldern wiell hierbey ist noth /　　　Exod. 20.

	Nicht wegen ehr sondern Gots gebot.
	Denn die Eldern uber ihr Kiend /
Genes. 24.	Von Gott zu Herrn geordnet siend.
Deut. 7.	1550 Drumb stehets in ihrer gewalt /
Num. 30.	
Tert. lib.	Ob sie ihr Tochter dier woln gebn baldt.
2. ad Uxo:	Sie mögen heimlich Gelübdnis leiden /
	Oder auch woll zu scheiden. ⟨F^r⟩
Esa. 10.	Denn wieder Gott eingegangne Ehe /
	1555 Seint vor woll zuriessen mehr.
	Wierstu aber handeln so schnell /
	So biestu APPIJ CLAUDIJ Gesell.
	Der wie ein Schelm und Bösewicht /
	Durch falsch zeugen verdechtig Gericht.
	1560 Wolt briengn zu sich VIRGINIAM,
	Der ihr Vatter das Leben nahm.
Titus Livius ab	Und stach sie mit eim Messer todt /
Urbe Cond.	
Lib. 3.	Lieber denn er wolt leiden spot.
	Das ein ander ohn wiellen sein /
	1565 Im nehmen solt sein Töchterlein.
	Und dein glück wierdt nicht wehren lang /
	Sondern gewiennen den Krebsgang.
	Weill du biest ein Menschen dieb /
1. Thim. 1.	Und stielst auff erden das aller liebst.
	1570 In summa halt die rechte mas /
	So kompstu nicht in Gottes has.
	Wan dich Got hat versehen nuhn /
	Und dier ein Weib schencken thun.
	Die du mit vleissigem Gebet /
Proverb. 19.	1575 Beim HErren hast erlanget.
	So stell all dein sache dahien /
	Das unverrucket bleib dein sien.
	Mit liebe und bestendigkeit /
	Dein Ehegenos diene altzeit. ⟨F^v⟩
	1580 In armut kranckheit oder gefahr /
	Soll die lieb wehren jemerdar.

Hausteufel

Dein Weib alzeit die schônste sey /
Gedenck auch des Gebers darbey.
Das ist der kluge weise Got /
1585 Der dier dis Weib erwellet hot.
Unter allen Weibern in der welt /
Sie ist die liebst so diers gevelt.
Und ob gleich dier offt miesgeliengt /
Und ein kleiner zanck entspriengt.
1590 So las doch dich nicht verblenden /
Und von der liebe abwenden.
Es mus jha sein ein schôner tag /
An welchem man nicht sehen mag.
Ahm hiemel eine Wolck etwa /
1595 Also ist seldn ein Ehe alda.
Nicht wehr ein kleiner wiederwieln /
Den man mus mit gutte stieln.
Hatt dein Weib ein mall gebrochen /
Dein mutwiell ist noch nit gerochen.
1600 Wie offt biestu strefflich gewest /
Zu gescheenem dieng das best.
Reden soll ein fromer Man /
Hier / man nicht wieder briengen kan.
Liebstu doch ein fruchtbarn Baum /
1605 Vorwarest den mit dorn und zaun. ⟨*Fij*ʳ⟩
Ob er gleich hat ein dûrren ast /
So wierdt er von dier nicht gehast.
Das du in baldt liest hauen umb /
Lieber so frag ich dich warumb?
1610 Wieltu den kleinen gebrechen /
Deinem fromen Weib zurechen.
An dier sie auch viell mangel fundt /
Wan sies alzeit auff schreiben kôndt.
Bitterkeit sey von Mennern fern /   Collos. 3.
1615 Soln wohnen bey den Weibern gern. 1. Pet. 3.
Die vornunfft dahien sich ereug /

Sie seind ein schwacher werg gezeug.
Und doch der gnaden Miterben /
Sonst wierd euer Gbet verderben.
1620 O Man das Weib ist dein fleisch und blut /
Dem thustu biellich alles gutt.
Wo ist gefunden der Tôricht man /

Ephes. 5.   Der seinem fleisch hat leidt gethan.
Er nehret es und pfleget sein /
1625   Gleich wie der HErr sein lieb gemein.
Thustu aber das wiederspiell /
Der HErr dein Opffer nicht habn wiell.
Weill voller Trennen sein Altar /
Mit weinen ist erfûllet gar.
1630 Das also alle dein Gebet /

Malach. 2.   Dem HErren nicht zu hertzen geht. ⟨*Fij*ᵛ⟩
Do was ahm Ehestand bôse ist /
Das gut dasselb weit ubertrieft.
Mit einander hadern vorn leutten /
1635   Thut man sehr ubel deutten.
CATO sties einen aus dem Radt /
Der sein Weib kekûsset hat.
Weill solchs die Tochter het gesehen /
Was solt denn dehnen woll gescheen?
1640 Die sich beissen und zerren /
Und lassen in nicht wehren.
Vor frembden und vor jederman /
Das man hat ein Eckel dran.
Hab gedult straff sie allein /
1645   Schlag nicht baldt mit feusten drein.
Dan du biests jha nicht allein /
Sonst viel tapffer Menner sein.
Auch altzeit vor dier gelebt /
Dehnen die Weiber wiederstrebt.
1650 Des Keysers Anthonij weib /
Eigen wiell und Bulschafft treib.

Des Socratis Xantippa /
Als Alcibiades zu Gast war da.
Reis vom Tisch das tuch verschůt die speis /
1655 Mit schelt wortten offt wieder beis.
Als er sas draussen vor der thůr /
Und die Leutte giengen fůr. ⟨Fiij^r⟩
Hett sie ihm vor woll gezwagen /
Da begos sie in mit Kammer laugen.
1660 Doch hett er sollen wiederstan
Und solchem frevell nicht zu lahn.
Dan Gott und die gantz Natur /
Hatt den Man gesetzet fur.
Dem Weibe zu einem Herrn /
1665 Dies soll man nit lassen verkern.
Sanct Hieronimus zeigt ahn /
Wie das zu seiner zeit ein Man.
Gelebt zu Roma in der Stadt /
Der zwentzig mall gefreiet hat.
1670 Wan im starb ein weib das ander er nahm /
Bies die zall auff zwentzig kam.
Ein Weib lebet gleich dazu mall /
Welch nach der Menner todtes fall.
Wieder gefreit so offt einer starb /
1675 Bies sie ihr zwey und zwentzig erwarb.
Diese zwey zu aller letzt /
Wurden durch die Ehe zusam gsetzt.
Weill solchs war ein gros wunder /
Das der Man und Weib jeders besonder.
1680 Zuvor so viel Ehegnos gehabt /
Den Rômern wardts all angesagt /
Die wartetten nicht ohn begier /
Welchs unter diesen beyden schier. ⟨Fiij^v⟩
Durch den todt wůrd werden gefelt /
1685 Und erstlich scheiden von der welt.
Die Menner hofften allesam /

Es wurd zuletzt leben der Man.
Die Weiber wunscheten eben /
Das Weib solt den Man uberleben.
1690 Letzlich da das ende kam /
Der todt das Weib erst weg nahm.
Der Man bleib leben wolgemut /
Das daucht all die Rômer gut.
All Menner die in Roma warn /
1695 Da nach das Weib lag auff der Barn.
Kammen da gelauffenn zu /
Meintten Got hett den Mennern nu.
Gegeben ehr herschafft und preis /
Verehrtten den Wietwer mit vleis.
1700 Und satzten im auff ein Lorbern krantz /
Ein Palmenzweig in seine hand.
Gaben sie ihm wie eim Rietters mahn /
Der da hett ein Sieg gethan.
Liessen in so der Leich nach gahn /
1705 Und volget im nach Weib und Man.
Dies Exempel auch thut zeigen /
Das der Man Herre soll bleiben.

Varro. Vitium Halt dich wie Varro pflegt zu lehrn /
Coniugis aut   Thu dein Weib gar bekern. ⟨ *Fiiijʳ* ⟩
tollendum aut 1710 Von ihrn sietten und bôsen wan /
ferendum est.   Darmit sie dier hat wieder gethan.
Qui tollit vitium, Und reis ihr laster mit der wurtzel aus /
commodiorem
coniugem præstat. Oder mach ein wiellig gedult draus.
Qui fert, se ipsum Gedenck daran weill du lebest /
efficit meliorem. 1715 Das du dein gut nicht vergebest.
Und mit rwe zur selben stundt /
Drumb bietten mussest mit deim mundt.
So lang der Odem in dier steckt /
Und deine Krefft sich bewegt.
1720 So las keinen Menschen auff erden /
Uber dein gut Herre werden.

Syrach sagt das besser sey /
   Das deine Kiender bein dier frey.   Syrach 33.
Suchen hûlffe und beystandt /
1725 Dan du selbest von ihrer handt.
Bleib du der Oberst in deim gutt /
   Dein gliempff und ehr habe in hutt.
Wan aber Gott nuhn hero send /
   Dein Stundtlein und das letzte end.
1730 So las dein gut in der Erden nit verderben.
   Sondern teill es unter dein Erben.
Summa du Man hab auch in acht /
   Dich selbest und nach friede tracht.
Gieb liebe aus so niembstu ein /
1735   Gehorsam und freundtlichkeit fein. ⟨*Fiiij*ᵛ⟩
Bies in deim Hause nicht ein Kiendt /
   Las dich nicht fûhren ehe du bliendt.
Geworden biest merck mich recht /
   So wierstu nicht Herr Siemans knecht.   Syrach 33.
1740 Bies darbey zûchtig und wacker /
   Und besae nicht ein frômbden acker.
Du hast an deim zu Bauen gnug /
   Und zu Keylln dein eigen Pflug.
Was man darff in deinem haus /
1745   Das soltu nicht tragen heraus.
Thustu es aber so biestu ein Nar /
   Dem gebûrendt straff biellich wiederfar /
Sey doch darbey nicht vormessen /
   Du hast nicht von der Speckseit gessen.
1750 Die man dem schenckt zur Frauen stadt /
   Der sein Weib nicht gefûrchtet hat.
Wan einer schon ist ein kûner Heltt /
   Der offt in dem freien Feldt.
Behaltten hatt mit grosser krafft /
1755   Den sieg und gezeigt sein Rietterschafft.
Auch das er sey ein gehertzter Man /

Der woll dem Feindt mag wiederstan.
So liegt er doch darnieder gar /
Wan er fürcht des Hausteuffels gfahr.
1760 Wie der streitbare Hercules /
Der da stundt wie ein hartter Fels. ⟨F v^r⟩
Bekrigt der feindt ein grosse zall /
Und schlug sie zu boden all.
Die Löwen zerreis auff stücken /
1765 Den hellisch hundt thett unterdrucken.
Und nahm in gefangen mit macht /
CENTAUROS und LAPITHAS umbbracht.
Dis Trachen erwürgt besonder /
Und der gleichen ander Wunder.
1770 Welcher der Helt viell hat geübt /
So ist doch er endtlich betrübt.
Und von seinem Frawlein schon /
Ist im auff gesatzt vor ein Kron.
Ein Schleier wie eim andern Weib /
1775 Omphale den Siegman treib.
Das er sich nicht kan besiennen /
Sondern mus ahm Rocken spiennen.
Oder ist alles umb sonsth /
Wiell er haben seins Weibes gonst.
1780 Also mus mancher Tapffer man /
Seinem Weib sein unterthan.
Wiell er ihre huld behaltten /
Aber Gott thuts nicht waltten.
Es ist ein Teufflisch Regiment /
1785 Und wierdt Gott sein ordnung geschent.
Weiber liest hat sehr zu genohmen /
Und ist leider dahien komen. ⟨F v^v⟩
Das die Menner sein unterthan /
Und gefangen dem Herrn Sieman.
1790 Wie jetzund ein Sprichwort ist /
Ein Wieldt man unter der Brucken friest.

Diese Menner so sich nicht /
Fůrchten vor Siemans angesicht.
Und vom Golde ein Creutze schwebt /
1795 Uber eim Haus darynnen lebt.
Ein solcher Man der sich nicht scheucht /
Und vor seinem Weibe fleucht.
Es hat sich bein Rômern gefangen ahn /
Wiell jhemer noch sein auff der Ban.
1800 Wie Cato der Edle Rômer weis /
Klagt vorm Radt in ernst und vleis.
Wier Rômer herschen und gebietten /
Woln nach unserm brauch und sietten.
Regiern uber die gantz welt /
1805 Obs gleich viell Leutten miesgevelt.
Wier wollen all welt vertreiben /
Wier aber von unsern Weibern.
Werden beherscht und woll gefegt /
Wer ist der sich da wieder legt?
1810 Unser Weiber seint unser Herrnn /
Wier kônnen ihn das nicht erwehrn.
Wer wier noch eins so hoch geborn /
Fůrchten wier doch der Weiber zorn. ⟨*F 6ʳ*⟩
Also ists auch itzt gemein /
1815 Das die Weiber Herrn woln sein.
Und geschicht gar offt in einer Stadt /
Das darin der stoltz geitzig Radt.
Wiell Regiern uber ein frômbden Man /
Der nicht ist ihr unterthan.
1820 Daheim Regiert sie Herr Sieman /
Darumb solten sies bleiben lahn.
Uberall woln sies machen schlecht /
Daheim seint sie der Weiber knecht.
Briengt zuvor euer Weiber frach /
1825 Zurw und habt mit in gemach.
Darnach trachtet vor euer Stadt /

Neidhart last nicht komen in Radt.
Kirch Schull ein wenig bas bedenckt /
Den armen nicht so hefftig krenckt.
1830 Mit Bier Wein und ander war /
Darmit er wierd verteuert gar.
So wierdt euch segnen der trew Gott /
Und behutten vor angst und noth.

Beschlus an die Weiber.

Itzundt wiell ich nun abelahn /
1835 Ob ich woll mehr kŏndt schreibn hiervon.
Wo etwa wehr ein solch Matron /
Die dies Schreiben nehm an ihm hon. ⟨*F 6ᵛ*⟩
Und woltte auff mich zornig sein /
Da ich doch von den bŏsen allein.
1840 Beschrieben habe dies geticht /
Und mein die fromen Weiber nicht.
Dieselb verriedt ir bŏs gewiessen /
Weill sie dieses thett verdriessen.
Das sie doch gar nichts gehet ahnn /
1845 Sie wehre dan ein wield Sieman.
Die mag legen ein Harnisch ahn /
Und tretten auff Turniers ban.
Und mier begegnen auff der Stras /
Oder gleich in der Stad auff der Gas.
1850 Ich wiell vor ihr nit fliehen weitt /
Sie soll erlangen ihrn bescheitt.
Wiell sagen sie sey ein Haderbalg /
Ob sie mich gleich heisset ein Schalck.
Der bŏse dieng geschrieben hab /
1855 So schŭttel ichs doch vom Rock herab.
Und frag nichts nach dem Haderbalg /
Ich bleib woll from und bien kein schalck.
Ist aber etwa ein from Fraw /
Bein welcher Gottes furcht und traw.

1860 Gehorsam ehr und Erbarkeit /
Gefunden wierdt zu jeder zeit.
Die umb solches thut sorgen /
Die wunsch mier ein gutten morgen. ⟨F 7r⟩
Wiell sie auch zum gutten gedenck /
1865 Mich verehren mit geschenck.
Es sey gleich gros oder klein /
So soll miers angenehme sein.
Dafur ich ihr mit vleis dancken wiell /
Und haltten von der Frauen viell.
1870 Wiell bietten den hôchsten Gott /
Er woll dieselbe fru und spot.
Behûtten vor unfriedt und zanck /
Und helffen das ir glaub nicht wanck.
Wan kompt hierbey die letzte zeit /
1875 Da die Seel von hiennen scheidt.

**Beschlus an die
Menner.**

Wo aber wer etwa ein Man /
Der mich darumb wolt zerren an.
Das ich hab dies Bûchlein beschrieben /
Sagte ich hett spot getrieben.
1880 Wie man denn offt das aller best /
Ungeschand nicht furuber lest.
Und der Mensch soll noch werden gborn /
Der meiden kan eins jedern zorn.
Und wan ich gleich das beste thu /
1885 So hab ich doch darbey nit ru.
Mein feind die mier ohn alle schuldt /
Gram sient und sehn mich mit ungedult. ⟨F 7v⟩
Hôrn nicht auff von mier zu liegen /
Bies ich vor in zu grab fliege.
1890 Doch seints Siemenner und bleibens woll /
Wern sie auch aller weisheit voll.

Und mancher Bub viell von mier redt /
Mein ehr und gliempff mit lůgen schmet.
Wůst er was sein Mutter het gethan /
1895 Er wůrds woll unterwegen lahn.
Jha wůst er wer sein Vatter wehr /
Von mier wurd er nit schwatzen sehr.
Und stundts ihm an der Stiern geschriebn /
Was er selber hatt getriebn.
1900 Man wurd ein grossen Buben schaun /
Dem niemand wurd ein Apffel traun.
Doch farn sie mier nicht durch den sien /
Ich bleib mit Gott woll wer ich bien.
Und las mier sein das Sprichwort recht /
1905 Es seint auff erden zwey Geschlecht.
Das ein zůrnet das ander lacht /
Giebt nichts auff jhenes zorn und pracht.
Doch bezeug ich mit dieser Schriefft /
Das ich kein zorn noch hertzens giefft.
1910 Zu ihnen trag bey meinem Eydt /
Gott helffe das in werde leidt.
Was sie aus Geitz und eignem nutz /
Fůrgenomen mit frevell und trutz. ⟨*F 8ʳ*⟩
Ich wůnsch in auch ein Seligs endt /
1915 Gott wőll ir Seel in sein hendt.
Nehmen wan kompt dieselbe zeit /
Da Leib und Seel von einander scheit.
O Gott der du hast selber gestiefft /
Den Ehestandt behůtt vor allem giefft.
1920 Und schalckheit des eheteuffels geschwiend
Vorley das wier wie frome kiendt.
Dier gehorsam sein und unterthan /
Einander von hertzen lieb han.
Wohne bein uns mit deiner gnad /
1925 Behůtt vor zwiespalt und schad.
Las von uns sein uneinigkeit /

Gieb unserm hertz bestendigkeit.
Den glauben und erkentnis dein /
Wolstu HErr bein uns pflantzen rein.
1930 Rechne uns nit zu unser schuldt /
In trubsal und creutz vorley gedult.
Schûtz unser arme Weib und Kiend /
Itzt und wan sie vorwaiset siend.
Von Kiendern und dem schwangern Weib /
1935 Den bôsen Geist verjag und treib.
Und schick dargegen an die Stell /
Die dienstbar Geister die liebn Engel.
Erhalt dein Kirch und liebes wort /
Auff das wier auff erden und dort. ⟨*F 8v*⟩
1940 Erkennen dich und deinen Sohn /
Des heiligen Geists gaben schon.
Teill uns mit und zu uns wend /
Wan uns bedrabt das letzte end.
Sonderlich lieber treuer Gott /
1945 Verley der heilign Ehelichen rodt.
Ein stedte lieb auff Erden hie nieden /
Gieb ir den lieben Haußfrieden.
Endtlich das ewige leben /
Wollestu in jha geben.
1950 Das bietttet O HERR Jhesu zartt /
Dein armer Knecht Adam Schubarth.

Syrach am 26.
Wan einer ein bôse Weib hat / so ists eben als ein ungleich par Ochssen / die neben einander ziehen sollen / Wer sie krieget der krieget ein Scorpion.

Item daselbest.
Ein freundtlich Weib erfreuet ihren Man / und wan sie vernůnfftig mit ihm umbgehet / erfrischt sie ihme sein hertz.

Gedruckt zu Weissenfels / durch
Georgium Hantzsch.

Von den zehen Teu=
feln oder Lastern/ damit die bösen vn=
artigen Weiber besessen sind / Auch von zehen
Tugenden/ damit die frommen vnnd ver=
nünfftigen Weiber gezieret vnnd be=
gabet sind / in Reimweis ge=
stelt/ Durch Niclaus
Schmidt.

Jhesus Syrach am xxv. Cap.
Es ist kein kopff so listig als der Schlangen
kopff/ vnd ist kein zorn so bitter/ als der frawen
zorn/ Ich wolt lieber bey Lewen vnd Trachen
wonen/ denn bey einem bösen Weib/ etc.

Vnd am xxvj. Cap.
Ein tugentsam Weib/ ist ein edel gabe/ vnd
wird dem gegeben / der Gott fürchtet/ er sey
reich oder arm/ so ists jm ein Trost/ vnd macht
jn allzeit frölich.

M. D. LVII.

Von den zehen Teu-
feln oder Lastern / damit die bösen unartigen Weiber besessen sind / Auch von zehen
Tügenden / damit die frommen unnd vernünfftigen Weiber gezieret unnd be-
gabet sind / in Reimweis ge-
stelt / Durch Niclaus
Schmidt.

Jhesus Syrach am xxv. Cap.
Es ist kein kopff so listig als der Schlangen
kopff / und ist kein zorn so bitter / als der frawen
zorn / Ich wolt lieber bey Lewen und Trachen
wonen / denn bey einem bösen Weib / etc.

Und am xxvi. Cap.
Ein tugentsam Weib / ist ein edel gabe / und
wird dem gegeben / der Gott fürchtet / er sey
reich oder arm / so ists im ein Trost / und macht
in allzeit frölich.
M. D. LVII.

⟨Aij^r⟩ ES ist aus Gottes wort krefftig zu Gen. 3. 9. erweisen / das der Ehestand von Gott gestifftet und angerichtet ist / das Man und Weib freundlich und friedlich bey einander wonen / und Kinder zeugen / dieselbigen in Gottes erkentnis / Gott zu ehren / und der Welt zu nutz auffziehen sollen / das auch das Weib dem Man gehorsam sey / in fůr ir haupt und Ephes. 6. herrn erkenne und halte / der Man auch widerumb das Weib liebe und versorge / wie sich selbst.

Solchs ist dem Teuffel / als einem verstörer aller Göttlichen werck / ein unleidlicher handel / wehret und hindert derhalben wo er kan / das ja solche Göttliche stifftung und anrichtung ihren fortgang nicht behalte / wie sie anfenglich von Gott ist angerichtet worden / treibet derwegen mit gantzer macht alle die mittel / so im zu solcher verstörung dienstlich sind / auff das die Eheleut sich nicht recht in irer ordnung halten / und auch nichts guts aus dem Ehestandt herkomme.

Wenn nu die Eheleut ires beruffs nicht fleissig warnemen / auch Gottes wort / dadurch sie zusamen gebunden / und eines dem andern geschencket ist / aus dem hertzen vergessen und faren lassen / So hat als denn der Teuffel ein starcken zutritt / allerley unrath in dieser Göttlichen ordenung anzurichten / er blendet bald ire hertzen / das keins das ander also ansehen kan / wie ⟨Aij^v⟩ es im von Gott ist vorgestellet / der Man gedencket andere Weiber sind / gleich wie sein Weib / das Weib gedencket / ihr Man sey wie andere Menner / von allen gliedern / wie ein ander Man gestalt / Derhalben nichts mehr und besser zu halten sey / denn ein ander Man (wil hie nicht sagen von der gemeinen schöpffung / da alle Mannesbild mennisch / und Weibsbilde Weibisch geschaffen sind) sondern ich sage von Eheleuten / wenn ein Man sagen wolt / andere Weiber sind eben wie mein Weib / und ein Ehefraw sagen wolt / andere

Menner weren auch gleich wie ir Man / da ist es sehr weit gefehlet / denn einem Eheman sollen andere Weiber / seinem Weibe so ungleich sein / so ungleich er selbst einem Weibe ist / also auch einem Eheweib sollen andere Menner irem Man so ungleich sein / so ungleich sie selbst einem Man ist / denn Gottes wort zieret dem Man sein Weib / und dem Weib iren Man / welcher schmuck an andern Mennern und Weibern nicht zu finden ist.

Wo nun im Ehestande solche ungleicheit nicht erkandt und gehalten wird. So mag der Teuffel leicht an sie setzen / sie sind fertig / Gottes und seines geschencks nichts sonderlichs zu achten / auch sein wort und befelh hindan zu setzen / und des Teuffels eingeben zu folgen / und mag das Weib leichte oder geringe ursach haben / dem Man iren gehorsam zu versagen / auch nicht fůr iren herren und haupt (als dem sie zu ⟨*Aiij*ʳ⟩ gut / und zum gehůlffen erschaffen) erkennen / So lest sich denn der Man auch gedůncken / er hab ursach genug / seinem Weibe / die liebe / und andere nottůrfftige versorgung und pflicht zu versagen.

Wenn sie nun (vom Teuffel geblendet) also daher leben / ist es nicht wunder / das sie ein elendes / aber doch Gottlos leben furen / keinen friede / keine ruhe / keine ergetzligkeit haben / denn alles was ander Eheleute erfrewet / das macht sie trawrig / darzu andere Eheleut lust haben / ist inen ein unlust / was andern die zeit kůrtzet / das macht inen zeit und weil lang / Summa aus einer solchen Ehe wird ein rechtes wehe / Derhalben auch offt Eheleut / solchen jamer / elend / und unruhe zu vormeiden / und los darvon zu werden / von einander lauffen / ein ander vergeben / oder andern unrath anrichten.

Und welchs das ergste ist / das keines sein Ampt bedencken / und dem andern weichen wil / das Weib gedenckt / der Man (ob sie gleich nit thut was sie sol) můsse sich nach ir richten / und iren mutwilligen ungehorsam dulden / und geschicht bisweilen also / das etliche lose Memmen unnd Milchmeuler den Weibern (wider Gottes befelh / und zu schand und schmach seiner Göttlichen ordenung / da er sagt / er sol dein herr sein) sich untergeben / und des Weibes ungehorsam selbst ursachen. Widerumb aber / welcher ein Man ist / unnd ⟨Aiijᵛ⟩ getrawet Mannes ampt zu verrichten / und wil das Weib regieren / und zu schůldigen pflichten (die von Gott auffgeleget) halten / findet man wenig Weiber die da folgen / und dem Man nach Gottes wort sich untergeben / sondern der meiste teil wird vom Sathan also geblendet / und verfůret / das sie nicht können noch wöllen unterthan sein / sonder wollen aller ding selber regieren / wie denn der Satan mit dem armen und schwachen Weibs geschlecht (welchs von art und natur zur hoffart geneiget / und ubersich begert / auch one das blöde und schwache hertzen haben) durch diesen fall im Ehestand sehr viel jamer und unrath anrichtet.

Wil aber auch alhie die Menner nicht entschůldigen / welche dem Teuffel auch bisweilen folgen / und sich sehr ubel in irem Ehestand halten / irem beruff auch nicht trewlich nachgehen / doch ist es nicht also gemein / als mit den Weibern / denn der Satan hat es im anfang mit der Eva also abgespielet / das all ire Töchter ire Menner bereden sollen / einen biss zu gefallen vom Apffel thun / das ist / das der Man ir gehorsam sey.

Wo denn ein Eheweib ires beruffs nit achtet / dem Teuffel ein mal oder zwey folget / So setzt der dieb und Mörder imer je lenger je mehr an sie / bis er sie gantz und gar einnimpt / unnd von einem laster in das ander treibet / das sie sich letzlich nicht mehr heraus wickeln kan / und ⟨Aiiijʳ⟩ on alle schew / auch on alles erkentnus des unrechten / des Satan eingeben und iren lůsten folget / das also kein vermanen / bitten / drewen / kein freundliche noch ernstliche straff hernachmals hilfft / ja je mehr man ein solch (vom Sathan eingenommen) Weib straffet / je erger sie werden / das sie auch frey unnd unverschåmbt (wiewol zu irem mercklichen nachteil) heraus faren / und iren Mennern unter augen sagen dörffen / schlagen sie einen Teuffel heraus / so faren ir zehen wider hinein / da ist zumal mühe und arbeit / einem fromen Man / bey einem solchen beteuffelten Weibe zu wohnen.

Dieweil aber solche Weiber (was für schand und schmach sie erstlich Gott im Himel / darnach irem Man / inen selbst / und iren Kindern zuziehen) nicht erkennen / habe ich dieselbigen zehen Teuffel mit iren lastern / wie sie in Gottes wort abgemahlet / in Reimweis hernach gesetzet / das ein jedes Weib / so zucht und tugent liebet / sich darfür wisse zu hütten / und diser Teuffel keinem folge / Denn wo dieser einer einzeuhet / komen die andern auch mit.

Nach diesem hab ich auch / so viel müglich gewest / zehen Tugent der fromen Weiber / wie sie der heilig Geist in Gottes wort abgemalet / gesetzt / auff das ein jeglich Weib / so für Gott rhum / und für der Welt ein ehr und lob haben wil / sich darnach zu richten lerne / Bitte der wegen alle frome / gotselige / ehrliebende weiber / das sie ⟨*Aiiij*ᵛ⟩ dises schreiben / auff sie nit gerichtet / oder damit verunehret / erkennen wöllen / Sondern es gilt den bösen unartigen / ungehorsamen Gotteslesterinnen / ob dieselben aus dieser Schrifft sehen und lernen kündten / was für ein grewel / unhuld / und abschewlich / erschrecklich Bild sie vor Gott und aller Welt sind / und sich also nach Gottes wort und befelh gehorsamlich besserten.

Solches ist meine meinung in diesem schreiben / das ich gern wolt / das nicht allein die Weiber / sondern auch die Menner auff iren beruff und befelh achtung hetten / und sich in demselbigen nach Gottes wort gehorsamlich hielten / so dürfften die Prediger auff der Cantzel / die Regenten auff den Schlössern / nit so viel mit bösen unartigen Leuten zu schaffen haben / ꝛc. Den xxij. tag Februarij im 1557. Jar.

⟨B^r⟩ **Die zehen Teuffel / damit die bôsen Weiber besessen sein.**

Der ⎧ Gottlose   ⎫
    ⎪ Stoltze   ⎪
    ⎪ Ungehorsame   ⎪
    ⎪ Zenckische   ⎪
    ⎪ Unverschampte   ⎪ Teuffel.
    ⎨ Trunckene   ⎬
    ⎪ Hůrische   ⎪
    ⎪ Môrderische   ⎪
    ⎪ Diebische   ⎪
    ⎩ Unfreundtliche   ⎭

I.

⟨B⟨v⟩⟩   Gottlose Teuffel.

In der heiligen Schrifft man list
Das dieses ein bôses Weib ist /
Die Gottes wort nicht hôren mag
Und kompt darzu selten ein tag /
5 Und lebt on alle Gottes forcht
Seim Gôttlichen wort nicht gehorcht /
Strebet darwider zu aller frist
Achtet gar nicht / was Gott gefellig ist /
Sie zeuhet nicht wol / ir Gesind
10 Nichts gutes lehret sie auch ire kind /
Sie gibet in ergerlich Exempel
Fûret sie nicht zu Gottes Tempel /
Das sie Gott môchten reden hôren
Der durch sein wort sie wil lehren /
15 Sie verachtet auch die gnaden zeichen
Lest ir kein Sacrament reichen /
Kein Gebet wird da gesprochen
Von ir / durch aus die gantze wochen /
Befilcht sich nicht in Gottes gnaden
20 Der sie bewart vor allem schaden /
Setzet sich freventlich wider Gott
Wie der Gottlose Teuffel thut /
Welcher sie hat eingenomen
Lest sie zu keim guten gedancken kommen /
25 Was unrecht ist / mus ir gefallen
Ob sie es mit Leib und Seel mus zalen / ⟨Bij^r⟩
Noch ist sie also geblendet
Vom Gottlosen Teuffel geschendet /

Das sie sich nicht kan bedencken
30 Und zu Gott irem Herrn wider lencken /
Vermanung ist an ir verloren
Sie ist gleich wie ein pusch mit dorren /
Wer dieselben wil greiffen an
Viel stifft in henden mus er han /
35 So schmecht sie in / das ist sein lohn.

II.
Stoltze Teuffel.

Wie der Teuffel im anfang thet
Da er Gott verachtet het /
Welches geschach aus ubermut
Ein Gottlos Weib dermassen thut /
40 Wenn sie Gott den Herrn veracht
Seinem befehl stets wider getracht /
Hat sie auch ein stoltzen mut
Und lest niemand etwas sein gut /
Niemand sol etwas für ir gelten
45 Auff der gassen grůst sie selten /
Veracht all andere / wie sie sein
Arm / reich / gros / oder klein /
Und wil sich lauter nicht besinnen
Das viel Sůnd aus der hoffart rinnen /
50 Und thut so fort dem Teuffel hoffieren
Mit hoffart sich auch eusserlich zieren /
Unnd füret also grossen Pracht
Sicht sich umb / hat eben acht / ⟨Bij^v⟩
Wo eine tregt ein schön Rock an /
55 Leufft sie heim / und sagets irem Man /
Er sol ir auch ein solchen kauffen /
Oder sie woll kůrtzlich von im lauffen /
Kartecken zöpff / und důnne heublein /

   Purpuranisch mentel und kurtze scheublein /
60 Welche die vom Adel tragen
   Auch von Golt gewirckte kragen /
   Zum Kleid begert sie kôstlich Tuch
   Darzu Bantoffel und Trepschuch /
   Das Hembd mus ausgenehet sein holl
65 Umb den hals und hendt der Lôcher voll /
   Der Model uber einander geschrencken
   Viel Ketten thut sie an sich hencken /
   Die ein ist weis / die ander gehl
   Ein glied ist lang / das ander simbehl /
70 Ir haupt das thut sie also zieren
   Drey Borten tregt sie uber der stieren /
   Der ein von Perlein / der ander von Sammet
   Der dritt von Goldt herdurcher flammet /
   Die Hauben durch den Schleier schimmert
75 Das alles umb den Kopff her glimmert /
   Ein Kleid ist lang / das ander kurtz
   Geschlagen Silber mus sein ir Schurtz /
   Auff der Gassen thut sie her watzen und wetzen
   Sie weis nicht / wie sie die Fûss sol setzen /
80 Das Haer / welchs ir hat geschaffen Gott
   Das helt sie gar fûr einen Spott /
   Ein frembdes Haer zu den zopffen
   Mus sie haben auff dem kopffe / ⟨Biij^r⟩
   Umb ein Taler ists ir nicht zu hoch /
85 Man wirffts zuletzt ins heimlich gemoch
   Das Angesicht / welchs ir Gott geschaffen
   Wil sie auch viel besser machen /
   Mit farben thut sie es streichen an
   Von weis und rot / das sol schôn stan /
90 Schendet also frûe und spat
   Was Gottes Weisheit geschaffen hat /
   Und thut nach solcher hoffart streben
   Ob es gleich dem Man nicht ist eben /

Und wil andern Leuten allen
95 Zum verderben / ir / und ires Manns gefallen /
Und was fůr hoffart sie kan erdencken
Thut sie an den hals hencken /
Darbey man kan abnemen und spůren
Wie die hoffart sie thut fůren.

III.
Ungehorsame Teuffel.

100 Ungehorsam ist das nechst
Welchs aus der schendlichen hoffart wechst /
Wie es sich denn thet beweisen
Mit der Eva im Paradeise /
Welche verachtet iren Schöpffer
105 Der da ist unser aller Töpffer /
Welcher gemacht hat uns allen
Nach seinem Göttlichen gefallen /
Doch wolt das Weib höher steigen
Brach Obs von des Baumes zweigen / ⟨Biij^v⟩
110 Und wolt also aus ubermut
Gleich sein dem aller höchsten gut /
Verachtet also sein Göttlich Wort
Solchs treibet der Teuffel immer fort /
Das man Gottes befel aus den augen
115 Setzen sol / und gar verlaugen /
Wenn ein Weib mit hoffart ist beladen
Kan sie sich auch fůr andern schaden /
Nicht hůten / oder bewaren
Thut von einer Sůnd zur andern faren /
120 Dieweil sie ungehorsam gegen Gott nicht acht
Beweist sies gegen iren Man mit macht /
Sie meint / der Man mus sich schmiegen
Seinen willen nach dem iren biegen /

Unnd lest sich darzu nicht regieren
125 Man thue sie denn mit knůtteln schmieren /
Und thut also bey irem leben
Irem Man gar nichts nachgeben /
Sie merckt auch nicht auff seinen mut
Ob im etwas misfallen thut /
130 Das sie dasselbige thet meiden
Sie meint / der Man mus es wol leiden /
Das also der Man an ir
Nichts denn widerwillen spůr /
Wil denn nach seinem Ampt der Man
135 Gehorsam von seiner Frawen han /

Gene. 3. Zeiget ir an / und wie es dort
Ephe. 5. Geschrieben stehe in Gottes wort /
Das sie sich lassen sol regieren
Des Mannes willn setzen fůr den iren / ⟨Biiij^r⟩
140 Thut sie sich mit macht dawider sperren
Wil weder von Gott noch vom Manne lehren /
Und ist also ungehorsam
Inn allen dingen irem Man /
Thut sich freventlich wider in setzen
145 Mit zanck thut sie der Teuffel hetzen /
Der folgt darauff gar bald und kurtz
Wie eine frucht aus bôser wurtz /
Denn mit einander thun sie wandern
Keiner bleibet on den andern.

IIII.

Zanck Teuffel.

150 Zanck und hader ist nicht weit
Wo hoffart und ungehorsam zur herberg leit /
Denn bey einander sind sie gern
Ungehorsam kan des zancks nicht entpern /

Damit er sich von meint zu schützen
155 Und wil also die Warheit trôtzen / Gene. 3.
Will nicht ungehorsam sein gewesen /
Wie wir denn in der Schrifft lesen /
Wenn nu ein Weib also besessen
Ires schûldigen gehorsams thut vergessen /
160 Unnd wird von irem Man erinnert
Wie sie gehorsam hab von ir gesûndert /
Da hebt sich ein plerren und grisgrammen
Thut den Man anplecken und zannen /
Sie zanckt und beist mit irem maul
165 Wers hôren sol / dem thut es faul / ⟨Biiij^v⟩
Und gehet / wie der weise Man
In seim Buch hat gezeiget an / Prov. 19.
Das Lôwen und Beren grimmig
Sind nicht so gantz und gar ungestûmmig / Syrach 26. 25.
170 Als ein solch zornig und zenckisch Weib
Die mit irem eigen Leib /
Iren Man also thut plagen
Mancher schembt sich / und darffs nicht klagen /
Ein weites haus wird im zu eng
175 Uber zwerch / und nach der leng /
Sagt er etwan ein krummes wort
Hesslichers lebens man nie erhort /
Sie vorstelt all ihre geberden Syrach 26.
Als ob sie zu einem sack wolt werden /
180 Sie schreiet und tobet greslich
Uber Beren und Trachen heslich /
Sie kan nicht leiden ungemach
Und greiffet bald zu eigener rach /
Kein fried ist da zu suchen
185 Sie kan nichts denn zancken und fluchen /
Unnûtz gewesch / vergeblich wort
Werden am meisten von ir gehort /
Alles was sie nur erfehrt

21*

       Ist auff das aller ergste gekert /
190 Wil sich etwa ir Man ergetzen
       Thut im schimpff mit einer andern schwetzen /
       Zuhand hebet sie ein geschelt an
       Kompstu heim / du loser huren Man /
       Und fůret solche liebliche wort
195 Die man kaum von eim Landtsknecht hort / ⟨C^r⟩
       Das offt mancher frommer Man
       So er anders wil frieden han /
       Mit einer solchen mus die Stuben keren
       Welchs er viel lieber wolt entperen /
200 Ist aber das Haus also gethan
       Das man auch gesind mus han /
       Da gehet recht das zenckisch spiel
       Und treibt es uber die massen viel /
       Heist die Magd eine hur / oder einen balck
205 Den Knecht ein schelm oder schalck /
       Die Magd sey faul oder diebisch
       Der Knecht vorwegen / oder bůbisch /
       Solchs hebt sie am morgen an
       Und weret / bis man wil schlaffen gan /
210 Kein gut wort geht aus irem mundt
       Entweder kranckheit / marter / oder wundt /
       Und wenn das Gsind zu Tisch sol sitzen
       So spricht sie inen das Beneditzten /
       Und keiffelts in also ins maul
215 Zum fressen gut / zur arbeit faul /
       Und gůnnet in keinen bissen
       Den sie mit ruhe sollen geniessen /
       Ob sie ins fůrgesetzt do
       So schmeckts in gleich wie Haberstro /
220 Sie ist also gantz und gar besessen
       Vom Zanckteuffel ungemessen /
       Der unverschampte Teuffel folget im nach
       Denn sie ziehen beide an einem Joch. ⟨C^v⟩

V.
Unvorschampte Teuffel.

Wo ein Weib so Gottlos bleibet
225 Stoltz und ungehorsam treibet /
Auch zenckisch bleibt zu aller frist
Letzlich sich nimmer schåmbt / das wist /
Es sey ein Laster klein oder gros
Kan sie halten weder ziel noch mos /
230 Gantz unvorschåmbt geht sie hinan
Kein unterscheid sie haben kan /
Thut allweg ehe bôses / denn gut
Das macht / sie hat kein schamhut
Der Teuffel hat sie darumb betrogen
235 Den unvorschampten eingelogen /
Das sie nun gantz los und frey
Treibt schand und laster one schew /
Derhalben ist sie gantz ruhmorisch
Gegen Kind und Gesind stuhrmisch /
240 Gar nichts kan sie vortragen
Sie flucht oder thut mit feusten drein schlagen
Auch ist sie aller unart vol
Eim grauset / der es hôren sol /
Sie verstehet kein schaden noch frommen
245 Kan in derhalben nicht vorkommen /
Ob gleich on gefehr was ist geschehen
Kan sie gar nichts ubersehen /
Unnûtz geschwetz / vergeblich wort
Werden am meisten von ihr gehort /
250 Redt man ihr ein / so thut sie glotzen
Mit bôsen worten hefftig trotzen / ⟨*Cijʳ*⟩
Stelt sich / als hab sie ir zehen erschlagen
Ich glaub / sie solt den Teuffel jagen /
Noch mus ir alles wol stehen an
255 Wie ein Esel / der wil auff holtzschuch gan /

Mit wort und wercken unbestendig
Wird bald gemacht abwendig /
Hat darzu kein steten sinn
Da bringt sie unverschambte bosheit hin /
260 Sie achtet nicht / was sey ehrlich
Vor Gott und der Welt redlich /
Und was andern ist unrhůmblich
Meint sie / es sey ihr thůnlich /
Ehr und zucht thut sie sich enthalten
265 In schand und Laster wil sie alten /
Auch wenn sie heimlich ding thut hôren
Welchs niemand sol erfaren /
Auch niemand sol nachsagen
Dasselbige thut sie austragen /
270 Ist verschwiegen in keinen dingen
Ob es gleich grossen schaden thut bringen /
In des / so leit es in irem Haus
Als hett man die Sew erst getrieben aus /
Da ists zurissen und zuhaddert
275 Ein Kind nach dem andern herfladdert /
Eins besudelt / das ander beschiessen
Das dritt halb nacket / das vierdt zurissen /
Und sehen umb den kopff so rauch
Gleich als werens hauffen schauch /
280 In der kammern die federn fliegen
Und lest die Bett zurissen liegen / ⟨Cij^v⟩
Sie sagt / sie mag nicht flicken
Weder wircken / nehen / oder sticken /
Und ob sie Flachs an rocken legt
285 In acht tagen sie in kaum ein mal anregt /
Der Rocken ligt unter Bencken und Tischen
Den Flachs nimpt sie denn zu Arschwischen /
So hat sie den abgesponnen
Und gehet spatzieren an der Sonnen /
290 Das macht der Teuffel unvorschampt

Der hat sie nach seim willen gezampt /
Das sie verdrossen sey und fürwitzig
Desgleichen zu andern Lastern hitzig /
Ein ander Teuffel nacher zeucht
295 Vom unverschampten gantz und gar nit fleucht /
Der Sauffteuffel ist er genant
Den unvorschembten Weibern wol bekandt /
Sehr lang ist er da umbgerandt
Bis er ein solche herberg fandt.

VI.
Sauffteuffel.

300 Wenn ein Weib bleibt unverschemet
Auch keiner zucht noch ehren rehmet /
Die stifftet eitel unfrommen
Kan zu keinen guten gedancken kommen
Was für Gott und Welt ist schendlich
305 Darein williget sie endtlich /
Weil sie denn hat kein schand noch scham
Gibt sie nichts auff iren Man / ⟨*Ciijʳ*⟩
Und treibet aus im nur ein spot
Sie acht auch wenig Gottes gebot /
310 Da bringt sie hin des Teuffels list
Der gantz in sie gefaren ist /
Ein gsellen hat er / man kent in wol
Der macht die Leut truncken und vol /
In sie ist er gefaren hinein
315 Hat stettig durst nach Bier und Wein /
Und hebet mit dem morgen an
Mich wundert / wie sie thawern kan /
Das sie also den gantzen tag
Bis auff den abend sauffen mag /
320 Das letze auff / das erste nidder

Wens neune schlegt / so kompt sie widder /
Und wartet auff den Sonnenschein
Besorgt / sie fal die stiegen herein /
Bald ist sie inn der Kůchen
325 Thut Suppen und Fleisch versůchen /
Schickt mit eim krug bald nach dem Bier
Liebe Magd / so dienestu mir /
Und wenn es der Man wůrde schmecken
Solstu den Krug im winckel verstecken /
330 Und so der Man wůrd mercken das
So setze in in das kerich Fas /
Und so der Man auch merckt die stedt
So setz in hinauff unter ewer Bett /
Und so er fragt / wo bistu gewesen
335 Sprich / ich hab feddern auffgelesen /
Und so er nicht wil glauben das
Sag du hast dem Vieh gehawen gras / ⟨*Ciij*ᵛ⟩
Fehrt er denn mit fragen fort
So gib im gar kein gutes wort /
340 Sprich / er sol mich selber fragen
Als denn wil ich im trucken zwagen /
Also bleibt sie selden nůchtern
Gibt bôs Exempel Megd und Tôchtern /
Und hat nicht lust zur messigkeit
345 Sondern nur zur trunckenheit /
Und schendet also iren Leib
Welchs nicht thut ein ehrlich Weib /
Macht ihr also ein bôsen nam
Schendet sich / und iren eigen Man /
350 Hat sie dann wol gezecht und getruncken
So redet sie denn nach geduncken
Hebet an zu kacken und zu kecken
Thut in der Stuben herumbher lecken /
Helt mit den Fůssen ein gedůmmel
355 Mit den Henden auffn Tisch ein gerůmpel /

Und schreiet / wie ein Bader Meid
So den Leuten wasser zutreit /
Wil niemand einer red gestehen
Ire sol alweg foran gehen /
360 Gar faul wird sie / und auch verdrossen
Derwegen hôret gute bossen /
Wenn sie gehen sol ins Viehehaus
So sihet sie zum fenster aus /
Sie spricht / der weg sey ir zu tieff
365 Ob gleich ein anders trucken uberhin lieff /
Denn trunckenheit hat in ihr
Geschendet iren schmuck und zier / ⟨*Ciiij^r*⟩
Ires Ampts hat sie vergessen gar
Darzu sie von Gott erschaffen war /
370 Der Wein ist hnein / die sinn sind heraus
Drumb helt fortan unkeuscheit haus /
Das haben die Rômer wol errathen   Vale. Max. lib.
Haben iren Weibern den Wein verbotten /   2. de institu.
Auch hat es Gott an manche ort   antiq. Luc. 21.
375 Verbieten lassen durch sein wort /
Denn wie viel guts draus kommen kan
Zeigen Loth und Noah an /   Genes. 9. 19.
Auch die Geschicht mit Holophernen   Judith 15. 16.
Wolt Gott / die Weiber thetens lernen /
380 Theten trunckenheit nicht begeren
So blieb manche bey iren ehren.

VII.
Unkeusche Teuffel.

Wenn ein Weib stets lebt im saus
Und wartet ir auffs beste aus /
Von morgen an / bis in die nacht
385 So gewint das Fleisch denn seine macht /

Und thut gleich wie der Wein im fas

Seneca. ad Lucill.   Der alles / was im grunde was /
Ubersich treibt heraus zu spundt
Also auch / was in hertzens grundt /
390 Ist eines trunckenen Weibe
Das mag in ihr nicht bleiben /
Denn trunckenheit ist solcher art
Das sie unzucht auch nicht spart / ⟨*Ciiij^v*⟩
Mit worten und geberden
395 Wil sie erfůllet werden /
Wie es denn ein weiser Heid

Virgilius de vino   Zusamm gesetzt hat alle beid /
& Venere.   Wenn Bacchus und Ceres regieren
So wil Venus mit hoffieren /
400 Denn wenn das Fleisch so wird gemest
Mit fressen / sauffen auff das best /
So kompt hernach nach seinen sitten
Der grosse Hurenteuffel geritten /
Und sagt / sie sol nach irem willen
405 Des fleisches lust bůssen und stillen /
Wo sie das nur bekommen kan
Und nichts fragen nach irem Man /
Und ob es schon der Herr und Gott

Sapien. 2. Tribus.   Inn seinem Wort verbotten hat /
Symri, Bemam,   410 Noch sol sie des Leibes irer Jugent
David: Gebrauchen in lůsten und untugent /
So lang / bis sie etwa alt wirdt
Da ists denn zeit / das man auffhôrt /

Sibaris, Miletus,   In des bleibt sie also besessen
Troia, Roma,   415 Thut Gottes ernster straff vergessen /
Appius, Pausanias,   Wie Gott zuvor gestraffet hat
Tarqui.   Die Welt / und manche schône Stadt /
Auch manchen Keiser und Kônig schon
Mûssen hie spot / und dort ewig verdamnis han /
420 Das alles kan sie nicht besinnen

Thut in der Huren lieb verbrinnen /
Weil sie nun irem Man / und Gott
Allhie lebet zu schand unnd spott / ⟨D^r⟩
So kompt ein ander Teuffel gerandt
425 Wird in der Schrifft der Mörder genandt /

VIII.
Mordt Teuffel.

Unkeuscheit / Ehebruch / unnd unzucht
Werden inn Trunckenheit gesucht /
Sonst wo man arbeit unnd nüchtern ist
Solcher Gedancken man wol vergist /
430 Wenn aber unkeuscheit ist entbrandt
So wil sie haben ihren rhand /
Und vor welchem sie sich schewen mus
Den wüntschet sie ein schwere bus /
Und so viel an ir ist / wolt sie gern
435 Das sie alle schon begraben wehrn /
Denn wo der Huren Teuffel wohnet
Keines Menschen er verschonet /
Also thut auch ein Weibesbildt
Welche irem Man die ehr abstilt /
440 Da wündtscht sie / das der ewig Gott
In bald wegnäm wol durch den Todt /
Geschicht es nicht / ihr ist nicht wol
Das sie sich für im schewen sol /
Manche gibt gelt / und das man ihn
445 Mit gifft sol heimlich richten hin /
Manche kan zu wegen tragen
Das ir Man etwa wird erschlagen /
Wie denn hievon der heilig Geist
In der heilig Schrifft ein Exempel weist / ⟨D^v⟩
450 Da David gegen Urias Weibe

2. Samuel. 11.

   Entbrandt war in seinem Leibe /
   Schickt er nach ir alda zuhandt
   Und treib mit ir unkeusche schandt /
   Darnach hat er gar kurtzen rath
455 Wie ir Man wurd gebracht zum todt /
   Er schreib Joab seim Hauptman dort
   Er solt in an ein fehrlich ort /
   Stellen im streit / das er umbkeme
   Und ihm der feindt das Leben nåme /
460 Das ist des Huren Teuffels brauch
   Dergleichen Exempel weis ich auch /
   Inn einer Stadt gebawet schon
   Gehört zur Behemischen Kron /
   Ein Ehebrecherin da wonet
465 Die hett ihrm Man gern gar abgelohnt /
   An eim Feierabendt wolt sie die sachen
   Mit irem Man gar aus machen /
   Ein gute laug hat sie gemacht
   Sein Haubt zu waschen auff die nacht /
470 Wie sich der Man da nidder pücket
   Die Fraw ein starcke Holtzaxt zücket /
   Hieb ihm in hals ein tieffe wundt
   Gott halff dem Man / das er auffstundt /
   Die Huer wol zu der Stadt ausrhan
475 Ihr lebenlang nicht wider kam /
   Ein anders / und wie es ist geschehen
   War ich dabey / unnd habs gesehen /
   Das auff ein zeit ein frommer Man
   Ein junge Widfraw zum Weibe nam / ⟨Dij^r⟩
480 Und da sie kam zu im ins Haus
   Da lebt sie stettigs in dem saus /
   Mit sauffen und auch mit fressen
   Die was auch mit diesen Teuffeln besessen /
   Sie war Gottlos / stoltz / und zenckisch [risch
485 Unvorschambt / truncken / hůrisch / und mörde-

Diebisch / unfreundtlich und ungehorsam
In allen dingen gegen ihren Man /
Im haus hat der Man ein Knecht
Der was der Frawen lieb und gerecht /
490 Nun wolt es sich nicht allweg fůgen
Das sie zeit zur unzucht mőchten kriegen /
Denn der Man war stets im haus
Den hettens lieber gewust daraus /
Der Man ein wenig schůldig war
495 Zu denen geht die Frawen dar /
Und zeigt in an / wie das ir Man
Werdt kůrtzlich lauffen gar darvon /
Derhalb sollen sie des gewissen rehmen
Und ihren Man lassen einnemen /
500 Und meint also der Hurenbalck
Wie sie denn lehrt der Teuffel und schalck /
Wenn der Man sitze im Hundeshaus
Kőnnen sie der unzucht mit fug warten aus /
Im xxviij. Jar es sich zutrug
505 Das der Man die Frawen schlug /
Die Fraw die stiegen hinauff begert
Da stund der Knecht mit blossem schwert /
Und hieb alda den frommen Man
Das ihm das Blut ubers Angesicht ran / ⟨*Dij^v*⟩
510 Der Mann also in seinem grim
Wirfft den Knecht wol unter ihn /
Dringet aus den henden im sein schwert
Ihm mehr zu thun er nicht begert /
Des andern tages schicket er ihn
515 Sein Schwerdt und Kleider / lies in ziehen hin
Der Knecht war nicht gar lange aus
Kam wider / zog in ein ander haus /
Das thet billich weh dem frommen Man
Gieng hin / und zeigets eim erbarn Rath an /
520 Der Rath den Knecht lies baldt einsetzen

Der Teuffel thet die Frawen hetzen /
Das sie Bier unnd guten Wein
Dem Hurer bracht ins Gefengnus hinein /
Und hatten da ein solchen rath
525 Er solt den Man schlagen zu todt /
Die Herren verbotten im die Stadt
Die er bisher vormieden hat /
Solcher Exempel findt man mehr
Das mancher Man umb gut und ehr /
530 Darzu auch umb sein leben kommet
Wenn der Mordt Teuffel brummet.

IX.

Diebische Teuffel.

Wo wonet trunckenheit und hurerey
Da folget mordt und dieberey /
Der diebisch Teuffel sich nicht saumbt
535 Sein pferdt hat er gar bald gezaumbt / ⟨*Diijʳ*⟩
Kompt gerandt und thut anweisen
Das ein Weib aller tůck sich sol fleissen /
Damit sie ir auswarten kan
Ob gleich verdirbt ir eigen Man /
540 Sie sol abtragen nach irem gefallen
Der Man mus wol anders zalen /
Und ob der handel ist wůnderlich
Sol sie lernen sůnderlich /
Mit listen und mit tůcken
545 Das sie etwas mag entzůcken /
Ist der handel in einem krame
So lawer sie auff die einname /
Als denn mag sie so viel berechen
Das sie etwas behelt zu zechen /

550 Ist es denn mit Bier schencken
Kan sie auch ein list erdencken /
Und mag das Gelt in keller graben
Kans finden / wenn sie es wil haben /
Sie spricht / im fas sey gewesen
555 Viel Heffen / drumb hab sie nicht kund lösen /
Wie aus eim andern also viel Gelt
Drumb hab es ir so viel gefelht /
Ist der handel am Gewandtschnidt
Da leufft der Dieb weidlich mit /
560 Schneidet sie zwölff ellen davon
Von achten sagt sie irem Man /
Das Gelt vor die andern viere
Gibt sie für Wein und Biere /
Ist denn der handel mit stahel und eissen
565 Dem Man thut sies die helfft kaum weissen / ⟨*Diij*ᵛ⟩
Das ander mus zu irem pracht
Darauff sie lange zeit gedacht /
Und legts also an ire hoffart
Ihrem Hurer sie auch mit spart /
570 Dem thut es wol erspriessen
Des gestolen Gelts mus er geniessen /
Sie haufft ihm hübsche Fatzsenetlein
Schöne Federn / und Spanisch Paretlein /
Da ist das Gelt wol angelegt
575 Welchs sie irem Man diebisch abtregt /
Ist der aber am Getreide
So weis sie auch ihren bescheide /
Ist es aber ein Handtwercks Man
So hat sie diebisch handtschuch an /
580 Wenn sie auff den marckt thut lauffen
Sol Brodt / Fleisch / Fisch / oder Eyer kauffen /
So bringt sie kaum die helfft so viel
Das ander Gelt inn Diebsack wil /
Ergreifft sie denn des Mannes Taschen

585 So stilt sie Gelt volauff zu naschen /
Da kaufft sie Rosinicken / Mandel und Zucker
Das mus wol alles durch den schlucker /
Zimetrinden / und gutte Feigen
Bis man auff die Kirschenbaum thut steigen /
590 Der kan sie nicht essen genug
Der Erdtber vol ein gantzen Krug /
Darnach der Pflaumen und Spilling
Opffel / Birn / und gutte Pfirsching /
Als denn die Amorellen
595 Bis man Welsche Nůs thut schelen / ⟨*Diiij*ʳ⟩
Darzu auch viel Weintrauben
Kan sie kůnstlich abher klauben /
Gar heimlich in dem kuchen bret
Ein grosser Topff mit genesche steht /
600 Der ist nicht lehr den gantzen tag
Sie laufft darůber wenn sie mag /
Zwey Schůrtzthuch uber einander sein
In einem ist ein sack nicht klein /
In diesem hat sie genesches viel
605 Sie nimpts herausser / wenn sie wil /
Ein handel můst nicht sein gar schlecht /
Der solch nachgelt ertragen môcht /
Ist aber die narung mit Viehezucht
Da hat der Dieb erst ein gutte ausflucht /
610 Da stilt sie Fleisch / Brodt / Butter und Kess
Baldt den Habern / Korn und Weitz /
Summa / wer wolt so klug sein
Der es alles kůndt schreiben ein /
Was ein diebisch Weib kan abtragen
615 Und thut dennoch stettigs darzu klagen /
Wird es alles an so schendtlich
Zu uberflus und unzucht endtlich /
Das machet alles das sie hat
Dem Teuffel geben raum und stat.

X.
Unfreundlich Teuffel.

620 Wenn sich ein Fraw nicht thut bewaren
Und lest die Teuffel in sich faren / ⟨*Diiij*ᵛ⟩
Also / das sie ist trewlos worden
In ihrem Ehelichen orden /
Und ist irem Man also feindt
625 Das sie in nicht mit trewen meint /
Und wil in bringen umb Leib und Gut
Die hat gewis ein solchen mut
Das sie eusserlich in geberden
Will dem Man unfreundtlich werden /
630 Von ir wird da kein gutes wort
Den gantzen tag durchaus gehort /
Ob gleich der Man ir redet zu
Geht sie hinaus in stal zur Khu /
Thut nichts / denn in nur trôtzen
635 In allem sich wider in setzen /
Und was der Man nur haben wil
Treibt sie stets das widerspiel /
Will nichts denn zancken und murren
Im haus hin und wider schnurren /
640 Mit betten und mit essen
Thut sie des Mannes offt vergessen /
Mit im mag sie nicht schimpffen
Treibt nichts denn unglimpffen /
Macht sich stets widersetzig
645 Ist auch sonst unbarmhertzig /
Kompt ein armes fûr das Haus
So schreiet sie unfreundlich hnaus /
Sie thut sich nicht erbarmen
Uber die elenden unnd Armen /
650 Ob sie gleich sind in hôchster not
Schilt sie ubel fûr ein stûck Brodt / ⟨*E*ʳ⟩

Wolthat kan niemand von ir bekommen
Sie hab sein den dreifachen frommen /
Und sey auch ihres geleichen
655 Da lest sie volauff herschleichen /
Ihr Man aber mus gehen her
Nicht anders / als er ein kôler wer /
Das Hembd / darein er ist gekrochen
Wird im kaum gewaschen in vier wochen /
660 Das also der Man durchaus
Nichts anders hat in seinem Haus /
Denn solch Gottlos Teuffels gestifft
Welchs seinem Leben ist ein gifft /

Jhesus   Und wer ein solch Weib mus han
Syr. 26.   665 Der hat warlich ein rechten Scorpion /
Prov. 19.   Sie ist erger denn Lewen und Drachen
Syr. 26.
Prov. 12.   Thut dem Man sein leben sawer machen /
Syrach 25. 26.   Sie ist ein eitter in seinen beinen
Prov. 27.   Bey Leuten mus er sich ir schemen /

670 Ein sandiger weg wol auff der Strassen
Macht in zu allen dingen verdrossen /
Und wie ein bôses Dach thut trieffen
Als kan sie nichts / den zancken und kieffen /
Ein solcher Man hat frôlich zeit
675 Wie einer der gefangen leit /
Fûr das Leben nem mancher den Todt
Das er nur kâm aus dieser not / etc. ⟨E^v⟩

Beschlus.

Welcher lebet on Gottes forcht
Und seinem wort auch nicht gehorcht /
680 Lebet auch in freiem willen
Nach seinem lust sich thut fûllen /
Und lebt im saus tag und auch nacht

Auff nichts / denn nur untugent tracht /
Und achtet nicht auff erbarkeit
685 Auch nicht auff zucht und redligkeit /
Und verzeret also seine Jugent
In schanden und untugent /
Wil sich auch nicht lassen machen zahm
Und bleibet ungehorsam /
690 Wil sich auch nicht lassen regieren
Den wil Gott durch ein solch Weib registriren.

Bitte derwegen alle ehrliebende Menner und Weiber / wollet dieses schreiben dahin nicht deuten / das ich das ehrlich Geschlecht der Weiber IN GENERE / durchaus damit schmehe / denn ich wol weis / das ich Gottes geschôpff / welches alles gut und wol erschaffen ist / nicht allein nit verachten / viel weniger lestern oder schmehen / sondern mit danck annemen unnd gebrauchen sol / Es sol aber den bôsen unartigen und ungehorsamen Weibern / welche den Teuffel sich reiten und treiben lassen / die da weder Gott noch Welt schewen / weder schand noch ehr / weder sich noch iren Man und Kind bedencken / die ⟨Eij^r⟩ sollen hieraus lernen / wo sie diesen erzeleten Teuffeln folgen / was fûr ein erschrecklich spectackel sie sind / fûr Gott unnd allen Engeln im Himel / desgleichen fûr allen ehrlichen Leuten auff Erden / Auch wie viel unschûldiger hertzen unter iren Kindern und Gesind sie verwunden und ergern / und was fûr schwere rechenschafft sie Gott dafûr geben mûssen / und das sie nicht allein alhie auff Erden / von iren Mennern / welche solchen mutwillen und unzucht nicht alle leiden kônnen / sollen geschlagen / und bisweilen gar gekrûppelt werden / Sondern sollen auch mit denen Teuffeln / welchen sie folgen / ewig hellisch fewer / und unaussprechliche pein leiden / diese will ich nu / nicht allein nicht geschmehet / Sondern ire Gottlose hoffart / ungehorsam / zenckisch gemût / unvorschambte geberde / Trunckenheit / Hurerey oder Ehebruch / môrderisch hertz / dieberey und unfreundligkeit / mit andern lastern angezeigt haben / auff das andere ehrliche und frome Weiber sie meiden / bey in nicht wohnen / kein gemeinschafft mit in haben / ob sie schamrot würden / und sich besserten.

⁵ Und ob gleich etliche sein würden / so es für ein schmachschrifft ansehen und halten wolten / die bitte ich / sie wollen doch gedencken / das ichs nit erger gemacht / denn der heilig Geist in der Schrifft / denn ich hab allein von eusserlichen grewlichen wercken und unzüchtigen geberden / die ich nit er-
¹⁰ tichtet / sonder gesehen und erfaren habe / geschrie-⟨Eij^v⟩ben. Der heilig Geist aber hat sie nach iren hertzen und innerlichen affecten / als der gewis weis / was im Menschen ist / beschrieben / der sagt / das Schlangen / Scorpion / Drachen / Lewen / und Beren nicht so arg sein / es sey auch sicherer bey in wohnen
¹⁵ / denn bey einem solchen beteuffelten / uberteuffelten / unnd durchteuffelten Weibe / Wie denn solchs in Sprüchen Salomonis / und im Jhesus Syrach inn vorgemelten Sprüchen / unnd an andern örten mehr zu sehen ist / etc.

⟨Eiij^r⟩ **Zehen Tugent der frommen Weiber.**

Gottfůrchtig.
Demůtig.
Gehorsam.
Friedlich.
Zůchtig.
Nůchtern.
Keusch.
Gůtig.
Getrew.
Freundtlich.

I.

⟨*Eiijᵛ*⟩ Gottfürchtig.

          In der heiligen Schrifft man list /
          Das solches ein fromes Weib ist /
Luce 11.   Welche von hertzen gern hört
Deut: 6.   Wo sie darzu kommen kan / Gottes wort /
    5 Redet vom selben mit irem Gesind
      Und lerets auch darzu ire Kind /
      Und lebet in rechter Gottes forcht
      Seinem Göttlichen wort gehorcht /
      Thut auch darwider zu keiner frist
   10 Bedenckt stets was Gott gefellig ist /
      Gibt Kindern und Gesind gutte Exempel
      Nimpt sie auch mit in Gottes Tempel /
      Das sie da mögen hören
      Von irem Gott / der sie thut lehren /
   15 Das sie in recht lernen erkennen
      Darnach von hertzen Vater nennen /
      Und lest ir offt die Sacrament reichen
      Sagt Kind und Gesind von diesen Gnadenzeichen /
      Vermanet sie mit gantzem fleis
   20 Das sie auch halten solche weis /
      Sich nicht setzen wider Gott
      Sondern in anruffen in der not /
      Und glauben seiner gnaden
      So wird in gar nichts schaden /
   25 Und hütten sich vor ubermut
      Wie sie denn auch selber thut. ⟨*Eiiijʳ*⟩

II.

Demůtig.

Ein Weib / und das Gottselig ist
Inn demut sie sich helt / das wist /
In irem hertzen / sinn und mut
30 Sie lautter nichts aus hoffart thut /
Dem Gôttlichen wort nicht widertracht   Matt. 10.
Kein andern Menschen sie voracht /   Luce 19.
Sie hat gantz demůtige Sitten
Fůr wen sie geht / den grus anbitten /
35 Und wie ir hertz ist vol demut
Mit geberden sie nicht anders thut /
Ihr Kleider sind also gemacht   1. Pet. 30.
Das man dran spůren mag kein pracht /
Mit Silber / Goldt / und edelgestein   2. Tim. 26.
40 Treibet sie durchaus kein schein /
Sie denckt der Rock der sey ir gut
In welchem sie dem Man gefallen thut /
Mit schmuck thut sie sich nicht beladen
Sie besorgt / es bring dem haus und ir ein scha-
45 Kartecken zôpff und gůlden hauben   [den /
Lange Mentel und kurtze schauben /
Achtet sie als schlechtes Tuch
Kein Pantoffel / sonder Schuch /
Tregt sie an aus messigkeit
50 Und hůt sich fůr hoffertigkeit. ⟨*Eiiij*ᵛ⟩

III.

Gehorsam.

Wenn in eim Weib kein hoffart wohnet
Anderer Leut sie gern verschonet /
Thut kein andern Menschen schmehen

Durch demut kan sie sich ansehen /
55 Sie lest das richten und ausecken bleiben
Welchs die hoffertigen Leut treiben /
Darumb / und das sie hat gehort
Das Gott saget in seinem wort /
Er wöll der hoffart widerstreben
60 Den demütigen aber gnad geben /
Weil sie sich thut für hoffart bewaren
Komen andere Tugent mitgefaren /

Gene. 3. Das sie sich helt gehorsam
In allen dingen gegen irem Man /
65 Lest sich denselbigen regieren
Setzt seinen willen für den iren /
Und folget fein sanct Peters rath
Der sie gar wol geleret hat /

1. Pet. 5. Wie die from Sara Gott gethan
70 Gegen ihrem Man Abraham /
Den hies sie ihren Herren
Solchs thut sie hertzlich gern /
Und mercket auff des Mannes weis
Richt sich darnach mit grossem fleis /
75 Sie gedencket auch / und das es Gott
Also von ir gefordert hat / ⟨Fr⟩
Weil sie nu vor Gott sich schewet
Was er vorbeut / von hertzen fleuhet /
So richt sie sich in gantzer still
80 Nach Gottes wort / und Mannes will /
Thut sie mit willen vor im bucken
Kein ungehorsam gegen im zucken.

IIII.
Friedlich.

Fried und einigkeit ist nicht weit
Wo demut zur herberg leit /
85 Denn bey einander sind sie gern
Zanckens kőnnens wol entpern /
Gehorsam / wo derselbig wonet
Hat in Gott zeitlich hie belohnet /
Das sein Regenten und unterthan
90 Hie auff Erden genossen han /
Er hat das Landt mit fried gesegnet
Allerley wolthat uber sie geregnet /
Also wo ein Weib und Man
Mit einander guten frieden han /
95 Welcher denn daher thut fliessen
Wenn das Weib gehorsam hat bewiesen /
Damit nimpt sie dem Man das hertz
Das er sie liebet one schertz /
Und thut auch alles das vormeiden
100 Was dem Man nicht steht zu leiden /
Do haben sie gar sanfftes leben
Gott wil in auch sein segen geben / ⟨F^v⟩
Und sie nicht lassen leiden not
Behůten auch főr schand und spot /
105 Und wenn das haus ist so gethan
Das man auch Gesindt mus han /
Da ist sie nicht ruhmorisch
Gegen Kind und gsind nicht sturmisch /
Thut sie freundtlich unterweisen
110 Sagt / sie sollen nicht wider beissen /
Kan bisweiln durch dfinger sehen
Obs nach irm willn nicht ist geschehen /
Gar wenig zornig wort sie treibet
Das nur fried im hause bleibet.

V.
Züchtig.

115 Wenn ein Weib Gottselig bleibet
Stoltz und ungehorsam meidet /
Einig und auch friedlich lebet
Zucht und scham da gern klebet /
Gantz züchtig und verschampt sie ist
120 Fleucht schand und laster zu aller frist /
Kein grobes unverschampts wort
Wird in keim weg von ir gehort /
Alles was ir ubel anstehet
Desselben gern müssig gehet /
125 Thut sich des bösen willig enthalten
In zucht und ehr wil sie alten /
Nichts thut sie / es sey denn ehrlich
Vor Gott und der Welt redlich / ⟨*Fijʳ*⟩
Bey Leuten ist sie nicht vorwegen
130 Wie etliche lose Weiber pflegen /
Die da entblössen ars und haupt
Sie spricht / es sey ir nicht erlaubt /
Nicht gern ist sie bey solchen bossen
Ir rede kan sie züchtig mossen /
135 Das gewesch mus nicht sein ir allein
Lests bleiben beim ja oder nein /
Und so sie auff die gassen mus gan
Schawt sie nicht alle zinnen an /
Steht nicht allweg für wen sie geht
140 Sie weis / das Weibern ubel ansteht /
Ihr sach richtet sie endtlich aus
Und geht denn wider heim zu haus /
Und raumet alles fein zusammen
Von Töpffen / Schüsseln / Tiegeln und pfannen /
145 Ists alles fein angeriegen
Lests nicht uber eim hauffen liegen /

Hat sie denn auch der kindlein klein
Und darff darzu der Windelein /
Die sind gar rein gewaschen aus
150 Nicht schlammig leits in irem haus /
So feddern aus den betten kriechen
Thut sies fleissig zusammen sûchen /
Sie hebt sie auff / steckts wider hinein
Ists zurissen / sie flickt es fein /
155 Auff das nicht grösser werd das loch
Und geschâch ein grösserer schad hernoch /
Wenn die Kinder ausm bette gehn
Lests nicht ein halben tag nackt stehn / ⟨*Fij*ᵛ⟩
Sie lests auch nicht also zu haddern
160 Straubet umb den kopff herfladdern /
Schlicht in das haer / gibt in ein Hembd
Desgleich den Knaben sie auch kempt /
Und hebt da mit in auff ir hendt
Das Vater unser sie in nent /
165 Den Glauben / und die Zehen gebot
Und lehrt sie also dienen Gott /

VI.

Nûchtern.

Ein Weib welche sich nicht hûtten kan
Vor geringen lastern / und fehets an /
Da darff es gar wenig erbeit
170 Zu mehr lastern ist sie bereit /
Dagegen aber ein zûchtig Frawen
Thut mit rechtem fleis da schawen /
Das sie also zu aller zeit
Von einer Tugent zur andern schreit /
175 Das kommet alles davon her
Und das sie Gott in seiner lehr /

	Gefürchtet hat zu aller zeit
Psal. 111.	Das ist der anfang zur Weisheit /
	Das sie sich nu wol richten kan
	180 Nach alle dem / was Gott wil han /
	Und was da irem Standt gebürt
	Mit gantzem fleis sie das volfürt /
	Dieweil sie denn hat scham und zucht
	Bedenckt sie was daraus für frucht / ⟨ *Fiijʳ* ⟩
	185 Erfolgen sol / dem kompt sie nach
	Auff das sie irem Man kein schmach /
Ephes. 5	Zufüge / und ihr kein schaden
	Thut sich mit sauffen nicht beladen /
	Und helt gar feine messigkeit
	190 Hüt sich mit fleis vor trunckenheit /
	Denn sie schendt ein ehrlich Weib
	Und macht untüchtig iren Leib /
	Das sie ir schand nicht decken kan
	Schendt sich damit / und iren Man /
	195 Denn trunckenheit einem Weibes bildt
	Gibt ursach / das sie wird gar wildt /
	Und ires Ampts nicht recht kan pflegen
	Was man thun sol / bleibt unterwegen /
	Sie bleibet derhalb stetig nüchtern
	200 Gibt gut Exempel Megden und Töchtern /
	Und ergert auch nicht ander Leut
Matt. 18.	Dieweil es Gott hefftig verbeut.

VII.

Keusch.

Ein Weib das nüchtern und züchtig bleibet
Ander unart sie gewis nicht treibet /
205 Wie andere / so unvorschamet sein

Sich teglich fůllen mit Bier und Wein /
Da wechst warlich kein gutte frucht
Wo nichts / denn trunckenheit wirdt gesucht /
All scham ist hin / und gar verloren
210 Auch wird unkeuscheit daraus geboren/ ⟨*Fiij^v*⟩
Das thut ein ehrlich Weibe nicht
Hat ir leben auff keuscheit gericht /
Kein grobes wort von ir erschalt
Hôrt sies aber / sie erschrickt gar baldt /
215 Auch thut sie alles das vormeiden
Damit die andern unzucht treiben /
Oder ursach darzu mûgen geben
Solches fleucht sie ir gantzes leben /
Ihr Man liebt ir / sie helt sich sein
220 Auff Erden ist keiner so fein /
Ein trewer gehůlff wil sie im bleiben
Dieweil sie hat die Seel im Leibe /
Sie bsorgt auch / es môcht sie Gott
Straffen wol mit dem ewigen Todt /
225 Sie wil viel lieber haben gnad
Die Gott den jenigen versprochen hat /   Exodi. 20.
Welche da leben nach seim willen
Mit reichem segen sie erfůllen /
Solchen Segen hett sie gern
230 Helt sich keusch in worten und geberdn /
Vormeidet alle umbstende
Die ein ehrlich Weib schenden /

VIII.

Gůtig.

Ein keusch und reines Weib von art
Die sich also in zucht bewart /
235 Kein ander Man ihr bas gefelt

Denn welchem sie ist zugeselt / ⟨*Fiiijʳ*⟩
Bey dem bleibt sie in rechter trew
Ihr beider lieb ist stetig new /
Damit thut sie sich ergetzen
240 Falsche lieb mag sie nicht letzen /
Denn andere Menner jung und alt
Sind gegen ihrem ungestalt /
Und ob sie gleich sind jung und reich
Noch sind sie irem nicht geleich /
245 Ihres Mannes leben acht sie hoch
Und ob im etwa leid geschoch /
Das bringt ir warlich schmertzen
Mehr denn an irem eigen hertzen /
Sie rendt und laufft / hat grossen fleis
250 Damit sie ire trew beweis /
Und ob er kompt in todes not
So lidt sie gern vor in den Todt /
Und ob er etwa wůrd entrůst
Mit zorn / das ist ir gar kein lůst /
255 Sie braucht alda alle umbstendt
Das sie den unmuth von im wendt /
An hůlff und rath da fehlt es nicht
Das irem Man kein leid geschicht /
Und so der Man mus ziehen aus
260 Und wegreisen von seinem haus /
Da ist ir leid / bis sie den Man
Gesund sihet ins hause gan /
Sie thut nichts unbedechtig
Und ist im haus vorsichtig /
265 Sie verstehet schaden und frommen
Kan allem weislich fůrkommen / ⟨*Fiiijᵛ*⟩
Und ob sie leidet ungemach
Irem Man befihlt sie die sach.

IX.

Getrew.

 Ein Weib / welchs der untrew spilt
270 Mit ihrem Man / billich mans schilt /
 Das sie allein ire kotzen
 Wil fůllen / das sie strotzen /
 Ich sag / die sey nicht ehren werth   Habac. 1.
 Doch lest sie Gott auff dieser Erdt /   Job. 21.
275 Bleiben / wie ander Gottlos Leut /
 Ein ehrlich Weib sich darvor schewt /
 Sie hat in ir kein solchen mut
 Das sie dem Man stele sein gut /
 Sie weis gar wol / und das sie Gott
280 Dem Man zum ghůlffen geschaffen hat /
 Was ir nu zustehet in dem haus
 Das richtet sie mit trewen aus /
 Im haus thut sie fleis nicht sparen
 Sie sicht dem vieh selber zum baren /
285 Das erste auff / das letzte nider
 Ehe es recht tag wirdt / kombt sie wider /
 Das haus und auch die kůchen
 Thut sie zu rechter zeit besůchen /
 Und hat der Man was gschaffen hinein
290 Lest sie den hagel nicht schlagen drein /
 Im Garten fleissig / im haus růstig
 Ist zu aller erbeit lůstig / ⟨Gʳ⟩
 Mit auffraumen / bessern und flicken
 Mit nehen / wircken / oder sticken /
295 Lest sich nicht můssig finden
 Nimpt ehe ein Rocken / und thut spinnen /
 Und wie der handel ist gethan
 So hilfft sie trewlich iren Man /
 Auch hat sie sonst ein feste nus
300 Wo man etwas verschweigen mus /

Das mag niemand von ir bringen
Ist vorschwiegen in allen dingen /
Ob sie gleich etwas hört sagen
Thut sie solchs nit austragen.

X.

Freundtlich.

305 Salomon in sein Sprůchen schreibet
Das solcher Man gesegnet bleibet /
So uberkompt ein solches gut
Des er sich stets erfrewen thut /
Das ist ein Weib from und getrew
310 Die bey im wohnt on alle schew /
Davon er hat freude und wonne
Wie der Himel der schönen Sonne /
Und die da ist im haus kostfrey
Gegen dem Gsind / und wers sonst sey /
315 Und thut sich auch gern erbarmen
Von hertzen uber die Armen /
Und gibet denselbigen gern
Thut es ehe selber entperen / ⟨G^v⟩
Und kan auch wolthun jederman
320 Ob sies gleich nicht vordienet han /
Vor allen dingen helt sie sich
Gegen irem Man gar lieblich /
Und richtet all ir thun gar eben
Dieweil sie bey im mus leben /
325 Das sie also in allen
Ihrem Mann můge gefallen /
Sie merckt eben auff seinen mut
Ob im etwas misfallen thut /
Mit fleis thut sie es meiden
330 Ob sie gleich bisweiln mus leiden /

Allein darumb / und das an ir
Der Man kein widerwillen spůr /
Und das sie also stettig bliebe
Gegen dem Man in rechter Liebe /
335 Hat es denn fug mit glimpffen
Kan sie mit im hôflich schimpffen /
Mit worten und geberden
Ihrs gleichen lebt nicht auff Erden /
Sie ubertrifft Golt und die Perlein   Prov. 31.
340 Silber und auch edel gestein /
Dieser Man ist warlich gesegnet
Uber welchen diese gab regenet /
Ein gute starcke seul er hat
Daran er sich inn seiner not /
345 Mag halten / das im wol gelinget
Ob in gleich schwere not umbringet /
Er lebet sanfft / wirdt im nicht sawer
Umb sein gut hat er ein mauer / ⟨*Gijr*⟩
Er bleibet auch in gutem rath
350 Dieweil er diesen gehůlffen hat /
Der im erquickt seinen mut
Er dancke Gott fůr sollich gut /
Denn von der Welt hat er sie nicht
Wie uns denn die Schrifft bericht /
355 Es hat in irer gewalt die Welt
Zu geben haus / hoff und das Feldt /
Aber ein frommes Ehegemahl
Kompt herab von Gottes sahl /
Die wird auch von Gott geleret
360 Mit allen Tugenden gezieret /
Das sie ist Gottselig und demůtig
Gehorsam / mildt und gůttig /
Barmhertzig / wolthetig und friedlich
Sanfftmůtig / bestendig und lieblich /
365 Verstendig / fůrsichtig und messig

Nůchtern / schamhafftig und fleissig /
Zůchtig / ehrlich und verschwiegen
Schimpffhafftig / from / ich thue nicht liegen /
Sie zieret das haus / und auch den Mann
370 Das er sich ihrer rhůmen kan /
Von ihr haben die Kinder ehr
Ihr eigen werck loben sie sehr.

Beschlus.

Wer hie auff Erden leben wil
Und haben warer freunde viel /
375 Der findt sie nirgend anderswo
Denn allein im Ehestandt do / ⟨*Gij^v*⟩
Er hůt sich aber / das er nicht
Geb ursach / wie denn offt geschicht /
Das in Gott in der Ehe mus plagen
380 Was er in seinen jungen tagen /
Verdienet hat mit seinem leben
Darvor sol er sich hůtten eben /
Wer aber lebt in Gottes forcht
Auch seim Gŏttlichen wort gehorcht /
385 Und bringt zu seine Jugent
Inn zucht / scham / und tugent /
Fleuhet laster und schnŏdigkeit
Unzucht und leichtfertigkeit /
Gotteslesterung und trunckenheit
390 Und helt sich nach Gottes gerechtigkeit /
Der wird von Gott auff dieser Erdt
Einer solchen Hausmutter gewert.

Das xxvj. Cap. Jhesu Syrach.

Wol dem / der ein tugentsam Weib hat / Des lebet er noch
eins so lang.

Ein heuslich Weib ist irem Man ein freude / und macht im ein fein rûgig leben.

Ein tugentsam Weib ist ein edle gabe / Und wird dem gegeben / der Gott fûrchtet / Er sey Reich oder Arm / so ists im ein trost / und macht in allzeit frôlich.

Drey ding sind schrecklich / und das vierd ist grewlich / Verretherey / Auffrhur / unschûldig Blut vergiessen / welche alle erger sind / denn ⟨*Giij*ʳ⟩ der Todt. Das ist aber das hertzeleidt / Wenn ein Weib wider das ander eivert / und schendet sie bey jederman.

Wenn einer ein bôses Weib hat / so ists eben / als ein ungleich par Ochssen / die neben ander ziehen sollen. Wer sie kriegt / der kriegt einen Scorpion.

Ein truncken Weib ist eine grosse plage / Denn sie kan ihre schande nicht decken.

Ein hûrisch Weib kennet man bey irem unzûchtigen Gesicht / und an iren Augen.

Ist deine Tochter nicht schamhafftig / so halt sie hart / Auff das sie nicht iren mutwillen treibe / wenn sie so frey ist.

Wenn du merckest / das sie frech umb sich sihet / so sihe wol drauff. Wo nicht / und sie thut darûber wider dich / so las dichs nit wundern. Wie ein Fusgenger der durstig ist / lechtzet sie / und trinckt das nechste wasser / das sie krigt. Und setzet sich / wo sie einen stock findet / und nimpt an / was ir werden kan.

Ein freundlich Weib erfrewet iren Mann / Unnd wenn sie vernûnfftig mit im umbgehet / erfrischet sie im sein hertz.

Ein Weib das schweigen kan / das ist ein gabe Gottes / Ein wolgezogen Weib ist nicht zu bezalen.

Es ist nichts liebers auff Erden / denn ein zûchtig Weib / Und ist nichts kôstlichers / denn ein keusches Weib. ⟨*Giij*ᵛ⟩

Wie die Sonne / wenn sie auffgangen ist / in dem hohen Himel des HERren ein zierde ist / Also ist ein Tugentsam Weib ein zierde in irem Hause.

Ein schön Weib / das from bleibt / ist wie die helle Lampe
auff dem heiligen Leuchter.
Ein Weib das ein bestendig gemût hat / Ist wie ein gûldene
Seulen / auff den Silbern Stûlen.

Ende.

Gedruckt zu Leipzig / durch
Georgium Hantzsch.

Variantenverzeichnis

M. = Marginalie.
Offensichtliche Druckfehler wurden nicht berücksichtigt, ebenso nicht die unterschiedliche Schreibung und Abkürzung von Bibelzitaten, Eigennamen und Titeln literarischer Quellen.
Wörter, bei denen die lautlichen Veränderungen häufig nacheinander auftreten, erscheinen summarisch.

KLEIDERTEUFEL

Widmung und Vorrede, S. 5—7, fehlen im E-Druck.

5   **15** in] *fehlt CD*.   **18** abgegangen] abgangen *CD*.   **30** gedempfft] gedempffet *CD*.

6   **1** jetzt] itzt *CD*.   **7** Jungfrawen] Jungckfrawen *CD*. Meydlin] Meidlein *BCD*.   **28** regiert] regieret *CD*.   **29** geleget] gelegt *CD*.

7   **4** es] *fehlt CD*.   **9** Stůcke] Stůck *CD*.   **20** Saget] Sagt *D*.   **22** hiermit] hiemit *C*.

8   **1** Das] der *D*.   **3** Stůcke] Stůck *CDE*.

9   **4** elteste] eltest *B*.   **16** nach] fůr *E*.   **21** alle] allen *E*.   **23** Schmuck] Smuck *E*.   **25** Wammeslein] Wemmeslein *B*.   **26** nit] nicht *CDE*.   **29** bald] balde *CE*.   **30** zurstöret] zerstöret *CD*.

10   **9** freidig] freudig *E*.   **10** schůldig] schůldig *D*.   **19** sagt] saget *CD*.   **25** nun] nu *E*.   **27** selbest] selbst *E*.

11   **2** leichtlich] leichtlicht *B*.   **5** Edelen] Edlen *CDE*.   **8** wenigste] geringste *D*.   **12** mangele] mangelt *D*.   **20** můssen] mussen *E*.   **26** magstu] magst du *C*.

13   **5** Lemblin] Lemblein *D*.   **9** — Hals] den Hals *D*.   **15** ein] *fehlt D*.   **16** ein] eine *CDE*.   **19** möcht] möchte *E*. gern] gerne *E*.   **28** Bulern] Buler *B*.

14   **2** Leute] Leut *D*.   **9** zun] zum *B*.   **14** fůruber] fůrůber *B*.   **15** mit uns jetzt] jetzt mit uns *E*.   **24** Deudtschen] Teutschen *E*.   **26** Polypi] Philosophi *D*.   **30** abmahlet] abgemahlet *E*.   **30** andere] ander *D*.

358 *Varianten*

15 **1, 4, 7, 8, 13, 19** Deudtschen] Teutschen *E*.   **9** dieselbige] dieselbigen *B*.
14 solche] solch *B*.   **19** Deudtschlandt] Teutschland *E*.   **22** den] dem
BCDE.   **24** selbest] selbst *E*.   **26** verhengnuß] verhencknuß *CD*.

16 **5** wőchentlich] wochentlich *BCDE*.   **7** welchs] welches *BCDE*.   anderer] ander *BCD*.   **8** nit] nicht *BCDE*.   **12** ohn] ohne *E*.   **14** michs]
mich es *E*.   Deudtschen] Teutschen *E*.   **18** so gar] so gar so *D*.   **22**
nicht] nit *E*.   **24** eine] ein *CD*.   **28** Bůrgerßrőcke] Bůrgerrőcke *CDE*.

17 **1** Jungfrawen] Jungkfrawen *C*.   **12** einem Bůrger] einen Bůrger *B*.   **21**
ein] eine *E*.   **23** Herrn] Herren *B*.   **30** gbrauch] gebrauch *E*.   **30**
kleyden] kleidn *B*.   **33** Rőmischen] Rőmischn *B*.

18 **1** waren] warn *B*.   **2** Vorfarn] Vorfaren *D*.   **4** stehen] stehn *B*.   blieb]
bleib *CDE*.   **11** Pawern] Bawren *CDE*.   **13** Pawrn] Pawern *B*; Bawern *C*; Bawren *D*; Bauwern *E*.   **15** Pawer] Bawer *CDE*.   **16** ein]
eine *DE*.

19 **7** kőnnen] konnen *D*.   **18** Schnee] Snee *D*.   **23** abwůrge] erwůrge *D*.
27 sintemahl] sindemal *B*.   nicht] nit *E*.   **28** lange] lang *CDE*.   **29**
nicht] nit *B*.

20 **3** fůr] fur *E*.   **6** Herren] Herrn *E*.   **8** rechter] Reicher *CDE*.   dein]
deine *CDE*.   **12** damit] darmit *E*.   **13** Carteck] Cardeck *CD*.   **14** zu
Erbarkeit] zur Erbarkeit *E*.   **28** wann] wenn *BE*.   **31** ersten] *fehlt CDE*.

21 **1** Vierden] Vierdten *CDE*.   **8** zoge] zog *CDE*.   **12** tag] tage *E*.   **20**
vorsorg] Vorsorge *CDE*.   **21** gedechtnus] gedechtnis *B*.   **22** solchs]
solches *E*.   **26** Herrligkeit] Herrigkeit *D*.

22 **3** iren] ihrem *B*.   **6** nit] nicht *BCDE*.   **14** alle] all *D*.   **21** kůnstreiche]
kunstreiche *CDE*.   **24** wie die Gelehrten sagen] *fehlt B*.   **26** Haubenstickerin] Haubenstrickerin *BCDE*.   **28** sonderlichen] sonderlichem *D*.
auffm] auff dem *E*.

23 **9** nit] nicht *BCDE*.   **13** machens] machen *D*.   **16** einfeltig] einfeldig *B*.
22, 24, 25, 29 Deudschen] Teutschen *E*.   **28** Mentelein] Mentel *CDE*.
32 nicht] nit *B*.   **33** nemet] nemmet *E*.

24 **1** Hertz] Hertzen *CDE*.   nemen] nemmen *E*.   **2** nit] nicht *BCDE*.   **3**
hitz] Hitze *CDE*.   **4** zůchten] zůchtem *CD*.   **7** im] in *CDE*.   Deudtschlande] Teutschlande *E*.   **9** Deudschen] Teutschen *E*.   **17** ists] ist *D*.
29 ist] *fehlt CDE*.   **35** fůrm] fůr dem *E*.

25 **2** ehrlichen] ehrlicher *CD*.   **3** Herrn] Herren *E*.   **5** wer] were *CDE*.
wolt] wolte *B*.   versteckt] verstecket *B*.   **8** můste] muste *E*.   **19** főrdert]

Varianten

fûrdert *B*. **20** hier] hie *E*. **22** Redener] Redner *D*. **23** schlechte] kôstliche *CE*. **24** Reder] Redener *D*. **28** hab] habe *B*. **29** Redener] Redner *CE*. **30** leget] legte *D*. Feyertågliche] Feyertåglich *CE*.

26 **9** Redener] Redner *C*. **14** ihme] im *E*. **15** im] ihme *B*. **16** fieng] fienge *E*. einfeltige] einfaltige *E*. **17** Mannes] Manns *E*. **22** fraget] fragte *CDE*. **25** nit] nicht *E*. stunde] stund *D*. **28** ime] im *E*. **29** heists] heißt es *E*.

27 **1** fôrderunge] fôrderung *DE*. **15** Glerten] Gelehrten *E*. **16** bestehn] bestehen *E*. **23** Kleyde] Kleid *E*. **24** gescheider] geschickter *CDE*.

28 **4** Kegentheyl] Gegentheil *BE*. **5** Kraußteuffel] Krôßteuffel *E*. **7** Kleydung] Kleidunge *E*.

29 **9** Secke tragen] Såcktragen *E*. wolte] wolt *E*. **10** dazu] darzu *E*. **14** geschenckt] geschencket *BE*. **22** gestrafft] gestraffet *CDE*. **25** sagt] saget *E*. **28** legt] leget *E*.

30 **1** ergesten] årgsten *E*. **6** geputzet] geputzt *E*. **9** Greten] Grete *E*. **11** uberschwemmet] verschwemmet *CD*. **27** ist] *fehlt CD*.

31 **1** Stûck] Stûcke *B*. **5** nicht] nit *B*. **10** jetzt] jetzundt *CDE*. ein] eine *E*. **12** Bawern] Bachern *C*. wollen] wôllen *E*. **13** gehen] gehn *E*. Edelleute] Edelleut *CD*. **14** Herren] Herrn *E*. **21** hie] *fehlt CDE*. **24** fûr] vor *E*. **26** Reichsten] Reichen *D*. nicht] nit *E*. **29** mochte] môchte *DE*.

32 **2** mochten] môchten *BE*. **4** Todes] Tods *E*. **5** vermanten] vermaneten *E*. **6** sein] seine *B*. vorlengest] vorlengst *CDE*. **7, 28** nicht] nit *E*. **8** fodern] fordern *E*. **18** Tode] Todte *E*. **21** denn] dann *E*. **23** Creutz] Creutze *B*. **26** zu thun noch] *fehlt B*. **30** Leut] Leute *E*. **34** seinem] seinen *E*.

33 **12** euch] auch *E*. **14** Tisch] Tische *B*. **21** Abgôtterey] Abgotterey *E*. **28** Scheytel] Scheydel *B*. **31** Heupt] Haupt *CDE*. **33** schônen] schonem *D*.

34 **6** macht] machet *E*. **9** Moscowiterische] Muscowiterische *D*; Moscowitrische *E*. **10** hoch] hohe *E*. **13** nicht] nit *E*. **14** gerne] gern *E*. **16** dran] daran *E*. **18** darûmb] darumb *DE*. **20** sorge] sorg *E*. **25** alleine] allein *E*. Landtßknechts] Landtßknecht *B*. **29** Tûrcker Heupter] Tûrckenhåupter *E*. **31** bausen] baussen *B*. **32** enge] eng *E*.

35 **1** Kopff] Kôpffe *E*. **7** solche] solch *E*. **18** Leinwandt] Leinwadt *B*. **19** drauff] darauff *E*. **22** kucket] jucket *E*. **25** gedencket] gedenckt *E*. **28** heßlichen] heßlich *E*. **29** mahlete] mahlet *D*. zôtichten] zôtichen *E*. **30** zu der] zur *E*. **34** nicht] nit *E*. **35** Kraussen] Krôssen *E*.

Varianten

36 6, 11 Krauß] Krôß *E*. 15 nicht] nit *E*. 16 Forne] Ferner *D*. Krausen] Krôß *E*. 22 drauff] darauff *E*. 28 Krausse] Krôß *E*. treget] tregt *D*. 31 kômpt] kompt *E*. 34 zur] zu der *E*. schlaffeten] schleffeten *E*.

37 3 erfûr] herfûr *B*. 8 fragte] fragete *E*. 11 ungehewren] ungehewern *E*. Hentzscken] Hentzschen *D*. 14 Nu] Nun *BE*. 18 schlechtes] schlechts *E*. nit] nicht *BCD*. 20 hangen] hengen *CDE*. denn] dann *E*. 31 sagt] saget *E*. 32 geringere] geringer *CDE*. 33 nun] nu *BE*. 34 halte] halt *E*. 35 dafûr] darfûr *E*.

38 1 bezalet] bezahlt *E*. 5 einen] ein *E*. 6 erschrecken] erschråcke *E*. kôndt] kôndte *CD*. 10 dawider] darwider *E*. 13 gewesen] gewest *E*. 14 kômpt] komt *E*. 15 mitbringet] mit bringt *CDE*. 16 nichte] nichts *CDE*; nichtes *B*. 17 Schnitte] Schnitt *E*. 18 nemen] nemmen *E*. 28 gienge] gieng *E*. 29 thue] thu *CD*. 34 Landtsknechte] Landtsknecht *CDE*.

39 1 vorgehenden] vorgehender *B*. 2 wûrden] wurden *B*. 4 genug] gnug *E*. 6 Herren] Herrn *E*. 12 saget] sagt *D*. 14 Hoffe Junckern] Hoffjunckern *E*. vermeßlicher] unmäßlicher *E*. 15 nicht] nit *E*. 17 Junckhern] Junckherren *BE*. rûhmlich] ruhmlich *E*. 23 Herrn] Herren *E*. 24 Kraussen] Krôsen *E*. 26, 33 nichts] nichtes *B*. 29 Pumphosen] Pomhosen *D*; Pomphosen *CE*. Låtze] Låtz *E*. 35 schande] schand *E*. 35 Diebsecke] Diebsåck *E*.

40 3, 15, 28 nicht] nit *E*; auch nicht *B*. dem] den *BCDE*. 4 — mûssen] sie mûssen *B*. Lackeisch] Lackeyisch *B*. 5 — zerschnitten] und zerschnitten *B*. 10 Strûmpffe] Strûmpff *E*. hette] hett *E*. 11 —die] alleine die *B*. Zwickeln] Zwickel *B*. 16 außgestôpten] außgestepten *E*. 17 nutz] nûtz *CDE*. 23, 34 Deudtschen] Teutschen *E*. 27 Gejågde] Gejågt *E*. fûhret] fûhrt *E*. 28 dicke] die *D*. 29 verderbet] verderbt *E*. Darnach] Demnach *CDE*. 31 verderbt] verderbet *B*. 32 dem] den *E*. 33 trûckenen] trûcknen *E*.

41 1 Deudtschen] Teutschen *E*. 2 nun] nu *E*. 3 Våterlich] Våterliches *B*. 5 Tolchen] Tôlchen *B*. 6 schweig] schweige *E*. 9 nu] nun *BE*. 12 sagt] saget *E*. 17 solche] solch *E*. 18 Zôpffe] Zôpff *E*. 19 im] in *B*. Beinhauß] Beinhause *CDE*. 20 gnug] genug *E*. 23 kleins] kleines *E*. 26 Stirne] Stirn *E*. hinder] hinter *D*. 28 darvon] davon *CD*. 31 Fraw] Frawe *B*. 32 hûbsch] hûbsche *B*.

42 7 Schleyer] Schleyr *E*. 8 auffm] auff dem *B*. hatte] hatt *E*. 10 Kopff] Kopffe *B*. 16 im] ihme *B*. 17 kauffig] keuffig *CDE*. 18, 21 Krausen] Krôsen *E*. 22 wollen] wôllen *E*. 24 gewilliget] gewilligt *E*. 25

Varianten 361

Krausse] Kröß *E*. 27 auffn] auff den *B*. 28 Kröse] Kröße *E*. 31 an —] an den *E*. 33 weges] wegs *E*. 34 ernstlichs] ernstliches *E*.

43 6 einem] einen *CDE*. 7 hôhen] hohen *BD*. 8 gleichformig] gleichförmig *BCDE*. 15 — auffs] müssen auffs *B*. gezieret —] gezieret sein *B*. 20 redlich] redliche *E*. 22 an] am *E*. Sammet] Sammat *E*. 23 Sackleinwandt] Sackleinwadt *B*. 24 drunter] darunter *E*. 26 nemen] nemmen *E*. dafûr] darfûr *E*. 28 Frawzimmer] Frauwenzimmer *E*.

44 5 Kônigs] Kôniges *BCDE*. 7 bringe] bring *E*. 8 nimpt] nimmet *B*. 11 niemandes] niemands *CDE*. 16 kein] keine *B*. 20 schryen] schreyen *CD*. 21 zu dem] zum *E*. 26 gefûhrt] gefûhret *CDE*. 29 dem] den *DE*. 31 nicht] nit *E*. 34 beschlagnen] beschlagenen *E*.

45 2 saget] sagt *B*. 3 Fûderichs] Fûdrichs *CDE*. 7 Måntel] Mantel *D*. 12 nu] nun *B*. 22 hingeben] hingehen *E*.

46 5 vorzertlung] verzertelung *CD*; vorzerteilung *E*. 7 weitleuffig] weitleufftig *DE*. 10 deste] desto *BE*. kônnen] konnen *C*. 14 — erseuffet] er erseuffet *CDE*.

47 1 Stûcke] Stûck *B*. 2 Leut] Leute *B*. 8 wollen] wôllen *E*. 9 kosten] kôsten *B*. 12 als sey es] als es sey *E*. 14 eine] ein. *E*. 23 einen] ein *D*.

48 6 deßgleichen] dergleichen *CDE*. 11 saget] sagt *E*. 15 — armer] der armer *E*. Leut] Leute *CDE*. 16 ir] ihre *BCDE*. 18 — Man] den Mann *E*. 23 ein] eine *CD*. 32 auffgerichtetem] auffgrichtem *C*. 35 ihre] ihr *CDE*.

49 1,2 wegnemen] wegnemmen *E*. 3 Kitelein] Ketelein *E*. 4 Bisemôpffel] Bisemepffel *E*. 15 drûber] darûber *E*. 20 Gerûcht] Gerûch *B*. 23 vierden] vierdten *BCDE*. 25 selbs] selbst *B*.

50 5 selbs] selbst *B*. 11 kôstlich] kostlich *B*. Nachtbarn] Nachbarn *CDE*. 15 nit] nicht *B*. 20 unterthan] underthan *E*. 27 — Schamhafftigkeit] die Schamhafftigkeit *B*. 29 Sammet] Sammat *E*. — Seyden] die Seyden *E*. 34 berûhmten] berûhmbten *CDE*.

51 1 Von] Vom *B*. 3 annemen] annemmen *E*. 11 lobet] lobete *D*. andere] ander *E*. 15 gezeiget] gezweiget *D*. 18 dieselben] dieselbigen *B*. 21 Leut] Leute *BE*. drauß] darauß *E*. 22 Kleynoter] Kleynoder *B*. 32 Herr] Herre *B*. 33 nit] nicht *BCDE*.

52 2 Jungkfrawen] Jungfrawen *E*. 3 nit] nicht *BCDE*. 5 saget] sagt *D*. 7 sagt] saget *B*. 9 Oel] Oele *B*. scharff] scharpff *E*. 11 Seel] Seele *B*.

Varianten

53 1 Vierden] Vierdten *CDE*. 14 Ein] Eine *B*. 27 Verstandes] Verstands *D*. 29 Kőnig] Kőnige *D*.

54 2 fuhre] fuhr *D*. 10 Kőnig] Kőnige *D*. halte] hielte *E*. 16 Leut] Leute *B*. 17 Lewen] Lőwen *CDE*. 18 zun] zu den *B*. 21 wider] widerumb *B*. 30 Fůrwitz] Furwitz *D*. 32 balde] bald *BCDE*.

55 5 ein] eine *B*. Auge] Aug *CDE*. 8 verdirbet] verdirbt *D*. 11 dem] den *B*. 13 deste] desto *BE*. 17 Nachtbarn] Nachbarn *D*. 18 saget] sagt *D*. 21 selbs] selbst *B*. 30 Unterthanen] Underthanen *E*.

56 2 wollen] wőllen *D*. 6 meinstu] meinestu *B*. 11 Gebrewlin] Gebrewlein *E*. 13 hőcken] hecken *CDE*. 14 halb] halbe *CDE*. Damit] Darmit *CDE*. 18 ergeste] ergesten *BCDE*. 22 kőmpt] kompt *E*. 23 dem] den *CD*. 26 Bawern] Pawern *B*. 27 gnade] gnad *CDE*.

57 3 gsagt] gesagt *E*.

TANZTEUFEL

Widmung und Vorrede, S. 63—67, fehlen im C-Druck.

Die lateinische Beigabe IN LIBELLUM DE FURIOSIS HUIUS SECULI TRIPUDIJS, *die in den B- und C-Drucken dem Text vorangeht, fehlt in der Erstausgabe. Wir haben sie dem Variantenverzeichnis, S. 372—376, hinzugefügt.*

63 21 Regierungen] Regierung *B*.

64 3 freunde] Freund *B*. 27 außgehn] außgehen *B*.

65 3 vornemen] vernemmen *B*. 22 nicht] nit *B*. 35 annemen] annemmen *B*.

66 6 uffsetzig] auffsetzig *B*. 18 nit] nicht *B*. 23 fůrnemen] fůrnemmen *B*. 24 auffnemen] auffnemmen *B*.

68 2 nicht] nit *B*. 5 nit] nicht *C*. 6 allein] alleine *C*. 11 da] ja *BC*. 21 *M*. auff] uff *B*. 24 Obrigkeit] Oberkeit *C*. 25 kein] keine *C*. tichten] dichten *BC*. 31 unter] under *BC*.

69 8 unterthanen] underthanen *BC*. zimmern] zimmer *BC*. 10 lustiger] lůstiger *BC*. 13 *M*. Gottes worts] Gőtliches Worts *BC*. 13 wortes] Worts *C*. grőst] grőste *C*. 15 geprediget] gepredigt *C*. 18 nit] nicht *C*. Feyrtage] Feyertage *BC*. 19 dazu] darzu *BC*. 22 gespůret] gespůrt *C*. 28 Krátschmenheuser] Krátschemheuser *BC*. 31 wenigste] wenigst *BC*.

Varianten

70 1 Gottesdienst] Gotteshause BC. 6 ungebawt] ungebauwet C. 11 M.
zum] zu C. 19 euch] auch C. 23 leget] legt C. 24 einen] ein BC.
28 kompt] kommet C.

71 2 unterlassen] underlassen BC. 7 klares] klare BC. 12, 24 nicht] nit C.
16 ehrverwegenen] ehrverwegnen C.

72 1 umbs] umb C. geldtes] Gelts BC. — nutzes] eygens nutzes BC. 4 solle]
soll BC. 7 meinen] mein C. 8 gestraffet] gestrafft BC. 11 nicht] nit
C. meinem] meim C. 12 offentlich] öffentlich BC. 13 Nun] Nu C.
14 darzu] dazu C. 16 darinnen] darinn C. 20 nemen] nemmen BC.
21 unnd Krůge] *fehlt* C. 25 verderbet] verderbt C. 31 Darumb]
Drumb C. billichen] billich C. 35 einen] ein C.

73 6 Mißbräuche] Mißbrauch BC. 14 geldtes] Gelts C. 20 poldern] poltern C. 22 unterst] underst C. 23 ruh] ruhe C. 28 wirdt] *fehlt* BC.
28 solchs] solches C. 29 vorhangen] verhangen C.

74 3 unter] under BC. 5 pflegt] pfleget C. 8 verdamnen] verdammen BC.
15 nemen] nemmen C. 17 und fleissiger] unfleissiger C. 18 stunde]
stunden BC. 19 vordruß] verdruß C. 25 boldern] poldern BC. 26
auffgehört] auffgehöret BC. 29 dazu] darzu C.

75 3 seinen] seinem C. 4 — dafůr] aber dafůr C. auß —] auß sonderem BC.
7 seind] sind BC. 10 Pfarrherrn] Pfarrherren B. 11 ruhe] ruh B.
12 — kranck] und kranck BC. 13, 18, 28, 31 nicht] nit C. 22 einen]
ein C. 24 keines] keins C. 25 Drumb] Darumb BC. 29 M. *fehlt* BC.
31 stehet] steht C. 32 seind] sind C. gemeinlich] gemeinglich BC.
33 Viehe] rohe BC. 34 dann] denn C. 35 Gottes. —] Gottes. Darumb
lassen sie es gehen / wie es lange gieng. BC.

76 2 Herren] Herrn BC. Obrigkeit] Oberkeit C. 4 nun] nu C. 5 Bierlein] Bierlin C. 6 darumb] drumb C. 7 vorthun] verthun C. 8, 25
nicht] nit C. 8, 9, 21 einem] eim C. 12 offentlich] öffentlich BC.
13 M. Kråtschmen] Kråtschemen C. 15 Viehe] vieh C. 16 thewer]
thewr C. 18 Acker] Åcker C. 22 schlahen] schlagen BC. 22 drittheil] dritte theil BC. 23 drinnen] drinn C. 24 rechte] recht C. 25
můglichen] můglich C. 29 gehets] gehts C. 34 ist —] ist in summa BC.
gemeine] gemein C. 35 Mietkråtschmer] Mietungskråtschmer BC.
köndten] können C. nicht] nit BC.

77 1 ubersetzt] ubersetzet C. 3 Acker] Ecker BC. 5 höhisten] höhesten
B; höchsten C. Obrigkeiten] Oberkeiten C. 7 Herrn] Herren BC.
14, 28, 30, 32 nicht] nit C. 15 mehiste] meiste BC. 18 einnemen]
einnemmen C. seind] sind C. 19 wann] wenn C. 20 Mietkråtsch-

364   *Varianten*

merlen] Mietungßkråtschmerlen *BC*. **23** sawer] sawr *C*. **27** Mônche] Mûnche *BC*. erwûrget] erwûrgt *C*. tage] tag *C*. **29** Denn —] Denn wie vorhin gesaget *B*; Denn wie vorhin gesagt *C*. **30** vielen] vil *C*. **31** Bawren] Brewren *B*. **31** *M. fehlt A*] Vide in locis Manlij et Quaerelum Ph. M. de veteri et nostrae aetatis Cerevisia in libello Medico. *BC*. **35** versawerte] versawrte *C*.

78   **8** glatschen] glaschen *C*. **9** hopffende] hûpffende *C*. **10** schlimmerey] schlemmerey *B*; schelimmerey *C*. **13** oben gemeldet] obgemeldt *C*. Mietkråtschmer] Mietungßkråtschmer *BC*. **15** seind] sind *C*. Mietherren] Mietungßherrn *BC*. Gotts] Gottes *BC*. **17** allen] alle *C*. unterscheid] underscheid *BC*. **18** darauß] drauß *C*. **19** Miettungßherrn] Miettungßherren *B*. Pfandsherren] Pfandßherrn *BC*. **20** offters] ôffters *BC*. einen] ein *C*. eine] ein *C*. **21** Tantzet] tantzt *C*. anzûndet] anzûndt *C*. **22** scheidet] scheidt *C*. **23** meyne] meyn *BC*. — sie] ja sie *BC*. **25** Herren] Herrn *C*. **27** fûrnemen] fûrnemmen *C*. darzu] dazu *C*. Erbkråtschmerlein] Erbkråtschmerlin *C*. **28, 35** nicht] nit *C*. **29** wol so] so wol *BC*. **35** schleffet] schlefft *C*.

79   **1** *M*. Anschlege] Anschleg *C*. **5** solch] solche *BC*. **7** nicht] nit *C*. **8** darzu] dazu *C*. **10** einen] ein *C*. **11** es soll] soll es *BC*. **17** sawer] sawr *C*. darbey] dabey *C*. **21** das] dirs *BC*. **24** eines] eins *C*. **32** zum] zu *C*.

80   **4** nicht] nit *C*. **5** nun] nu *C*. **6** solchs] solches *BC*. **16** Herren] Herrn *C*. **20** Gottes —] Gottes im Himmel *BC*. **24** nemern] nemmern *BC*. **26, 32** unter] under *BC*. **28** nemen] nemmen *BC*. **28** gern] gerne *C*. **34** schwartz] schwartze *C*. Nickel] Casper *C*.

81   **1** *M*. Herrn] Herren *BC*. **12, 30** Obrigkeit] Oberkeit *C*. **13** Kråtschemer] Kråtschmer *C*. **17** Junckern] Junckfern *BC*. **21** nicht] nit *C*. **22** unter] under *BC*. **24, 25** vorhalten] verhalten *C*. **27** Pfarrherren] Pfarrherrn *BC*. **29** Trawen] Traun *C*. solte] solt *BC*. **32** heucheln] heuchlen *BC*. **35** annemen] annemmen *C*.

82   **2, 27** entschuldigung] entschûldigung *C*. **6** mitternachte] Mitternacht *C*. **7, 29** nicht] nit *C*. **8** ergernuß] ergerniß *C*. erstlichen] ernstlichen *BC*. **11** groß] grosse *BC*. **12** saget] sagt *C*. **13** unter] under *C*. **16** vorhelt] verhelt *C*. **17** Obrigkeit] Oberkeit *C*. **18, 21, 27, 33** Unter$_t$ hanen] Underthanen *BC*. **23** nachtes] nachts *C*. **26** nemen] nemm en *BC*. **29** kônte] kûndte *C*. **30** kôndten] kûndten *C*. **31** darzu] dazu *C*. **32** schul dig] schûldig *C*. **35** fûrnemen] fûrnemmen *C*. entschuldigen] entschû ^{l}digen *C*.

Varianten 365

83 4 entschuldigt] entschůldigt *C*. 6 des reichen] dem reichen *C*. der unterthan] die Underthan *BC*. 7 Obrigkeit] Oberkeit *C*. 8 fůrnemen] fůrnemmen *C*. wölle] wöllen *BC*. 10 saget] sagt *C*. nit] nicht *C*. 11 Drumb] Darumb *BC*. viel weniger] auch nicht und ebenso wenig *BC*. 18 offentlichen] öffentlichen *BC*. 20 vom] von *BC*. 23 maß] masse *C*. 25 wann] wenn *C*. Chůrheuser] Hurheuser *C*. 26 mit euch ein wenig] ein wenig mit euch *C*. 28, 35 köndte] kůndte *C*. 31 opffern] opfferen *BC*. 34 offentlich] öffentlich *BC*.

84 5, 8 nicht] nit *C*. 13 unzimliche / schnöde / unzůchtige unnd unverschempte tåntze gestatten / zulassen / fördern / hegen und halten / und auch gemeldet / wo fůrnemlich dieselben gehalten werden.] unzimlichen / schnöden / unzůchtigen und unverschempten Tåntzen wehren solten / dasselb aber nit thun / sondern allerley unzucht im tantzen gestatten / zulassen / fördern / hegen und halten / und auch dabey gemeldet / wo fůrnemlich dieselben tåntze gehalten werden. *BC*. 26 *M*. L.] L. manuscriptis. Et in locis Manlij. *BC*.

85 15 fůrnemlichen] fůrnemlich *C*. 26 ungeůbeten] ungeůbten *BC*. 31 offentlich] öffentlich *BC*. 32 vormögen] vermögen *C*.

86 9 unter] under *BC*. 11 den] dem *BC*. 24 unvernůnfftigem] unvernůnfftigen *B*. 24 geleufft] geleuff *C*. 27 sondern —] sondern einem der *B*; sondern einen *C*. 33 boldern] poltern *C*.

87 4 ein mal] *fehlt C*. 20 gnug] genug *C*. 22 zur] zu *BC*. 34 zu] zur *BC*. Dirnen] Dirne *C*.

88 1, 19, 21, 34 nicht] nit *C*. 4 solchs] solches *C*. manichs] manchs *C*. 5 treibens] treiben *C*. 9 Tölpel] Dölpel *C*. nemen] nemmen *B*. 10 kennlein] kennlin *C*. 14 trůbe] trůb *C*. 20 viertheil] viertel *C*. 26 darauß —] darauß denn *C*. 29 gehöret] gehört *C*. 33 schröckliche] schreckliche *BC*.

89 3 gelustet] gelůstet *BC*. 7 offentlich] öffentlich *BC*. 17 nemen] nemmen *B*. und] oder *C*. 25 dem] den *C*. 27, 31, 35 nicht] nit *C*. 28 erlaubnus] erlaubniß *C*. 32 Kůh] Kůhe *BC*. 33 nicht selber] selber nit *C*.

90 7 alte] alten *C*. 11 unverdrossenem] unverdrossenen *BC*. 18 leyten] leutten *BC*. 19 Klöpffel] Klepffel *C*. 24 Gottfůrchtiger] Gottfůrtiger *B*. 29 davon] darvon *C*. mit —] mit ihrem *BC*. 33 sind] seind *C*.

91 6 *M*. auff] uff *B*. 7 *M*. nicht] nit *C*. 8 Herren] Herrn *C*. 13 erwölet] erwehlet *C*. 18 verehrunge] verehrung *C*. endtlichen] endtlich *C*. 27

Bilden] Bildern *B*; Bilder *C*.   **34** Lere] Lehr *C*. genugsamen] gnugsam *C*. **35** unsere] unser *C*.

92 **4** unten] unden *B*.   **8** Gottes wort] wort Gottes *BC*.   **10** dann] denn *C*. **14** kůrtz] kurtz *B*.   **21** Kirchweihen] Kircheweyhen *C*.   **24** eine] ein *BC*.   **27** solch] solche *C*.   **30** solst] solt *C*. nicht anderst] nichts anders *C*.   **35** treiben] *fehlt BC*.

93 **8** — ferne] so ferne *BC*.   **14** er] es *BC*.   **19** *M. fehlt BC*.   **22** verachter] verâchter *C*.   **25** nicht] nit *C*.   **28** offentlichen] ôffentlichen *BC*.   **32** unterlaß] underlaß *B*.

94 **2** stehn] stehen *C*.   **4** beim] mit dem *BC*.   **5** inen] den Mågden *BC*. **7** unterm] underm *B*.   **10, 22, 25, 33, 34** nicht] nit *C*.   **12** welchs] welches *BC*. Herrn] Herren *BC*.   **17** důrffen] důrfften *B*.   **19** sonder] sondern *C*.   **22** schewen] schemen *BC*.   **24** offentlichen] ôffentlichen *BC*. **32** Wie sie sich aber leyten bey der Nacht /] Was aber denn das Nachtgeleith sey gewesen / *BC*.   **32** *M.* Gleydt] Geleyt *BC*.   **33** sehe] sihet *BC*.

95 **1** sie lauffen] lauffen sie *BC*.   **2** sonderlich bey der Nacht] zu nachtes sonderlich *BC*.   **3** unnd wie sie einander uber feldt her das Gleyd geben / also geschicht es auch im Dorff / auß dem Krâtschem bey tag und nacht /] das uber feldt her das gleyt gleich mit dem jenigen im Dorff / auß dem Krâtschem / *BC*.   **16** zufallen] zurfallen *C*.   **17** kommen] kåmen *BC*. **21** tantz] tantze *C*.   **25** Obrigkeit] Oberkeit *C*.   **26** nichts] nicht *C*. **32** nicht] nit *C*.

96 **6** trieb] treib *BC*.   **7** unter] under *B*.   **8** on] ohne *BC*.   **11** sonder] sondern *C*.   **12** dadurch] dardurch *C*.   **19** schlahen] schlagen *BC*.   **21** *M.* kommet] kômpt *BC*.   **24** nit] nicht *C*.   **28** gienge] gieng *C*.   **35** ungnade] ungnad *C*.

97 **2** straffe] Straff *C*.   **5** noch] nach *C*.   **9** saget] sagt *C*.   **11** nu] nun *BC*. jungen] junge *C*.   **16** Bierhauses] Bierhauß *C*.   **21** domus] domus* *Apelles der fůrtrefflichst Maler / hat die Venus in einer Schnecken stehende gemahlet / darmit anzuzeygen / das Weiblich Geschlecht nicht sol noch môge weit außgehen und spacieren / Sondern daheym bleiben / das ire im Hause außwarten / Denn gleich wie die Schnecken nimmer auß ihrem Hause kompt / Also sollen auch Weiber / Jungfrawen / Dirnen zu Hauß bleiben / und nicht spatzmausen / solt sagen / spacieren gehen. *BC*.   **27** *M.* offentlichen] ôffentlichen *BC*.   **30** in] im *C*.   **31** sich finden] finden *C*. **32** weges] wegs *C*.

Varianten

98 1 offentlichen] ôffentlichen *BC*. 13 nit] nicht *C*. 16 auff das fleissigst] zum fleissigsten *BC*. 17 destweniger] deste weniger *C*. 18 nicht] nit *C*. 28 *M. fehlt C*. 34 nemen] nemmen *BC*.

99 1 Haußmûtter] Haußmutter *C*. selten] solten *BC*. 2 ergernuß] ergerniß *C*. 3 feldt] Felde *C*. 10 nit] nicht *C*. 16 Kûh] Kûhe *BC*.

00 1 Gumpel] Gûmpel *C*. Brennscheit] Breuwscheit *BC*. 2 seuberlich] seuberlichen *C*. 4 Magdt] Mågdt *BC*. reitzete] reitzeten *C*. 6 ja] je *BC*. 9 nit] nicht *C*. 17 fûrnembste] fûrnemste *C*. 22 solche] sôlche *C*. 25 dazu] darzu *BC*. 28 lernten] lernen *BC*. 30 verkôrder] verkôrderm *B*; verkôrdern *C*.

01 2 nemen] nemmen *BC*. auch] nur *BC*. 4 *M*., 29, 30 nicht] nit *C*. 8 zuposst] zuposset *BC*. 23 verkôrder] verkôrdere *BC*. 31 einer faulen] einem faulen *BC*. 34 gemeinglich] gemeiniglich *C*. unten] unden *BC*.

02 6 hembde] hembder *BC*. habe] hab *BC*. 8 hier] hie *BC*. 13 gehôret] geheget *BC*. 18, 25, 31 nicht] nit *C*. 20 genug] gnug *C*. 21 *M*. aber] uber *BC*. 24 zum] zu *C*. 34 rûcken] rucken *C*.

03 2, 29 nicht] nit *C*. 4 nemen] nemmen *B*. 13 dem] den *C*. 18 offentlich] ôffentlich *BC*.

04 6 Rôcke] Rôck *BC*. Hembde] Hembder *BC*. 9 Reussischem] Reussischen *C*. 15 meuchlen] maulen *BC*. 27 Tantze] Tantz *BC*. 32 dinget] mietet *BC*. 33 sagen sie —] sagen sie die Mûtterlein *BC*. 34 verdingen] vermieten *BC*. dinge] bedinge *BC*.

05 2 genugsam] gnugsam *C*. 3 Halßkoller] Halßkôller *BC*. 4 Bôrtlin] Bôrtlein *BC*. 6 gemeinen] gemein *C*. 11, 25 *M*. nicht] nit *C*. 13, 35 dann] denn *BC*. 14 die ein] je ein *BC*. 16 *M*. Gesind] Gesinde *BC*. 18 Landtßordnung] Landordnung *B*. hierinne] hierinn *BC*. 19 wann] wenn *C*. 23, 33 nit] nicht *C*. 33 all] alle *BC*. 35 essen] versorg *BC*.

06 3 Dienstknecht] Dienstknechte *BC*. hier] hie *BC*. 5 nemen] nemmen *B*. 9 nemen] nemmend *BC*. 12 *M*. Und] Viel *BC*. 12 genug] gnug *BC*. 14 ihnen —] ihnen derselben *BC*. 15 Schuh] *fehlt BC*. 32 meynen] sehen *BC*. 34 Kûhhôrner] Kûhehôrner *BC*.

07 1 dreyn] darein *BC*. 2 viel sich] sich viel *C*. 19 sage] sag *BC*. geschiehet] geschicht *BC*. 21, 32 schlahen] schlagen *BC*. 27 seind] seyn *BC*. 33 wann] wenn *C*.

08 1, 20 unter] under *BC*. 3 nicht] nit *C*. 6 nemen] nemmen *B*. 7 schlahen] schlagen *BC*. Beyeln] Beyhlen *C*. 8 dazu] darzu *BC*. sein]

368 *Varianten*

seinen *BC*. **12** grausam] grausames *BC*. **17** anderen] andern *BC*. **19** etliche auch] auch etliche *BC*. **21** *M*. Scheydßleut] Scheydleut *C*. **23** nicht] nit *B*. **30** genugsam] gnugsam *C*.

109 **3** thue] thu *BC*. **6** nemen] nemmen *B*. **8, 35** unter] under *BC*. **22** gmeinschafft] gemeinschafft *C*. **34** gutduncken] gutdůncken *BC*.

110 **3, 6** nicht] nit *C*. **9** renne] rennet *BC*. **12** darůber] drůber *C*. **13** *M*. Frucht] Frůchte *BC*. **14** schand] schande *BC*. **17** hertzeleyd] hertzleid *C*. **30** denn] *fehlt C*. **31** darunter] darunder *BC*. **32** offentlicher] ôffentlicher *BC*.

111 **2** offentlicher] ôffentlicher *BC*. **4** sagt] saget *BC*. **6** nicht] nit *C*. **35** dulden] důlden *C*.

112 **1, 11** offentlich] ôffentlich *BC*. **15** růcken] rucken *BC*. **18** behend] behendo *C*.

113 **1** hôrnitzen] hornitzen *B*; hôrnißen *C*. **11** boldern] poltern *C*. **17** rohe] roh *C*. **19** irem] iren *C*. **23, 24** nit] nicht *BC*. **19, 27, 33** nit] nicht *C*. **25** schlahen] schlagen *BC*. **27** unter] under *BC*.

114 **3** annemen] annemmen *BC*. **14** anstifftet] stifftet *BC*. **15** unnd] daß es *BC*. **18** nit] nicht *C*.

115 **8** genug] gnug *C*.

116 **13** kůndte] kôndte *C*. **14, 15, 32, 34** nicht] nit *C*. **22** *M*. unter] under *BC*.

117 **1** Nammens] Namens *C*. **9** seind] seyn *BC*. **9, 12** unter] under *BC*. **16** erregt] erreget *C*. **24** befůrdert] befôrdert *C*. Fragst] Fragest *BC*. sagt] saget *BC*.

118 **2** ferne] fern *C*. **20** *M. fehlt A*] Weißheit Salomonis 14. *BC*. **30** nit] nicht *BC*. **31** unter] under *BC*.

119 **6** *fehlt A*] Esa. 58. *BC*. **14** Feyertage] Feyertag *BC*. **21** gutes] gut *BC*. auffnemung] auffnemmung *BC*. **24** fewer] Fewr *BC*. **27** abnemen] abnemmen *B*. **34** Feyrtag] Feyertag *C*.

120 **1** untergang] undergang *BC*. **4, 5** Feyertage] Feyrtage *C*. **8** Feyertag / —] Darumb denn auffs hôheste zu loben / das Christlich Keyserliche Gesetz / damit der Sontag und die Feyertage gezieret und bestetiget / Denn also stehet in den Keyser Rechten / von jetzgemeldten Feyertagen / fůrnemlichen vom Sontage geschrieben: Wir wôllen (saget der fromme

Keyser Justinianus) daß man an den Feyertagen / so der hôhesten Majestet seind zugeeignet / mit keinerley zu schaffen habe / noch dieselbe mit schuldtheisunge verunheilige / Darumb ordnen und setzen wir / daß man den Sontag allwegen ehrlichen halten sol. Daß auch am selben tage kein Urtheil volstreckt / kein einmahnung getrieben / kein bůrgschafft geheischen werde. Der Bůttel soll stille schweigen / der Advo. sol sich verbergen / man sol auff disen tag nichts Rechtliches erkennen / die rauhe stimme des Bůttels sol schweigen / die Partheyen sollen mit irem Hadder stillestehen / sie sollen freundlich ruh haben / sie sollen on furcht zusammen kommen / es sol ir hader ruhen / sie sollen ir anspruch vergleichen / und von vertrågen reden. Und dieweil wir nun auff disen tag ruhe schaffen / so wôllen wir auch nit leiden / Das man daran schendtliche kurtzweil treibe (als die unfletigen / unzůchtigen Tåntze seind / so den Feyertag entheiligen / Gottesdienst verhindern) Man sol auff diesen Tag kein Schawspiel / kein Thurnier / kein jemmerlich Spiel von wilden Thieren halten / und ob unser geburts Tag drauff gefiele / so sol er verschoben werden / und so jemand auff disen Tag bey den Schawspielen were / oder ein Amptknecht / von gewins oder eigen geschefften wegen / dise satzung / so wir hiemit verordenet haben / uberfahren wůrde / der sol sein Ritterschafft und Erbgut verloren haben / etc. So weit das Keyserliche Gesetze. *BC*. **8** sie thun aber nichts darzu /] Aber jetzundt thut man nichts darzu / daß solchen und dergleichen lôblichen Gesetzen nachgelebet und gehorsamet wůrde / *BC*. **11** drumb] darumb *BC*. **12** Feyrtag] Feyertag *BC*. **13** nit] nicht *BC*. **15** fewer] Fewr *BC*. **16, 21** ime] im *C*. **23** er damit] darmit *C*. **24** Unterthanen] Underthanen *B*. **29** anderen] andern *BC*. kůndte] kôndte *C*.

121 **7** *M. fehlt A*] Ezech. 33. *BC*. **8** unter] under *BC*. **15, 19, 34** nit] nicht *C*. **16** ime] im *C*. **24** daselbst] dasselbst *BC*. **25** nu] nun *BC*. **31** nicht] nit *C*.

122 **8** angezeigt] angezeiget *BC*. **9** sind] seyn *BC*. **10, 24** seind] seyn *BC*. **16** zu unzeit] zur unzeit *C*. **18** nicht] nit *C*. **23** Ellnbogen] Ellenbogen *BC*. unterlegen] underlegen *BC*. **29** ihr viel] ewer Våtter *BC*. **31** wann] wenn *BC*.

123 **7** untersten] understen *BC*. **9, 11** nit] nicht *C*. offentlich] ôffentlich *BC*. **12** můß] můßt *C*. wissen] weissen *B*. **13** Antwort:] Antwort: Oecolampad. in praefat. Epistolae S. Ioh. canonicae: Cur non potius innocentiae vitae faciunt, ne, quòd in se dictum, in se credi possit, &c. *BC*. **14** unter] under *BC*. **28** Gleißner / —] Gleißner / Lůgner / Petrum Sathanam Matth. 16. Paulus die Galater Thoren oder Narren / etc. *BC*. **33** Heuchler] Heucheler *C*. nicht] nit *C*.

24 Teufelbücher 2

124 **4, 16** liedlein] liedlin *C*.   **4** offentliche] ôffentliche *BC*.   **15** unter] under *BC*.   **17, 32** nit] nicht *C*.   **glaubeten**] gleubeten *C*.   **wolten**] wôlten *C*.   **32** unterlassen] underlassen *BC*.

125 **3** vielfeltige] unfletige *BC*.   **19** verhinderet] verhindere *BC*.   **22** nicht] nit *C*.   **32** frombkeit] frômbkeyt *C*.

126 **8** seynd] sein *C*.   **9** frômmigkeit] frommigkeit *BC*.   **13** nicht] nit *C*.   **25** unter] under *BC*.   **32** dem] denn *C*.   **33** *M*. fûrnemen] fûrnemmen *B*.

127 **2** wider] da wider *BC*.   **3** macheten] machten *BC*.   **6** examiniert] examiniret *C*.   **7** wolten] *fehlt BC*.   **10, 11, 17** nit] nicht *C*.   jaget] jagt *BC*.   **18** gelobeten] gelobten *BC*.   **20** fûrnemen] fûrnemmen *C*.   empfangen] empfange *C*.   **26** nur] *fehlt C*.   **32** welche eine] welch ein *C*.

128 **7** munder] munter *BC*.   **12** sageten] sagten *C*.   **12, 13, 14, 23** nicht] nit *C*.   **20** sagete] sagte *C*.   **29** nimpt] nimmet *C*.   **33** mehrern] mehren *BC*   **35** die] sie *BC*.

129 **11** verdamnus] verdamniß *C*.   **17** sind] seind *BC*.   **21, 28** unter] under *BC*.   **24** *M*. straff] straffe *C*.   **29** verleuret] verleurt *C*.   **30** sein] seinen *C*.

130 **3** *M. fehlt A*] Item Cosmographi Munsteri de Polonia & Cramer. *BC*.   **3** on] ohne *C*. unterlaß] underlaß *BC*.   **11** untergehen] undergehen *BC*.   **15** vermerckten] vermercketen *BC*.   **27** derselbe] derselbige *C*. oberzehlet] obenerzehlet *C*.   **32** 2. meil] zwo Meil *BC*.   **33** *M*. Jolij] Job. *BC*.   **34** gewest] gewesen *C*.

131 **1, 15** unter] under *BC*.   **9** hause] hauß *C*.   **21** on] ohne *C*. unterlaß] underlaß *BC*.   **22** nachtes] nachts *C*.   **24** unterstanden] understanden *BC*.   **28** abzunemen] abzunemmen *C*.

132 **5** nicht] nit *C*.   **10** kôndte] kûndte *BC*.   **13** tage] tag *C*.   **14** besonderem] besonderm *C*.   **17** unterricht] underricht *BC*.   **21** *M*. Wittemberg] Wittenberg *BC*.   **23** *M. fehlt A*] Luc. 21. *BC*.   **23** under] unter *BC*. anderen] andern *C*.   **25** erschrôcklich] erschrecklich *C*.   **26** sind] seind *BC*.   **34** Priestern] Philistern *BC*.

133 **2** anderen] andern *C*.   **4** *M*. nit] nicht *C*.   **5** dûrffte] dôrffte *C*.   **10** ime] ihm *C*.   **18** sind] seind *BC*.   **21** verdamnen] verdammen *BC*.   **26** fôrchte] fûrchte *C*.   **31** verdûrstet] verdûstern *BC*.

134 **5** soltu] solt du *C*.   **16** kûmmert] bekûmmert *C*. drumb] darumb *C*.   **20** dieselbe] dieselbige *C*.   **21** on] ohne *C*. sawer] sawr *C*.   **24** sind] seind *BC*.   **34** nicht] nit *B*.

Varianten

135 6 ewig] ewiges *C*. 7 Fewer] Fewr *B*; Feuwer *C*. 11 damit] darmit *C*. 12 Knecht] Knechte *BC*. 14 unterschiedlichen] underschiedlichen *BC*. getantzt] getantzet *C*. 22 nach] noch *BC*. 23 sawer] sawr *C*. 24 sind] seind *C*. 32 sindt] seind *BC*.

136 6 predigt] prediget *C*. 9 Evangelion] Evangelio *C*. 17 Prediger] Predigt *BC*. 20 getrucket] gedruckt *C*. 22 sind] seind *BC*. 22 *M. fehlt BC*. 30 unterlaß] underlaß *BC*.

137 5 seind] sind *C*. 6 nicht] nit *C*. 16 *M.* Spilleute] Spielleut *C*. 17 unter] under *BC*.

138 5 gedechtnuß] gedechtniß *C*. 12 bochen] pochen *C*. 13 drauff] darauff *C*. bleibe] bliebe *BC*. 16 sihet] ansihet *BC*. 19 findest du] findestu *C*. 22 sind] seind *BC*. 24 nemen] nemmen *B*. 25 dann] denn *C*. 26 Gotteslesterlichen] Gottßlesterlichen *BC*. 28 befůrdern] befőrdern *C*. liget] ligt *C*. 30 nemen] nemmen *BC*. 30, 32 fideln] fidlen *C*. 31 unterscheidt] underscheidt *BC*.

139 2 fideln] fidlen *C*. 4 Fidellohn] Fidel unnd Lohn *C*. 8, 17 dieselben] dieselbigen *C*. 9 gemein] gemeine *BC*. 11 bőse] bőß *C*. 12, 28 Obrigkeit] Oberkeit *C*. 19 schuldig] schůldig *C*. 20 Gotteslesterungen] Gotteslesterung *C*. 29 alten] *fehlt C*.

140 6 Obrigkeiten] Oberkeiten *C*. 7 Kråtschmer] Kråtschemer *C*. 14, 28 gnad] gnade *C*. 16 jetzo] itzo *C*. vorhanden] verhanden *C*. 20 nit] nicht *C*. 21 unbußfertigem] unbußfertigen *BC*. 27 wie] wir *BC*.

141 6 nit] nicht *C*. 8 Deutsch] Teutsch *C*. 9 dieselbe] dieselbige *C*. 12 gibet] gibt *C*. 14 derselben] derselbigen *C*. 15 scheidewercken] scheidewecken *BC*. gesåuff] gesåff *B*; gesőff *C*. 27 die des] des *C*. 32 solches] solche *C*. 35 Eydßbrůchigen] Eydbrůchigen *BC*.

142 9, 11 nit] nicht *BC*. 12 zeugnuß] zeugniß *C*. 17 Unterthanen] Underthanen *BC*. 18 entschuldigen] entschůldigen *C*. 25 endtschuldigung] entschůldigung *C*. 28 gesaget] gesagt *C*. 31 schlahen] schlagen *C*. 32 mehr] anher *BC*. 34 nicht] nit *C*. furchtsam] forchtsam *C*.

143 5 hielt] halte *BC*. 11 seines —] seines lieben *C*.

24*

B und C enhalten noch folgende Beigabe:

IN LIBELLUM DE FURIOSIS HUIUS SECULI TRIPUDIJS,

Reverendi viri, nobilitate generis, pietate, eruditione, doctrina & plurimarum rerum experientiae praestantis D. Floriani Daul à Furstenberg, Ecclesiae Ocydrymiorum Pastoris & finitimarum inspectoris vigilantissimi Soceri sui semper honorandissimi, &c.
Martini Zimmermanni Bregensis, Ludilitterarij Neapolitani moderatoris, &c. Elegia.

Fama est: armipotens* FRIDERICHUS & Induperator,
Tertius hoc Cæsar nobile nomen habens:
Quando LEONORAM regni thalamique, cooptat,
Consortem EDUARDO de genitore satan.
5 Divitis** ALPHONSI regis, festos hymenæos
Instruere, ut decuit talia sacra fuit.

* Hunc sæpenumero dicere solitum accepimus: Malle se febri teneri, quam saltationi operam dare. Aeneas Syl. lib. 1. Comment. de rebus gestis Alphonsi.
** Fuit hic Rex Hispanicus, qui vixit tempore maiorum nostrorum, unus de sapientissimis & praestantissimis regib. & princip. illius ætatis, valdè doctus, & discipulus Pontani, fuit bellicosiss., valens consilio & potentia, & magnas res cum administratione gessit. Celebratur eximia huius modestia, nam in hac nuptiarum solennitate cùm argueretur à Consiliarijs suis quòd Imperatorem Friderichum sibi præferret, severissimè assentatores istos obiurgavit, inquiens: Se scire gradus regum & dignitatum. Illum esse Imperatorem & Imperatori tribuendum suum honorem, in orbe Christiano, quamvis aliorum maior esset potentia. Multa sunt in ipsius historia memorabilia, & habuit variabilem fortunam. Pro symbolo habuit Pellicanum, quam autem dicunt pullos proprio sanguine vivificare, cùm editi sint exanimes, & adhuc sine motu, sicut etiam catuli Leonum, Sed Leo ingenti rugitu & halitu catulos animat, & vitam addit, & ursi fœtus editos informes lambendo formant & fingunt. Pellicanus autem sibi fodit pectus, & fundit sanguinem in pullos, quo ipsi vivificantur. Hoc pinxit rex & ascripsit symbolum: Pro lege & grege. Significavit hoc symbolo, bonum principem debere cum periculo vitæ, religionem & subditos defendere, &c. Hactenus Philippus. Idem saltationi infensissimus fuisse perhibetur, audiens aliquando Scipionem saltatione animum relaxasse, saltatorem ab insano nihil differre dixit, nisi quòd hic dum saltat, ille autem dum vivit insanus est. Unde etiam Gallos potissimùm leves esse, idem dicebat, qui quò magis ætate provecti essent, eò magis saltatu, hoc est, insania sese oblectarent. Et cùm forte mulierem quandam impudentius saltantem

Varianten

```
     Is pompam insignem, geniales propter honores
        Cæsaris & Sponsi prandia lauta parat.
     Regales interque dapes luxumque superbum,
10      Omnia sunt celebri mista thoro.
     Musica magnifico reboat modulamine, nunquàm
        Docta Chelys cessat multiplicare melos.
     Organa, plectra, lyrae, stridolas dant Cymbala voces,
        Tibia latisonos in geminatque sonos.
15   Argutisque fides implent clangoribus aulam,
        Aurea concentum cuncta theatra crepant,
     Tum rex Alphonsus lætas agitasse Choræas
        Dicitur, istarum qui tamen osor erat.
     Huic, de more, aliquis flexo sic poplite fatur,
20      Regis inassuetum cui placuisset opus.
     Inclyte sit dictis Rex Inclyte gratia nostris,
        Sit mihi fas regi paucula verba loqui.
     Nonne pedes alios culpas ad plectra moventes
        Iudicioque leves arguis esse tuo?
25   Id cur tute facis? nonne es te iudice victus?
        Et reus? & proprio cæsus ut ense iaces?
     Talibus huic contra vultu placidissimus heros
        Arridens, facti de novitate refert:
     Quem levis & mollis furiosa per otia luxus,
30      Fœmineas choreas continuare iuvat.
     Est levis & stulti meritò cognomine fertur,
        Nec, licet est sano corpore, mente sapit.
     Quin festa socias saltare in luce Choræas,
        Cum paribus lætos exiluisse pares.
35   Ludicra plaudentes gestu reverenter honesto,
        Vix poterit veniam promeruisse suam.
     Rarò graves tamen & gravibus colludere fas est,
        Et cum prudenti desipuisse licet.
     Congaudere hilari, testantes gaudia, turbæ,
40      Et miscere iocis, sed sine felle, iocos.
     Exultare bonos ut demereamur amicos,
        Si fiant salvo cuncta pudore tamen:
     Ista queunt magnos non dedecuisse regentes,
        Proque loco cives non puduisse suos.
```

---

inspexisset: Expectato inquit, mox Sybilla edet Oraculu, Sentiens saltationem insaniæ genus esse. Sybilla autem Vates, non edebat Oraculum, nisi furore correpta, &c. Panorm. lib. 1. & lib. 2.

Exegesis 45 Sic ait: ô dignam tali te principe vocem,
turpissimi   Dignaque iam sera posteritate cani.
flagitiosiss.   Eia quid Alphonsus, si rex spectator adesset
Satanicique   Dicat? quando Chaos rustica turba furit.
tripudij,   Rustica turba furit trepido et properante tumultu,
cuius præ- 50   Vocalis quoties fistula tacta sonat.
sultores &   Alternis pedibus strepitum ciet & pede terram
Choragi   Tundit, & ut recrepant Tympana pulsa crepant.
gemini   In numerum celeri cursu glomerantur in orbem,
forsan sunt   Ordine turbato fœmina virque ruunt.
Cacodæ-   55 Omnia miscentur pede pes, hæretque pari par,
mones.   Qui modò primus erat posteriora tenet.
                 Brachia terribili pars extollunt ululatu,
                    Pars rudit & rauco bos velut ore boat.
                 Duplicat alter io tremulo clamore nec ullus
            60   In denso saltans agmine voce caret.
                 Sexus uterque Chorum manibus pedibusque retorquent
                    In gyros, videas cruraque nuda genu.
                 Virgo licet tunica cum sit velata recincta,
                    Membraque cauta manu sic revoluta tegit.
            65 Protinus hancce solo mediam in Procus aëra librat,
                    Et retegit quæ non conspicienda decent.
                 Circinat hanc rotat hanc levat hanc & tollit in altum
                    Ad saltum soleæ rumpere sæpè solent.
                 Artis erit: si tunc quatias tibialia pulsu,
            70   Ut crepidas sonitu dissiluisse putes.
                 Sic omnis rabiosa cohors ignara decoris,
                    Anticipans verrit pulverulenta solum.
                 Ut vereare tibi ne tellus mota dehiscat,
                    Ad piceas ve umbras adigat igne DEUS.
            75 Hic nullus pudor est, amor est hic nullus honesti,
                    Singula sed fiunt deteriore nota.
                 Quam pius Alphonsus concessas esse Choræas
                    Dictitat, & vitijs has caruisse iubet.
                 Nostra ferox etenim non est assueta Iuventus,
            80   Moribus austeris illecebrasque colit.
                 Haud patitur rigidis sese frenare lupatis
                    Instar & indomiti frena retentat equi.
                 Hinc Zeno tetricus sociusque Cato procul esto,
                    Non ætas vestrae hæc gaudet adesse Stoæ.
            85 Est apathes, fugiens natura tristitiæque,
                    Nec Stoici mores hæc sapientis amat.

Nam vigor est alacer nervis viresque, petulci
Non tardat fessos curva senecta pedes.
Integer huic sanguis non cura domestica mentes
90 Sollicitat, pleno flore iuventa viret.
Sunt donanda igitur teneræ sua gaudia vitæ,
Corporis ut recreent otia læta malum.
Otia læta levant operoso membra labore
Fessa, queant pensum quò tolerare suum.
95 Orbita sic durabilis est revoluta laboris,
Sic operi reficit non inimica quies.
Gaudia delectant, prodest moderata voluptas,
Non labor & requies si moderata nocent.
Pro re, proque loco, pro tempore singula fiant,
100 Fiant neglecto nulla decore suo.
Convenienter eant moderata, decenter honesta,
Ceu rex Alphonsus cum Solomone docet,
Prudentes ambo reges, virtutibus ambo
Clari, divinis hic, sed & ille bonis.
105 Hic prior hæc docuit, docuitque hæc alter ab illo,
Post utrumque docet te brevis iste liber.
Iste liber vetitas non postulat esse Choræas
Si fiant iusto tempore, ritè, loco.
Publica disciplinæ sint exemplar honestæ
110   Ludicra, sed tamen his debet inesse modus.
Iste liber tetricos mores non exigit, author
Nec Carthusanæ severitatis erit.
Gaudia non prohibet mœstum moderantia luctum,
Quæ solvunt curas mœstitiamque fugant.
115 Nepenthes aliud mœrentibus, aut medicina,
Quam genium non est exhilare suum.
Sic licet & lætus ducas aliquando Choræas,
Tempore cuncta suo conveniente licent.
Intempestivos tamen immodicosque tumultus,
120   Cœtus & effrenis quæ petulanter agit.
Et quæ non habita sexus ratione modestè,
Temporis aut, fiunt nec ratione loci.
Incustodito pudibunda decore gerentes
Taxat, & hæc superis esse molesta docet.
125 Crimina quodque leves comitantur multa Choræas,
Per Choreas fieri multa pudenda solent.
Quæ Centauræos Lapithas, Mimosque protervos,
Cyclopes, Satyros vix decuisse queant.

Scilicet has turpes Choreas inhibere frequentes.
130 Infandumque scelus gestit amore Deo.
Et quia quisquis adhuc spurcæ es levitatis amator,
Forsitan hæc poterunt displicuisse tibi.
Desine mordaces nasu crispante cachinnos
Ingeminare, tuas prodis inepte nugas.
135 Et tu magne Pater momorum maxime Mome,
Pansophe, cum sciolis Zoile prole tuis.
Ecquis, & hos humiles arrodere dente libellos
Est pudor? ô parvos Zoile magne fuge.
Parva tibi è parvis nascetur gloria magno,
140 Magna sed è magnis gloria Magne tibi.
Scripta dat hæc rudibus, doctis meliora daturus
Si sibi cum doctis sermo fuisset erat.
Sic humiles humili docuit ceu tramite plebes
Erudijt simili simplicitate suos,
145 Invide parce igitur caperatam deijce frontem
Invide parce bonis, invide parce tibi.
At candoris amans, morum, pietatis, honesti,
Pieridumque novem, Lector amice vale.

ECCLESIASTES SALOMONIS Cap. 3.

Omnibus est tempus, & tempus est omni negotio sub cœlo.
Est tempus lamentandi, & tempus saltandi.
Alle ding hat seine zeit.
In eandem fere sententiam Ulysses Alcinoo regi
Phæacum respondet, 'Οδυσσεία λ.
Ὥρη μέν πολέων μύθων ὥρη δὲ καὶ ὕπνου.
Hora dicendi plura quidem est, est horaque somni.
Idem de Choreis honestis Odyssea A.
Μολπή τ' ὀρχηστύς τε, τὰ γάρ τ' ἀναθήματα δαιτός·
id est:
Cantus & Choreæ sunt hæc donaria Cœnæ. Vel:
Cantus & Choreæ sunt condimenta epularum.

HURENTEUFEL

Widmung und beide Vorreden, S. 169—177, fehlen im F-Druck.

172 **3** Erbarn] Erbaren *BE*. **6** Gûnstige] Gûnstige *BDE*. **7** tages] tags *BE*. **10** boshafftigen] bôshafftigen *E*. **11** Herrn] Herren *D*. **13** Sûnden] Sûnden *BDE*. **15** faste] fast *BDE*. **16, 23, 27** fur] fûr *BE*. **17** nicht] nit *BE*. **18** Sûnden] Sûnde *D*. **19** ime] ihm *BE*. **20** ge-

boren] gebaren *D*. **25** leibe] leib *BE*. **27** leut] Leuthe *E*. **30** sicht] sihet *BE*. frist] frisset *BE*. seufft] seuffet *D*. **31** treibet] treiben *D*.

173 **3** Heusslein] Håußlin *BE*. **3** *M. fehlt BE*. **6** itzunder] jetzunder *BE*. **7** nu] nun *BE*. **8** fur] fůr *BDE*. **13** anzůnden] anzunden *D*. **14** ankômpt] ankompt *BE*. **15** fewr] fewer *BE*. **17** gezůchtigt] gezůchtiget *BE*. **18** Regement] Regiment *BDE*. **24** Wollen] Wôllen *E*. nu] nun *BE*. **25** fursichtiglich] fůrsichtiglich *BDE*. **30** Busse] Bůsse *E*.

174 **2** furnemlich] fůrnehmlich *BDE*. Stůcke] Stůck *DE*. **7** verzweifelung] verzweiffelunge *BE*. **8** stim] stimb *BE*. **13** versaget] versagt *BE*. lange] lang *BE*. **14, 31** sticken] stecken *BDE*. **18** nicht] nit *BE*. **26** gleichfalls] gleicheßfalls *E*. **28** geschiet] geschicht *BE*. gerne] gern *BE*. **34** ewrer] euwer *E*.

175 **1** vierden] vierdten *BE*. **4** stůndeleins] stůndleins *BE*; stůndelein *D*. erwischet] erwůschet *BE*. **5** wůrde] wirdt *BE*. **7** fůren] fůren *BDE*. **9** bekeret] bekert *E*. **10** stehet] steht *BE*. seine] sein *E*. **15** fůnfften] fůnfften *BDE*. **16, 22, 27** nu] nun *BE*. **17** nicht] nit *E*. **17** Gotte] Gott *BE*. **18** Letzlichen] Letzlich *D*. **18, 24** fur] fůr *BE*. **22** Wollen] Wôllen *E*. **23** Herrn] Herren *E*. **32** thun] thut *BE*. **34** zôrnet] zůrnet *BE*. drawet] dråwet *E*. **35** davon] darvon *BE*.

176 **2** gesetzet] gesetzt *BE*. wolt] wolte *BE*. **4** damit] darmit *BE*. **5** Weinstocke] Weinstock *BE*. **6** mir] *fehlt BE*. fewr] fewer *BDE*. **9** vermanunge] vermahnung *E*. **10** abstehen] abstehe *BE*. **10, 18** Gotte] Gott *BE*. **15** ausgehen] außgehn *BE*. **17** Ehestand] Ehstand *E*. **18** nu] nun *E*. **19** Pflentzlein] Pflentzlin *BE*; pfletzlein *D*. **23** ewre] ewere *D*; euwer *E*. **26** bewegt] beweget *E*. **32** Worte] Wort *BE*. **35** Sůnde] Sůnde *BDE*.

177 **1** from] fromb *BE*. **4** ewren] ewre *B*; eweren *D*; ewere *E*. ewre] ewere *D*. **7** ewres] ewers *E*. **9** Graffeschafft] Graffschafft *DE*.

178 **3** Gestalt] Gestellet *BE*; Gestellt und zusammen gezogen *F*. **4** erfahrens] erfaren es *BEF*. **6** nu] nun *BEF*. fur] fůr *BEF*. keine] kein *BEF*. **8** one] ohn *E*. **10** Wollen] Wôllen *BEF*. nemen] nemmen *BEF*. **14** unterrichtung] underrichtung *BEF*. **15** fur] fůr *BEF*. **16** bessern] besseren *E*. **18** Obrigkeit] Oberkeit *BDF*. ernstlichen] ernstlich *BEF*. **20** Damit] Darmit *BEF*. **21** wollen] wôllen *BEF*. **22** stůcke] stůck *E*. dabey] darbey *BDEF*.

179 **4** wollen] wôllen *BEF*. furnemlich] fůrnemlich *BDEF*. ordentlich] ordenlich *E*. **6** furnempste] fůrnemste *BDE*; fůrnembste *F*. **9** Herrn] Herren *F*. **10** selbst] selbs *E*. alleine] allein *EF*. **11, 29, 30** fur] fůr

BEF. unreine] unreyn *E*. **12** treget] tregt *BEF*. **18** derselbigen] derselben *F*. **21** einnemen] einnemmen *F*. braucht] brauchet *EF*. **27** Gotte] Gott *BEF*. geschwinde] geschwind *E*. **30** — ledige] die ledige *F*. **32** jenne] jene *BEF*. **33** Teufelischen] Teufflischen *F*. **34** sind] seind *F*.

180 **1** Gesetze] Gesetz *EF*. machet] macht *F*. nicht] nit *B*. **8** schande] schand *E*. **11** saget] sagt *BEF*. Sich] Sihe *BEF*. **12** Herrn] Herren *EF*. **15** ungleublich] unglaublich *E*. **16** bůchlin] bůchlein *D*. **18** zugesetzet] zugesetzt *E*. **19** vierden] vierdten *BEF*. **20** leibs] leibes *E*. sagt] saget *F*. **22** from] fromb *BEF*. **26** alleine] allein *E*. andere] andre *E*. **27** andern] anderen *E*. **30** fur] fůr *BDEF*. **32** nicht] nit *E*. **34** kômpt] kompt *BEF*.

181 **2, 6** fur] fůr *BDEF*. wollen] wôllen *E*. **3** Deckementelin] Deckmåntelin *E*. **4** ein] eine *BDF*. **7** braucht] brauchet *EF*. **8** treibet] treibt *F*. **10, 13** Lewe] Lôwe *BE*; Lôuwe *F*. **17** Fische art] Fisch art *E*. **16** beschweret] beschwert *E*. **20** Nu] Nun *BEF*. fische] Fisch *E*. **21** nechste] nechst *E*. **22** denn] dann *BF*. **26** bringet] bringt *BEF*. seine] sein *BE*. **28** zeugen] zeuget *F*. Cap. xxiij.] 24. *BEF*. **29** ihme] ihm *E*. **30** kônne] kůnne *BF*. **33** Sagt] Saget *BDEF*. treibe] treib *BDEF*. **34** wils] wil es *BEF*. **35** sagt] saget *DF*.

182 **2** selbst] selbs *BE*. **5** gewetzet] gewetzt *F*. **6** ruste] roste *BDEF*. **9** greiffe] greiff *BEF*. **11** andern] anderen *BE*. **13** anzeigt] anzeiget *DF*. **16** Herrn] Herren *F*. **18** himlischer] himmelischer *E*. **20** all] alle *BDEF*. Wercke] Werck *E*. nu] nun *EF*. **21** ime] ihm *E*. **21, 28, 29** fur] fůr *BEF*. **25** befindet] findet *D*. iglicher] jeglicher *BEF*. **26** gnugen] genůgen *E*. **27** sondern] sonder *BE*.

183 **1** Heide] Heid *E*. **3** gesint] gesinnet *E*. **4** sicht] sihet *BEF*. **6** Gotte] Gott *BEF*. missfellet] mißfellt *E*. **11** leute] Leut *E*. untugende] untugend *E*. **12** schande] schand *D*. **21** ire] ir *D*. **23** unsere] unser *BEF*. **25** niemande] niemandt *BEF*. **27** Jůnger] Junger *D*. **28** gehorte] gehôrte *BEF*. **30** stehet] steht *BEF*. **34** gerne] gern *E*. **35** fursichtig] fůrsichtig *BDEF*.

184 **1** selbst] selbest *BEF*. **2** sondern] sonder *BEF*. Geist] Geiste *D*. **3** worte] wort *E*. **8, 11** fleisches] fleischs *BE*. **10, 11** sind] seind *F*. **10** wercke] werck *F*. **15** ewre] ewer *F*; ewere *D*. **16** anfechtung] anfechtunge *E*. **17** Herrn] Herren *F*. **19** lautend] lautende *BEF*. **21** kônd] kůndt *F*. **22** fur] fůr *BEF*. Gotts] Gottes *BEF*. Gerichtstuel] Richtstuel *D*. **23** die] dein *BEF*. **25** leibes] leibs *BEF*. deinr] deiner *BEF*. Seelen] Seeln *BEF*. **29** Herein] Herien *B*; Hierein *F*. **30** ursache] ursach *F*.

185 4 unterlang] unter einander *E.* one] on *E.* 5, 7, 8 fur] fůr *BEF.* 8 derer] deren *F.* 10 deme] dem *BEF.* ihre] ihr *E.* unzůchtige] unzuchtige *D.* 14 gefallen] gfallen *E.* 17 fůrnemen] fůrnemmen *F.* 19 ausbleibt] ausbleibet *D.* 25 wolle] wőlle *E.* gerne] gern *EF.* 26 durchleuffet] durchlåufft *E.* 27 leit] ligt *BEF.* 30 kőmpt] kompt *BEF.* 32 nemen] nemmen *F.* 33 geschiet] geschicht *BEF.* 35 dafur] dafůr *BEF*; darfůr *D.*

186 3 ewre] ewere *E*; ewer *F.* 4 Herrn] Herren *F.* 9 jungen] junge *F.* kindlin] Kindlein *F.* 11 kind] Kinder *BEF.* handeln] handlen *BEF.* 12 geschiet] geschicht *BEF.* 13 solches] solchs *E.* bey] an *E.* hauffe] hauff *E.* 16 drauff] darauff *F.* 24 wollen] wőllen *EF.* 26 furwenden] fůrwenden *BDEF.* eingepflantzter] eingepflantzeter *BF.* 27 liebe] lieb *E.* 27, 30 nicht] nit *BE.* 28 vermanung] vermanunge *E.* nichtes] nichts *E.* saget] sagt *EF.* 29 scherffer] scherpffer *BEF.* 31 zeug] zeuch *BEF.* 32 bewar] beware *DE.* 34 fur] fůr *BEF.* eine] ein *DF.* liebe] lieb *E.*

187 11 kurtzůmb] kurtzumb *BEF.* 13 furbittens] fůrbittens *BDEF.* Veterliche] Våtterlich *F.* 16 selbst] selbs *E.* ausgestochen] außstechen *BEF.* 18 alleine] allein *EF.* 19 Obrigkeiten] Oberkeit *F.* 26 wollen] wőllen *EF.* tewer] thewr *BEF.* 27 ime] im *E.* 35 Herrn] Herren *F.*

188 1 zur] zu *BE.* 2 Herrn] Herren *F.* sondern] sonder *E.* 3 darinne] darinn *E.* 5 ins] in ir *F.* 8 Sprůche] Sprůch *F.* furcht] forcht *E.* 9 solches] solchs *F.* 12 zur] zu *F.* erkendtnis] erkenntnuß *B.* sind] seindt *E.* 14 lieben] H. *F.* 15 hertze] hertz *E.* 20 gestrafft] gestraffet *E.* 22 vierde] vierdte *EF.* 23 Herrn] Herren *D.* 26 Megde] Magde *D*; Mågd *E.* 27 gehen] gehn *BF.* 29 merlein] mårlin *E.* alleine] allein *E.* 30 entstehet] entsteht *EF.* 33 angeredet] angeredt *F.* 35 nicht] nit *F.* geantwortet] geantwort *BEF.*

189 3, 10, 17, 27 nicht] nit *F.* 6 Herrn] Herren *F.* 7 stracke] starcke *BDEF.* 10 gestatte] gestattet *BE.* heimliche] heymlich *E.* 11 redend oder stehend] reden oder stehen *BEF.* 12 nicht] nit *EF.* 14 unverschempter] unverschemeter *D.* 21, 28 itziger] jetziger *BEF.* 28 Fůrste] Fůrst *BEF.* 30 zerzerrete] zerzerrte *D.* zerstůmlete] zerstůmmelte *D.* 34 allzeit] alle zeit *BEF.*

190 6 Welchs] welches *F.* 8 fůnffte] fůnfft *B*; funfft *E.* ursache] ursach *DF.* 12 tische] tisch *E.* auffnemen] aufnemmen *F.* 14 Welchs] Welches *F.* anreitzungen] anreitzung *F.* sind] seind *F.* 16 Weibes] Weibs *E.* uberredet] uberredt *F.* 23 fur] fůr *BEF.* 26 annemen] annemmen *F.* 29 one] ohn *E.* daheime] daheym *E.* 31 tregt] treget *E.* 33 Zubricht] Zerbricht *BEF.*

Varianten

191 1 Leute] Leuth *E.* geflissen] befliessen *D.* 13 genungsam] gnugsam *BEF.* 23 zog] zoch *E.* 26 kôndte] kûndte *F.* —ime] sie ime *E.* 28 anhielt] anhielte *E.* 30 kondte] kôndte *F.* 32 solchs] solches *E.* 33 wolte] wôlte *E.* 34 alleine] allein *D.* schûtzen] schutzen *E.*

192 6 Belagerung] Belâgerung *E.* 8 furtreflicher] fûrtreflicher *BDEF.* 12 trawlos] trewloß *F.* 17 Buler] Bûler *E.* 20 pflegt] pfleget *E.* 21 Obrigkeit] Oberkeit *F.* 22 sicht] sihet *BEF.* 23 faste] fast *BEF.* 26 Sorgen] Sôrgen *E.* 27 befordert] befôrdert *BE*; befûrdert *F.* 29 nemen] nemmen *F.* 30 orten] ôrten *F.* 33, 35 desser] dester *BF*; deste *E.* 35 desser] dester *E.*

193 6 ungestrafft] ungestraffet *D.* 7 wûtende / tobende] wûtenden / tobenden *BEF.* deme] dem *BEF.* 8 wallen] wållen *F.* leufft] laufft *E.* 9 verseufft] verseuffet *E.* 15 strafft] straffet *BEF.* 18 zehn] zehen *E.* 24 Obrigkeit] Oberkeit *F.* Racherin] Râcherin *E.* 25 thut] thun *DF.* 26 tregt] trågt *E.* 27 wollen] wôllen *EF.* 28 nicht] nit *E.* 31 Herrn] Herren *EF.* 34 weiterer] weiter *D.* 35 gnungsam] gnugsam *BEF.*

194 6 zwene] zween *BEF.* 9 wurde] wûrde *BEF.* 13 kondten] kôndten *E*; kundten *F.* 16 Einen] Einem *D.* 18 kondte] kôndte *E.* mochte] môchte *E.* 20 Juden] Jûden *DEF.* worden] wurden *F.* 21 tode] todt *BEF.* 28 die Kleider] —Kleider *F.* 29 Gurt] Gûrt *BEF.* 33 seinem Diener einen] seiner Diener einem *BEF.*

195 1 kondte] kundte *F.* nicht] nit *BE.* 5, 9 itzt] jetzt *BDEF.* 8 solchs] solches *DF.* 10 *M. fehlt BEF.* 15 gefraget] gefragt *E.* 17 Kôniges] Kônigs *BEF.* 21, 34 fur] fûr *BDEF.* 22 eine] ein *D.* 24 fûrgetragen] furgetragen *D.* 25 herzuge] Heerzeuge *E.* wolt] wolte *F.* 32 bekûmernis] kûmmernis *D.* 33 Ehemannes] Ehemanns *BEF.* 35 geschenckt] geschencket *E.*

196 1 solchs] solches *D.* 2 kôndte] kûndte *F.* 3 wolle] wôlle *F.* 4 wurde] wûrde *D.* 10 Herrn] Herren *F.* entpfangen] empfangen *DF.* 12 nu] nun *E.* 17 vielem] vielen *BDF.* balde] bald *F.* 18 Hertzogthums] Hertzogthumbs *BEF.* 22 kondte] kundte *F.* nicht] nit *E.* 23 erzelete] erzelt *BEF.* 24 fragt] fraget *BEF.* 27 barzalen] parzalen *BF.* 29 balde] bald *F.* 30 nu] nun *F.* 32 fur] fûr *BEF.* 34 gestrafft] gestraffet *E.*

197 1 Regementen] Regimenten *BEF.* 3 Megdelein] Megdlin *BEF.* 4 gestrafft] gestraffet *DE.* 5 wol gelarte] wol gelehrte *BEF.* 8 solchs] solchs *B.* 11 Hette] Hett *F.* 18 ôrter] orter *D.* 20, 26 gerne] gern *F.* 20 damitte] damit *BEF.* 23 trat] trate *F.* unter] under *F.* 26 unter-

Varianten

198 nander] untereinander *E*; undernander *F*. **28.** balde] bald *BEF*. versamlung] versamblung *E*. **34** from] fromb *BEF*.
1 wollen] wőllen *BEF*. **3** kőmpt] kompt *BEF*. draus] darauß *F*. **11** Gotte] Gott *BEF*. Hausshaltunge] Haußhaltung *BEF*. **12** ime] im *BEF*. ihre] ir *BE*. **13** Herren] Herrn *BEF*. **16** eine] ein *BEF*. **18** damit] darmit *BEF*. **20** innen] inne *BEF*. zutreget] zutregt *F*. **21** ausgehen] ausgehn *BE*. **25** *fehlt ABCD*] Das ist *F*. liebe] lieb *BEF*. alleine] allein *BEF*. **26** wie es] wies *BEF*. **30** nit] nicht *BEF*.

199 **2** schleckhafftiger] schelckhafftiger *D*. speise] speis *F*. **5** solle] soll *E*. nicht] nit *F*. **7** nackend] nackende *F*. fur] fûr *BE*; vor *F*. **8, 10** Unterthanen] Underthanen *F*. **9** itzt] jetzt *BEF*. **10** fûrgestellet] fûrgestellt *B*. **17** pfleget] pflegt *DF*. fewr] Fewer *D*. **19** nicht] nit *E*. **21** sagt] saget *E*. **23** Dentze] Tentze *DF*. **24** alleine] allein *F*. **25** darinne] darinnen *E*. hőfflichkeit] hőfligkeyt *EF*. gelernet] gelernt *BEF*. **27** ursache] ursach *BEF*. **28** Ehestandes] Ehestands *F*. **30** nicht] nit *BE*. **32** unverschemeten] unverschemten *BE*; unverschempten *F*. **33** vernehmen] vernemmen *BEF*.

200 **1, 2** nicht] nit *BEF*. **4** ander] andere *BEF*. **5** achtunge] achtung *BEF*. **6** vermanunge] vermanung *F*. **7** Herrn] Herren *BE*. wollen] wőllen *BEF*. gehorchen] gehőrchen *E*. **8** ihn] inen *D*. **12** guts] gutes *F*. **13** sagt] saget *BE*. **20** anefang] anfang *E*. **24** furnimpt] fûrnimpt *BDEF*. **29** keine] kein *BDEF*. **30** Ehebrecherey] Ehbrecherey *BE*.

201 **1** erbarlichs] erbarliches *E*. **9** brach] brache *BEF*. **10** dazu] darzu *E*. **11** leuget] leugt *DE*. Sûnde] Sûnd *B*. **16** beste] best *BE*. **17** ander] andere *E*. kûrtzweil] kurtzweil *F*. **18** singet] singt *BEF*. **24** Kőniges] Kőnigs *BEF*. **25** nicht] nit *BE*. **26** Darumb] Darûmb *D*. solte] solt *F*. **27** fur] fûr *BDEF*. Mûssiggang] mussiggang *F*. **28** ursache] ursach *E*.

202 **8** nicht] nit *BE*. hett] hette *BEF*. **9** Paradeis] Paradiß *BEF*. **11** eine] ein *BEF*. **13, 15** nu] nun *BEF*. **13** faste] fast *BEF*. **15** fur] fûr *BEF*. **18** sagt] saget *E*.

203 **2** nu] nun *BEF*. **4, 7** wollen] wőllen *BEF*. **4** nun] nu *BE*. **7** dafur] dafûr *BDEF*. furnemlichen] fûrnemlichen *BF*; fûrnemlich *E*. **16** nicht] nit *F*. **17** ursache] ursach *F*. mőge] mőg *F*. **19** zwey] zwen *BEF*. **20** solchs] solches *BDEF*. Kőnig] Konig *D*. **26** saget] sagt *BEF*. **27** iglicher] jeglicher *F*. **28** unter] under *F*. **29, 30** nicht] nit *BEF*.

204 **2** Versslein] Versslin *BEF*. **6** Drûmb] Drumb *BEF*. das wir in] das in wir *D*. **11** Seele] Seel *BEF*. darumb] darûmb *D*. **12** nicht] nit *F*.

Varianten

13 fur] für *BDEF*. verunreiniget] verunreynigt *EF*. **16, 33** Unterthan] Underthan *F*. **17** thun] thuen *D*. **19** wollen] wöllen *EF*. **20** unterworffen] underworffen *F*. **22** Henricus] Heinricus *D*. **27** geht] gehet *DEF*. **28** niemandes] niemandts *BEF*. **29** wolle] wölle *BEF*. **31** Sünde] sunde *E*. **33** geschepff] geschöpff *EF*. **34** seine] sein *E*.

205 **1, 14** nicht] nit *F*. Sünden] Sunden *D*. **4, 14** Worumb] Warumb *BEF*. **5** wollen] wöllen *BEF*. unserm] unsern *E*. Herren] Herrn *F*. **13** Obrigkeit] Oberkeit *BEF*. unterthan] underthan *F*. **14** wollen] wöllen *F*. **15** Gotte] Gott *BEF*. **18** Unterthanen] Underthanen *F*. **22** darumb] darümb *D*. **24** betreuget] betreugt *E*. **25** Gotte] Gott *F*. **27** worte] wort *E*. **28** sondern] sonder *BEF*. **30** befehlich] befelch *BEF*. **31** selbest] selbst *F*. **33** tode] tod *F*. **34** sind] seind *E*. **35** wollen] wöllen *EF*.

206 **1** nicht] nit *E*. **2** wollen] wöllen *E*. **5** gewunnen] gewonnen *BEF*. **6** Davon] Darvon *BEF*. **9** fur] für *BDEF*. **10** schlagen] schlahen *BE*. **12** ander] andere *BEF*. **13** eigen] eigene *F*. **14** unser] unsere *BEF*. **15** geneiget] geneigt *F*. **16** fordert] forderet *BEF*. **19** liebt] liebet *BEF*. **20** herwiderumb] herwiderümb *D*. **21** nicht] nit *BE*. **22** solchs] solches *DE*. **26** *M. fehlt F*. **27** hatte] hatt *EF*. eine] ein *F*. **30** nu] nun *F*. that] thåt *E*. wehe] weh *F*. **32** habe] hab *F*. **33** wollen] wöllen *EF*. **34** erzörnet] erzürnet *E*.

207 **2** würde] würd *F*. **3** wunderbarlichen] wünderbarlichen *D*. **4** beschert] bescheret *EF*. **6** *M. fehlt BEF*. **7** nicht] nit *BE*. **8** Königs] Königes *E*. **10** Schwiher] Schweher *BEF*. abgefertiget] abgefertigt *F*. **11** wurde] wurd *F*. **14** wunderbarlich] wünderbarlich *D*. **16** saget] sagt *F*. **18** *fehlt ABDE*] Das ist / *F*. **22** unter] under *F*. gefangenen] gefangnen *F*. eine] ein *BEF*. **24** wollen] wöllen *EF*. **28** wolle] wölle *EF*. **29** widerumb] widerümb *D*. **31** geldes] geldts *F*.

208 **2** widerumb] widerümb *D*. **4** würde] wurde *E*. itzund] jetzund *F*. **7** schreibt] schreibet *D*. **9** König] Konig *B*. **11** wollen] wöllen *EF*. **11, 12, 14** nicht] nit *BEF*. **12** liebe] lieb *F*. entzündet] entzündt *F*. **13** ihme] ihm *F*. **14** Augen] Äugen *D*. **17** jenner] jener *BDEF*. **19** *fehlt ABDE*] Das ist. *F*. **22, 26** fur] für *BDEF*. **23** sind] seindt *E*. **25** wollen] wöllen *EF*. **28** ursache] ursach *EF*. **30** pflegt] pfleget *E*. jeder Gesetze] jedes Gesetz *E*.

209 **1, 9** straffe] straff *F*. **1, 6** nu] nun *EF*. **2** Gesetze] Gesetz *F*. **6** niemandes] niemands *DEF*. **7** nemen] nemmen *F*. straffen] straff *BEF*. **8, 27** nu] nun *F*. **10** gestraffet] gestrafft *F*. **13** sagt] saget *F*. **19** genungsam] genugsam *BEF*. Leute] Leut *F*. **23** verderbet] verderbt *F*.

Varianten

210 24 must] muste *E*. jemmerlichen] jåmmerlich *F*. 25 grossen] grossem *E*. 27 verderbet] verderbt *EF*. 31 steubet] steubt *F*. 32 fleugt] fleuget *E*. verlornen] verloren *E*. 33 funfftzehenden] fůnfftzehenden *BE*. 3 must] muste *BEF*. 7 nu] nun *F*. 8 tugendsam] tůgendsam *E*. 9 heissets] heisset es *BEF*. nu] nun *BEF*. 11 worumb] warumb *BEF*. nicht] nit *F*. 13 verlor] verlore *E*. 14 all] alle *D*. 15 tages] tags *EF*. 16 ansehen] ansehn *E*. 17 namen] nammen *B*. 22 sage] sag *F*. 23 guts] gutes *E*. 25 kůtzeln] kůtzlen *BEF*. 27 darinnen] darinne *E*. 28 fur] fůr *BEF*. 29 Ehebrecher] Ehbrecher *F*. 31 lege] leg *F*. 33 Artzt] Artz *E*; Artzet *F*.

211 1 verdamnis] verdamnuß *BF*. 3, 16 nicht] nit *F*. 5 vierden] vierdten *BEF*. straffet] strafft *F*. 6 kômpt] kompt *BEF*. 9 zurspalten] zerspalten *D*. 17 gelebt] gelebet *DEF*. 18 gaehen] gåhen *BE*; jehen *F*. todes] todts *BEF*. 20 gedencket] gedenckt *F*. 25 ergrieff] ergreiff *E*.

212 1 straffets] strafft es *BEF*. 2 verstôret] verstôrt *E*. 4 Sůndflut] Sindflut *F*. 5 Worumb] Warumb *BDEF*. 7 unrugig] unruhig *BEF*. 10 Nemlichen] nemlich *F*. Leute] Leut *D*. das ware] die ware *BEF*. 11 seines] seins *E*. Sones] Sons *F*. 12 Geistes] Geists *F*. 12, 20 fur] fůr *BEF*. 14, 24 nicht] nit *BEF*. 16 Herrn] Herren *E*. 17 sind] seind *E*. die sollen] sie sollen *F*. 18 im ersten Buch Moisi] Genes. *F*. 19 unerhorter] unerhôrter *BEF*. 20 macheten] machten *EF*. 21 kůrtzumb] kurtzumb *BEF*. ime] im *EF*. eingekeret] eingekert *F*. 22 saget] sagt *BEF*. wurden] worden *D*. 24 ein] eine *F*. 31 gedienet] gedient *E*. 32 gefůhret] gefůhrt *F*.

213 4 straffe] straff *F*. 5 schrecklichste] schrecklichst *F*. 6 fewr] fewer *EF*. 7 oberzeleten] oberzelten *BDEF*. 10 Ehebrecher] Eebrecher *E*. 12, 25, 31 nicht] nit *F*. 13, 15, 24 nu] nun *F*. 15 fellt] fellet *D*. 17 Kanstu] Kanst du *F*. 18 nim] nimb *EF*. 19 habe] hab *F*. iglicher] jeglicher *BEF*. eine] ein *BEF*. igliche] jegliche *BEF*. 22 nemen] nemmen. *F*. 24 nicht] nit *E*. worumb] warumb *BEF*. 26 reitzet] reitzt *E*. 27 nicht] nit *BE*.

214 2, 10 fur] fůr *BEF*. 3 regier] regiere *D*. 7 Ausserweleten] Ausserwehlten *F*. 10 nicht] nit *BE*. 12 vierde] vierdte *F*. 12, 25 sind] seind *E*. 16 furcht] forcht *E*. 17 bewegt] beweget *E*. 21 Sůndflut] Sindflut *F*. 22 dardurch] dadurch *E*. 24 Weibe] Weib *F*. 31 wenn] wen *D*. 33 Fewr] Fewer *BEF*.

215 1 verbrennet] verbrent *BEF*. 2 erzelt] erzelet *BE*. 4 unter] under *F*. stehet] steht *EF*. 5 fur] fůr *BDEF*. welchs] welches *BEF*. außlegt] außleget *BEF*. 7 entbrand] entbrend *D*. 8 schande] schand *BEF*.

384 *Varianten*

15 balde] bald *F*. **16** Landes] Lands *BEF*. **17** solchs] solches *E*. **19** wolte] wolt *E*. widerumb] widerûmb *D*. **20** drauff] darauff *BEF*. seind] sind *DE*. **23** anhang] anhange *E*. **24** nachfolgendes] nachfolgends *BEF*. verderbet] verderbt *F*. **28** dazu] darzu *D*.

216 **2** Midianitin] Midiamitin *D*. **4** jemerlichen] jemerliches *D*. **5** angezeigt] angezeiget *D*. **7** tods] todes *D*. **8** sey] seye *BE*. **12** sehen] sehn *E*. **14** balde] bald *BEF*. die] der *D*. **15** Kindlein] Kindlin *E*. **16** sagt] saget *E*. gnade] gnad *F*. **20** wurden] worden *E*. **21** Beliaskind] Belialskind *BF*. **27** eiverig] eiferich *E*. **30** fur] fûr *BDEF*. schande] schand *F*.

217 **1** verschonet] verschônet *E*. **2** verschonen] verschônen *E*. **3** furnempste] fûrnemste *BDE*; fûrnembste *F*. zurstörung] zerstörung *BEF*. **7** erfolget] erfolgt *BEF*. **8** Unterthanen] underthanen *F*. heists] heist es *BEF*. **10** *fehlt ABDE*] Dast ist / *F*. **11** bezaln] bezahlen *E*. **16** schreibt] schreibet *F*. **17** fur] fûr *BDEF*. **23** zwene] zween *BEF*. **28** macheten] machten *F*. **29** balde] bald *DF*. davon] darvon *D*. **33** werffens] werffen sie *D*.

218 **3** nicht] nit *E*. **5** môrdische] mordische *D*. **6** gehort] gehôrt *BEF*. sondern] sonder *BEF*. dazu] darzu *BDEF*. **7** wehe] weh *F*. that] thât *BEF*. **9** straffen] straffe *BEF*. **10** balde] baldt *F*. **11** solchs] solches *DEF*. **20** Leuctra] Lucra *D*. **24** geschehn] geschehen *E*. **27** Dores] Tores *D*. **28** nicht] nit *BEF*. lange] lang *F*.

219 **3** Busse] Buß *F*. **4** keine] kein *BEF*. ursache] ursach *F*. **8** gestrafft] gestraffet *D*. **10** macheten] machten *EF*. gedemütiget] gedemûtigt *BEF*. **12** Edler] Edeler *D*. **13** ubermutig] ubermûtig *BDEF*. **14** Sieges] Siegs *F*. **19** jemmerlichen] jâmmerlich *BEF*. **20** ungestrafft] ungestraffet *BDE*. hingehen] hingehn *BE*. **21** Bilde] Bild *BEF*. fur uber] fûruber *BEF*. **25** gewis] gwiß *F*. **26** entfleugstu] entfleugst du *D*; entfleuchstu *F*. **27** nu] nun *F*. **29** eine] ein *BEF*.

220 **3** Herrn] Herren *E*. **5** fur] fûr *BEF*. **9** Nu] Nun *EF*. **11** eines bitte] einer bitte *DE*. **12** bat] bate *F*. **14** war] ward *BDF*; warde *E*. **15** henget] hengt *E*. **18** erlegt] erleget *E*. **19** gehalten] gehaltnem *BE*; gehaltenem *F*. jemmerlichen] jammerlichen *E*. **21** straffet] strafft *F*. **27** unter] under *F*. **29** unterthenig] underthenig *F*. **30** Kônige] Kônig *F*.

221 **1** wollen] wôllen *EF*. nu] nun *F*. Kônig] Kônige *E*. **3, 15** balde] baldt *E*. **3** unzüchtigem geberde] unzûchtigen geberden *E*. **4** welchs] welches *BDEF*. **5** hefftigst] hefftigste *BEF*. **7** nu] nun *BF*. **8**

Varianten 385

nemen] nemmen *F*. wolte] wolt *E*. **13** unter] under *F*. **16** niemandes] niemand *D*; niemandts *E*. **17** Solches] Solchs *E*. **19** gestrafft] gestraffet *BEF*. **23** Edler] Edeler *D*. **28** habe] hab *EF*. **29** Namen] Nammen *E*. **30** habe] hab *BEF*. **32** bette] Beth *F*.

222 **1** sollicitiert] sollicitieret *BEF*. **3** gedrawet] gedreuwet *F*. dazu] darzu *D*. wolle] wölle *EF*. **5** Ehebruch] Ehbruch *E*. einem] eim *F*. **7** strafft] straffet *BEF*. schande] schand *F*. **8** selbst] selbs *F*. angericht] angerichtet *BE*. **11** Bürgemeister] Bürgermeister *BEF*. wurde] wurd *F*. **13** Bürgemeistern] Bürgermeistern *BEF*. **16** verendert] verenderet *BE*. **17** grunde] grund *F*. bodem] boden *E*. **20** Herrn] Herren *E*. **23** Gothen] Gotten *BEF*. **24** hatt] hatte *DF*. einen] ein *F*. **29** nam] name *BEF*.

223 **1** Herrn] Herren *BF*. **2** bette] Beth *F*. **3, 25** nu] nun *BEF*. **5** entpfangen] empfangen *D*. Wehre] Wehr *F*. **10** habe] hab *E*. Unterthan] Underthan *F*. **12** zurhackt] zerhackt *BDEF*. widerumb] widerůmb *D*. zugeschickt] zugeschicket *E*. solcher grosser] solche grosse *E*. **13** hatte] hatt *E*. ursache] ursach *BEF*. **19** beschůldigt] beschuldiget *BEF*. **23** lande] Land *F*. **24** Graffe] Graff *BEF*. Winsenburg] Wisenburg *DE*. **27** gedachte] gedacht *BEF*. **30** gesagt] gesaget *BE*. **31** unter] under *F*. leid] ligt *BEF*.

224 **1** verhanden] vorhanden *E*. **2** Bischoff] Bischoffe *B*. **3** bracht] gebracht *BEF*. **8** Graffeschafft] Graffschafft *BDEF*. **17** lebete] lebte *BEF*. **21** uneheliche] unehliche *BE*. **22** beherschete] beherrschte *BEF*. **26** eine] ein *E*. **27** Weibe] Weib *BEF*. **28** tage] tag *BEF*. köstlich] köstliche *BF*. **29** davon] darvon *D*. **30** sondern] sonder *BE*.

225 **1** Schuldern] Schüldern *E*. **7** furcht] forcht *E*. **9** davon] darvon *D*. werde] werd *BEF*. **14** schande] schand *BEF*. **15** selbs] selbst *F*. **17** abschew] abschewe *BEF*. dafur] dafůr *BDEF*. **21** macht] machet *BEF*. **22** draus] daraus *D*. **24** Worumb] Warumb *BDEF*. denn nu] nun *F*. **26** vierden] vierdten *BEF*. tewr] tewer *BE*. warumb] warůmb *D*. **27, 29** wollen] wöllen *E*. **28** leibe] leib *BEF*. **29** unser] unsere *BEF*.

226 **1** stehet] steht *BE*. **3** unterscheiden] underscheiden *F*. **5** nicht] nit *BEF*. **6, 13** fur] für *BEF*. **10** furnempste] fürnembste *BEF*; fürnempste *D*. **13** gelebt] gelebet *BEF*. **15** gesagt] gesaget *D*. Angesicht] Angesichte *E*. **17** Tugenden] Tůgenden *E*. sich] ihm *BEF*. **18** were] wer *BE*. **25** Bilde] Bild *BEF*. **26** nicht] nit *E*. **28** in] im *E*. **29** fliegen] fliehen *F*.

25 Teufelbücher 2

386 *Varianten*

227 **1** gerne] gern *BEF*. **2** ander] andere *E*. Leute] Leut *EF*. **7** sind] seind *BEF*. **8** frantzosichten] frantzôsichten *D*. **9** solten] sollen *D*. **10** nutz] nůtz *E*. **12** eigen] eigenen *BEF*. **14** liebe] lieb *BE*. **16** jederman] jderman *BE*. kondten] kôndten *BEF*. **17** selbst] selbs *BE*. **18** hetten] hatten *E*. brauch] brauche *BE*. **24** Thiere] Thier *BEF*. **25** sind] seind *E*. schreibet] schreibt *BEF*. **28** sind] seind *BE*. andern] anderen *BEF*. **29** lange] lang *BEF*. **30** Weiblein] Weiblin *BF*. **33** bringet] bringt *D*; so bringt *F*. selbst] selbs *E*.

228 **4** eine] ein *BEF*. **5** solchs] solches *D*. **12** macht] machet *BEF*. **14** nicht] nit *BE*. genung] genug *BDE*; gnug *F*. **18** bey —] bey den *F*. **21** wollen] wôllen *E*. **23** Herrn] Herren *F*. **25** nicht] nit *F*. **26** wurde] wůrde *E*. **27** tugendsame] Tůgentsame *E*. **28** wunderbarlich] wůnderbarlich *D*.

229 **1, 5, 8, 11** Heubtman] Hauptman *F*. **2** wollen] wôllen *E*. **4** wunderbarlich] wůnderbarlich *D*. **5** zeiget] zeigt *BEF*. **6** bat] bate *BEF*. **7** wolle] wôlle *E*. verhanden] vorhanden *E*. **8** gemeiniglich] gemeinglich *E*. **9** folgt] folget *BEF*. zeigt] zeiget *BEF*. **10** unter] under *F*. **13** sache] sach *BEF*. kam] kame *BEF*. fur] fůr *BDEF*. **14** fordern] forderen *BE*. nu] nun *BEF*. angezeiget] anzeiget *DF*. **21, 22** Isenach] Eisenach *F*. **21** stunde] stund *BEF*. **22** eine] ein *BEF*. gehengt] gehenget *D*; gehenckt *E*. **23** umbs] umb das *BEF*. **24** Thůringer] Důringer *F*.

230 **3** nu] nun *BEF*. anlangt] anlagt *D*; anlanget *F*. **4** sind] seind *E*. **7** straffe] straff *E*. **8** gehôrt] gehôret *BEF*; gehort *D*. **14** bewegt] beweget *BEF*. **14, 17** wollen] wôllen *E*. **15** nemen] nemmen *F*. herrliche] herrlich *BEF*. **16** demselben] demselbigen *F*. **17** Hofemeisters] Hofmeisters *BEF*. **19** einen] ein *BEF*. **22** des] das *E*. **24** glůcke] glůck *E*. **26** welchs] welches *BEF*.

231 **4** that] thât *E*. **7** andern] anderen *BEF*. **8** fur] fůr *BEF*. **9** setzt] setzte *BEF*. **20** Geistes] Geists *BE*. **21** stehet] steht *BE*. **26** Heilandes] Heylands *EF*. **27** alleine] allein *BEF*. **27, 28** ander] andere *BEF*. **28** versorget] versorgt *BE*. **29** im] in dem *BEF*. **30** andern] anderen *E*.

232 **1** Herrn] Herren *E*. **2** lobet] lobt *BE*. **3** andern] anderen *BEF*. **7** hernach] darnach *D*. **10** vergleicht] vergleichet *BEF*. **17, 29** fur] fůr *BDEF*. gereinigt] gereiniget *BEF*. **18** habe] hab *BE*. **19** runtzel] rûntzel *E*. des] der *F*. **21** glaube] glauben *EF*. **23** leibes] leibs *BEF*. **27** Lindwurm] Lindwůrm *D*. **28** rechte] recht *BE*. reine] *fehlt F*. **29** Jungfrawlein] Jungfråwlein *BEF*.

Varianten

233 5 sein] seine *BE*. verachtet] veracht *BEF*. 6 anhengt] anhånget *E*. 7 zerstôret] zerstôrt *BE*; verstôret *D*. 8 Seele] Seel *BEF*. Ehestande] Ehestand *BEF*. 9 nicht] nit *E*. 10 Herren] Herrn *BDEF*. 12 beschûldigte] beschûldigete *E*. 15 in] an *F*. Ehestand] Ehstand *BE*. 16 beschûldiget] beschûldigt *E*. offentlicher] ôffentlicher *E*. 17 Kirche] Kirch *BE*. 18 Breutgam] Breutigam *F*. 21 letzte] letzt *BEF*. Sûnde] sûnd *F*. 23 vermanung] vermanunge *BEF*. 25 gnade] gnad *BEF*. 26 verhalten] vorhalten *D*. 30 wer] were *BEF*. nu] nun *BEF*. 31 annemen] annemmen *F*. 34 nicht] nit *F*.

234 6 gestrafft] gestraffet *E*. 13 *M. fehlt E*. 13 feinde] feind *E*. 15 eins] eines *BEF*. 16 bitte] bitt *E*. wollet] wôllet *E*. 19 erfarunge] erfarung *EF*. 20 andern] anderen *E*. 21 x. xx. xxx. c.] zehen/zwentzig/dreissig/hundert *BEF*. 28 dazu] darzu *D*.

235 1 wollen] wôllen *E*. lager] låger *E*. fur] fûr *BDEF*. 2 ers] er es *BEF*. lande] land *BEF*. trollet] drollet *F*. 3 rathe] rath *F*. nicht] nit *F*. 4 ein] eine *BEF*. 13 jemmerlichen] jemmerlich *F*. 14 blût] Blut *E*. 16 eine] ein *E*. 17 nennens] nennen es *BEF*. 18 einen] einem *BDEF*. 19 wehne] wende *E*; wehre *F*. 20 kans] kan es *BEF*. 21 hûte] hûtt *F*. fur] fûr *BEF*. bitt] bitte *D*. 22 from] fromb *BEF*. 23 noch] doch *D*. genung] genug *BEF*. 28, 29 fur] fûr *BE*. 31 hulden] hûlden *E*. Darumb] Darûmb *D*. 34 verkarten] verkårten *EF*. 35 gerne] gern *EF*. ime] im *BEF*. dafur] dafûr *BDEF*.

236 1 wolle] wôlle *E*. 3, 11 nu] nun *BEF*. 4, 8 gehôrt] gehôret *BEF*. 5 verursacht] verursachet *BF*. herkom] herkomme *BDEF*. 12 wollen] wôllen *E*. Herrn] Herren *F*. 13 heiligen] heilgen *B*. *nach* 14 *fehlt ABEF*] Hiob am 19. Ich weis das mein Erlôser lebt. *D*.

HAUSTEUFEL

Die Unterschiede in der Orthographie zwischen dem A-Druck und dem B- bzw. C-Druck sind ganz beträchtlich. Besonders fällt auf, daß ständig e nach i erscheint, nicht nur als Längezeichen; t, d, l sind fast durchweg verdoppelt.

241 9 Vom] Von *C*. 12 wierdt] wirdt *BC*. boß] bôß *BC*. 13 Nachbarn] Nachtbarn *BC*. 14 geubte] geûbte *BC*. 15 briengn] bringn *B*; bringen *C*.

242 2 ordens] orden *BC*. 3 wunsche] wûndsche *BC*. ich —] ich Adam'Schubart *C*. gnade] gnad *C*. 8 greuliche] greulich *C*. dieng] ding *BC*. dorinnen] darinnen *BC*. 9, 20 nicht] nit *C*. 10 seind] sind *BC*. 12 verhanden] vorhanden *BC*. 15 giefftige] gifftige *BC*. 16 doraus] darauß

25*

Varianten

BC. **18** solchs] solches *C*. gemeiniglich] gemeinlich *C*. **19** zuschreibet] zuschreibt *C*. **20** sorge]sorg *BC*. ehrvorgessene] ehrvergessene *B*. ehrvergessen *C*. **23** vorschweigen] verschweigen *BC*. wollen] wôllen *BC*. **24** unvorsônlich] unversenlich *B*; unversûnlich *BC*. **27** nicht] nit *C*. mielden] milten *C*. **31** zûchtiges] zuchtiges *C*. ihme] im *BC*.

243   2, 12, 14, 22, 28, 31 nicht] nit *C*. muste] mûste *BC*. **3** oder nach] darnach *BC*. **4** ihr] ire *C*. **8** deinem] deim *C*. Herre] Herr *C*. **11** Mannes] Manns *C*. Weibes] Weibs *BC*. **12** daselbest] daselbst *BC*. **13** Manne] Mann *C*. **14** Weibes] Weibs *C*. **15** Mannes] Manns *C*. vornunfftigen] vernunfftigen *C*. **17** Manne] Mann *C*. **19** gemelten] gemeltem *BC*. **21** Mannes] Manns *C*. **22** Einem] Eim *C*. **30** ansehen] ansehn *C*. **31** Geschmuck] Geschmûck *C*. **32** umbhengen] umhengen *C*. **33** verborgene] verborgen *C*. **34** stillem] stillen *BC*.

244   **1** Hoffenung] Hoffnung *BC*. **3** Herre] Herr *C*. **5** zeigt] zeiget *BC*. **10** wer] were *C*. **11** do] da *BC*. auffsperret] auffspert *C*. **12** ist es] ists *C*. **13, 21** doher] daher *BC*. **14** Kindtlein] Kindlin *C*. **16** alder] alter *BC*. **20** villen] vielen *BC*. **21** deutzscher] Deudtscher *B*; Teutscher *C*. gehen] gehn *BC*. **25** dohin] dahin *BC*. **26** eigewillige] eigenwillige *B*; eigenwillig *C*. teglich] taglich *C*. **27** plôcke] plôck *C*. **28** Ortter] ôrther *BC*. **29** aldo] alda *BC*. **30** nun] nu *C*. **31** wolle] wôlle *BC*.

245   **1** Regiert] regieret *B*. **2** seinem] seim *C*. **3** mall] mal *BC*. **3, 29** nun] nu *C*. **8** wolte] wolt *C*. nicht] nit *BC*. **8, 20** Kôniges] Kônigs *C*. **10** mûsse] mûß *C*. **12** entschuldiget] entschûldigt *C*. **13** Manne] Mann *C*. wer] were *BC*. **15** gebûsset] gebûßt *C*. **16** grim] grimme *C*. **20** seine] sein *C*. **21** thette] thet *BC*. rede] red *BC*. **23, 29, 34, 35** nicht] nit *C*. **25** solches] solchs *BC*. **26** ihre] ir *BC*. **30** Kôniges] Kônigs *BC*. **31** solches] solchs *C*. **32** zornes] zorns *BC*. gnug] genug *B*. **32** Gefelt es] Gefelts *C*. **33** ihme] im *C*. **34** welchs] welches *C*.

246   **1** kome] komm *C*. **3** welches] welchs *C*. erschalle] erschallen *BC*. **4** beyde] beyd *C*. **7** wurden] wûrden *C*. **8** Kôniges] Kônigs *C*. **9** sprache] sprach *C*. **10** Hause] Hauß *C*. **13** wer es] wers *C*. geschwiende] geschwind *C*. **15** *M*. Psal. 127] Psal. 23 *BC*. **15** hat es] hats *C*. **17** wûrde beide] wûrd beyd *C*. **22** etliche] etlich *C*. ander] andere *BC*. **23** grewlich] grewelich *C*. **25** nicht] nit *C*. gnugsam] genugsam *BC*. **28** unter] under *BC*. **29** Grosmuter] Grosmûter *B*. **30** Mohmen] Mômen *C*. **32** alle] all *C*. **33** geboren] geborn *C*. **34** solch] solchs *C*. **35** verachtet] veracht *C*. saget] sagt *C*. Herre] Herr *C*.

247   **1** wirckt] wirck *C*. **2** Megdlein] Meidlin *BC*. geboren] geborn *C*. Nicht] Nit *C*. **6** Baum] Baume *C*. **7** frûchte] frûcht *C*. **8** himlische]

Varianten

himmlisch *C*. **9** schendet] schendt *C*. selbest] selbst *BC*. **10** vornunfftigen] vernůnfftigen *BC*. **11, 16, 17** nicht] nit *C*. **12** stehen] stehn *C*. **13** Herre] Herr *C*. **14** ticht] dicht *BC*. **15, 22** Bůchlein] Bůchlin *C*. **17** furuber] fůr uber *BC*. **18** thue] thu *C*. **22** solt] solte *BC*. **23** Wielfehern] Wilfehren *BC*. **24, 27, 33** wollen] wőllen *BC*. **26** selbest] selbst *BC*. **27** gehet] geht *C*. **29** schône] schôn *C*. rede] red *C*. **30** sagete] sagt *BC*. **31** friede] fried *C*. selbst] selbs *BC*. **32, 34** nicht] nit *BC*. tage] tag *C*. **33** sage] sag *BC*. andere] andre *BC*. **34** ihre] ihr *BC*.

248 **1, 5** Bůchlein] Bůchlin *C*. **2** wollen] wőllen *BC*. vormercken] vermercken *BC*. **3, 12, 24** nicht] nit *C*. dafur] dafůr *BC*. dormit] darmit *BC*. lestern] lesteren *C*. **5** nicht] nit *BC*. **6** gehet] geht *C*. sondern] sonder *BC*. dasselbe] dasselb *C*. **7** wolle] wőlle *B*; wőll *C*. **9** eygewillige] eygenwillige *BC*. **10** wolt] wolte *B*. **13** scherffer] scherpffer *BC*. **13, 14** Etliche] Etlich *C*. **15** eins] eines *C*. **16** zehen] zehn *C*. **18** vormanung] vermanung *BC*. **19** ubersehen] ubersehn *C*. **22** habe] hab *C*. Bůchlein] Bůchlin *C*. **25** darmit] damit *C*. **26** Weibern] Weiberen *C*. gemeiniglich] gmeinglich *C*. gehet] geht *BC*. **28** vorachtet] verachtet *BC*. **32** nun] nu *C*. und vermanen] *fehlt C*. **34** vormanet] vermanet *BC*. **35** denn] dann *C*.

249 **1, 5** nicht] nit *C*. **2** wollen] wőllen *BC*. **3** wasse] was *BC*. **4** fuhren] fůren *BC*. ihres] irs *C*. **6** Cresem] Crysam *BC*. **7** vorlohren] verloren *BC*. **8** wunsche] wůndsche *B*; wůndsch *C*. **9** den schutz] schutz *BC*. **10** wolle] wőlle *B*; wőll *C*. ihnen] ihn *C*. **12** seinem] seim *C*. **14** gnedige] gnedig *C*. stundlein] stůndlein *B*. und stundlein / ein selige ru] *fehlt C*. **15** ru] ruhe *B*. vorleihen] verleihen *BC*. **17** Adam Schubarth] *fehlt C*.

251 **1** spaciern] spatziren *B*; spacieren *C*. **2** Beyn] Bey *BC*. **3** stundt] stůndt *BC*. **9** Seint] Sind *BC*. **11** bőse] bose *C*. **16** stehet] stecket *C*. **19** Fuhret] Fůhret *BC*. **23** gmeinen] gemeinen *C*. **24** fluchn] fluchen *C*. **25** liebs] liebes *BC*. **27** huern] huren *BC*. **29** Falschlich] Fålschlich *BC*.

252 **35** bedacht] gedacht *C*. **52** sage] sag *BC*. **55** seind] sind *C*. **56** noch] doch *C*. **58** itzt] jetzt *BC*. **63** mussen] můssen *BC*.

253 **69** umbtragn] umbtragen *C*. **70** vorklagn] verklagn *BC*. **81** sie] die *C*. **83** wan] wenn *BC*. vorwundt] verwundt *BC*. **84** machn] machen *BC*. **90** Kopperwasser] Kupfferwasser *BC*. **98** vorehrt] verehrt *BC*.

254 **104** keinen] kein *BC*. **106** gebrochn] gebrochen *BC*. **107** gelegn] gelegen *BC*. beyn] bey *BC*. **108** sauer] sawr *BC*. **113** bőswicht] bős-

390 *Varianten*

wicht C. **125** giefftign] gifftigen C. **127** Bauer] Bawr C. **130** ander] andre B; andere C. bey seinem luder] bey leinem luder B; beim leinem luder C. **135** Vortröstet] Verträstet BC. guttn] guten BC.

255 **137** fuhrn] führn BC. **138** Bistu] Bist du BC. **139** sein] sind BC. Lotterbubn] Lotterbuben BC. **140** Stubn] Stuben BC. **142** salbn] salben BC. **143** dann] denn BC. **160** Gest] Geste BC. **162** stribest] treibest C.

256 **179** Pochn] pochen BC. **183** drolle] trolle BC. **187** deine] dein BC. **189** Steckn] Stecken BC. **190** vorstopffen] verstopffen BC. **193** gemus] gemüß C. **202** Wierstu] Wirst du BC. **204** friede] frieden C. **205** scheutzlich] scheußlich C. **206** miers] mir das C.

257 **209** betrubet] betrübet B; betrübt C. **210** trauert] trawret BC. **220** bleibn] bleiben BC. **232** niehm] nimb B; nimpt C. itzt] jetzt BC. **237** ihm] in dem BC. **238** keuffen] kauffen C. **241** Brodtwurst] bratwürscht BC.

258 **246** narn] narren BC. vexiern] vexieren BC. **247** Bauer] Bawern B; Bauren C. Tribuliern] tribulieren BC. **253** Pfennig] pfenning BC. **257** wunschet] wündschet BC. **260** Seins] Seines BC. Weibes] Weibs C. **270** viertell] vierteil BC.

259 **283** Verbiergets] Verbirgt es BC. **284** vorkauffen] verkauffen BC. **290** Nach] Noch BC. **292** Kophant] Kophatn C. **297** schlaffn] schlaffen BC. **298** Wies] Wie es BC. **300** denn] dann C. **304** regiern] regieren C. **307** Gegn] Gegen C. **308** glücke] glück C. **309** gutte] guten C.

260 **312** sahe] sah BC. **317** Seind] Sind BC. bôs] boß C. **323** selbst] selbs BC. **330** sawer] sawr C. **331** steinern] steinen C. **332** Sturmen] stürmen BC. **334** das] sein BC. **336** dadurch] dardurch C. **338** boß] böß BC. **340** heilign] heilgen BC. **344** gutten] gutem BC.

261 **349** heilign] heilgen BC. **351** Wurd] Würd BC. wüst] wust C. **354** vorwandt] verwandt C. **356** Ehelich] Ehlich BC. **357** frômbd] frembd BC. nicht] nit BC. **362** sondern] sonder C. **367** soltn] solten BC. **370** tagn] tagen BC. **373** Furtten] Fürten BC.

262 **382** davor] darvor BC. **384, 393, 396** alden] alten BC. **386, 390** ehelich] ehlich B. **389** meidn] meiden BC. **390** Gemahl] Gemahel C. **391** Darmit] Damit C. **395, 398** Huerey] Hurerey BC. **396** Schlangen] Schlange C. **399** Buberey] Büberey BC. **401** alln] allen BC. ortten] örten C. **404** beyn] bey BC. **405** mussen] müssen BC. gefangner] gefangne BC. **413** ihren] ihrn BC. **416** güttig] gutig C.

Varianten

263   420 nicht] nit *BC*.   422 selbest] selbst *C*.   424 vorman] verman *BC*.
427 jeder] jede *BC*.   Ehelichn] Ehlichen *BC*.   432 args] arges *BC*.

264   457 Regiern] Regieren *BC*.   477 glaubn] gleuben *BC*.   vorwar] fûrwar *BC*.   480, 483 greiff] griff *B*.

265   496 Itzt] Jetzt *BC*.   zun] zum *C*.   508 — aller] auß aller *BC*.   509 aus] von *BC*.   510 Vorhies] Verhieß *BC*.   511 ergôtzt] ergetzt *BC*.   515 thur] thûr *BC*.   516 herfur] herfûr *BC*.   521 todten] tôdten *BC*.

266   526 beiden] beyde *C*.

267   559 thur] thûr *BC*.   560 herfur] herfûr *BC*.   563 darvan] darvon *BC*.
564 stan] ston *BC*.   565, 585 scharffes] scharpffes *BC*.   572 solchen] solchem *BC*.   583 hett] hatts *C*.   michs] mich *C*.   585 leg] legt *BC*.
587 Keel] Kell *BC*.   588 gsicht] gesicht *C*.   feel] fell *BC*.   591 entpfieng] empfieng *BC*.

268   602 warn] waren *C*.   605 uberbleut jhens] uber blewet jhenes *BC*.   611 Heupt] haupt *BC*.   612 stelle] stette *C*.   620 Ehelichen] Ehlichen *BC*.
622 solln] sollen *BC*.   624 vorges] vergess *BC*.   625 thue] thu *BC*.
626 Aldo] Alda *BC*.

269   628 meim] meinem *C*.   634 obgewandt] abgewandt *BC*.   636 allm] allem *BC*.   640 gûtt] gut *C*.   645 gegrust] gegrûst *BC*.   651 lobn] loben *C*.   655 vormanung] vermanung *BC*.   658 lebn] leben *BC*.
659 wern] weren *BC*.

270   677 mein] meim *BC*.   678 Furtter] Fûrter *BC*.   gesehn] gesehen *BC*.

271   *Überschrift:* dis] dieses *BC*.   vormanung] vermanung *BC*.   vorhalten] verhalten *BC*.
680 nicht] nit *BC*.   681 itzt] jetz *BC*.   688 sicher] *fehlt C*.   689 gan] gehn *BC*.   690 stan] stehn *BC*.   692 sieht] sicht *BC*.   694 Reichthum] Reichthumb *BC*.   696 alzeit] allezeit *BC*.   698 wûst] wist *BC*.   aldo] allda *BC*.   701 keme] kem *C*.   703 Jungfrawe] Jungfraw *BC*.   704 Heiligen] Heilgen *BC*.   705 best] beste *BC*.

272   712 nit] nicht *BC*.   717 Hiermit] Hiemit *BC*.   718 mit allen] mir alle *BC*.   724 Darvon] Davon *C*.   731 Wûst] Wûsten *C*.   735 unterthan] underthan *C*.   736 unterlahn] underlahn *C*.   738 wurd] wûrd *BC*.

273   745 beyn] bey *BC*.   ungnad] ungenad *BC*.   746 Seel] Seelen *BC*.   750 *M*. 1. Thim. 2.] 1 Thim. 1. *B*.   753 bein] bey *BC*.   758 mannichfalt] manigfalt *BC*.   763 Stûll] Stûl *BC*.   770 aln] allen *BC*.   774 hats] hat *C*.   776 Gantzlich] Gentzlich *BC*.

Varianten

274 777 wollen] wöllen *BC*. 781 Gotte] Gott *BC*. 783 Protestiert] Protestieret *BC*. 786 nicht] nit *BC*. traun] trawen *BC*. 791 bösn] bösen *BC*. gescholtn] gescholten *BC*. 792 woltt] wolte *BC*. 793 Bein] Bey *BC*. 796 schon] schön *B*. vom] von *BC*. 799 hochsten] höchsten *BC*. 802 tichten] dichten *BC*. 805 suchn] suchen *BC*. 808 — mechtig] und mechtig *BC*.

275 814 fur] für *BC*. 816 trauerns] trawrens *BC*. 818 gutte] güte *B*. 819 gebn] geben *BC*. 820 lebn] leben *BC*. 821 verliern] verlieren *C*. 823 vhesten] festem *BC*. 825 Brodt körbel] Brodtkörblin *B*; Brodtkörblein *C*. höcher] höher *BC*. 828 Thue] Thu *BC*. mehrn] mehren *BC*. 829 sauffn] sauffen *BC*. 831 Vorspiell] Verspiel *BC*. 833 nit] nicht *BC*. 839 sund] Sünd *BC*. 845 itzt] jetzt *BC*.

276 847 Welchs] Welches *C*. 852 kondt] kundt *BC*. 854 ihrm] ihrem *BC*. 856 Bein] Bey *BC*. 863 gewicht] gwicht *B*. 870 stackte] stacke *BC*. 872 wurdt] würd *BC*. 874 bhendt] behend *BC*. 875 lebn] leben *BC*.

277 882 unrug] unruh *BC*. 887 Bein] Bey *BC*. 889 geschlichen] geschleichen *C*. 898 emsig] embsig *BC*. 903 Seel] Seele *C*. 906 feur] fewer *BC*. 907 gehörtt] gehörn *BC*. 909 gedencket] gedenck *C*. 910 itzt] jetzt *B*; jetz *C*. 914 lugen] lügen *BC*. 916 hell] helle *BC*.

278 917 arme] arm *C*. 918 habn] haben *BC*. 921 solst] solt *BC*. 924 zu] zur *C*. 925 Creutze] Creutz *C*. behutte] behüte *BC*. 929 hinabe] hinab *BC*. 941 Helle] Hell *BC*. 944 Geistlichen] Geistlich *C*. 946 ich] *fehlt B*. 947 ir solt in] ihr in solt *C*. 949 mein] meim *BC*.

279 952 Truppen] Troppen *BC*. 953, 965 beyn] bey *BC*. 957 Dafür] Darfür *BC*. 964 gefaln] gefallen *C*. 966 vorgessen] vergessen *BC*. 967 armer] armen *BC*. 969 wehe] weh *BC*. 975 gnügn] genügen *C*. 978 gutt] gute *BC*. 981 sein] sind *BC*. dann] denn *BC*. 982 zeign] zeigen *BC*. 983 habn] haben *BC*.

280 992 gmerck] gemerck *BC*. 999 ungstum] ungestüm *BC*. 1001 dormit] darmit *BC*. 1008 versuchn] versuchen *BC*. 1015 itzt] jetzt *BC*. 1010 stercker] starcker *C*. 1016 zerfrischen] zu erfrischen *BC*. 1021 freundtligkeit] freundtlichkeyt *C*.

281 1026 sparn] sparen *BC*. 1027 verliern] verlieren *C*. 1031 sagn] sagen *BC*. 1032 behagn] behagen *BC*. 1036 vom] von *C*. 1042 gewachsne] gewachsene *BC*. 1044 zerlangen] zu erlangen *BC*. 1051 kondt] kundt *BC*. baun] bawen *BC*.

282 1059 woll] wolt *C*. 1062 kern] keren *BC*. 1070 vorheissen] verheissen *BC*. 1075 gerne] gern *C*. 1078 ohn gefahr] ungefahr *C*. 1081

Varianten

briengn] bringen *BC*. **1082** vom] von *BC*. **1088** verwundrung] verwunderung *BC*.

283 **1097** Herrn] Herren *BC*. **1103** Druber] Drůber *BC*. **1104** sein] sind *BC*. fůr] vor *BC*. **1105** nůtze] nutze *C*. **1117** Weinbergn] Weinbergen *BC*. **1118** Leutt] Leute *BC*. **1124** fůrhabn] fůrhaben *BC*.

284 **1127** fru] frůh *BC*. **1128** Eldern] Eltern *BC*. vorwandten] Verwandten *BC*. **1136** Dan] Denn *BC*. **1140** Wan] Wenn *BC*. **1141** vorschweigt] verschweigt *BC*. **1147** nit] nicht *BC*. **1148** erwuchs] erwůchß *BC*.

285 bein] bey *BC*. **1168** Pflegn] pflegen *BC*. **1173** Dan] Denn *BC*. vielln] vielen *BC*. **1174, 1197** nit] nicht *BC*. **1179** nit] nicht *C*. **1186** Wan] Wenn *BC*. **1190** zůchtig] zuchtig *C*. **1192** furcht] forcht *B*.

286 **1198** geben und nehmen] nemen und geben *BC*. **1200** alden] alten *BC*. **1201** ausgricht] außgericht *BC*. **1202** aldt] alten *C*. neuem] newen *BC*. **1207** begern] begeren *BC*. **1209** eim] einem *C*. **1219** vielln] vielen *BC*. **1225** rucke] růcke *BC*. **1226** des] das *BC*. **1227** furcht] forcht *BC*. **1230** Gots] Gottes *BC*. Gesetz] Gsetz *BC*.

287 **1233** Dan] Denn *BC*. **1239** mielder] milter *BC*. **1249** bosheit] bößheit *C*. **1253** Darumb] Drumb *C*. **1254** Gewurffen] Geworffen *BC*. vor] fůr *BC*. **1260** dann] den *BC*. **1266** gelegn] gelegen *BC*.

288 **1267** in] ins *BC*. **1268** Gemahl] Gmahl *B*. **1272** erzeigte] erzeiget *C*. gůttigkeit] gutigkeit *C*. **1276** Konig] Kônig *BC*. **1290** zuvorn] zuvor *BC*. **1296** Nehest] Nechst *BC*. **1297** ihrm] ihrem *BC*.

289 **1313** wurd] wůrd *BC*. **1317** unbekem] unbequem *BC*. **1326** seind] sind *BC*. **1327** bein] bey *BC*. **1328, 1332** gefengnis] gefengnuß *BC*. **1329** gedrengnis] gedrengnuß *BC*. **1330** vorwechsselt] verwechsselt *BC*. **1333** Seint] Sind *BC*.

290 **1337** ihrem] ihren *BC*. Růcken] rucken *BC*. **1338** gethan] gthan *B*. **1346** Niem] Nimb *BC*. **1349** abgurtet sein] abgůrtet seind *BC*. **1352** geschlagn] geschlagen *BC*. **1353** trachtn] trachten *BC*. **1362** nit] nicht *BC*. **1363** dadurch] dardurch *BC*. **1364** hab] hab ich *C*. itzt] jetzt *BC*. **1368** soln] sollen *C*.

291 **1373** Do] Da *BC*. **1375** geschwiend] gschwind *B*. **1377** Ehegnos] Ehegenoß *BC*. **1380** sein] seind *BC*. **1386** nit] nicht *BC*. **1390** vorsorgen] versorgen *BC*. hausgnos] haußgenoß *BC*. **1391** gehen] gehn *BC*. **1394** seint] sind *C*. **1397** seint] sind *BC*. **1403** worumb] warumb *BC*. **1405** Itzt] Jetzt *BC*. **1406** heuln] heulen *C*.

394 Varianten

292 1418 seins] seines *C.* gleichn] gleichen *BC.* 1419 wurd] wůrd *BC.*
1420 weib] Weiben *B*; Weibern *C.* 1422 vorgessen] vergessen *BC.*
1431 reichthum] Reichthumb *BC.*

293 1443 wan] wenn *BC.* 1445 lobesam] lobesan *BC.* 1446 einiges] einigs
BC. 1447 hort] hôrt *B.* 1450 bôsewicht] bôßwicht *BC.* 1454 bliebn]
blieben *BC.* 1455 hest] hetst *B.* getriebn] getrieben *BC.* 1460 wan]
wenn *BC.* 1460, 1490 Reichthum] Reichthumb *BC.* 1469 hatte] hat
C. 1470 meins] mein *C.*

294 1499 Reichen] reiche *C.* 1500 ihrn] iren *BC.* stan] stehn *BC.* 1501
gan] gehn *BC.* 1505 Wan] wenn *BC.* 1508 verkurtzt] verkůrtzt *BC.*
1509 versturtzt] verstůrtzt *BC.*

295 1515 gonst] gunst *BC.* 1521 Gleub] Glaub *BC.* 1525 frômbden]
frembden *BC.* 1527 Dan] Denn *BC.* 1531 ists] ist *C.* 1537 bein]
bey *BC.* 1538 habn] haben *BC.* 1539 gluck] glůck *BC.* **1541, 1546,
1548** Eldern] Eltern *BC.* 1541 begrus] begrůs *BC.* 1545 solchs]
solches *BC.*

296 1551 gebn] geben *BC.* 1560 briengn] bringen *BC.* 1565 Tôchterlein]
Tochterlein *C.* 1567 Krebsgang] Kriebßgang *C.* 1573 schencken] geschencken *C.* 1579 Dein] Deim *BC.*

297 1585 hot] hat *B.* 1595 seldn] selden *BC.* 1605 Vorwarest] Verwarest
BC. 1612 fundt] fônd *BC.* 1616 vornunfft] vernunfft *BC.*

298 1617 seind] sein *BC.* 1619 Gbet] Gebet *BC.* 1627 habn] haben *BC.*
1632 Do] Da *BC.* **1646, 1662** Dan] Denn *BC.* 1646 biests] bist *C.*

299 1654 verschůt] verschut *C.* 1663 fur] fůr *C.* 1665 verkern] verkeren
C. 1666 zeigt] zeiget *BC.* 1670 Wan] Wenn *BC.* 1674 gefreit] gefreiet *C.* 1677 Wurden] Wůrden *C.* gsetzt] gesetzt *BC.* 1679 jeders]
jedes *C.* 1680 Ehegnos] Ehegenoß *C.*

300 1687 wurd] wůrd *BC.* 1688 wunscheten] wůndscheten *BC.* 1692
bleib] blieb *BC.* 1695 Da nach] Darnach *BC.* 1699 Wietwer] weiter
BC. 1701 seine] sein *BC.* 1708 pflegt] pfleget *BC.* lehrn] lehren *BC.*
1709 bekern] bekeren *BC.* 1717 mussest] můssest *C.* 1718 Odem]
Athem *BC.*

301 1723 bein] bey *BC.* 1729 Stundtlein] Stůndtlein *BC.* 1739 nicht] nit
BC. 1741 besae] besåhe *BC.* frômbden] frembden *BC.* 1442 deim]
dein *C.* 1743 Keylln] keilen *BC.* eigen] eignen *B.* 1747 gebůrendt]
gebierendt *BC.* 1748 vormessen] vermessen *BC.* 1749 nicht] *fehlt C.*

Varianten 395

302 **1765** unterdrucken] untertrucken *BC*. **1768** erwûrgt] erwûrget *BC*.
1772 Frawlein] Fråwlein *BC*. **1773** gesatzt] gesetzt *BC*. **1779** gonst]
gunst *BC*. **1780** Tapffer] dapffer *BC*. **1787** dahien] darzu *C*. **1789**
dem] des *C*.

303 **1793** Fûrchten] Furchten *C*. **1804, 1818** Regiern] Regieren *BC*. **1810**
seint] sind *BC*. **1811** erwehrn] erwehren *C*. **1812** Wer] Wern *BC*.
1814 ists] ist *C*. itzt] jetzt *BC*. — gemein] in gemein *BC*. **1815** woln]
wölln *BC*. **1818** frômbden] frembden *BC*. **1820** Herr] Herrn *BC*.
1823 seint] sind *BC*.

304 **1831** verteuert] vertewret *BC*. **1832** trew] trewe *C*. **1833** behutten]
behûten *BC*. **1834** Itzundt] Jetzundt *BC*. **1835** schreibn] schreiben
C. **1838** woltte] wolt *C*. **1840** Beschrieben] Geschrieben *BC*. geticht] gedicht *BC*. **1842** verriedt] verredt *C*. **1845** wehre] wer *BC*.
1850 nicht] nit *BC*. **1857, 1858** from] fromb *BC*. **1859** Bein] Bey *BC*.

305 **1863** wunsch] wûndscht *BC*. **1866** gleich] geleich *C*. **1868** Dafur]
Dafûr *BC*. **1871** woll] wöll *BC*. fru] frû *BC*. **1872** Behûtten] Behuten
C. **1878** beschrieben] geschrieben *C*. **1881** furuber] fûrûber *BC*.
1884 wan] wenn *BC*. **1885, 1897** nit] nicht *BC*.

306 **1893** lûgen] liegen *BC*. **1897, 1900, 1901** wurd] wûrd *BC*. sehr] viel *C*.
1898 stundts] stûnds *BC*. geschriebn] geschrieben *BC*. **1899** getriebn]
getrieben *BC*. **1900** schaun] schawen *BC*. **1901** traun] trawen *C*.
1906 zûrnet] zûrnt *BC*. **1907** pracht] bracht *C*. **1920** eheteuffels] Ehteufels *BC*. **1920** geschwiend] gschwind *BC*. **1921** Vorley] Verley *BC*.
1924, 1929 bein] bey *BC*.

307 **1930** nit] nicht *BC*. **1931** trubsal] trûbsal *BC*. vorley] verley *BC*. **1933**
Itzt] Jetzt *BC*. vorwaiset] verweiset *BC*. **1937** liebn] lieben *BC*. **1943**
Wan] Wenn *BC*. bedrabt] betrabt *BC*. **1945** heilign] heiligen *BC*.

Nach V. **1951**: bôse] bôß *BC*. ists] ist es *BC*. krieget] kriegt *BC*.
wan] wenn *BC*. erfrischt] erfrischet *BC*. ihme] ihm *BC*.

ZEHN TEUFEL

Die B-Ausgabe ist ohne Marginalien.

313 **4** dieselbigen] dieselben *B*. **7** Man] Manne *B*. **16** die] *fehlt B*. **16, 18**
Eheleut] Eheleute *B*. **17** guts] gutes *B*. **19** eines] eins *B*. **21** ein]
einen *B*. **22** Ordenung] ordnung *B*. **25** gedencket] gedenckt *B*. **30**
Weibsbilde] Weibesbilde *B*. **31, 32** wolt] wolte *B*. **32** eben] *fehlt B*.

Varianten

314 1 es] *fehlt B.* **4, 5, 6, 14** Man] Manne *B.* **9, 20** nun] nu *B.* **11** seines] seins *B.* sonderlichs] sonderlich *B.* **14** versagen] vorsagen *B.* **15** haupt] heupt *B.* **17** hab] habe *B.* genug] gnug *B.* **18** nottůrfftige] nodtůrfftige *B.* **22** furen] fůren *B.* **24** darzu] dazu. — lust] ein lust *B.* **25** die zeit] die weile *B.* **27** Eheleut] Eheleute *B.* elend] elende *B.* **28** los darvon] davon los *B.* **30** welchs] welches *B.* ergste] ergeste *B.* **32** nit] nicht *B.*

315 1 ordenung] ordnung *B.* **4** Weib] Weibe *B.* **5** auffgeleget] auffgelegt *B.* **6** Man] Manne *B.* **9** wollen] wôllen *B.* ding] dinge *B.* **11** Weibs] Weibes *B.* geneiget] geneigt *B.* **17** Ehestand] Ehestande *B.* **19** anfang] anfange *B.* **20** all] alle *B.* **21** das der Man ir] das ir der Man *B.* **23** nit] nicht *B.* **27** mehr] wider *B.* **27, 28** on] one *B.* **28** erkentnus] erkentnis *B.* Satan] Satans *B.* **31** solch] solchs *B.* **32** unnd unverschåmbt] unverschampt *B.* **34** dôrffen] důrffen *B.* **35** ir] iren *B.*

316 3 schand] schande *B.* **4** Man] Manne *B.* **5** dieselbigen] dieselben *B.* **7** Reimweis] Reimweise *B.* gesetzet] gesatzt *B.* **8** darfůr] dafůr *B.* **12** Tugent] Tugende *B.* heilig] heilige *B.* **13** jeglich] iglich *B.* **14** ein] *fehlt B.* **17, 28** nit] nicht *B.* **17** verunehret] verunehrt *B.* **20** kůndten] kôndten *B.* unhuld] unhulde *B.* **23** Solches] Solchs *B.* **26** gehorsamlich] gehorsam *B.* **29** Den xxij. tag Februarij im 1557. Jar.] *fehlt B.*

317 Unverschampte] Unvorschampte *B.*

318 *Überschrift:* — Gottlose] Der Gottlose *B.* **4** darzu] dazu *B.* **6** Seim] Seinem *B.* **7** darwider] dawider *B.* **10** gutes] guts *B.* ire] ir *B.* **11** gibet] gibt *B.* ergerlich] ergerliche *B.* **16** — kein] auch kein *B.* **19** Befilcht] Befihlet *B.* **20** bewart] bewahret *B.* **26** zalen] bezalen *B.*

319 30 irem] irm *B.* **31** — Vermanung] Alle vermanung *B.* **34** er] *fehlt B. nach V.* **35:** — Stoltze] Der Stoltze *B.* **40** den] iren *B.* **41** getracht] tracht *B.* **42** — Hat] So hat *B.* **44** fůr] vor *B.* **46** all] alle *B.* **47** oder] und *B.* **49** Sůnd] Sůndn *B.* **54** ein schôn] einen schônen *B.* **55** sie] bald *B.* sagets] sagts *B.* **57** woll] wil *B.* **58** Kartecken] Kartecke *B.*

320 59 Purpuranisch] Purpuranische *B.* mentel] mantel *B.* **61** Golt] Golde *B.* **62** begert] begeret *B.* **63** Bantoffel] Pantoffel *B.* Trepschuch] Triebschuch *B.* **64** ausgenehet] ausgeneht *B.* **66** geschrencken] geschrenckt *B.* **67** Viel] Und viel *B.* thut sie] *fehlt B.* hencken] gehenckt *B.* **68** ein ist] eine *B.* **69** simbehl] simpel *B.* **70** haupt] heupt *B.* **71** stieren] stirne *B.* **72** ein] eine *B.* Perlein] Perlen *B.* **78** watzen und] *fehlt B.* **81** fůr] vor *B.* **82** zopffen] zôpffen *B.* **85** gemoch] gemach *B.* **89** schôn] schon *B.* **93** Man] Manne *B.* nicht] nit *B.*

Varianten 397

321 95 Manns] Mannes *B.* 96 fûr] fur *B.* 98 Darbey] Dabey *B.* 99 fûren] verfûren *B. nach V.* 99: — Ungehorsame] Der Ungehorsame *B.* 102 thet] thut *B.* 104 Schôpffer] Schepper *B.* 105 Tôpffer] Tôpper *B.* 112 Verachtet] Vorachtet *B.* 115 verlaugen] verlaugnen *B.* 119 zur andern] in die ander *B.* 121 sies] sie es *B.* gegen] kegen *B.*

322 124 darzu] dazu *B.* 127 Man] Manne *B.* 128 nicht] nit *B.* 130 dasselbige] dasselbe *B.* 131 mus] mûsse *B.* 137 stehe] stehet *B.* 138 lassen sol] sol lassen *B.* 139 willn] willen *B.* fûr] vor *B.* 141 vom] dem *B.* 146 folgt] folget *B.* 149 bleibet] bleibt *B. nach V.* 149: — Zanck] Der Zanck *B.* 150 hader] hadder *B.* 151 herberg] herberge *B.* 153 entpern] entperen *B.*

323 154 von] *fehlt B.* 155 trôtzen] trotzen *B.* 161 gehorsam hab] hab gehorsam *B.* gesûndert] gesondert *B.* 165 Wers] Wer es *B.* 167 seim] seinem *B.* 168 Lôwen] Lewen *B.* 169 nicht] nit *B.* 174 eng] enge *B.* 175 leng] lenge *B.* 176 etwan] etwa *B.* 178 ihre] ir *B.* 179 ob] wenn *B.* 183 greiffet] greifft *B.* 186 vergeblich] vorgebliche *B.* 188 erfehrt] erferet *B.*

324 189 ergste] ergst *B.* 190 etwa] etwan *B.* 191 schwetzen] schertzen *B.* 195 eim] einem *B.* 197 frieden] friede *B.* 201 gesind] gesinde *B.* 203 treibt] treibet *B.* 204 eine] ein *B.* einen] ein *B.* 210 geht] gehet *B.* 211 kranckheit / marter] marter / kranckheit *B.* 212 Gsind] Gesind *B.* 213 inen] in *B.* 214 keiffelts] kiefelts *B.* 214, 216, 219 in] inen *B.* 216 gûnnet] gônnet *B.* 218 ins] es in *B.* fûrgesetzt] fûrgesetzet *B.* 222 unverschampte] unverschempte *B.* folgt] folgt *B.*

325 *Überschrift:* — Unvorschampte] Der Unverschampte *B.* 224 so] also *B.* bleibet] bleibt *B.* 225 treibet] treibt *B.* 229 mos] mass *B.* 230 unvorschâmbt] unverschampt *B.* geht] gehet *B.* 232 allweg] allwege *B.* 235 unverschampten] unverschempten *B.* 236 nun] nu *B.* 237 und] *fehlt B.* 239 stuhrmisch] stormisch *B.* 240 vortragen] vertragen *B.* 243 grauset] graust *B.* der] so *B.* 244 kein] keinen *B.* 245 in] im *B.* 246 on gefehr] ungefehr *B.* 253 glaub] gleub *B.* 254 ir alles] alles ir *B.* 255 ein] eim *B.* holtzschuch] holtzschu *B.*

326 258 darzu] dazu *B.* 259 — unverschambte] ir unverschempte *B.* 261 redlich] herrlich *B.* 262 unrhûmblich] unrhûmlich *B.* 263 thûnlich] thulich *B.* 266 heimlich] heimliche *B.* 269 Dasselbige] Dasselbe *B.* 273 hett] hette *B.* 274 ists] ist *B.* 285 kaum] nicht *B.* 287 denn] *fehlt B.* 288 den] denn *B.* 290 unvorschampt] unverschempt *B.*

327 291 seim] seinem *B.* gezampt] gezempt *B.* 292 fûrwitzig] vorwitzig *B.* 294 nacher] hernacher *B.* 295 gantz und] *fehlt B.* 297 unvorschemb-

ten] unverschampten *B. nach V.* **299**: — Sauffteuffel] Der Sauffteuffel *B.*
300 bleibt] bleibet *B.* **304** fůr] vor *B.* — Welt] der Welt *B.* **305**
Darein] Darin *B.* **309** acht auch] achtet *B.* **312** gsellen] gesellen *B.*
316 hebet] hebt *B.* dem] den *B.* **317** thawern] tawren *B.*

328 **321** neune] neun *B.* **322** den] das *B.* **323** herein] hinein *B.* **324** der
Kůchen] die Kuchen *B.* **325** versůchen] versuchen *B.* **326** eim] einem
B. dem] *fehlt B.* **327** dienestu] dienstu *B.* **329** Solstu] Soltu *B.* verstecken] vorstecken *B.* **330** wůrd] wůrde *B.* **331** kerich] Kericht *B.*
333 setz] setze *B.* ewer] ewr *B.* **336** glauben] gleuben *B.* **337** Sag]
Sage *B.* Vieh] Viehe *B.* **338** Fehrt] Geret *B.* **341** ich] ichs *B.* zwagen]
sagen *B.* **342** selden] selten *B.* **343** bôs] bôse *B.* Megd] Megden *B.*
348 ein] einen *B.* **350** dann] denn *B.* **352** kacken] kôcken *B.* **353**
herumbher] herůmmer *B.* **354** gedůmmel] getůmmel *B.* **355** auffn]
auff den *B.* gerůmpel] gerůmmel *B.*

329 **356** ein] eine *B.* Bader Meid] Bademagt *B.* **357** So] Die *B.* zutreit] zu
tregt *B.* **358** red] rede *B.* **359** alweg] all wege *B.* **360** auch] *fehlt B.*
362 gehen sol] sol gehen *B.* **369** Darzu] Dazu *B.* **370** hnein] hinein *B.*
sinn] sinne *B.* **371** Drumb] Darumb *B.* **374** manche] manchen *B.*
376 draus] daraus *B.* **379** thetens] theten es *B.* **381** blieb] bliebe *B.*
nach V. **381**: — Unkeusche] Der Unkeusche *B.* **385** denn] *fehlt B.*

330 **387** Der] Das *B.* **389** in] ins *B.* **396** Heid] Heide *B.* **397** Zusamm]
zu samen *B.* alle beid] allbeid *B.* **401** — sauffen] und sauffen *B.* **402**
seinen] seinem *B.* **405** stillen] fůllen *B.* **412** etwa] etwan *B.* **413** ists]
ist *B.* **419** Můssen] Můssens *B.*

331 **421** lieb] liebe *B.* **422** nun] nu *B.* **423** lebet] lebt *B.* *nach V.* **425**: —
Mordt] Der Mord *B.* **432** welchem] wem *B.* **437** Keines] Keins *B.* er]
ehr *B.* **440** wůndscht] wůndschet *B.* **441** wegnåm] wegneme *B.* wol]
fehlt B. **442** es] solchs *B.* **443** fůr] vor *B.* **445** sol heimlich] heimlich
sol *B.* **446** wegen] wege *B.* **448** heilig] heilige *B.* **449** heilig] heiligen *B.*

332 **453** treib] trieb *B.* **455** wurd gebracht] gebracht wůrde *B.* **456** seim
Hauptman] seinem Heuptman *B.* **459** ihm] ime *B.* das] sein *B.* **465**
ihrm] irem *B.* Man] Manne *B.* abgelohnt] abgelohnet *B.* **466** eim] einem
B. **468** Ein] Eine *B.* laug] Lauge *B.* hat] hatte *B.* **470** půcket] buckt *B.*
471 Die Fraw] Der Man *B.* ein starcke] eine gute *B.* zůcket] zuckt *B.*
479 Ein] Eine *B.* **481** lebt] lebet *B.* in dem] im *B.* **483** diesen Teuffeln]
diesem Teuffel *B.* **485** Unvorschambt] Unverschempt *B.* hůrisch] hurisch *B.*

Varianten 399

333 487 ihren] irem *B*. 493 hettens] hetten sie *B*. gewust] gewûst *B*. 495 denen] den *B*. 495, 505 Frawen] Frawe *B*. 496 zeigt in] zeiget inen *B*. 497 darvon] davon *B*. 498 Derhalb] Derhalben *B*. 501 lehrt] leret *B*. 502 sitze] sess *B*. Hundeshaus] hunde haus *B*. 503 kônnen] kondten *B*. 511 wol] *fehlt B*. 514 schicket] schickt *B*. ihn] hin *B*. 15 Kleider] Kleid *B*. 518 dem] den *B*. 519 zeigets eim] zeigts einem *B*.

334 523 Gefengnus] Gefengnis *B*. 527 vormieden] gemieden *B*. 528 findt] findet *B*. 530 Darzu] Dazu *B*. 531 brummet] brinnet *B*. *nach V*. 531: — Diebische] Der Diebische *B*. 533 mordt und] balde *B*. 534 diebisch] diebische *B*. nicht] nit *B*. 541 zalen] bezalen *B*. 542 wûnderlich] wunderlich *B*. 543 sûnderlich] sonderlich *B*. 546 krame] Kram *B*.

335 555 kund lôsen] kônnen gelosen *B*. 556 eim] einem *B*. andern —] andern fass *B*. 557 Drumb] Darumb *B*. habs] hab es *B*. 560 zwôlff] zwelff *B*. 563 fûr] vor *B*. 564 stahel] Stal *B*. 565 Man] Manne *B*. sies] sie es *B*. kaum] nicht *B*. 566 irem] irer *B*. 568 legets] legt es *B*. 569 mit] nicht *B*. 571 gestolen] gestolenen *B*. 572 Fatzsenetlein] Fatzenetlein *B*. 573 Spanisch] Spanische *B*. 579 diebisch] diebische *B*.

336 587 wol] denn *B*. 588 Zimetrinden] Zimet rinde *B*. 589 Kirschenbaum] Kirschen beum *B*. 592 Spilling] spillinge *B*. 593 Birn] Pirn *B*. Pfirsching] Pfirsing *B*. 595 schelen] schellen *B*. 596 Darzu] Dazu *B*. viel] die *B*. 599 steht] stehet *B*. 605 nimpts] nimpt *B*. 606 mûst] mus *B*. 613 kûndt] kund *B*. 618 machet] macht *B*.

337 *Überschrift:* — Unfreundlich] Der Unfreundliche *B*. 623 In] An *B*. 624, 629 Man] Manne *B*. 633 Geht] Gehet *B*. Khu] Kuhe *B*. 634 trôtzen] trotzen *B*. 635 allem] allen Dingen *B*. 642 im] ime *B*. 646, 651 fûr] vor *B*. 647 hnaus] hinaus *B*.

338 653 hab sein den] habe denn sein *B*. 654 geleichen] gleichen *B*. 657 als er] denn wie *B*. 658 Hembd] Hembde *B*. darein] darin *B*. 661 Nichts] Nicht *B*. 666 Drachen] trachen *B*. 672 Dach] Tach *B*. 676 Fûr] Fur *B*. 677 kåm] keme *B*. / etc.] *fehlt B*. 679 auch] *fehlt B*. 680 in freiem] im Freien *B*.

339 683 nur] *fehlt B*. 684 achten —] achtet auch *B*. 686 verzeret] vorzeret *B*. 2 wollet] wôllet *B*. dieses] das *B*. ehrlich] ehrliche *B*. 4 welches] welchs *B*. 5 nit] nicht *B*. 7 unnd] *fehlt B*. 8 welche den Teuffel sich] welche sich den Teuffel *B*. 9 da] *fehlt B*. 10 ehr] ehre *B*. noch] *fehlt B*. 11 erzeleten] erzelten *B*. 15 Gesind] gesinde *B*. 16 fûr] vor *B*. 17 alhie] hie *B*. 19 gekrûppelt] gekruppelt *B*. 22 nicht allein] allein *B*. 24 unvorschambte] unverschampte *B*.

340 2, 3 in] inen *B*. 5 schmachschrifft] Schmaheschrifft *B*. 6 wollen] wolten *B*. 7, 9 nit] nicht *B*. 7 heilig] heilige *B*. 8 hab] habe *B*. 9 ertichtet] erdichtet *B*. 10 sonder] sondern *B*. 11 heilig] heilige *B*. 14 sein] sind *B*. in] inen *B*. 17 im] in *B*. 18 an] *fehlt B*. ôrten] orten *B*.

341 Tugent] Tugende *B*. Gottfůrchtig] Gottfůrchtig *B*. Demůtig] Demůtig *B*. Nůchtern] Nůchtern *B*.

342 2 solches] solchs *B*. 3 hôrt] hort *B*. 4, 6 darzu] dazu *B*. 6 lerets] leret es *B*. 9 darwider] da wider *B*. 11 Gesind] Gesinde *B*. gutte] gut *B*. 13 môgen] můgen *B*. 18 Kind] Kinde *B*. Gesind] Gesinde *B*. 19 Vermanet] Vermant *B*. — mit] auch mit *B*. 23 glauben] gleuben *B*.

343 27 und] *fehlt B*. 32 Kein] Keinen *B*. voracht] veracht *B*. 34 wen] wem *B*. geht] gehet *B*. anbitten] anbieten *B*. 38 dran] daraus *B*. 41 denckt] gedenckt *B*. der sey] sey *B*. 42 Man] Manne *B*. 44 bring] bringe *B*. ein] *fehlt B*. 45 gůlden] gůldene *B*. 48 sonder] sondern *B*. 50 hůt] hůtet *B*. 51 eim] einem *B*. Weib] Weibe *B*. wohnet] wohnt *B*. 53 kein] keinen *B*.

344 58 saget] sagt *B*. 59 wôll] wolle *B*. 60 Den] Dem *B*. gnad] gnade *B*. 61 thut fůr hoffart] vor hoffart thut *B*. 62 Tugent] Tugende *B*. 66 fůr] fur *B*. 68 geleret] gelernet *B*. 69 from] fromme *B*. Gott] hat *B*. 70 Man] Manne *B*. 72 gern] gerne *B*. 75 gedencket] gedenckt *B*. 76 gefordert] gefodert *B*. 77 sie nu vor Gott sich] nun fur Gott sie sich *B*. 81 sie] sich *B*. bucken] bůcken *B*. 82 zucken] zůcken *B*.

345 83, 91 Fried] Friede *B*. 84 herberg] herbrig *B*. 86 Zanckens kônnens wol entpern] Zanck und hadder kônnen sie wol entperen *B*. 87 derselbig] derselbige *B*. 90 Hie] Alhie *B*. 94 frieden] friede *B*. 97 das] sein *B*. 99 thut] *fehlt B*. 100 Man nicht steht] Manne nicht stehet *B*. 101 Do] Da *B*. 104 fůr] vor *B*. 105 so] also *B*. 108 sturmisch] stormisch *B*. 111 dfinger] die finger *B*. 112 willn] willen *B*. 113 zornig] zorniger *B*. treibet] treibt *B*. 114 fried] friede *B*. bleibet] bleibt *B*.

346 *Überschrift:* Zůchtig] Zůchtig *B*. 115 bleibet] bleibt *B*. 119 verschampt] vorschampt *B*. 121 unverschampts] unvorschamptes *B*. 122 keim] keinem *B*. weg] wege *B*. 128 Vor] Fur *B*. 131 ars] arsch *B*. 132, 139 nicht] nit *B*. erlaubt] erleubt *B*. 134 mossen] massen *B*. 139 fůr wen] vor wehn *B*. geht] gehet *B*. 140 ansteht] anstehet *B*. 142 geht denn] gehet dann *B*. wider heim] widerumb hin *B*. 143 raumet] reumet *B*. 144 Tiegeln] *fehlt B*. 145 Ists] Ist *B*. 146 eim] ein *B*.

347 147 denn] dann *B*. 149 sind] seind *B*. 152 sies] sie *B*. sůchen] suchen *B*. 153 steckts] stecketst *B*. 154 flickt es] flickts *B*. 156 geschäch ein

Varianten

grösserer schad hernoch] geschehe ein grosser schad hernach *B*. **157** ausm] aus dem *B*. **158** Lests] Lest sie *B*. **nackt**] nacket *B*. **160** Straubet] Straubig *B*. **161** in] im *B*. **163** in] *fehlt B*. **166** lehrt] leret *B*. **169** erbeit] arbeit *B*. **171** ein zůchtig] eine zůchtige *B*.

348 **184** Bedenckt] Gedenckt *B*. fůr] vor *B*. **186** Man] Manne *B*. **195** einem] eines *B*. **199, 203** bleibet] bleibt *B*. **199** derhalb] derhalben *B*. **200** gut] gute *B*. **204** treibet] treibt *B*. **205** unvorschamet] ungehorsam *B*. sein] sind *B*.

349 **209** verloren] verlorn *B*. **210** geboren] geborn *B*. **211** Weibe] Weib *B*. **214** Hôrt sies] Hôret sie es *B*. **217** darzu] dazu *B*. **218** Solches] Solchs *B*. fleucht] fleuhet *B*. **219** liebt] liebet *B*. sie] *fehlt B*. **223** bsorgt] besorgt *B*. **224** wol] *fehlt B*. **227** da] *fehlt B*. seim] seinem *B*. **229** hett] hat *B*. **230** geberdn] geberden *B*. nach *V*. **232:** Gůtig] Gůtig *B*.

350 **236** zugeselt] zugestelt *B*. **240** lieb] liebe *B*. **244** irem —] irem Manne *B*. geleich] gleich *B*. **245** acht] achtet *B*. **246** etwa] etwas *B*. geschoch] geschech *B*. **247** bringt] bringet *B*. **249** laufft] leufft *B*. **251** kompt] kem *B*. **252** lidt] liedt *B*. **253** etwa] etwan *B*. **254** lůst] lust *B*. **255** alda] da *B*. umbstendt] umbstende *B*. **256** wendt] wende *B*. **257** fehlt] fehlet *B*. **262** sihet —] sihet widerumb *B*. **264** haus] hause *B*. **265** verstehet] vorstehet *B*. **266** fůrkommen] vorkommen *B*. **268** Man befilht] Manne befihlet *B*.

351 **269** untrew] untrewe *B*. **270** mans] man sie *B*. **273** sag] sage *B*. **275** Gottlos] Gottlose *B*. **276** darvor] dafur *B*. **277** in] an *B*. **280** Man] Manne *B*. ghůlffen] gehůlffen *B*. **284** vieh] Viehe *B*. **288** besůchen] besuchen *B*. **289** gschaffen] geschaffet *B*. **292** lůstig] lustig *B*. **293** auffraumen] auffreumen *B*. **299** sonst] sonsten *B*.

352 **303** etwas hôrt] hôret etwas *B*. **304** nit] nicht *B*. **305** sein] seinen *B*. schreibet] schreibt *B*. **306** bleibet] bleibt *B*. **307** uberkompt] uberkumpt *B*. solches] solchs *B*. **308** Des] Das *B*. stets] *fehlt B*. **310** wohnt] wohnet *B*. **314** Gsind] Gesind *B*. wers sonst] wer es sonsten *B*. **315** gern] gerne *B*. **317** denselbigen] denselben *B*. **318** ehe] ehr *B*. **320** sies] sie es *B*. vordienet] verdienet *B*. **322** Man] Manne *B*. **327** merckt] mercket *B*. **330** bisweiln] bisweilen *B*.

353 **333** bliebe] bleibe *B*. **334** dem Man] irem Manne *B*. **338** Ihrs] Ires *B*. **339** die] *fehlt B*. **342** gab] gabe *B*. regenet] regnet *B*. **345** gelinget] gelingt *B*. **346** umbringet] umbringt *B*. **347** lebet] lebt *B*. sawer] sawr *B*. **348** — sein] all sein *B*. **349** in gutem] im guten *B*. **352**

26 Teufelbücher 2

dancke] dancket *B*. fûr sollich] vor solches *B*. **361** und] *fehlt B*. **365** fûrsichtig] vorsichtig *B*.

354 **374** freunde] freuden *B*. **375** findt] findet *B*. nirgend] nirgents *B*. **376** Ehestandt] Ehestande *B*. **377** hût] hûtte *B*. **383** forcht] furcht *B*. **384** seim] seinem *B*. **385** bringt] bringet *B*. *nach V*. **392:** Das xxvi. Cap. Jhesu Syrach. Wol dem / der ein tugentsam Weib hat / Des lebet er noch eins so lang. *bis* — Ende.] *fehlt B*.

Nachwort des Herausgebers

I

Der zweite Band der Teufelbücher des 16. Jahrhunderts *erfaßt fünf 'Lasterteufel', in denen besondere Mißstände in der Gesellschaft der Reformationszeit, wie das Tanzen, die Putzsucht und die hieraus entstehende Unzucht, bei Frauen wie Männern von den protestantischen Pfarrern angegriffen werden.*

Alle Drucke werden zum ersten Male kritisch ediert. Für die Textherstellung werden gemäß den in Band 1 angesetzten Editionsprinzipien nur die Ausgaben herangezogen, die mit aller Wahrscheinlichkeit zu Lebzeiten des Autors erschienen sind, somit alle Einzelausgaben wie auch die Sammelbände des Theatrum Diabolorum *von 1569 und 1587/88.*

Überlieferungsgeschichte, Bibliographie, Kommentar und Glossar werden in dem abschließenden Realien- bzw. Bibliographieband behandelt.

Die angewendeten Verfahren bzw. Entscheidungen werden im Rechenschaftsbericht — Abschnitt VII des Nachworts — angegeben.

Eine ausführliche Beschreibung der A-, B-, C-, D-, bzw. E-Drucke, die der Ausgabe zugrunde liegen, wird in der Bibliographie der Quellen geliefert. Drucke, die nicht eingesehen werden konnten, sind durch * gekennzeichnet. In früheren Bibliographien erwähnte Ausgaben, die von mir nicht durch Autopsie ermittelt werden konnten und wahrscheinlich inzwischen verloren gegangen sind, werden an der chronologisch entsprechenden Stelle vermerkt.

Bei der Beschreibung der einzelnen Quellen und Sammelbände verwenden wir anstelle der längeren Originaltitel die Kurztitel Kleiderteufel, Tanzteufel, Hurenteufel, Hausteufel *und* Zehn Teufel.

Zu Beginn der Ausgabe steht Johann Strauß mit seinem Kleiderteufel *von 1581, der vor allem deswegen von Bedeutung ist, weil er als eine der wenigen Quellen für die Kostümgeschichte jener Zeit kulturhistorisch bedeutende Dokumentationen für den Stand der neuen Mode liefert, die bereits vor Strauß von Andreas Musculus im* Hosenteufel *1555 und auch von Joachim Westphal im* Hoffartsteufel *1565 als verderbliches Laster bei Männern wie Frauen verdammt worden war.*

In seiner Vorrede (S. 5) skizziert Strauß den Stand der Teufelliteratur und kritisiert das Versagen der Geistlichkeit, die sich lieber gegenseitig bekämpft, als daß sie — wie es ihre Pflicht wäre — die herrschenden Laster angreift.

Eng mit der Mode und Hoffart verknüpft ist — nach Ansicht der aufgebrachten Prediger — auch das Tanzen und die daraus entstehende Gelegenheit zur Unzucht, wovon uns der Tanzteufel *und der* Hurenteufel *ein aufschlußreiches Bild vermitteln sollen.*

Der Hausteufel *und die* Zehn Teufel, *beide in Reimform, fassen noch einmal alle Untugenden, besonders die der Frauen, zusammen. Diese beiden Teufelschriften wurden merkwürdigerweise nicht von dem Verleger Sigmund Feyrabend in das* Theatrum Diabolorum *aufgenommen, obwohl der* Hausteufel, *mit neuem Titel, in Frankfurt am Main noch mehrere Male in Einzelausgaben herauskam. Auch die* Zehn Teufel, *die im* Hausteufel *in der Vorrede (S. 248) erwähnt werden, fanden keinen Eingang in Feyrabends Sammelwerk.*

II

KLEIDERTEUFEL

Johann Strauß aus Elsterberg, Pfarrer zu Neustadt am Schneeberg (Erzgebirge), datiert sein Traktat in seiner Vorrede am Sonntag Jubilate 1580.

Der Kleiderteufel *ist in vier Fassungen aus den Jahren 1581 überliefert. Die Görlitzer Ausgabe bei Ambrosius Fritsch wird im allgemeinen als erste angesetzt*[1]*, als zweite die von Georg Defner in Leipzig, als dritte die von Georg Hoffman in Freybergk, der auch noch eine vierte Ausgabe mit grünem handillustriertem Titelholzschnitt und neuem Impressum in Klein-Oktav herausbrachte, ohne jedoch den Text zu verkürzen.*

Daß die Ausgaben C und D jünger als A und B sein dürften, ergibt sich aus der durchgehenden Korrektur einiger Druckfehler in A und B, die aus den Eingriffen (S. 454) und den Varianten (S. 357ff.) ersichtlich sind.

Die Holzschnitte aller Ausgaben zeigen — mit geringfügigen Unterschieden — einen Modekavalier in Pluderhosen, teilweise rubriziert, mit gespreizten Beinen und hoch erhobenem Pokal.

Weitere Einzelausgaben sind nicht erschienen, doch nahm der Verleger Sigmund Feyrabend den Kleiderteufel *in sein* Theatrum Diabolorum *von 1587/88 auf.*

Bei der Erarbeitung des kritischen Textes diente die Görlitzer Ausgabe als Vorlage, Änderungen und Abweichungen der Leipziger und Freiberger Ausgaben sowie des Theatrum Diabolorum *von 1587/88 sind im Variantenverzeichnis vermerkt.*

A-*Drucke (1581)*

A[1] Wider den | Kleyder / Plu= | der / Pauß vnd | Krauß Teuffel. | Durch | Johan. Strauß Elsterberg. | [Holzschnitt]
G 7ᵛ: Gedruckt zu Görlitz / durch | Ambrosium Fritsch. | 1581[2].

---
[1] *Heinrich Grimm, Die deutschen 'Teufelbücher' des 16. Jahrhunderts. Ihre Rolle im Buchwesen und ihre Bedeutung. In: Archiv für die Geschichte des Buchwesens, XVI (1959), S. 1755. — Bernhard Ohse, Die Teufelliteratur zwischen Brant und Luther. Diss. Freie Universität Berlin, 1961, S. 243.*
[2] *In den Titelangaben gesperrt Gedrucktes ist im Original rot. Dies gilt auch für die Titelangaben in den Beschreibungen der Sammelbände.*

Der unsignierte Titelholzschnitt in Rot und Schwarz zeigt einen gespreizt dastehenden Modekavalier der Zeit in gebauschten Pluderhosen mit einem Pokal in der rechten Hand.

Format: *Oktav.*
Umfang: *7 Bogen = 56 Blätter; Bl. G 8 leer.*
Zählung: *Bogenzählung A—G, ausgeführt bis Blatt v. Fehler in der Zählung: Cv ungezeichnet.*

Kustoden auf jeder Seite. Initialen am Anfang der Kapitel.

Neuerer heller Pappdeckelband. Unterstrichene Textstellen und vereinzelte Randbemerkungen. Papier fleckig, Text gut erhalten.

Standort: *Universitätsbibliothek Göttingen.*
Signatur: *Theol. Mor. 278/55 [alte Sign.: Theol. moral. 290ª].*

A2 *Titel, Impressum, Format, Umfang und Zählung wie beim Göttinger Exemplar.*

Alter heller Pergamentband, stark zerbeult. Gebogene Kanten. Eingestanzte Goldornamente, Linien und handschriftliche Inhaltsangabe auf dem Rücken. Texte stockig, doch gut erhalten.

Eingeklebtes Exlibris auf vorderem Innendeckel, mit Bild: Ex Bibliotheca Collegii Evangelici, Aug. Vindel. *darunter:* L. M. Steinberger Sculps. A. V.

Exlibris auf hinterem Innendeckel, Bild mit Inschrift: CVM BONIS AMBVLA. OMNIA A DEO. ORA ET LABORA. *darunter:* ANDREAS BEHAM DER ELTER. ANNO DOMINI. 15.95.

Das Exemplar ist zusammengebunden mit dem Lügenteufel *und einem anderen Text des 16. Jahrhunderts.*

Standort: *Staats- und Stadtbibliothek Augsburg.*
Signatur: *Th. Pr.*

Inhalt des Bandes:

1. Lůgen | Vnd | Lesterteufel. | Mit seinen Natůrli= | chen Farben vnd Eygen= | schafften. | Allen Gifftigen / Verlipten | Zungen / Ehrendieben / Vnd Ver= | leumbdern / zur Vermanung / vnd | Warnung / abgemahlet / vnd | beschrieben. | Durch | M. Conradum Portam, Pfar= | herrn zu S. Peter vnd Paul | in Eisleben. | Mit einer Vorrede Georgij Au= | tumnj Decani vnd Pfarherrn | zu Mansfelt.

V 7ᵛ: Gedruckt / vnd Vollendet | zu Eisleben / bey Vrbann Gaubi= | schen / Am Tage der Beschnei= | dung / vnsers HErrn vnd | Heilandes / Jhesu | Christi. | Jm Jahr. | 1581.

2. Kleiderteufel

3. Vnser liebe Fraw zů Alten Oetting. | Das ist / | Von der Vralten | H. Capellen vnser Lieben Fra= | wen vnd dem Für. Stifft S. Philip vnnd | Jacob zů Altē Oetting: Was auch von den | vilen Wunderzaichen / Haylthumb / Kirch= | fårten / Creützgången / Erscheinungen | vnd hülff der Hayligen 2c. dessel= | ben vnd anderer ort zů= | halten sey. | Vnd | Wie die Bayrn / zů dem Christlichen / Catholischen | Glauben / bekehrt worden: Sampt angehenckten | Trewhertzigen erinnerungen / was sie sich hin= | füran / bey verlust jrer Seelen hayl / in Re= | ligionssachen verhalten sollen. | Durch | Martinum Eisengrein / der hailigen | Schrifft D. Probst zů Alten Oetting / vnd der Ho= | henschůl zů Ingolstat Vicecantzler. Widerumb | übersehen / gemehrt vnd gebessert. | Getruckt zů Ingolstat / | M. D. LXXI.

*A3 Standort: *Deutsche Staatsbibliothek Berlin W. 8.*
Signatur: *Db 3461.*

*A4 Standort: *German. Nationalmuseum Nürnberg.*
Signatur: *8° As. 1362.*

*A5 Standort: *Universitätsbibliothek Wrocław (Breslau).*
Signatur: *8 V 1527, 2.*

B-*Drucke (1581)*

B1 Wider den | Kleider / Plu= | der / Pauss vnd | Krauß Teuffel. | Durch | Johan. Strauß Elsterberg. | *[Holzschnitt]*

F 6ᵛ: Gedruckt zu Leipzig / durch | Georg Defner / im Jhar | 1581.

Nachschnitt des Titelholzschnittes der Erstausgabe in Rot und Schwarz.

Format: Oktav.

Umfang: 6 Bogen = 48 Blätter; Bll. F 7 und F 8 leer.

Zählung: Bogenzählung A—F, ausgeführt bis Blatt 5.

Kustoden auf jeder Seite. Initialen am Anfang der Kapitel.

Gut erhaltener, neuerer marmorierter Pappdeckelband. Text unbeschädigt.

Standort: Bayerische Staatsbibliothek München.
Signatur: Asc. 4768.

B² *Titel, Impressum, Format, Umfang und Zählung wie beim Münchner Exemplar.*

Alter, bräunlicher zerbeulter Pergamentband. Gebogene Kanten, leicht beschädigt. Handschriftliche Inhaltsangabe auf dem Rücken. Papier leicht stockig, Texte gut erhalten. Handschriftliche Eintragungen auf den Titelblättern, wahrscheinlich alte Signaturen der Einzelausgaben (?). Eingeklebtes Exlibris auf dem vorderen Innendeckel, Bild des Erzengels Michael bei der Tötung des Drachens, darunter: Biblioth. coenob. St. Michael.

Das Exemplar ist zusammengebunden mit andern Texten des 16. Jahrhunderts.

Standort: Universitätsbibliothek Göttingen.
Signatur: Theol. thet. II 552/23 [alte Sign.: Theol. moral. 290ᵃ. 923a, 923b, 923c, 923d, 1315i. k. B. M. 1770ᵃ⁻ʰ].

Inhalt des Sammelbandes:

1. SERPENS ANTIQVVS, | Die alte Schlange. Das ist: | Der Sacra= | ments Teuffel / der sich in | diesen letzten fehrlichen

zeiten / mit | 37. seiner fûrnembsten Adiuuanten oder | Obersten / aus dem Hellischen Reich / ôf= | fentlich ins Feld gelegt / die reine | Euangelische / Lutherische | Lere / fûrnemlich Vom Nachtmal des HERRN / vnd | erhôhung seiner menschlichen Natur / vmb zu= | stossen / vnd dagegen den Sacramentschwarm | auffzurichten / vnd dieser Lande Kirchen vnd | Schulen / verschlagener vnd tûckischer | weise / zuuerfûren willens. | Dem Son Gottes zu Ehren / vnd al= | len frommen Christen zur warnung / ei= | gentlich vnd deutlich entworffen | vnd beschrieben / | Durch | Johan Schûtz / Pfarrern | zu Rhiestedt. | Mit einem angehengten Sendebrieff | des Ehrwirdigen vnd hochgelarten | Herrn D. Nicolai Selnecceri.
Z 7^r: [*Druckersignet*] | Gedruckt zu Eisleben | durch Andream Petri. | 1580.

2. Speculationischer | Teuffel / | Darin heilsa= | mer Bericht vnd Rhat / | aus Gottes Wort zusamen ge= | fasst / vnd gezogen / womit man die Me= | lancholische Teuffelische gedancken von sich | treiben sol / Allen bekûmmerten vnd | schwermûtigen Hertzen | zu Trost / | Durch | D. Sim: Musæum | Selig / beschrieben. | Psalm 42. | Was betrûbestu dich meine Seele / vnd | bist so vnruhig in mir / Harre auff Gott / | Denn ich werde jm noch dancken / das er mei= | nes Angesichts hûlffe / vnd mein Gott ist. | Anno M. D. LXXIX.
G 8^r: Zu Magdeburgk druckts | Andreas Gehen / Jn verle= | gung Symon Hûters.

3. *Kleiderteufel*

4. Eine schône vnd lustige | newe Action / | Von dem An= | fang vnd Ende der Welt / | darin die gantze Historia vnsers | HErrn vnd Heylandes Jhesu | Christi begriffen: | Gemacht | durch | Bartholomeum Krûger | von Spernbergk / Stadtschrei= | ber vnd Organisten zu Trebyn. | Matth. 25. Cap. | DArumb wachet / dann jr wisset we= | der Tag noch Stunde / in welcher des | Menschen Sohn kommen wird. | M. D. LXXX.

5. Eine Christliche | Leichpredigt M. Christo= | phori Fischers Pfarherrn zu Hal= | berstadt zu S. Martin / Vber der Leich | des Edlen / gestrengen vnd Ehrnuesten | Andressen von Kissleben seligen / welche | zu Halberstadt in S. Martini | Pfarrkirche den 12. Martij | anno 1578, | gethan. |
Noch eine Leichpredigt D. | Martini Kemnitij / den 5. Decem= | bris anno 1573. zu Braunschweig ge= | than / vber der Leich

des Edlen Ehrn= | uesten Christoffers von Blanckenburgs | seligen. | Vlssen | M. D. LXXVIII.

6. EPICEDIA | IN OBITVM | REVERENDI | ET DOCTISSIMI VIRI D. M. | Thomæ Maucri Tribulensis, Pastoris ad | S. Michaëlem in celebri Lunæburga, & | Superintendentis Diœcesium Verden- | sis & Lubecensis, qui in vera Dei agnitio- | ne, & inuocatione ardenti, synceraque | Propheticæ & Apostolicæ doctrinæ con- | fessione, ex hac vita in cœlestem euoca- | tus est, annos natus 39. Anno Domi- | ni 1575. die 10. Augusti | Lunæburgæ. | Scripta per | Reuerendum D. Lucam Loßium, | & amicos. | Apocalypsis 14. | Beati mortui, qui in Domino moriuntur. | M. D. LXXVI.

7. ORATIO FVNEBRIS: | IN BEATAM | MEMORIAM | OPTIMI ET DOCTIS- | simi viri, Theologi & Poëtę excellentis, D. Magistri Thomæ | Maueri, Pastoris Ecclesiæ Lunę- | burgensis ad S. Michaëlem di- | gnissimi, habita ad studiosam | iuuentutem in Schola Lu- | nęburgensi ad D. Mich. | à Rectore eius- | dem | M. Lavrentio Rho- | domanno, Anno 1575. | 13. Augusti.

8. Ein Christlich | vnnd trôstlich Gespråch im | Himel / zwischen deß Wirdigen vnd | Wolgelehrten M. Thomæ Mawer zweyen | jungen Sônlein / Lucam vnnd Thomam / also ge- | schrieben / Vnd gemacht von dem Vatter selbst / bald | nach absterben seines Sohns Thomæ / in grosser | Våtterlicher betrůbnuß / vnnd auch in seiner eigen | Leibs schwachheit / darinn er dann bald her- | nach den 10. Augusti auch Christlich | vnd selig auß diesem kurtzen leben / | in das ewige / zu jhnen | abgescheiden. | Lucae 18. spricht der Son Gottes: | Lasset die Kinder zu mir kommen / | vnd wehret jhnen nicht / dann sol= | cher ist das Reich Gottes. | Anno 1576.

B3 *Titel, Impressum, Format, Umfang und Zählung wie beim Münchner Exemplar.*

Das Exemplar ist Nr. 6 in einem Sammelband mit fünf anderen 'Teufelbüchern'.

Beschreibung und Inhalt des Bandes, siehe Hurenteufel B[1], *S. 431 f.*

*Standort: Deutsche Staatsbibliothek der Stiftung Preuß. Kulturbesitz, Berlin-Dahlem.
Signatur: Db 3011 R.*

B4 *Titel, Impressum, Format, Umfang und Zählung wie beim Münchner Exemplar.*

Zerbeulter alter Pergamentband. Lederschließen verloren. Ecken umgebogen. Blatt Diij untere Ecke beschädigt. Handschriftliches Inhaltsverzeichnis auf dem Rücken. Papier etwas stockig. Texte gut erhalten.

Das Exemplar ist zusammengebunden mit anderen 'Teufelbüchern' und einem Text des 16. Jahrhunderts.

*Standort: Bayerische Staatsbibliothek München.
Signatur: Polem. 1985 [alte Sign.: Th. Thet. 1240].*

Inhalt des Sammelbandes:

1. Der Eydteuffel: | Was Schwe= | ren sey vnd heisse / Was | man vorzeiten fůr Ceremonien / | Geberde vnd eusserliche Zeichen in dem | Eydschweren gebraucht habe / vnd noch heuti= | ges Tages brauche. Wodurch vnd wobey man / schweren sol. Ob auch ein Christ schweren / vnd | mit gutem Gewissen einen Eyd thun môge / | Wie mancherley der Eyd sey / Vnd von der | Straffe des Meineyds / nützlicher vnd einfel= | tiger Bericht / aus Gottes heilsamen Wort / | alten vnd newen Kirchenlerern / vnd sonst | hochbegabter Leut Schrifften / trew= | lich zusamen gezogen vnd | verfasset | Durch | Christophorum Obenhin / Pfarr= | herrn zu Vrsel. | Hebr. 6. | Die Menschen schweren wol bey einem | Grôssern / denn sie sind / vnd der Eyd macht ein | Ende alles Hadders / dabey es fest bleibet vn= | ter jnen. | Anno 1574.

2. *Kleiderteufel*

3. Speculationischer | Teuffel / | Darin heilsa= | mer Bericht vnd Rhat / | aus Gottes Wort zusamen ge= | fasst / vnd gezogen / womit man die Me= | lancholische Teuffelische gedancken von sich | treiben sol / Allen bekůmmerten vnd | schwermůtigen Hertzen | zu Trost / | Durch | D. Sim: Musæum | Selig / beschrieben. | Psalm 42. | Was betrůbestu dich meine Seele / vnd |

bist so vnruhig in mir / Harre auff Gott / | Denn ich werde jm noch dancken / das er mei= | nes Angesichts hůlffe / vnd mein Gott ist. | Anno M. D. LXXIX.
G 8ʳ: Zu Magdeburgk druckts | Andreas Gehen / Jn verle= | gung Symon Hůters.

4. Der Spiler | A B C vnd Namenbůchlin. | Auß den Alten Schůllehrern zů= | samen gezogen vnd den Spilsüchti= | gen bösen Haußuåttern zů einem Spiegel | fůrgestelt / jhr sünd / schand vnd schaden / | an Leib vnnd Seel / Haab vnnd | Gůt zu ersehen. | *[Holzschnitt]* | Spruchswyß in reimen gefaßt durch | ein Alten Spilgesellen / der dem Spilen vr= | laub geben / vnnd andere mit sei= | nem schaden warnet.
B 4ᵛ: Ende diß Namenbůchlins. | M. D. LXXIX.

5. Vom Geitz Teuffel | Ein Christliche | vnd heilsame Predig / gethan | zů Basel / vnnd hernach auß bitt eines | Christenlichen Bruders auch | geschrieben. | Durch | Johansen Brandmůllern. | Heb. 13. | Der Wandel sey ohn geitz: vnd lassendt euch | benůgen an dem das da ist. | Gedruckt zu Basel bey Peter | Perna / Anno 1579.

B5 *Titel, Impressum, Format, Umfang und Zählung wie beim Münchner Exemplar.*

Gut erhaltener Pappdeckelband, kolorierter neuerer Einband. Rückentitel auf Leder. Text gut erhalten, wenn auch stockig.

Standort: Sächsische Landesbibliothek Dresden.
    Signatur: Theol. ev. mor. 449 [alte Sign.: Theol. mor. 152].

B6 *Titel, Impressum, Format, Umfang und Zählung wie beim Münchner Exemplar.*

Das Exemplar ist Nr. 1 in einem Sammelband mit drei anderen 'Teufelbüchern' und einem Text des 16. Jahrhunderts.

Beschreibung und Inhalt des Bandes, siehe Tanzteufel *A*³, *S. 420f.*

Standort: Staats- und Stadtbibliothek Augsburg.
    Signatur: 8° Th. Pr. Strauss.

C-*Drucke (1581)*

C1 Wider den | Kleider / Plu= | der / Pauß vnd | Krauß Teuffel. | Durch | Johan. Strauß Elsterberg. | *[Holzschnitt]* G 7ᵛ: Gedruckt zu Freybergk /| durch Georgium Hoffman /| in verlegung Simon | Hûtters. | Anno 1581.

Der Titelholzschnitt zeigt den Modekavalier mit dem Pokal in der linken Hand und scheint ein spiegelverkehrter Nachschnitt der früheren Ausgaben zu sein.

Format: Oktav.
Umfang: 7 Bogen = 56 Blätter; Bl. G 8 leer.
Zählung: Bogenzählung A—G, ausgeführt bis Blatt v.
Kustoden auf jeder Seite. Initialen zu Anfang der Kapitel.

Ziemlich beschädigter, zerfressener Pergamentband, lateinische Handschrift mit bunten Initialen. Unleserliche handschriftliche Inhaltsangabe auf dem Rücken, vereinzelte unterstrichene Textstellen. Papier stockig, Text gut erhalten.

Das Exemplar ist zusammengebunden mit einem andern Text des 16. Jahrhunderts.

Standort: Bayerische Staatsbibliothek München.
Signatur: Polem. 410.

Inhalt des Bandes:

1. Von dē Christ= | lichen glauben / vnd rechten | guten wercken / wider den falschen | glauben / vnnd erdichte gůdte | werck. Darzů / wie man es | soll anrichten mitt gůten | christlichen Predigern | das solcher glaub | vnd werck recht | predigt wer | den. | An die Erenreych Stat | Hamburg. | Durch Johan. Bugenhagen. | Pomern. | M. D. XXVII.

2. *Kleiderteufel*

C2 *Titel, Format, Umfang und Zählung wie beim Münchner Exemplar.*

Sehr gut erhaltener Sammelband mit fünf Texten des 16. und 17. Jahrhunderts. Pergamenteinband des 17. Jahrhunderts, Rückenbeschriftung von alter Hand.

Standort: *Herzog August Bibliothek Wolfenbüttel.*
Signatur: 101. 10 *Ethica.*

Inhalt des Sammelbandes:

1. DE | ANIMI TRAN- | QVILLITATE | DIALOGVS. | FLORENTIO VOLVSÆNO | Authore. | Editio nova emendatior. | [*Vignette*] | HAGÆ-COMITIS, | Ex Officina ANTONII TONGERLOO. | ANNO M. DC. XLII.

2. Der Pfarr vnd Pfründ Be= | schneiderteuffel / | So vnter dem | heyligen Euangelio / sich | aus den vntersten Orten der Er= | den / in diesen letzten Zeiten herfür ge= | than / Vnd bey den gewaltigen Poten= | taten dieser Welt teglichs eynreitet / | Was grossen Schadens er dem heiligen | Euangelio zufüget / Auch was sich die | Diener des Euangelij vnter jm müssen | leiden / Auch was für Belohnung gros= | se Herren / so diesen Teuffel zur Her= | berg auffnemen / müssen gewer= | tig sein / Beschrieben | durch | Christophorum Marstaller / | Pfarherrn zu Braun= | spach. | Getruckt zu Vrsel / durch | Nicolaum Henricum / | Anno / 1575.
L 7ᵛ: Getruckt zu | Vrsel / durch Nico= | laum Henricum / | 1575.

3. PHILARGYRVS | ECCLESIASTÆ. | Der Geltnarr / | mit seinen sieben fürnemsten | thörichten Eigenschafften / vom Köni= | glichen Prediger Salomone entworffen / Allen geitzi= | gen Leuten für augen gestellet / vnd mehrers verstands | halben mit etlichen Sprüchen vnd Exem= | peln ausgefüret / durch | M. Hermannum Heinrychum Frey, | Pfarrherrn zu Schweinfurt. | [*Holzschnitt*] | M. D. LXXXIX.
O 8ᵛ: Getruckt zu Schmalkal= | den / Bey Michel Schmück. | M. D. LXXXIX.

4. Kleiderteufel

5. Gespräch | Einer alten vnd jungen Jungfrawen | Von dem | Dantzen. | Auffs newe vbersehen vnd | vermehret | Von OTTO Frischer Scr. | [*Druckermarke*] | Gedruckt im Jahr | M. DC. XXXXV.

D-*Druck (1581)*

Wider den | Kleider / Plu= | der / Pauß vnd | Krauß Teuffel. | Durch | Johan. Strauß Elsterberg. | *[Holzschnitt]* G 7ᵛ: Gedruckt zu Freybergk / durch | Georgium Hoffman / | Anno | M. D. LXXXI.

Bei dem Titelholzschnitt scheint der Leipziger Druck (B) als Vorlage gedient zu haben, da er nicht spiegelverkehrt — wie im C-Druck — erscheint.

Im Gegensatz zu allen anderen Illustrationen ist der Holzschnitt hier grün und braun (anstatt rot) handkoloriert.

Format: Klein-Oktav.
Umfang: 7 Bogen = 56 Blätter; Bl. G 8 leer.
Zählung: Bogenzählung A—G, ausgeführt bis Blatt v.

Kustoden auf jeder Seite. Initialen zu Anfang der Kapitel.

Neuerer, stark abgegriffener Pappdeckeleinband. Titelblatt restauriert. Unterstrichene Textstellen, vereinzelte handschriftliche Randbemerkungen. Papier stockig.

Standort: Deutsche Staatsbibliothek Berlin W. 8.
  Signatur: Db 3463 [alte Sign.: Z 4880. Theolog. Ascet. Evang. II. 389].

E-*Druck (1587/88)*

Der Kleiderteufel steht als Nr. 4, f. 64ʳ—71ᵛ, im:

Ander Theyl | THEATRI | Diabolorum, | Das ist: | Warhaffte eigent= | liche vnd kurtze Beschreibung / | Allerley grewlicher / schrecklicher vnd abschewlicher Laster / so in diesen | letzten / schweren / vnd bösen Zeiten / an allen Orten vnd Enden fast bräuchlich / auch grau= | samlich im schwang gehen / Darauß ein jeder frommer Christ sonderlich zu sehen vnd fleissig zu lernen / wie daß wir in diesem elenden vnd mühseligen Leben / nit mit Keysern / Königen / Fürsten vnd Herrn / oder anderen hohen / | gewaltigen Potentaten / sondern mit dem allermächtigsten vnd stårckesten Fürsten dieser Welt / dem Teuffel / zu | kåmpffen vnd zu streiten / Welcher aller List vnd heimlichen Tůck gantz voll / schleichend (als S. Petrus sagt) vmb= | her gehet / wie ein wütender / brüllender Löw / vns zuverschlingen / Also daß er vns täglich vnd allen augenblick ohn | auffhören auff der Fußsolen nachtritt / damit er vns ja zu fall bringen / in allerley Sünd / Schand vnd Laster / eyn= | führen / vnd endtlich mit Leib vnd Seel in Abgrundt der Hellen stürtzen möge. Vnd derwegen seine grausame Ty= | ranney vnd Wüterey recht lernen erkennen / Gott vmb hülff vnd beystand seiner Göttlichen Gnaden vnd heiligen Geistes von Hertzen anruffen / alle gifftige Pfeil / tödtliche Geschossz / genugsam auffzufahen / | außzuschlahen / vnd in Christo Jesu / vnserm einigen Heylandt / vber= | winden / Victoriam, vnd das Feldt behalten. |

Allen Treuwhertzigen / denen jrer Seelen Heyl vnd Seligkeit angelegen / mit | gantzem Ernst vnd höchstem fleiß zubetrachten. | Die Namen der Authorn vnd Scribenten / findet man verzeichnet nach der Vorrede. | Gebessert vnd gemehret / mit anderen neuwen / als Kleider vnd Kröeß / Neidharts / Schmeichel / Pfarr / vnd Pfründ Beschneider / Speculationischer / Lü= | gen vnd Laster / Gerichts vnd Procuratorn / Bettel vnd Garte / sampt den Sacrament Teuffeln / so zuvor bey diesem Druck nie ge= | sehen / noch außgangen / Sampt einem neuwen / nützlichen / vnd nohtwendigen Register.

15   *[Holzschnitt: Nereide mit Harfe auf*   87
                Meereswellen]

Gedruckt zu Franckfurt am Mayn / durch Peter Schmidt / ꝛc.

[Auf vierzehnter Schlußseite]:

Gedruckt zu Franckfurt | am Mayn / durch Peter Schmid / |
in verlegung Sigmund | Feyrabends. |

[Druckersignet: Iohannes Feirabendt, *posaunender Engel
von* I *(ost)* A*(mman)]*
ANNO, | M. D. LXXXVIII.

Format: Folio.
Umfang: Traktatstext 190 Bogen = 380 Blätter.
Register 6½ Bogen = 13 Blätter.
Zählung: Bogen- und Blattzählung.
Text A—Z; Aa—Zz; Aaa—Sss = 1ʳ—380ᵛ.

*Stark abgegriffener, heller Lederband der Zeit, erhabene Bünde.
Ins Leder gestanzte Ornamente und Figuren auf beiden Deckeln.
Vorderdeckel verfleckt, Ecken und Kanten bestoßen. Papier
stockig, Texte gut erhalten.*

Gesamtübersicht erscheint im Realienband.

*Standort: Herzog August Bibliothek Wolfenbüttel.
Signatur: 182. 9. th.*

III

TANZTEUFEL

Florian Daul aus Fürstenberg, im Jahre 1522 in Neustadt an der
Praudnigk in Oberschlesien geboren, schrieb 1566 die Vorrede zu
seinem Tanzteufel, der im Jahre 1567 zuerst erschien.

Wie er in der Vorrede (S. 64) erwähnt, sind ihm die bereits erschienenen 'Teufel' wohl bekannt, und da er auf seine Nachfrage bei
den Buchhändlern nichts von einem 'Tanzteufel' herausfinden kann,
hält er es für seine Pflicht, diese Ursache vieler schändlicher Laster
selbst in Angriff zu nehmen.

Angehängt an sein eigenes Traktat, bringt er — zur Unterstützung und Bekräftigung seiner Ausführungen — die 45. Predigt aus dem 'Ehespiegel' von Cyriacus Spangenberg, ebenso den dritten Punkt der 46. Predigt über den 'Abendtanz' (S. 144 ff.).

Der Tanzteufel *ist in zwei Fassungen aus den Jahren 1567 und 1569 überliefert. Ab 1569 erscheint der* Tanzteufel *nur noch in den Ausgaben des* Theatrum Diabolorum.

Beide Ausgaben des Tanzteufels *sind bei der Verlegerfirma Sigmund Feyrabend und Simon Hüter und dem Drucker Martin Lechler erschienen. Wie auch der* Zauberteufel *(Teufelbücher I), ist der* Tanzteufel *einer der 'Originalteufel in Erstauflage' bei Feyrabend-Hüter, die im übrigen fast nur Nachdrucke herausbrachten.*

A-*Drucke (1567)*

A1 Tantzteuffel: | Das ist / wider | den leichtfertigen / vnuer= | schempten Welt tantz / vnd son= | derlich wider die Gotts zucht | vnd ehrvergessene | Nachttentze. | Gestellet durch Florianum | Daulen von Fürstenberg / Pfarherrn die | zeit zu Schnellewalde. | *[Holzschnitt]* | Franckfurt am Mayn / Anno 1567.

f. 113ʳ: Getruckt zu | Franckfurt am Mayn / | bey Martin Lechler / in | verlegung Sigmund Feyr= | abends vnd Simon | Hûters. | *[Gemeinschaftssignet:* SIGMVND FEIRABENT, SIMON HVTTER*]* Anno M. D. LXVII.

Der unsignierte Titelholzschnitt zeigt zwei Paare beim bäuerlichen Maienreigen, jedoch keinen Teufel.

Format: Oktav.
Umfang: 15 Bogen = 120 Blätter.
Zählung: Bogen- und Blattzählung. A—P, ausgeführt bis Blatt
  v. Blattzählung (7*) + 1—113 = 120 Blätter.
  Fehler in der Zählung: Oiiij und Pij ungezeichnet.
Kustoden auf jeder Seite. Marginalien.

Stark zerfressener, verfleckter grauer Lederband, lateinische Pergamenthandschrift, farbige Initialen. Papier bräunlich, stockfleckig, scheinbar lange Zeit feucht gelagert, jedoch Text sehr gut erhalten.

Das Exemplar ist zusammengebunden mit dem Schrapteufel.

Standort: Stadtbibliothek Nürnberg.
Signatur: Theol. 101 8°.

Inhalt des Bandes:

1. Schrap Teufel. / Was man den | Herrschaften schuldig sey / | Womit das Volcke beschwert | werde / Was solche Beschwe | runge für Schaden bringen / | Was die Schrifft darwider | zeuge / Wie sie Gott straf | fe / Vnd mit welchen | Sůnden sie das | Volck ver= | diene. | Alles aus heiliger Schrifft mit | allem vleis tractirt vnd ge= | bessert | Durch | Ludouicum Milichium. | M. D. LXVIII.
X 6ᵛ: Gedruckt nach Christi Geburt / | im Jar als man zehlet / tausent / | funffhundert vnd sech= | tzig acht.

2. *Tanzteufel*

Titel, Impressum, Format, Umfang und Zählung wie beim Nürnberger Exemplar.

Brauner Lederband der Zeit. Erhabene Bünde. Ins Leder gestanzte Bruststücke und Ornamente. Metallschließen verloren. Papier etwas stockig. Texte gut erhalten.

Das Exemplar ist zusammengebunden mit dem Hoffartsteufel.

Standort: Bayerische Staatsbibliothek München.
Signatur: Mor. 1105ᵃ.

Inhalt des Bandes:

1. Wider den | Hoffartsteuffel | Der jetzigen Zeyt / solchen | pracht / vbermut / vnmaß / vppig | keit / vnnd leichtfertigkeit in der Welt | treibet / mit vberflüssiger / vnd vnzim= | licher Kleidung / kurtz vnd | einfeltig. | Schůlrecht / Durch Joachimum Westpha= | lum Jßlebiensem / Kirchendie= | ner zu Sanger-

hausen. | Von Fraw Hoffart | vnd jren Tö= | chtern / sampt treuwer warnung / sich | mit ernst für jnen zu hüten. | M. Cyriacus Spangenberg. | Jetzundt zum andern mal vber | sehen / vnd mit fleiß corrigiert. | Getruckt zů Franckfurt am Mayn / | ANNO M. D. LXV.
v 8ʳ: Gedruckt zu Franck= | fort am Mayn bey Peter | Schmidt / in verlegung Sig= | mundt Feirabents / vnd | Simon Hůters.

2. *Tanzteufel*

A3 *Titel, Impressum, Format, Umfang und Zählung wie beim Nürnberger Exemplar.*

Stark verfärbter, zerbeulter, verfleckter Pergamentband, umgebogene Kanten. Buchblock gebeizt. Vereinzelte handschriftliche Anmerkungen und unterstrichene Textstellen.

Eingeklebtes Exlibris auf dem vorderen Innendeckel: BIBL: S. MAVRITII. *darunter: Wappen mit:* 1622.

Das Exemplar ist zusammengebunden mit anderen 'Teufelbüchern' und einem Text des 16. Jahrhunderts.

Standort: Staats- und Stadtbibliothek Augsburg.
Signatur: 8° Th. Pr. Strauss.

Inhalt des Sammelbandes:

1. Wider den | Kleider / Plu= | der / Pauss vnd | Krauß Teuffel. | Durch | Johan. Strauß Elsterberg. | *[Holzschnitt]* | *F 6ᵛ:* Gedruckt zu Leipzig / durch | Georg Defner / im Jhar | 1581.

2. Schmeichel oder | Fuchsschwentze Teufel / | Das ist / | Klarer Bericht von Schmeichlern / woher sie | komen / was fur Leute sie sind / wie viel schaden sie | thun / vnd wie sie gestrafft / ꝛc. | Gestellet durch | Iohannem Rhodium secundum, Rockhusanum, | Pharherrn zu Bischleben. | *[signierter Holzschnitt, spiegelverkehrt:* . 81 . HN*]* D. Hieronymus in præfatione super Esaiam Prophetam. | Legant prius & postea despitiant, ne vide- | antur non ex iuditio, sed ex odij præsumptio- | ne ignorata damnare.
H 4ʳ: Gedruckt zu Erffurdt / | Durch Esaiam Mechler / | zum bundten Lawen | bey S. Paul.

3. Tanzteufel

4. Catholischer | Spiegel / darin= | ne zusehē / wie der Catholischen | lehr in allen Artickeln deß H. glaubens / | mit der Lehre vnsers Herrn Christi Jesu / vberein= | stimmen / wider den vngegrůndten nechst | außgegangenen Jesuiter Spiegel. | Durch den Erw. Vnd Hochgelehrten Herren / | Vitum Miletum vonn Schwebischen Gemůnda der H. | Schrifft D. des Thumstiffts zu Preßlaw / vnd der | Stifft Kirchen zu S. Seuer zu Erf= | furdt Canonicum. | SYMBOLVM APOSTOLICVM. | Ich glaub ein heilige Catholische Kirche. | SYMBOLVM NYCAENVM. | Ich glaub ein H. Catholische Apostolische Kirche. | SYMBOLVM ATHANASIJ. | Wer selig will werden / der muß vor allen dingen den | Catholischen glauben halten / dann wer jn nit gantz vnd | vngestůmmelt haltet / der kan nit selig / sonder wirt ohne | zweiffel in ewigkeit verloren werden. | Getruckt zu Cölln / Durch Maternum Choli= | num / Jm Jar M. D. LXXX J.

5. Einfeltige vnd | kurtze Erinnerung vom | Sabbathsteuffel / Gaspa= | ris Fabri Farino= | politani. | Matthei 17. Dis ist mein lieber | Son / an welchem ich wolgefallen ha= | be / den sollet jr hören. | Luc. 11. Selig sind die Gottes | Wort hören vnd bewaren. | Du solt heiligen den siebenden tag / | das du vnd dein Haus ruhen mag / | Du solt von deinem thun lassen ab / | das Gott sein Werck in dir hab / Ky= | rioleis. | Gottes Krafft vnd einig wirckung / | Jst ein selige bekerung. | Gottes gnad vnd Barmhertzigkeit / | Jst aller Gleubign Seligkeit. | Oder. | Gottes blosse gnad vnd wirckung / | Jst aller Gleubigen bekerung. Anno M. D. LXXII.

A4 *Unvollständiges Exemplar (die Blätter A 2 und A 7 fehlen!), sonst Titel, Format, Umfang und Zählung wie bei A¹.*

Stark abgegriffener neuerer Pappdeckelband. Rücken beschädigt. Vorblatt restauriert. Lage A, Blatt 1—6, oberhalb der Seite zerfressen. Handschriftliche Eintragungen auf Titelblatt und P 8ᵛ. Papier stockig, Text sonst gut erhalten.

Standort: Deutsche Staatsbibliothek Berlin W. 8.
   Signatur: Db 3331 [alte Sign.: Z 4901].

A5 *Titel, Impressum, Format, Umfang und Zählung wie beim Nürnberger Exemplar.*

Alter Lederband der Zeit, Deckel zu $^2/_3$ *bespannt, Rest Pappe. Stark verfleckt und abgegriffen, bestoßene Ecken und Kanten. Erhabene Bünde. In Goldschrift Inhaltsangabe auf dem Rücken:* Wucherteufel, Haussteufel usw., *darunter:* 1562—1567. *Auf dem vorderen Innendeckel handschriftliche Inhaltsangabe, darunter griechische Eintragungen, darunter:* 1665. *Viele unterstrichene Textstellen und Marginalien. Papier stockig.*

Auf dem Rückendeckel eingeklebtes Exlibris: Dono | Friderici Wilhelmi IV. | Regis Augustissimi | D. V. Nov. MD CCCL. | *[Wappen]* Ex Bibliotheca B. M. Kar. Hartw. Gregorii | de Meusebach.

Der Text ist zusammengebunden mit fünf 'Teufelbüchern' und einem Text des 16. Jh.

Standort: Deutsche Staatsbibliothek der Stiftung Preuß. Kulturbesitz, Berlin-Dahlem.

Signatur: Db 3013 R [alte Sign.: Z 8801 und Theolog. Moral. 348].

Inhalt des Sammelbandes:

1. Vnterrichtung. | Vom Wucher / | Geitz vnd Reich= | thumb. | Jtem / Von Christlichem vñ Gott= | seligem gebrauch der zeitlichen Gů= | ter / Aus den heiligen alten Leh= | rern gezogen. | Jnn diesen letzten fehrlichen vnd ge= | schwinden zeitten / do die Lieb erkal= | tet / vnd die Sorgfeltigkeit der Narung / | Betrug / List vnd Finantzerey / vber= | handt genommen. | Allen Frommen / Gottfůrchtigen | Christen / nötig vnd nützlich | zu wissen. | D. Andreas Musculus. | M. D. LXII. *E 7ᵛ*: Gedruckt zu Erffordt / | durch Georgium Bawman / | zu dem bunten Lawen / | bey S. Paul.

2. Vō Juncker | Geitz vnd Wucherteuffel: | so jetzt in der Welt in allen Sten | den gewaltiglich regieret. An alle | Stende deß Teutschen Reichs | geschriben / | Durch | Albertum von Blanckenberg. | Getruckt zu Frāckfurt am Main / | durch Georg Raben / vnd Wey= | gand Hanen Erben / | 1565. *F 6ᵛ*: Getruckt zu Franckfurt am | Mayn / 1565.

3. Haußteuffel / | das ist / | Der Meister | S JEman / Wie die bôsen | Weiber jre fromme Månner / vnd wie die | bôsen leichtfertigen Buben / jre fromē Weiber | plagē / Sampt einer vermanung auß heiliger | Schrifft vnd schönen Historien / wie sich fromē | Eheleut gegen einander verhalten sol= | len / nůtzlich vñ lustig zu lesen. | Beschrieben durch Adamum Schubart. | *[Holzschnitt]* | Getruckt zu Franckfurt am Mayn / 1565.

F 8ᵛ: Getruckt zu Franckfurt | am Mayn / bey Martin Lechler / | Jn verlegung Sigmund Feyerabends | vnd Simon Hůters / Jm jar nach | Christi vnsers HErrn vnd | Seligmachers geburt / | M. D. LXV.

4. Hofteuffel. | Das Sechßte | Capittel Danielis / Den | Gottfôrchtigen zu trost / den Gott= | losen zur warnung / Spilweiß | gestellet / vnd in Reimen | verfasset. | Durch Johannem | Chryseum. | Gedruckt zu Franckfurt / | M. D. LXIIII.

5. *Tanzteufel*

6. Wider den Bannteuffel / | Das ist / Eine getrewe / | wolmeynende Christliche | warnung / wider die Gottlosen | Teuffelbeschwerer oder Banner / so | in diesen ôrtern herum̄her | schleichen. | Auß Gottes Wort vnd | andern bewerten Scriben= | ten gestalt / | Durch | Jodocum Hockerium Oßnabur= | gensem / Prediger der Kirchen S. | Johans fůr Lemgaw. | Deutero. 21. | Alles was ich euch gebiete / das solt jhr | halten / das jhr darnach thut / Jhr solt | nichts darzu thun / noch daruon thun. | Getruckt zu Franckfurt am Mayn. | M. D. LXVI.

G 3ᵛ: Getruckt zu | Franckfurt am Mayn / | bey Martin Lechler / in verle= | gung Sigmund Feierabends / | vnd Simon Hůters / Jm Jar | nach Christi geburt / Tausent / | Fůnffhundert / Sechß | vnd sechtzig. | *[Gemeinschaftssignet:* SIGMVND FEIRABENT. SIMON HVTTER*]*

7. Der Heylige / | Kluge vnd Gelerte Teuffel / | Wider das Erste gebot Gottes / | Den Glauben vnd Christum. | *[Holzschnitt]* | Aus heiliger Schrifft vnd Patre | Luthero beschriben / von M. Andrea | Fabricio Chemnicense / Prediger in | der Gemeine zu S. Peter in | Northausen.

P 7ᵛ: Gedruckt zu Eisleben / durch | Andream Petri. | M. D. LXVII. *[leeres Blatt mit handschriftlichen Eintragungen]*

8. APOLOGIA *[handschriftlich]* Des ausgangenen Bůch= | leins vnnd Deutung des gemeldes: | Genant: | Der Heiliege Kluge vnd | Gelehrte Teufell, wie= | der das erste gebott | Gottes, den Glau= |

ben vnd Christum. | Psal. 121. 124. | Meine Hůlfe kômpt vom
Herrn, der | Hiemell vnnd Erde gemacht hat. | Psal. 120. | Was
kan dir die falsche Zunge thun, vnd was kan sie ausrichtenn?
Sie ist wie | scharfe Pfeile eines Starckenn, wie Feu= | er zu
Wacholdernn. | M. Andreas Fabricius | Chemnicensis.
f. 10ᵥ: Gedruckt zu Eisleben durch | Andream Petri.

*A6 *Standort:*   *Herzog August Bibliothek Wolfenbüttel.*
      Signatur: M 324 Helmstedt 8°.
      [hat nur im Mikrofilm vorgelegen]

*A7 *Standort:*   *La Biblioteca Apostolica Vaticana, Vaticano.*
      Signatur: Palat. V. 605 (2).

B-*Drucke (1569)*

B1   Tantzteuffel: | Das ist / wider | den leichtfertigen /
vnuer= | schempten Welt tantz / vnd son= | derlich wider
die Gottß zucht | vnd ehrvergessene | Nachttåntze. |
Gestellet durch Florianum | Daulen von Fůrsten-
berg / Pfarrherrn die | zeit zu Schnellewalde. | *[Holz-
schnitt]* | Franckfurt am Mayn / Anno 1569.
f. 113ᵥ: Gedruckt zu | Franckfurt am Mayn / | bey Martin
Lechler / | in verlegung Simon | Hůters. | *[Verlegermarke
'Amphitrite auf Delphin':* SIMON HVTTER ANNO
M. D. LXVIII*]* | Anno M. D. LXIX.

Der Titelholzschnitt ist der gleiche wie bei der Erstausgabe.

Format: Oktav.
Umfang: 15½ Bogen = 124 Blätter; Bl. Q 4 leer.
Zählung: Bogen- und Blattzählung. A—Q 4, ausgeführt bis
    Blatt v. Blattzählung (10*) + 1—113 + (1)
    = 124 Blätter.

*A 6ʳ—Bijʳ enthält eine [in A¹ nicht enthaltene] lateinische
Beigabe* IN LIBELLUM DE FURIOSIS HUIUS SECULI TRIPUDIJS
(S. 372ff.).

Kustoden auf jeder Seite. Initialen. Marginalien.

Gut erhaltener, neuerer grüner Pappdeckelband. Papier stockig. Text gut erhalten. Vereinzelte handschriftliche Eintragungen.

Standort: Deutsche Staatsbibliothek Berlin W. 8.
  Signatur: Db 3333 [alte Sign.: Z 5936. 4076. Theologia Moral. II. sing. arg. B. evang. 348].

B² *Titel, Impressum, Format, Umfang und Zählung wie beim Berliner Exemplar.*

Ziemlich gut erhaltener, gesprenkelter neuerer Pappdeckeleinband. Innendeckel und Titelblatt bis A ij^v durch Tintenflecke ziemlich beschädigt. Impressum restauriert. Text gut erhalten.

Standort: Sächsische Landesbibliothek Dresden.
  Signatur: Dramat. 552.

B³ *Titel, Impressum, Format, Umfang und Zählung wie beim Berliner Exemplar.*

Bräunlicher neuerer Pappdeckelband, stark abgegriffen, bestoßene Ecken und Kanten. Rücken eingerissen. Papier stockig, jedoch alle Texte gut erhalten. Bei Blatt Cij ist die untere Ecke abgerissen.

Das Exemplar ist zusammengebunden mit sechs anderen 'Teufelbüchern'.

Standort: Bayerische Staatsbibliothek München.
  Signatur: Mor. 947.

Inhalt des Bandes:

1. Spielteuffel. | Ein gemein auß | schreiben / von der Spieler | Brůderschafft vnd Orden / sampt | jren Stifftern / guten Wercken | vnd Ablaß. | Mit einer kurtzen angehenckten erklå= | rung / nützlich vnd lustig zu lesen. | *[Holzschnitt]* | Anno / 1564.
F 3^r: Gedruckt zu Franckfurt | am Mayn / durch Georg | Raben / vnd Weygand | Hanen Erben.

2. Fluchteuffel. | Wider das vn= | christliche / erschreckliche / vnd | grausame fluchen vnd Gottesleste= | ren / treuwe vnd wolmeinende | vermanung vnd war= | nung. | *[Holzschnitt]* | Gedruckt zu Franckfurt am Mayn / | Anno M. D. LXVIII.
G 6ʳ: Gedruckt zu Franckfurt am | Mayn / durch Weygand Ha= | nen Erben.

3. Vom Juncker | Geitz vnnd Wucherteuffel / | so jetzt in der Welt in allen Sten= | den gewaltiglich regieret. An alle | Stende des Teutschen Reichs | geschrieben / | Durch | Albertum von Blanckenburg. | Gedruckt zu Franckfurt am | Mayn / bey Martin Lechler / in | verlegung Weygand Ha= | nen Erben. | M. D. Lxviij.
G 3ᵛ: Gedruckt zu Franckfurt am | Mayn / bey Martin Lechler / in | verlegung Weygand Ha= | nen Erben. | M. D. Lxviij.

4. Wider den | Huren Teuffel / | vnd allerley Vnzucht. | Warnung vnd Bericht auß Gôtt= | licher Schrifft: | Hurer vnd Ehebrecher wirdt Gott richten / | Hebreo. 13. | Gestellt vnd zusamen gezogen / | durch | Andreas Hoppenrod. | Mit einer Vorrede M. Cyriaci Spangenbergs. | *[Holzschnitt]* | Getruckt zu Franckfurt am Mayn / 1565.
J 7ʳ: Getruckt zu | Franckfurt am Mayn / bey | Martin Lechler / in verlegung | Sigmund Feyerabends | vnd Simon | Hûters. | M. D. LXV.

5. *Tanzteufel*

6. Wider den Eheteuffel. | Ein sehr nûtzli= | ches Bûchlin / wie man den | heimlichen listen / damit sich der leidige | Sathan wider die Ehestifftung aufflehnet / auß Got= | tes wort begegnen / vnd den Ehestandt Christlich | anfahen / friedlich darinn leben / vnd | glûcklich vollenden | mûge. | Durch Andream Musculum D. | *[Holzschnitt]* | Anno M. D. LXVIII.
F 7ᵛ: Gedruckt zu Franckfurt am | Mayn / durch Weygand Ha= | nen Erben.

7. Wider den Bannteuffel / | Das ist / | Eine getrewe / | wolmeynende Christliche | warnung / wider die Gottlosen | Teuffelbeschwerer oder Banner / so | in diesen örtern herumher | schleichen. | Auß Gottes Wort vnd | andern bewerten Scriben= | ten gestalt / | Durch | Jodocum Hockerium Oßnabur= | gensem / Prediger der Kirchen S. | Johans fûr Lemgaw. | Deutero. 21. | Alles was ich euch gebiete / das solt jhr | halten / das jhr darnach thut / Jhr

solt | nichts darzu thun / noch daruon thun. | Getruckt zu Franckfurt am Mayn. | M. D. LXVI.

G 3ᵛ: Getruckt zu | Franckfurt am Mayn / | bey Martin Lechler / in verle= | gung Sigmund Feierabends / | vnd Simon Hûters / Jm Jar | nach Christi geburt / Tausent / | Fünffhundert / Sechß | vnd sechtzig. | *[Gemeinschaftssignet:* SIGMVND FEIRABENT. SIMON HVTTER*]*

*B4 Standort: *Württembergische Landesbibliothek Stuttgart.*
Signatur: *Theol. 8° 5557.*

*B5 Standort: *Stadtbibliothek Soest.*
Signatur: *V Ee 9. 5.*

*B6 Standort: *Universitätsbibliothek Wrocław (Breslau).*
Signatur: *8 N 1590, 3.*

C-*Druck (1569)*

Der Tanzteufel *steht als Nr. VII, f.* CCLIIIᵛ—CCLXXIIʳ, *und die lateinische Beigabe* IN LIBELLUM DE FURIOSIS HUIUS SECULI TRIPUDIJS, *f.* CCLII, *im* Theatrum Diabolorum *von 1569 (Inhalt und Beschreibung, siehe* Teufelbücher *I, S. 464—469).*

Der B-Druck hat dem C-Druck anscheinend als Vorlage gedient. Dies ergibt sich aus den Korrekturen und gleichen Fehlern, die aus den Eingriffen (S. 455) und den Varianten (S. 362ff.) ersichtlich sind.

IV

HURENTEUFEL

Der Prediger Andreas Hoppenrod, aus Hettstedt in der Grafschaft Mansfeld, gestorben 1584[3], *setzt sich mit dem Urheber aller*

---

[3] *Max Osborn,* Die Teufelliteratur des XVI. Jahrhunderts. Acta Germanica *III, 3. Repogr. Nachdruck der Ausgabe Berlin 1893. Hildesheim, Olms, 1965, S. 123 f. — Grimm,* Teufelbücher, *a. a. O., S. 1738. — Chr. G. Jöcher,* Allgemeines Gelehrten-Lexikon, *II (1750), S. 1702.*

Unzucht, dem Hurenteufel, auseinander, der durch das Wirtshausleben, das Trinken und Tanzen die Begierde zur Unsittlichkeit befördert, und versucht zu begründen, warum der Mensch sich davon fern halten solle.

Die Vorrede seines Freundes, M. Cyriacus Spangenberg, zu dessen Kreise er gehörte, geht seiner eigenen voran. Wir ersehen daraus, daß Spangenberg ihn bei der Bearbeitung und Drucklegung gefördert und unterstützt hat.

Der Hurenteufel *ist in fünf Einzelausgaben 1565, 1566 und 1568 erschienen, allerdings ist eine früher erfaßte Ausgabe von Nicolaus Henricus zu Ursel (Oberursel) aus dem Jahre 1565 nicht mehr auffindbar*[4].

Die Erstausgabe brachte Urban Gaubisch zu Eisleben heraus, die Zweitausgabe erschien schon im gleichen Jahre bei der Verlegerfirma Sigmund Feyrabend und Simon Hüter und dem Drucker Martin Lechler. Anscheinend lohnte es sich, den Hurenteufel *wiederholt aufzulegen, denn beide Druckerfirmen ließen noch eine Ausgabe folgen, Gaubisch 1566 und Lechler-Hüter 1568, bevor Feyrabends Sammelwerk von 1569 anscheinend weitere Einzelausgaben verhinderte.*

A-Drucke (1565)

A1 Wider den | Huren Teufel / | vnd allerley Vnzucht. | Warnung vnd | Bericht / aus den | worten: | Hurer vnd Ehebrecher wird | GOTT richten / Heb. xiij. | Andreas Hoppenrod. | Mit einer Vorrede | M. Cyriacus | Spangenberg. | M. D. LXV.
K 4r: Gedruckt zu Eisleben durch | Vrban Gaubisch.

Format: Oktav.
Umfang: 9½ Bogen = 76 Blätter.
Zählung: Bogenzählung A—K4, ausgeführt bis Blatt v.

Kustoden auf jeder Seite. Marginalien. Initialen.

---
[4] *Siehe C-Druck, S. 436f.*

Braun-marmorierter Pappdeckelband. Bund, Vor- und Rückblätter restauriert. Leinenrücken, erhabene Bünde. Brauner Lederstreifen auf Vorder- und Rückendeckel. Papier teilweise stockig. Text gut erhalten.

Standort: Bayerische Staatsbibliothek München.
Signatur: Mor. 501 ᵐ.

A² *Titel, Impressum, Format, Umfang und Zählung wie beim Münchner Exemplar.*

Stark abgegriffener Lederband, eingestanzte Ornamente und Bruststücke. Defekter Rücken, eingerissen. Schließen verloren. Kanten bestoßen.
Das Exemplar ist zusammengebunden mit sieben anderen 'Teufelbüchern' des 16. Jahrhunderts.

Standort: Bibliothek des Predigerseminars Braunschweig.
Signatur: F 119e.

Inhalt des Sammelbandes:

1. Jagteuffel *[ohne Titelblatt]*
   R 4ʳ: Getruckt zu Franckfurt | am Mayn / bey Georg Ra= | ben vnd Weygand Ha= | nen Erben.

2. Zauberteufel *[ohne Titelblatt]*
   p. 352: Getruckt zu | Franckfurt am Mayn / | bey Martin Lechler / in | verlegung Sigmund Feir= | abends vnd Simon Hûters. | *[Gemeinschaftssignet:* SIGMVND FEIRABENT. SIMON HVTTER*]*

3. Hurenteufel

4. Gesind Teu= | fel / Darin acht stück ge= | handelt werden / von des Ge= | sindes vntrew / welche im nachfolgen= | den blat verzeichnet. | Von | M. Peter Glaser / Prediger zu | Dreßden gestellet vnd zusam= | men gezogen. | *[Holzschnitt]* | Franckfurt an der Oder.
   H 7ᵛ: Gedruckt zu Franckfurt | an der Oder / durch Johan. | Eichorn.

5. Võ Juncker | Geitz vnd Wucherteuffel: | so jetzt in der Welt in allen Sten | den gewaltiglich regieret. An alle | Stende deß Teutschen Reichs | geschriben / | Durch | Albertum von Blanckenberg. | Getruckt zu Frāckfurt am Main / | durch Georg Raben / vnd Wey= | gand Hanen Erben / | 1565.
F 6ᵛ: Getruckt zu Franckfurt am | Mayn / 1565.

6. Spielteuffel *[ohne Titelblatt]*
G 3ʳ: Gedruckt zu Franckfurt am | Mayn / bey Martin Lechler / in | verlegung Weygand Ha= | nen Erben. | M. D. Lxviij.

7. Fluchteuffel *[ohne Titelblatt]*
G 6ʳ: Gedruckt zu Franckfurt am | Mayn / durch Weygand Ha= | nen Erben.

8. Schmeichelteuffel: | Das ist / | Ein kurtze Ein= | faltige Erklerung. Was die | Placentz Prediger / So den obschwebenden / mit aller macht regierenden Lastern / nicht | mit gebürendem Ernst / vnd Priesterlichem | Eiuer begegnen / wehren vnd stewren / fůr | schreckliche Sůnd / wider Gott / den | Nechsten / vnd sich selbs | begehen. | Auch | Woher solcher Heuchelgeist sei= | nen vrsprung neme. | Auß Gottes Wort / vnd etlicher Hoch= | gelerten / Alten vnd Newen Kirchenlerer | Schrifften zusamen gezogen vnd | beschrieben. | Durch | M: Hermannum Heinrychum | Frey / Pfarherrn zu Schweinfurt | in Francken.
N 7ʳ: Gedruckt zu Schweinfurt / bey | Valentin Krōner. | Anno M. D. LXXXI.

*A3 *Standort: La Biblioteca Apostolica Vaticana, Vaticano. Signatur: Palat. V. 289 (2).*

B-Drucke (1565)

B1 Wider den | Huren Teuffel / | vnd allerley Vnzucht. | Warnung vnd Bericht auß Gōtt= | licher Schrifft: | Hurer vnd Ehebrecher wirdt Gott richten / | Hebreo. 13. | Gestellt vnd zusamen gezogen / | durch | Andreas Hoppenrod. | Mit einer Vorrede M. Cyriaci Spangenbergs. | *[Holzschnitt]* | Getruckt zu Franckfurt am Mayn / 1565.
J 7ʳ: Getruckt zu | Franckfurt am Mayn / bey | Martin Lechler / in verlegung | Sigmund Feyerabends | vnd Simon | Hůters. | M. D. LXV.

Der unsignierte schwarze Holzschnitt zeigt eine üppige Frau auf dem Lasterbett, ihr zur Linken drei Teufelchen in Skelettgestalt, wovon eins dem lüsternen Kavalier eine Sanduhr entgegen hält.

Format: Oktav.
Umfang: 9 Bogen = 72 Blätter; Bl. J 8 leer.
Zählung: Bogenzählung A—J, ausgeführt bis Blatt v.
Kustoden auf jeder Seite. Marginalien.

Alter brauner Lederband auf Holzdeckeln. Abgestoßene Ecken und Kanten, Rücken leicht defekt, Leder abgeblättert. Papier braun und fleckig, jedoch im ganzen gut erhalten. Inhaltsangabe in Goldschrift auf dem Rücken. Vereinzelte handschriftliche Eintragungen und unterstrichene Textstellen.

Das Exemplar ist zusammengebunden mit fünf anderen 'Teufelbüchern'.

Standort: Deutsche Staatsbibliothek der Stiftung Preuß. Kulturbesitz, Berlin-Dahlem.
Signatur: Db 3011 R.

Inhalt des Sammelbandes:

1. Fluchteuffel. | Wider das vn= | christliche / erschröckliche / vn̄ | grausame fluchen vnd Gottesleste= | ren / treuw vnd wolmeinende | vermanung vnd war= | nung. | *[Holzschnitt]* Getruckt zu Franckfurt am Mayn / | M. D. LXIIII.
F 3ʳ: Gedruckt zu Franckfurt | am Mayn / durch Georg | Raben / vnd Weygand | Hanen Erben.

2. Spielteuffel. | Ein gemein auß | schreiben / von der Spieler | Brůderschafft vnd Orden / sampt | jren Stifftern / guten Wercken | vnd Ablaß. | Mit einer kurtzen angehenckten erklä= | rung / nützlich vnd lustig zu lesen. | *[Holzschnitt]* | Anno / 1564.
F 3ʳ: Gedruckt zu Franckfurt | am Mayn / durch Georg | Raben / vnd Weygand | Hanen Erben.

3. *Hurenteufel*

4. Haußteuffel / | das ist / | Der Meister | SIEman / Wie die bôsen |
Weiber jre fromme Månner / vnd wie die bôsen leichtfertigen
Buben / jre froṁe Weiber plagē / Sampt einer vermanung auß
heiliger | Schrifft vnd schônen Historien / wie sich froṁe | Eheleut gegen einander verhalten sol= | len / nützlich vñ lustig zu
lesen. | Beschrieben durch Adamum Schubart. | *[Holzschnitt]*
Getruckt zu Franckfurt am Mayn / 1565.

F 8ᵛ: Getruckt zu Franckfurt | am Mayn / bey Martin Lechler / |
Jn verlegung Sigmund Feyerabends | vnd Simon Hüters / Jm jar
nach Christi vnsers HErrn vnd | Seligmachers geburt / | M. D.
LXV.

5. Schrap Teuffel. | Was man den | Herschafften schůldig
sey / | Wo mit das Volck beschweret wer | de / Was solche Beschwerunge für Schaden bringen / Was die Sch= | rifft darwider
zeuge / Wie sie Gott straffe / Vnd mit wel= | chen Sünden sie das |
Volck verdiene. | Alles aus heiliger Schrifft mit al= | lem
vleis tractirt / vnd an vielen orten | gemehret vnd gebessert. |
Durch | Ludowicum Milichium. | ANNO. M. D. LXX.

Cc 4ʳ: Gedruckt nach Christi Geburt / | im Jahr / als man zelet /
tau= | sent / fünffhundert vnd | siebentzig.

6. Wider den Kleider / Plu= | der / Pauss vnd | Krauß Teuffel. |
Durch | Johan. Strauß Elsterberg. | *[Holzschnitt]*
F 6ᵛ: Gedruckt zu Leipzig / durch | Georg Defner / im Jahr |
1581.

B2 *Titel, Impressum, Format, Umfang und Zählung wie beim Berliner Exemplar.*

Brauner Lederband der Zeit, bespannte Holzdeckel. Metallschließen verloren. Erhabene Bünde. Stark bestoßener Rücken. Ins Leder gestanzte biblische Motive und Ornamente. Handschriftliche Eintragungen auf vorderem Innendeckel. Papier stockig, Text gut erhalten.

Das Exemplar ist zusammengebunden mit dem Hoffartsteufel.

Standort: Bayerische Staatsbibliothek München.
 Signatur: Mor. 939.

Inhalt des Bandes:

1. Wider den | Hoffartsteuffel | Der jetzigen Zeyt / solchen |
pracht / vbermut / vnmaß / vppig | keit / vnnd leichtfertigkeit in

der Welt | treibet / mit vberflůssiger / vnd vnzim⸗ | licher Kleidung / kurtz vnd | einfeltig. | Schůlrecht / | Durch Joachimum Westpha⸗ | lum Jßlebiensem / Kirchendie⸗ | ner zu Sangerhausen. | Von Fraw Hoffart / vnd jren Tö⸗ | chtern / sampt treuwer warnung / sich | mit ernst fůr jnen zu hůten. | M. Cyriacus Spangenberg. | Jetzundt zum andern mal vber | sehen / vnd mit fleiß corrigiert. | Getruckt zů Franckfurt am Mayn / | ANNO M. D. LXV.

v 7ᵛ: *[Gemeinschaftssignet:* SIGMVND FEIRABENT | SIMON HVTTER*]*

v 8ʳ: Gedruckt zu Franck⸗ | fort am Mayn bey Peter | Schmidt / in verlegung Sig⸗ | mundt Feirabents / vnd | Simon Hůters.

2. *Hurenteufel*

B3 *Titel, Impressum, Format, Umfang und Zählung wie beim Berliner Exemplar.*

Das Exemplar ist Nr. 4 in einem Sammelband mit sechs anderen 'Teufelbüchern'. Beschreibung und Inhalt des Bandes, siehe Tanzteufel *B³, S. 425 ff.*

Standort: Bayerische Staatsbibliothek München.
Signatur: Mor. 947.

B4 *Titel, Impressum, Format, Umfang und Zählung wie beim Berliner Exemplar.*

Neuerer bräunlicher Lederband, lt. Eintragung auf hinterem Buchdeckel 1967 restauriert. Papier durch Wassereinwirkung braun gezeichnet. Buchblock-Einband ersetzt. Erhabene Bünde. Text gut erhalten.

Standort: Forschungsbibliothek Gotha.
Signatur: Druck 1018 (NAK) 67/280.

B5 *Titel, Impressum, Format, Umfang und Zählung wie beim Berliner Exemplar.*

Heller, gut erhaltener Pergamentband. Umgebogene Kanten. Inhaltsangabe handschriftlich auf dem Rücken. Handschriftliche Eintragungen auf der Innenseite des Vorderdeckels. Texte sehr gut erhalten.

Das Exemplar ist zusammengebunden mit sieben anderen 'Teufelbüchern', jeder 'Einzelteufel' rot markiert.
Standort: Universitätsbibliothek Salzburg.
Signatur: 90 709 I [alte Sign.: Mj. ZIZ. III T. 3. C. 175 | (7)].

Inhalt des Sammelbandes:

1. Der Zauber Teuffel: | Das ist / | Von Zauberey / | Warsagung / Beschwehren / | Segen / Aberglauben / Hexerey / vnd man= | cherley Wercken des Teuffels / wolgegründter / | vnd so viel einem Glaubigen dauon zu wissen dienstlich / | gnugsamer Bericht / nicht allein dem Gemeinen Mann / son= | der auch den Weltlichen Regenten / vnd einfeltigen Predi= | gern nützlich vnd kurtzweilig zu lesen / Auß heiliger | Schrifft vnd bewerten Scribenten / mit fleiß | zusammen getragen / Durch | Ludouicum Milichium. | *[Holzschnitt]* | Getruckt zu Franckfurt / M. D. LXVI.
p. 352: Getruckt zu | Franckfurt am Mayn / | bey Martin Lechler / in | verlegung Sigmund Feir= | abends vnd Simon | Hûters. | *[Gemeinschaftssignet:* SIGMVND FEIRABENT. SIMON HVTTER*].*

2. Hofteuffel. | Das Sechßte | Capittel Danielis / Den | Gottförchtigen zu trost / den Gott= | losen zur warnung / Spilweiß | gestellet / vnd in Reimen | verfasset. | Durch Johannem | Chryseum. | Gedruckt zu Franckfurt / | M. D. LXIIII.

3. Jagteüffel. | Bestendiger vnd Wolge= | gründter bericht / wie ferrn die | Jagten rechtmessig / vñ zugelassen. Vnd / widerumb / warinn sie jetziger zeyt deß mehrertheils | Gottloß | gewaltsam / vnrecht / vnnd verdamlich | seind / Vnd derhalben billich vnderlassen / oder | doch geendert werden solten. | Durch M. Cyria. Spangenberg. | *[Holzschnitt]* | Anno M. D. LXII.
R 4ʳ: Getruckt zů Franckfurt | am Mayn / bey Weygand | Han vnd Georg | Raben.

4. Vom Juncker Geytz vnd | Wucherteüfel: | So jetzt inn der Welt in | allen Stenden gewaltig= | lich regieret. | An alle Stende des | Deüdschen Reychs | geschrieben / | Durch | Albertum von Blan= | ckenberg. | Getruckt zu Franckfurt | am Mayn / durch Georg Raben / | vnd Weygand Hanen Erben / | | Anno M. D. LXIII.

5. Fluchteuffel. | Wider das vn= | christliche / erschröck-liche / vñ | grausame fluchen vnd Gottsleste= | ren / treuwe vnd wolmeinende | vermanung vnd war= | nung. | *[Holzschnitt]* | Getruckt zu Franckfurt am Mayn / | M. D. LXIIII.

*Fiiij*ᵛ: Gedruckt zu Franckfurt | am Mayn / durch Georg | Raben / vnd Weygand | Hanen Erben.

6. Hurenteufel

7. Spielteuffel. | Ein gemein auß | schreiben / von der Spieler | Brůderschafft vnd Orden / sampt | jren Stifftern / guten Wercken | vnd Ablaß. | Mit einer kurtzen angehenckten erklå= | rung / nützlich vnd lustig zu lesen. | *[Holzschnitt]* Anno / 1564.

*F 3*ʳ: Gedruckt zu Franckfurt | am Mayn / durch Georg | Raben / vnd Weygand | Hanen Erben.

8. Wider den Eheteuffel. | Ein sehr nůtzli= | ches Bůchlin / wie man den | heimlichen listen / damit sich der leidige | Sathan wider die Ehestifftung aufflehnet / auß Got= | tes wort begegnen / vnd den Ehestandt Christlich | anfahen / friedlich darinn leben / vnd | glůcklich vollenden | můge. | Durch Andream Musculum D. | *[Holzschnitt]* | Anno / 1564.

*F 7*ᵛ: Gedruckt zu Franckfurt | am Mayn / durch Georg | Raben / vnd Weygand | Hanen Erben.

B6 *Unvollständiges Exemplar (Titelblatt fehlt!), sonst Format, Umfang und Zählung wie bei B¹.*

Braun gesprenkelter Pappband, Rücken stark abgeblättert, D 7 und D 8 durchlöchert, Papier stockig, sonst Text sehr gut erhalten.

Das Exemplar ist zusammengebunden mit einem Text des 17. Jh.

Standort: Deutsche Staatsbibliothek Berlin W. 8.
   Signatur: Da 7400.

Inhalt des Bandes:

1. Wieder das schandtliche Laster | Der Hurerey | Ein Christliches nothwendi= | ges Tractätlein. | Jn welchem / auß dem Wort Gottes | angezeigt wird / | Was vor ein grosses vnd schweres

Laster es seye umb | die Hurerey / vnd andere schweiffende vnzucht: Vnd wie der | Allmåchtige solches zu jederzeit habe pflegen | zu straffen. | Deßgleichen wird auch gemeldet: Wie / vnd durch was | mittel / man sich darfür hůten / vnd desselben (vermittelst Göttlicher | Gnaden) wieder abkommen könne. | Allen frommen / Gottseeligen Christen / zum Vnterricht | vnd Wahrnung gestellet / | Durch | Lucam Stöckle, der H. Schrifft Do= | ctorn / vnd Pfarrherrn zu Newhausen. | Getruckt zu Wormbs / Durch | Wilhelm Eniteln. | M. DC. XI.
D 7ʳ: Getruckt zu / | Wormbs / | Durch | Wilhelm Cniteln. | M. DC. XI.

2. *Hurenteufel*

*B7 *Standort: Universitätsbibliothek München.*
  Signatur: 8° P. Germ. 663ᵃ.

*B8 *Standort: Bibliothèque Nationale, Paris.*
  Signatur: D². 3387 (1).

*B9 *Standort: Königl. Bibliothek Kopenhagen.*
  Signatur: 92, — 168, 8°.

C-*Druck (1565)*

Nach Grimm[5] *war in der Bayerischen Staatsbibliothek München ein unvollständiges Exemplar, bei dem die vier letzten Blätter fehlten*[6].

Bei den Nachforschungen in München stellte der Herausgeber im August 1970 fest, daß der von Grimm angegebene Druck:

  Ursel, 1565, 8°, 76 Bll.,
  Nic. Henricus, Titelschrift in
  Rot und Schwarz, die vier letzten
  Blätter fehlen.

---

[5] *Grimm*, Teufelbücher, a. a. O., 1745, Nr. 16 c.
[6] Dies wurde dem Herausgeber von Herrn Dr. Heinrich Grimm, der das Exemplar seinerzeit persönlich in Augenschein nahm, im September 1970 bestätigt.

also nach Titel, Format und Umfang auf die Erstausgabe zurückgehend, dort nicht vorhanden und auch nicht in der Münchner Universitätsbibliothek und dem Bayerischen Zentralkatalog nachzuweisen war.

D-*Drucke (1566)*

D1 Wider den | Huren Teufel / | vnd allerley Vnzucht. | Warnung vnd | Bericht / aus den | worten: | Hurer vnd Ehebrecher wird | GOTT richten / Heb. xiij | Andreas Hoppenrod. | Mit einer Vorrede | M. Cyriaci | Spangenbergij. | M. D. LXVI.
K 4ʳ: Gedruckt zu Eisleben durch | Vrban Gaubisch.

Format: Oktav.
Umfang: 9½ Bogen = 76 Blätter.
Zählung: Bogenzählung A—K 4, ausgeführt bis Blatt v.
Fehler in der Zählung: A 4 nicht gezeichnet, statt B 4 steht A 4, statt E steht D.

Kustoden auf jeder Seite. Marginalien.

Der D-Druck scheint die Erstausgabe zur Vorlage zu haben. Die gemeinsamen Fehler und Verbesserungen sind aus dem Variantenverzeichnis (S. 376 ff.) und den Eingriffen (S. 455) ersichtlich.

Stark abgegriffener, beschädigter Halblederband der Zeit. Zwei Drittel des Deckels Pergamenthandschrift. Erhabene Bünde, bloßgelegter, vergilbter Rücken. Handschriftliche Kritzeleien und Eintragungen auf den Vorblättern, dem Rücken und Titelblatt sowie unterstrichene Textstellen. Auf der Rückseite des Vorblatts Eintragung: Christoph Lehmann. *Papier stockig. Text sehr gut erhalten.*

Das Exemplar ist zusammengebunden mit anderen Texten des 16. Jahrhunderts.

Standort: Hofbibliothek Donaueschingen.
Signatur: —

Inhalt des Bandes:

1. Hurenteufel

2. Von den hei= | ligen Engeln GOTtes / | Nemlich / was jhr wesen / vnd jr Ampt sey / Vnd wie wir sie | können bey vns behal= | ten / gepredigt / | Durch | Wolffgang. Greffen M. | Superintendenten vnd Pfarherr | der Stad Sangerhausen. Aus | dem Euangelio / | Mat. 18. | Psal. 34. | Der Engel des HErrn lagert sich | vmb die her / so jn fürchten / vnd hilfft | jnen aus ιc. | ANNO. | M. D. LXIIII.
B 7ᵛ: Gedruckt zu Eisleben / durch | Vrban Gaubisch.

3. Die Collecten | so man pfleget das gantze jar | in der kirchen zugebrauchen / ver= | deutscht vnd ausgangen / durch Magist. | Wolffgangum Greffen / Pfar= | herrn vnd Superintenden= | ten zu Sangerhau= | sen. | Der gleichen etliche Christli= | che Gebet / heiliger vnd ho= | her Leute / sehr nützlich. | Jtem / eine Formula / die | newen Pfarherrn zubestetigen / | ausgangen. | ANNO | 1564.
F 7ʳ: Gedruckt zu | Eisleben / durch Vr= | ban Gaubisch. | Am Tag für der Beschneidung | Christi / den letzten Decemb. Anfang | des 64. jars.

4. Warnung für | der grossen erschrecklichen | vnd nun fast zu nahender | straffen Gottes vber | das gantze Deutsch= | landt. | Johannes Scheitlich Pa= | stor vnd Superintendens | zu Harburg. | Mit einer vorede M. Cyr. | Spangenbergs. | Gedruckt zu Eisleben durch | Andream Petri.

5. Vonn der | Rechtfertigung | Vnd | Guten Wercken | Bericht vnd bekend= | nus | Abdiæ Prætorij. | Vnd | Die besten Sprüche des | Heiligen mans | D. Martini Lutheri | von denselbigen Ar= | tickeln. | Zu Franckfurt an der Oder | durch Johan Eichorn | Anno 1562.

D2 *Standort: Universitätsbibliothek Wrocław (Breslau).*
Signatur: 8 K 2179, 3.

D3 *Standort: Österr. Nationalbibliothek Wien.*
Signatur: 22. 497 — A.

E-*Drucke (1568)*

E1 Wider den | Huren Teuffel / | vnd allerley vnzucht. | Warnung vnd Bericht auß Gött= | licher Schrifft: | Hurer vnd Ehebrecher wirdt Gott richten / | Hebreo. 13. | Gestellt vnd zusamen gezogen / | durch / Andreas Hoppenrodt. | Mit einer Vorred M. Cyriaci Spangenbergs. | *[Holzschnitt]* | Getruckt zu Franckfurt am Mayn / 1568. J 7^r: Getruckt zu | Franckfurt am Mayn / bey | Martin Lechler / in verle= | gung Simon | Hûters. | *[Verlegermarke* '*Amphitrite auf Delphin*': SIMON HVTTER ANNO M. D. LXVIII*]* | M. D. LVIII.

Fehler im Impressum: M. D. LVIII statt M. D. LXVIII.

Titelholzschnitt wie die B-Drucke.

Format: Oktav.

Umfang: 9 Bogen = 72 Blätter; Bl. J 8 leer.

Zählung: Bogenzählung A—J, ausgeführt bis Blatt v.

Kustoden auf jeder Seite. Marginalien.

Heller Ledereinband der Zeit, gepreßtes Leder auf Holzdeckeln. Eingestanzte Ornamente. Inhaltsangabe in Goldschrift auf dem Rücken. Ecken und Kanten bestoßen. Papier bräunlich mit Stockflecken. Innendeckel und Vorblatt beschrieben, teilweise Inhaltsangabe des Theatrum Diabolorum *von 1575, auch sonst Kritzeleien und Randbemerkungen im Text. 1936 restauriert, lt. Eintragung auf dem inneren Rückendeckel.*

Das Exemplar ist zusammengebunden mit vier 'Teufelbüchern'.

Standort: Deutsche Staatsbibliothek der Stiftung Preuß. Kulturbesitz, Berlin-Dahlem.

Signatur: Db 3012 R

[alte Sign.: Z 4903 und Theolog. Ascct. II, 394].

Inhalt des Sammelbandes:

1. Schrap Teuffel. | Was man den | Herschafften schůldig sey / | | Wo mit das Volck beschweret wer | de / Was solche Be-

schwerunge für Schaden bringen / Was die Sch= | rifft darwider zeuge / Wie sie gott straffe / Vnd mit wel= | chen Sünden sie das | Volck verdiene. | Alles aus heiliger Schrifft mit al= | lem vleis tractirt / vnd an vielen orten | gemehret vnd gebessert. | Durch | Ludowicum Milichium. | ANNO. M. D. LXX.
Cc 4ʳ: Gedruckt nach Christi Geburt / | im Jahr / als man zelet / tau= | sent / fünfffhundert vnd | siebentzig.

2. Wider den Bannteuffel / | Das ist / Eine getrewe / | wolmeynende Christliche | warnung / wider die Gottlosen | Teuffelbeschwerer oder Banner / so | in diesen örtern herum̃her | schleichen. | Auß Gottes Wort vnd | andern bewerten Scriben= | ten gestalt / | Durch | Jodocum Hockerium Oßnabur= | gensem / Prediger der Kirchen S. | Johans für Lemgaw. | Deutero. 21. | Alles was ich euch gebiete / das solt jhr | halten / das jhr darnach thut / Jhr solt | nichts darzu thun / noch daruon thun. | Getruckt zu Franckfurt am Mayn. | M. D. LXVI.
G 3ᵛ: Getruckt zu | Franckfurt am Mayn / | bey Martin Lechler / in verle= | gung Sigmund Feierabends / | vnd Simon Hüters / Jm Jar | nach Christi geburt / Tausent / | Fünffhundert / Sechß | vnd sechtzig. | *[Gemeinschaftssignet:* SIGMVND FEIRABENT. SIMON HVTTER*]*

3. Gesind Teuf= | fel / Darinn acht stücke ge= | handelt werden / von des Ge= | sindes vntrew / welche im nach= | folgenden blat verzeichnet. | Durch | M. Peter Glaser Predi= | ger zu Dreßden / gestellet vnd zu= | sammen gezogen. | *[Holzschnitt]* Getruckt zu Franckfurt am Mayn. | M. D. LXVI.
H 8ᵛ: Getruckt zu | Franckfurt am Mayn / | bey Martin Lechler / in | verlegung Sigmund Feir= | abends vnd Simon Hüters. *[Gemeinschaftssignet:* SIGMVND FEIRABENT. SIMON HVTTER*]*

4. *Hurenteufel*

5. Hosenteüfel. | Võ zuluderten / | zucht vnd ehrerwegnen / plu | derichten Hosenteüfel / verma= | nung vnd warnung. | *[Holzschnitt]* | Getruckt zu Franckfurt | am Mayn / durch Georg Raben / vnd | Weygand Hans Erben / | Anno M. D. LXIII.
D 8ᵛ: . . . Gegeben zu Franck= | furt an der Oder / am tage Assum= | ptionis Marie / Anno M.D.L.V. | E.A. vñ E.W. | G. W. | Andreas Mu= | sculus D.

E2 *Titel, Impressum, Format, Umfang und Zählung wie beim Berliner Exemplar.*

Umschlag des 18. Jahrhunderts, nach Angabe der Stuttgarter Bibliothek reparaturbedürftig, die meisten Lagen lose.

Standort: Württembergische Landesbibliothek Stuttgart.
Signatur: Theol. oct. K 2463.

***E3** Standort: *Fürstl. Bibliothek Schloß Harburg.*
Signatur: *XIII, 6, 8°, 794.*

***E4** Standort: *Universitäts- und Landesbibliothek Sachsen-Anhalt, Halle/Saale.*
Signatur: *LB 155228.*

***E5** Standort: *Universitätsbibliothek Wrocław (Breslau).*
Signatur: *457650 8 N 1950, 4.*

F-Druck (1569)

Der Hurenteufel *steht als Nr. XII, f. CCCL^v—CCCLXIII^v,* im Theatrum Diabolorum *von 1569 (Inhalt und Beschreibung, siehe* Teufelbücher *I, S. 464—469).*

V

HAUSTEUFEL

Adam Schubart, der in Görlitz als lutherischer Theologe gewirkt haben muß — er veröffentlichte dort noch andere Schriften — beschäftigt sich in Reimen humorvoll mit den Lastern der Weiber, ohne jedoch, wie Nicolaus Schmidt in seinen Zehn Teufeln, *seinen ganzen Zorn an ihnen auszulassen. Er wendet sich sogar in seinem Vorwort gegen Schmidt und andere und betont zumeist den Ungehorsam der Weiber, der ihre Verderbnis ist.*

Die Erstausgabe des Hausteufels *ging bei Georg Hantzsch zu Weissenfels in Druck und muß spätestens 1564 erschienen sein, da der*

Mainfrankfurter Zweitdruck, mit neuem Titel und Holzschnitt, bereits 1565 herauskam. Der Leipziger Drucker Hantzsch *war im übrigen der erste Drucker eines 'Teufelbuches', als er 1552 den* Saufteufel *herausbrachte und damit der Teufelliteratur den Weg bahnte. Außerdem druckte er 1557 die* Zehn Teufel *von Nicolaus* Schmidt.

Im Gegensatz zu den Zehn Teufeln, *bei denen das 'ungalante Gepolter' von* Schmidt[7] *mit Recht gerügt wird, zitiert man den* Hausteufel *als eines der erfreulichsten Erzeugnisse der Teufelliteratur*[8], *nicht nur wegen des behaglichen Humors, sondern auch wegen seiner viel geistvolleren Behandlung des Stoffes und größerer Geschicklichkeit bei der poetischen Form.*

Obwohl der Hausteufel *wiederum 1568 und 1569*[9] *bei der Mainfrankfurter Verlegerfirma erschien, wurde der Druck merkwürdigerweise nicht von Feyrabend in das* Theatrum Diabolorum *aufgenommen, ebenso wenig die* Zehn Teufel, *die ihm möglicherweise entgangen waren. Vielleicht schloss er poetische Teufelbücher aus oder hielt den* Hausteufel *allein für wirksam genug.*

A-Drucke (o. J.)

A1 Der Sieman / das ist | wider den | Hausteuffell. | Wie die bösen Weiber jhre | frome Menner / vnd wie die bösen | Leichtfertigen buben / jhre frome Weiber | plagen / Sampt einer vormanung aus H. | Schriefft vnd schönen Historien / wie sich | frome Eheleutt gegen einander ver= | halten sollen / Nützlich vnd | lustig zu lesen / beschrie= | ben Durch / | [Holzschnitt] | Adamum Schubartum.
F 8v: Gedruckt zu Weissenfels / durch | Georgium Hantzsch.

Auf dem unsignierten schwarzen Titelholzschnitt zerrt ein knüppelschwingender Mann seine Frau bei den Haaren, sie ihn

---

[7] Osborn, Teufelliteratur, a. a. O., S. 122.
[8] Roethe, ADB, *XXXII*, S. 588.
[9] Siehe *D-Druck*, S. 446 f.

beim Bart. Kleine beflügelte Teufelwesen scheinen in den Streit einzugreifen; eins sitzt im Haar der Frau, das kleinere Teufelwesen schwebt hinter dem Mann.

Format: Oktav.
Umfang: 6 Bogen = 48 Blätter.
Zählung: Bogenzählung A—F, ausgeführt bis Blatt v.
Kustoden auf jeder Seite. Marginalien.

Leicht beschädigter Pergamentband, lateinische Handschrift. Einband an den Bünden etwas zerfressen. Papier stockig, Text gut erhalten.

Standort: Herzog August Bibliothek Wolfenbüttel.
Signatur: 157. 18 poet. 8.

A2 Titel, Impressum, Format, Umfang und Zählung wie beim Wolfenbüttler Exemplar.

Neuer, grün-braun marmorierter Pappdeckelband. Text sehr gut erhalten, ohne Kritzeleien, Papier stockig.

Standort: Staatliche Bibliothek Regensburg.
Signatur: Asc. 1049.

*__A3__ Standort: La Biblioteca Apostolica Vaticana, Vaticano.
Signatur: Palat. V. 289 (3).

B-Drucke (1565)

B1 Haußteuffel / | das ist / | Der Meister | S JEman / Wie die bôsen | Weiber jre fromme Mânner / vnd wie die | bôsen leichtfertigen Buben / jre frome Weiber | plagē / Sampt einer vermanung auß heiliger | Schrifft vnd schônen Historien / wie sich frome | Eheleut gegen einander verhalten sol⸗ | len / nützlich vn̄ lustig zu lesen. | Beschrieben durch Adamum Schubart. | [Holzschnitt] | Getruckt zu Franckfurt am Mayn / 1565.

F 8ᵛ: Getruckt zu Franckfurt | am Mayn / bey Martin Lechler / | Jn verlegung Sigmund Feyerabends | vnd Simon Hůters / Jm jar nach | Christi vnsers HErrn vnd | Seligmachers geburt / | M. D. LXV.

Der unsignierte Titelholzschnitt ist anders als der der Erstausgabe und zeigt einen am Boden liegenden Mann, auf den seine Frau mit einer Rute einschlägt. Im Hintergrund schlägt ein Mann mit einem Knüppel auf eine Frau, die er bei den Haaren hält.

Format: Oktav.
Umfang: 6 Bogen = 48 Blätter.
Zählung: Bogenzählung A—F, ausgeführt bis Blatt v.

Kustoden auf jeder Seite. Marginalien.

Neuerer heller Pappdeckelband. Papier durch Wassereinwirkung beschädigt, Text jedoch gut erhalten. Handschriftliche Kritzeleien und unterstrichene Textstellen. Auf dem Vorblatt: 4303, *dann unleserlicher Name, darunter:* Berlin 1846. *Auf dem vorderen Innendeckel:* 83963.

Standort: German. Nationalmuseum Nürnberg.
Signatur: 8° As. 1128 K.

B² *Titel, Impressum, Format, Umfang und Zählung wie beim Nürnberger Exemplar.*

Das Exemplar ist Nr. 4 in einem Sammelband mit fünf anderen 'Teufelbüchern'.

Beschreibung und Inhalt des Bandes, siehe Hurenteufel *B¹, Seite 430 ff.*

Standort: Deutsche Staatsbibliothek der Stiftung Preuß. Kulturbesitz, Berlin-Dahlem.
Signatur: Db 3011 R.

B3 *Titel, Impressum, Format, Umfang und Zählung wie beim Nürnberger Exemplar.*

Viele handschriftliche Eintragungen am Rande und unterstrichene Textstellen.

Der Hausteufel *ist Nr. 3 in einem Sammelband mit fünf anderen 'Teufelbüchern' und einem Text des 16. Jahrhunderts. Beschreibung und Inhalt des Sammelbandes, siehe* Tanzteufel *A*⁵*, Seite 421ff.*

Standort: Deutsche Staatsbibliothek der Stiftung Preuß. Kulturbesitz, Berlin-Dahlem.

Signatur: Db 3013 R [alte Sign.: Z 8801 und Moral. 348].

***B4** *Standort: Universitäts- und Landesbibliothek Sachsen-Anhalt, Halle/Saale.*

Signatur: II i 1574 QK.

***B5** *Standort: Nach Auskunft der Koninkl. Bibl. s'Gravenhage befindet sich ein Exemplar in der Universitätsbibliothek in Amsterdam.*

***B6** *Standort: Universitätsbibliothek Wrocław (Breslau).*

Signatur: 8 K 2179, 4.

***B7** *Standort: British Museum, London.*

Signatur: 11517. de. 21.

C-*Drucke (1568)*

C1 Haußteuffel / | das ist / | Der Meister | S JEman / Wie die bôsen | Weiber jre fromme Månner / vnd wie die | bôsen leichtfertigen Buben / jre froṁe Weiber | plagē / Sampt einer vermanung auß heiliger | Schrifft vñ schônen Historien / wie sich froṁe | Eheleut gegen einander verhalten sol= | len / nützlich vnd lûstig zu lesen. | Beschrieben durch Adamum Schubart. | *[Holzschnitt]* | Getruckt zu Franckfurt am Main / 1568.

F 8v: Getruckt zu Franckfurt | am Mayn / bey Martin Lechler / | Jn verlegung Simon Hûters / | Jm jar nach Christi vnsers | Herrn vnd Seligma⸗ | chers geburt / | M. D. LXVIII.

Der Titelholzschnitt ist der gleiche wie in den B-Ausgaben.

Format: Oktav.

Umfang: 6 Bogen = 48 Blätter.

Zählung: Bogenzählung A—F, ausgeführt bis Blatt v.

Kustoden auf jeder Seite. Marginalien.

Blaugraue Broschur. Papier stockig, Text ziemlich gut erhalten.

Unter dem Impressum: XV. 2928.

Eingeklebtes Exlibris auf dem vorderen Innendeckel mit Wappen, darunter: Ehre und Werth, *darunter:* EX BIBLIOTHECA CAROLI DE HOFFMANN BRUXELLIS.

Standort: Stadtbibliothek Köln.
Signatur: SD 14 4210.

C² *Titel, Impressum, Format, Umfang und Zählung wie beim Kölner Exemplar.*

Dem Herausgeber hat nur eine Xerox-Kopie vorgelegen, so daß von einer Beschreibung des Bandes abgesehen werden muß.

Standort: Württemb. Landesbibliothek Stuttgart.
Signatur: Theol. 8° 5557.

*C³ *Standort: Österr. Nationalbibliothek Wien.*
Signatur: 22. 486 — A.

*C⁴ *Standort: British Museum, London.*
Signatur: 11517. b. 11.

D-*Druck (1569)*

Titel, Impressum, Format, Umfang und Zählung wie bei den B-Drucken.

Früherer Standort: Sammlung Grimm-Balkow.

Nach Grimm[10] und früheren Erfassungen[11] existierte obige Ausgabe, die in Warschau gekauft war und sich in seiner Sammlung befand.

Sie ging mit der gesamten Bibliothek bei der russischen Invasion 1945 durch Feuer zugrunde[12].

VI
ZEHN TEUFEL

Obwohl Nicolaus Schmidt in seinem Werkchen gegen die Ehefrauen gleich Zehn Teufel losläßt, ist er doch bemüht, nicht als prinzipieller Frauenfeind dazustehn, und wartet im zweiten Teil mit den zehn Tugenden der frommen Weiber auf, ohne jedoch den Leser zu überzeugen.

Da diese Schrift eine der wenigen poetischen Teufelbücher ist und thematisch wie auch örtlich zum gleichen Kreise gehört, haben wir sie dieser Auswahl eingereiht.

Die Zehn Teufel erschienen nach der Erstausgabe bei Hantzsch 1557 noch einmal und zwar 1568 in Wittenberg, jedoch ohne Druckerangaben.

Eine Ausgabe von 1557 in Halle, die in früheren Erfassungen erwähnt[13] und auch bei Grimm angeführt wird[14], ist sonst nicht belegbar und auch bei der Umfrage nicht zutage getreten.

A-Drucke (1557)

A1 Von den Zehen Teu= | feln oder Lastern / damit die bösen vn= | artigen Weiber besessen sind / Auch von zehen |

---
[10] *Grimm*, Teufelbücher, a. a. O., 1745, Nr. 15d.
[11] *Osborn*, Teufelliteratur, a. a. O., S. 122.
  Karl Goedeke, Grundriß zur Geschichte der deutschen Dichtung aus den Quellen. *Zweite ganz neu bearbeitete Auflage, II:* Das Reformationszeitalter *(Dresden 1886)* § 161, S. 481.
[12] *Dies wurde dem Herausgeber von Herrn Dr. Heinrich Grimm im Juni 1971 bestätigt.*
[13] *Roethe*, ADB, XXXII, S. 10.
[14] *Grimm*, Teufelbücher, a. a. O., 1741, Nr. 5b.

Tůgenden / damit die frommen vnnd ver= | nůnfftigen Weiber gezieret vnnd be= | gabet sind / in Reimweis ge= | stelt / Durch Niclaus | Schmidt. | Jhesus Syrach am xxv. Cap. | Es ist kein kopff so listig als der Schlangen | kopff / vnd ist kein zorn so bitter / als der frawen | zorn / Jch wolt lieber bey Lewen vnd Trachen | wonen / denn bey einem bősen Weib / etc. | Vnd am xxvj. Cap. | Ein tugentsam Weib / ist ein edel gabe / vnd | wird dem gegeben / der Gott fůrchtet / er sey | reich oder arm / so ists jm ein Trost / vnd macht | jn allzeit frőlich. | M. D. LVII.

G iij^v: Gedruckt zu Leipzig / durch | Georgium Hantzsch.

Format: Quart.

Umfang: 6½ Bogen = 28 Blätter; Bl. G 4 leer.

Zählung: Bogenzählung A—G, ausgeführt bis Blatt iiij.

Kustoden auf jeder Seite. Marginalien.

Braun marmorierter Pappdeckelband. Papier stockig, Text gut erhalten.

Standort: Württemberg. Landesbibliothek Stuttgart.
Signatur: Theol. 4° 6241.

A[2] *Titel, Impressum, Format, Umfang und Zählung wie beim Stuttgarter Exemplar.*

Gut erhaltene Broschur.

Standort: Staats- und Stadtbibliothek Augsburg.
Signatur: 4° L. D.

A[3] *Titel, Impressum, Format, Umfang und Zählung wie beim Stuttgarter Exemplar.*

Gut erhaltene, grün marmorierte Broschur, vielleicht Sammelband entnommen, da Zahl 5 auf dem Titelblatt. Text stockig, doch gut lesbar.

Standort: Bayerische Staatsbibliothek München.
Signatur: Mor. 459.

A⁴ *Unvollständiges Exemplar (G fehlt!), sonst Titel, Format, Umfang und Zählung wie bei A¹.*

Graue Broschur. Auf dem Vorblatt: 5634. Auf dem Titelblatt: 37. Text gut erhalten, doch stockig.

Standort: German. Nationalmuseum Nürnberg.
Signatur: 8° As. 1161.

A⁵ *Titel, Impressum, Format, Umfang und Zählung wie beim Stuttgarter Exemplar.*

Neuerer dunkler Pappdeckelband (cf. Vermerk auf hinterem Innendeckel). Inhaltsverzeichnis in Golddruck auf dem Rücken. Das Titelblatt des ersten Textes hat handschriftliche Eintragung rechts unten: Sum Ioan: Graus. Mansfeld. *und ist restauriert.*

Das Exemplar ist zusammengebunden mit drei anderen 'Teufelbüchern'.

Standort: Universitätsbibliothek Rostock.
Signatur: Fm — 1222⁴.

Inhalt des Sammelbandes:

1. Der Jagteuffel / | Bestendiger vnd Wolgegrůnd= | ter bericht / wie fern die Jagten rechtmes= | sig / vnd zugelassen. Vnd widerumb worin= | nen sie jtziger zeit des mehrertheils | Gottlos / gewaltsam / vnrecht / | vnd verdamlich sein / Vnd | derhalben billich vnter= | lassen / oder doch ge= | endert wer= | den sol= | ten. | Durch | M. Cyria. Spangenberg. | ANNO 1. 5. 60.
b iijᵛ: Gedruckt zu Eisleben / bey | Vrban Gau= | bisch.

2. Faul Teufel / | Wider das Laster des Müssig= | ganges / Christlicher warhafftiger vnter= | richt / vnd warnung / aus grundt der heili= | gen Schrifft / vnd den alten Christli= | chen Lerern / Auch ander Weisen | Sprůchen / mit vleis zu= | sammen bracht / | Durch | Joachimum West= | phalum Jslebiensem / Kir= | chendiener zu Sanger= | hausen. | M. D. LXIII.
[*G iij letztes Blatt — unvollständig*]

3. Wider den | Sauffteuffel / | Etliche wichtige vrsachen / | Warumb alle Menschen sich fur | dem Sauffen hůten | sollen. | Jtem / | Das das halb vnd gantz | Sauffen Sûnde / vnd in Got= | tes Wort verbo= | ten sey. | Jtem / | Etliche einreden der | Seuffer / mit jren ver= | legungen. | Durch | Matthaeum Friderich von | Gôrlitz. | M. D. LIIII.
G 4ʳ: Gedruckt zu Leip= | zig / Durch Georg | Hantzsch.

4. *Zehn Teufel*

A⁶ *Titel, Impressum, Format, Umfang und Zählung wie beim Stuttgarter Exemplar.*

Gepreßter, heller Ledereinband der Zeit auf Holzdeckeln mit gestanzten Köpfen. Vorderdeckel fehlt zu ²/₃, *Rückendeckel nur* ¹/₃ *mit Leder bezogen.*

Standort: Herzog August Bibliothek Wolfenbüttel.
Signatur: 125. 43 Q (6).

Inhalt des Sammelbandes:

1. Christliche | Vermanunge aus dem CXXVIII | Psalm / zur Einsegunge des | Durchlauchten Hochgebornen | Fůrsten Hertzogen Augustn zu Sachssen / Vnd seiner Fůrstl. | G. Gemahel Fraw Anna ge= | borne aus Kôn. Stam̃ zu Den= | nemarck ꝛc. Durch Fůrst Geor= | gen zu Anhalt etc. Thumprobst | etc. geschehen zu Thorgaw / | Montags den achten | Octobris / | Anno | 1548.
L 5ᵛ: Gedruckt zu Leipzig / durch | Valentin Babst. | M. D. XLVIII.

2. Sendbrieff | Rabbi Samuelis des | Juden / darinn er anzeigt vnd bewer= | lich vernicht die ôden vnd vnfruchtbarn hoffnung | der Juden / die sie haben von Messia / das der selbig | noch kommen soll / Auß Arabischer sprach ins | Teütsch bracht. Auch | ein Epistel Pontij Pilati von der vr= | stend Christi vnsers selig= | machers. | Item die weissagung der zwôlff | Patriarchen / von der wa= | ren zůkunfft Christi. | Zů Franckfurt truckts Cyriacus | Jacob zům Bart. | Im Jar / M. D. Xliiij.

3. Ein Warnūg | buchlein / Wie man | sich fur der alten Papisten gro= | ben vnd dôlpischen / vnd furnemlich | fur der newen listigen vnd teu= | schenden leren hůten sol. | *[Brustbild des Eras-*

mus Sarcerius mit Einrahmung: ERASMVS. SARCERIVS. ANNAEMONTANVS. AETATIS. SVAE LV *und Jahreszahl:* 1555] | Durch Erasmum Sarce= | rium beschrieben.

4. Von Gůten vnd | Bôsen Nachbaurn. | WIe ein reicher Kauffmann | aus Probant in das Künigreich Por= | tugal zohe / wie es ihm nachmals auff | dem Mer mit einem Hispanischen krancken Kauffman | ergangen ist. Wie er den selbigen mit jm zů haus fůret / | sein inn seiner kranckheit wol pflegen lasst / vnnd | nachmals sein Tochter gibt. Auch wie sich ein | junger gesel auff der Wanderschafft hal= | ten sol / Fast kurtzweilig zů lesen / | Newlich an tag geben / durch | Georg Wickram / statt= | schreiber zů Burck= | haim. | Wer zů weg baut der selb nit kan | Sein baw aus fůren yederman / | Das der bleib vngetadlet stohn | Ich wags lass red für ohren gohn. | Gedruckt zů Strassburg Inn | Knoblochs Druckerey.
BB 4ᵛ: Gedruckt zů Strassburg / | Inn Knoblochs Druckerey. | M. D. lvj.

5. Wider den Ehteuffel. | *[Holzschnitt]* | Gedruckt zu Franckfurt an der Oder / | durch Johann. Eichhorn / | Anno / | M. D. LVI.

6. *Zehn Teufel*

7. Von Tantzen / | Vrtheil / | Auß Heiliger Schrifft / vnnd den alten | Christlichen Lerern gestelt. | Durch M. Melchior Ambach Predi= | ger zů Franckfůrdt. | Item. | Warhafftige verantwortung vnnd widerlegung | des vnbescheiden / Schmåhlichen schreibens / | von Tantzen / Jacobj Ratz Predicanten | zur Newenstadt am Koch / wider | jetztgemelt Vrtheil M. Melch= | ior Ambachs / newlich | auß gangen. | Gedruckt zů Franckfůrdt / am Mayn / | durch Herman Gůlfferich. | M. D. XLV.

8. Vom Hosen Teuffel. | *[Holzschnitt]* | Gedruckt zu Franckfurt an der Oder / | durch Johan. Eichhorn / | ANNO. M. D. LVI.
E 4ʳ: ... Gegeben | zu Franckfurt an der Oder / am | tag Assumptionis Mariae / | Anno / | M. D. LV. | E. A. vnd E. W. | G. W. | Andreas Musculus | Doctor.

9. Vom Gotslestern. | *[Holzschnitt]*

10. Widder den Sauffteuf= | fel / gebessert / vnd an vielen | ôrtern gemehret. | Item / Ein Sendbrieff des Hellischen |

Sathans / an die zutrincker / vor 45. | Jaren zuuor aus gegangen. | Item / Ein Sendbrieff Matthæi Friderichs / | an die Follen Brüder in Deutschem Lande. | *[Holzschnitt]* | M. D. LVII.
S 4ʳ: Gedrůckt zu Franckfurt an der Oder / | durch Johan. Eichorn / | Anno / | M. D. LVII.

*A7 *Standort: Universitätsbibliothek Jena.*
Signatur: Th. XXVIII, 3 (4).

*A8 *Standort: Forschungsbibliothek Gotha.*
Signatur: Theol. 4° 1019—1020 (14).

*A9 *Standort: Österr. Nationalbibliothek Wien.*
Signatur: 6134 — B.

*A10 *Standort: British Museum, London.*
Signatur: 11517. ee. 51 (3).

B-*Drucke (1568)*

B1   Von den zehen | Teuffeln oder | Lastern / Damit die bösen | vnartigen Weiber besessen sind / | | Auch von zehen Tugenden / damit | die fromen vnd vernůnfftigen | Weiber gezieret vnd be⸗ | gabet sind / in Reim⸗ | weise gestellet / | Durch | Nicolaum Schmidt. | Die zehen Teuffel / da⸗ | mit die bösen Weiber besessen sind. | Der | Gottlose | Stoltze | Vngehorsame | Zenckische | Vnuorschampte | Trunckene | Hůrische | Morderische | Diebische | Vnfreundliche | Teuffel. | *[daneben]* Die zehen Tu⸗ | gende der fro⸗ | men Weiber. | Gottfůrchtig | Demütig. | Gehorsam. | Friedlich. | Zůchtig. | Nůchtern. | Keusch. | Gůtig. | Getrew. | Freundlich. | Wittemberg 1568.

Format: Oktav.
Umfang: 5 Bogen = 40 Blätter; Bll. E 7 und E 8 leer.
Zählung: Bogenzählung A—E, ausgeführt bis Blatt 5.

Kustoden auf jeder Seite, jedoch keine Marginalien.

Hellbrauner marmorierter Pappdeckelband. Titel des ersten Textes handschriftlich auf dem Rücken. Titelblatt des Teufel-Textes leicht beschädigt, Text jedoch gut erhalten.

Standort: Universitätsbibliothek Tübingen.
Signatur: Dk XI 753.

Inhalt des Bandes:

1. L o b v n d v n = | schuldt der Ehe= | frawen. | V n d widerlegung der S p r ů c h e / | damit die Weibsbilder / durch die Philosophos | oder Weltweise Heyden / vnd etliche vermeinte | Christen / geschmehet werden. Gott | vnd dem heiligen Ehestan= | de / zu ehren ge= | schrieben | An die Durchlauchtigste / Hoch= | geborne Fůrstin / Frawen Dorothea / | Kônigin zu Dennemarck / | etc. Anno 1543. | Durch | M. J o h a n. I r e n e u m. | Jetzt aus Pom̃erischer Sprache / | in Meissnische gebracht / vnd mit et= | lichen schônen Historien / | vnd Exempeln ge= | mehret / | Durch | A n d r e a m H o n d o r f f / P f a r= | herren zu Drayssig.
F 8ʳ: Gedruckt zu Leipzig / Durch Ja= | cobum Ber= | waldt. | *[Druckermarke]* Anno 1568.

2. *Zehn Teufel*

*B2 *Standort: Fürstl. Bibliothek Schloß Harburg.*
Signatur: XIII, 6, 8°, 794.

VII

1. *Die in* Teufelbücher *I im Nachwort unter IV, Punkt 2. 3. 4. 5. und 6. (S. 488—493) gegebenen allgemeinen Hinweise gelten auch für Band II.*

2. *Der Text aller Drucke folgt den Erstausgaben, die Bogen-, Blatt- oder Seitenzählung erscheint in ⟨ ⟩ im laufenden Text vor Beginn jeder Seite.*

Die Faksimilia aller Titelblätter und das Impressum des Tanzteufels *erscheinen ungefähr in Originalgröße.*

3. Die Abbreviaturen deutscher und lateinischer Wörter haben wir unter Beachtung der vorhandenen Belege oder der üblichen grammatischen Form aufgelöst.

Vereinzelte Abkürzungen deutscher und lateinischer Wörter haben wir wie Abbreviaturen behandelt, Abkürzungen in den Marginalien blieben jedoch bestehen.

Zu den bereits in Band I (S. 489 f., 3d) verzeichneten Abbreviaturen fanden sich in den Texten dieser Ausgabe noch folgende:

deutsch:

8, d'	> der	einand'	> einander
		od'	> oder
wiʊ,	wid'	> wider	
		and's	> anders
		sond'	> sonder

lat.:

Respub.	> Respublica
Vale. Max.	> Valerius Maximus
Munst.	> Munsterus

Nicht aufgelöste Abkürzungen:

C. F. G.	> Chur Fûrstliche Gnaden
Ewr E. G.	> Ewr Erbarn Gnaden
G. H.	> Gnediger Herr

4. Der Text der Vorlage wurde im Rahmen des vorgelegten Prinzips ausgeglichen und fast alle Eingriffe in den Erstausgaben durch die nachfolgenden Drucke abgesichert.

An folgenden Stellen ist in die Texte der Erstausgaben eingegriffen worden:

KLEIDERTEUFEL

21,24 des Grases] des Grase A; das Grase B; des Grases CDE. **31,17** man] — denn $ABCE$; man denn D. **31,28** Gelt ⟨Dv^r⟩ und Gut] Gelt ⟨Dv^r⟩ Gut A; Gelt und Gut $BCDE$. **40,7** und] und und ⟨!⟩ A. **40,27** reitten] ritten A; reitten $BCDE$. **51,33** weissest] weiset AB; weissest CDE. **56,29** erlangen] erlangen erlangen ⟨!⟩ A.

TANZTEUFEL

68,13 *M*. j.] v. *A*; j. *BC*.   **77,11** Mietkråtschmer] Mitkråtschmer *A*; Mietungskråtschmer *BC*.   **83,20** aus] was *A*; aus *BC*.   **84,23** gegenwart] gegenwert *A*; gegenwart *BC*.   **84,32** *M*. Cyriaci] Cyri = riaci ⟨!⟩ *A*.   **85,33** verleihet] verleiheit *A*; verleihet *BC*.   **86,16** drehen] drewen *A*; drehen *BC*.   **92,22** Grentzen] Graytzen *A*; Grentzen *BC*.   **96,18** nun] nur *A*; nun *BC*.   **102,13** gehôret)] gehôret / *A*; geheget / *B*; geheget) *C*.   **106,25** Ackertrollen auch tragen] Ackertrollen / tragen auch *A*; Ackertrollen auch tragen *BC*.   **107,29** *M*. tantzkrieges] tantz = kriges *A*; tantzkrieges *BC*.   **108,9** Pûrtzel] Pûtzel *A*; pûrtzel *BC*.   **108,25** fast alle] fast alle / alle *A*; fast alle *BC*.   **109,2** Straffe] Sraffe ⟨!⟩ *A*.   **109,21** schertzen] schrotzen *A*; schertzen *BC*.   **111,26** frûchtlin] frûchtlen *A*; frûchtlin *BC*.   **115,20** gegenwart] gegenwert *ABC*.   **115,33** unzucht] zucht *A*; unzucht *BC*.   **118,16** laster/] laster *A*; laster / *BC*.   **120,24** ist.)] ist. *A*; ist.) *BC*.   **122,10** leibe] lecke *A*; leibe *BC*.   **124,17** bessern] bsseern ⟨!⟩ *A*.   **128,9** begeren] bege = geren ⟨!⟩ *A*.   **131,26** das es] da es *A*; daß das *BC*.   **132,21** 21.] zwôlfften *A*; 21. *BC*.   **138,29** meynen sie/] meynen sie *AB*; meynen sie / *C*.   **139,28** nach] noch *AB*; nach *C*.   **143,6** seinen] seine *A*; seinen *BC*.   **149,29** *M*. 4. Indianer] fehlt *A*; 4. Indianer *BC*.   **150,11** er-⟨Oʳ = 98⟩ laubnuß] er = ⟨Oʳ = 98⟩ nuß ⟨!⟩ *A*.   **157,29** unverstandt] un = standt *A*; unverstandt *BC*.

HURENTEUFEL

181,3 vij.] *fehlt A*; vij. *BEF*.   **194,2** verheissungen] verheischungen *AD*; verheissungen *BEF*.   **194,27** Geschendeten] geschendete *AD*; Geschendeten *BEF*.   **197,8** hatten] hatte *A*; hatten *BDEF*.   **207,21** newe Stad] Stad newe *A*; newe Stad *BDEF*.   **214,9** verheissen] verheischen *AD*; verheissen *BEF*.   **216,2** er] ehr *A*; er *BDEF*.   **216,9** Benjamin] Benjamen *A*; Benjamin *BDEF*.   **218,27** barn.] barn *A*; barn. *BDEF*.   **223,19** Ehebruchs] Ehebtuchs ⟨!⟩ *A*.   **224,20** Munsterus] Musterus: *AD*; Munsterus. *BE*; Munst. *F*.   **226,28** dran] darn *AD*; dran *BEF*.

HAUSTEUFEL

Im ganzen Text ausgeglichen wurden den > denn *und* denn > den, *dem Sinne entsprechend, ebenso* nach > noch.

245,35 darff] thar *A*; darff *BC*.   **248,14** Etliche] Eliche *A*; Etliche *B*; Etlich *C*.   **259,303** Doch] Dach *A*; Doch *BC*.   **261, 374** Kukuks] Kukus *A*; Guckgucks *BC*.   **262,394** im] ihm *A*; im *BC*.   **271,690**

Wirst] Wurst *A*; Wirst *BC*. **276,873** endt] eindt *A*; end *BC*. **280,1012** niedersietzend] niedersiehend *A*; nidersitzend *BC*. **281,1042** Unterthan /] Unterthan *A*; Unterthan / *BC*. **283,1095** weder] wieder *A*; weder *B*; wider *C*. **289,1325** ihren] ihrem *A*; ihren *BC*. **296,1556** schnell] schell *AB*; schnell *C*. **296,1558** ein] eim *A*; ein *BC*. **301,1742** Du] Da *A*; Du *BC*. **303,1809** legt?] legt. *A*; legt? *BC*.

ZEHN TEUFEL

323,173 klagen /] klagen *A*; klagen / *B*. **324,219** Haberstro] Habersto *A*; Haberstro *B*. **326,279** werens hauffen] weren haff *A*; werens hauffen *B*. **329,371** helt] hebt *A*; helt *B*. **330,390** Ist] Ist / *A*; Ist *B*. **330,419** han /] han *A*; han / *B*. **333,486** ungehorsam] ungehorsan *A*; ungehorsam *B*. **348,182** gantzem] gantem *A*; gantzem *B*. **350,238** stetig] stetigs *A*; stetig *B*. **353,335** denn] den *A*; denn *B*.

VIII

Den Bibliotheken, die durch ihre Auskünfte und prompte Übersendung der Texte diese Ausgabe unterstützt haben, möchte ich wiederum meinen herzlichen Dank aussprechen.

Der Technischen Universität Berlin, Forschungsabteilung für Mittlere Deutsche Literatur, und ihren studentischen Hilfskräften und Assistenten, insbesondere Herrn Dr. Peter Ukena, gilt mein besonderer Dank, ebenso Herrn Dr. Heinrich Grimm, der mir mit bereitwilligen Auskünften zur Seite stand.

Für die Hilfe beim Lesen der Korrekturen bin ich Frau Anke Roloff zu ganz besonderem Dank verpflichtet, nicht weniger aber auch dem Herausgeber, Herrn Professor Dr. Hans-Gert Roloff, für seine freundliche Bereitschaft und stete Anregungen.

Chapel Hill, N.C., im September 1971   *Ria Stambaugh*

Inhalt des zweiten Bandes

KLEIDERTEUFEL...............	1—57
TANZTEUFEL................	59—163
HURENTEUFEL...............	165—236
HAUSTEUFEL................	237—307
ZEHN TEUFEL..............	309—356
Variantenverzeichnis	357—402
Nachwort des Herausgebers...........	403—456

Walter de Gruyter
Berlin · New York

Ausgaben Deutscher Literatur des XV. bis XVIII. Jahrhunderts

Sixt Birck, Sämtliche Dramen

Herausgegeben von Manfred Brauneck
4 Bände. Oktav. Ganzleinen.
Band 1: VI, 307 Seiten. 1969. DM 72,— ISBN 3 11 000359 7

Johann Christoph Gottsched, Ausgewählte Werke

Herausgegeben von Joachim Birke
Etwa 10 Bände. Oktav. Ganzleinen.
Band 1: Gedichte und Gedichtübertragungen.
VI, 533 Seiten. 1968. DM 96,— ISBN 3 11 000351 1
Band 2: Sämtliche Dramen. IV, 481 Seiten. 1970.
DM 112,— ISBN 3 11 000363 5
Band 3: Sämtliche Dramenübertragungen.
VI, 393 Seiten. 1970. DM 96,— ISBN 3 11 000364 3
Band 4: Reineke der Fuchs. Mit Abbildungen.
IV, 481 Seiten. 1968. DM 92,— ISBN 3 11 000353 8

Johannes Kerckmeister, Codrus
Ein neulateinisches Drama aus dem Jahre 1485

Herausgegeben von Lothar Mundt
Mit 2 Faksimiles. Oktav. IV, 185 Seiten. 1969.
Ganzleinen DM 32,— ISBN 3 11 000357 0
(Reihe Drama 3)

Das Künzelsauer Fronleichnamspiel

Herausgegeben von Peter K. Liebenow
Groß-Oktav. VI, 296 Seiten. Mit 7 Kunstdrucktafeln.
1969. Ganzleinen DM 86,— ISBN 3 11 000355 4
(Reihe Drama 2)

**Walter de Gruyter
Berlin · New York**

Ausgaben Deutscher Literatur des XV. bis XVIII. Jahrhunderts

Der Patriot
Nach der Originalausgabe Hamburg 1724—26 in drei Textbänden und einem Kommentarband kritisch herausgegeben von Wolfgang Martens Oktav. Ganzleinen.
Band 1: Jahrgang 1724, Stück 1—52. Mit 1 Tafel. VI, 446 Seiten. 1969. DM 96,— ISBN 3 11 000360 0
Band 2: Jahrgang 1725, Stück 53—104. IV, 428 Seiten. 1970. DM 96,— ISBN 3 11 000361 9
Band 3: Jahrgang 1726, Stück 105—156. Register. IV, 460 Seiten. 1970. DM 106,— ISBN 3 11 002694 5

Johann Rist, Sämtliche Werke
Unter Mitwirkung von Helga Mannack herausgegeben von Eberhard Mannack. Etwa 10 Bände. Oktav. Ganzleinen.
Band 1: Dramatische Dichtungen. (Irenaromachia. Perseus.) IV, 289 Seiten. 1967. DM 76,— ISBN 3 11 000346 5

Sebastian Brant, Tugent Spyl
Nach der Ausgabe des Magister Johann Winckel von Straßburg (1554) herausgegeben von Hans-Gert Roloff Oktav. IV, 165 Seiten. Mit 1 Bildnis. 1968. Ganzleinen DM 36,— ISBN 3 11 000350 3 (Reihe Drama 2)

Spieltexte der Wanderbühne
Herausgegeben von Manfred Brauneck. 6 Bände. Oktav. Ganzleinen.
Band 1: Englische Comedien und Tragedien. VIII, 692 Seiten. 1970. DM 140,— ISBN 3 11 002694 5
Band 3: Schau-Bühne englischer und frantzösischer Comödianten (1670). VI, 605 Seiten. 1970. DM 140,— ISBN 3 11 002695 3
Band 4: Schau-Bühne englischer und frantzösischer Comödianten. VIII, 619 Seiten. 1972. DM 168,—

Walter de Gruyter
Berlin · New York

Ausgaben Deutscher Literatur des XV. bis XVIII. Jahrhunderts

Alexander Seitz, Sämtliche Schriften
Herausgegeben von Peter Ukena.
Etwa 5 Bände. Oktav. Ganzleinen.
Band 1: Medizinische Schriften. IV, 299 Seiten. 1970.
DM 76,— ISBN 3 11 000362 7
Band 3: Tragedi vom Großen Abentmal. IV, 132 Seiten.
1969. DM 36,— ISBN 3 11 000356 2

Georg Wickram, Sämtliche Werke
Herausgegeben von Hans-Gert Roloff.
Etwa 10 Bände. Groß-Oktav. Ganzleinen.
Band 1: Ritter Galmy. Mit 1 Tafel und Abbildung.
VI, 338 Seiten. 1967. DM 92,— ISBN 3 11 000347 3
Band 2: Gabriotto und Reinhart. VI, 297 Seiten. 1967.
DM 76,— ISBN 3 11 000348 1
Band 3: Knaben Spiegel. Dialog vom ungeratnen Sohn.
Mit Abbildungen. IV, 208 Seiten. 1968. DM 56,—
ISBN 3 11 000354 6
Band 4: Von Guten und bösen Nachbaurn.
Mit Abbildungen. IV, 207 Seiten. 1969. DM 56,—
ISBN 3 11 000358 9
Band 5: Der Goldtfaden. VIII, 294 Seiten. 1968.
DM 78,— ISBN 3 11 000352 X
Band 8: Die sieben Hauptlaster, IV, 241 Seiten, 1972.
DM 98,— ISBN 3 11 004002 6
Band 11: Der verlorene Sohn · Tobias. IV, 375 Seiten.
1971. DM 118,— ISBN 3 11 003736 X
Band 12: Apostelspiel. Knaben Spiegel.
Mit Abbildungen. VI, 281 Seiten. 1968. DM 72,—
ISBN 3 11 000349 X

Christian Weise, Sämtliche Werke
Herausgegeben von John D. Lindberg
25 Bände. Oktav. Ganzleinen.
Band 1: Historische Dramen 1· IV, 629 Seiten.
1971. DM 158,— ISBN 3 11 001891 8
Band 3: Historische Dramen 3. IV, 433 Seiten. 1971.
Mit 2 Faksimiles. DM 112,— ISBN 3 11 003598 8